Jahrbuch 2012/2013

Berliner
Wissenschaftliche
Gesellschaft e.V.

Berliner Wissenschaftliche Gesellschaft e.V.

Postfach 302219
D-10753 Berlin
Tel.: 030/609871190
Fax: 030/609871199
Internet: www.bwg-berlin.de
E-Mail: mail@bwg-berlin.de

Redaktionelle Anschrift:
Prof. Dr. Martin Heger
Humboldt-Universität zu Berlin
Juristische Fakultät
Lehrstuhl für Strafrecht, Strafprozessrecht,
europäisches Strafrecht und neuere Rechtsgeschichte
Unter den Linden 6
Tel.: 030/20933411
Fax: 030/20933487
E-Mail: martin.heger@rewi.hu-berlin.de

PL ACADEMIC RESEARCH

Berliner Wissenschaftliche Gesellschaft e.V.

# Jahrbuch 2012/2013

Herausgegeben
im Auftrag des Vorstandes
von Martin Heger

PL ACADEMIC RESEARCH

**Bibliografische Information der Deutschen Nationalbibliothek**
Die Deutsche Nationalbibliothek verzeichnet diese Publikation in der Deutschen Nationalbibliografie; detaillierte bibliografische Daten sind im Internet über http://dnb.d-nb.de abrufbar.

Gedruckt auf alterungsbeständigem,
säurefreiem Papier.

ISSN 0171-3302
ISBN 978-3-631-61671-0 (Print)
E-ISBN 978-3-653-03599-5 (E-Book)
DOI 10.3726/978-3-653-03599-5


PL Academic Research ist ein Imprint der Peter Lang GmbH.

Peter Lang – Frankfurt am Main · Bern · Bruxelles · New York · Oxford · Warszawa · Wien



Dieses Buch erscheint in einer Herausgeberreihe bei PL Academic Research und wurde vor Erscheinen peer reviewed.

www.peterlang.com

# Vorwort

Vor Ihnen liegt das „Jahrbuch 2012/13“ der BWG. Wie auch das vorausgegangene „Jahrbuch 2010/11“ handelt es sich dabei um einen Anderthalbjahresband, der nach der Anpassung des Veröffentlichungsrhythmus an die Semesterfolge die Beiträge und Veranstaltungen der BWG im Wintersemester 2011/12, im Sommersemester 2012 und im Wintersemester 2012/13 dokumentiert. Die Zusammenfassung von drei Semesterprogrammen in einem Band ist dadurch begründet, dass die Jahreshauptversammlung der BWG jeweils am Ende des Wintersemesters stattfindet, so dass das „Geschäftsjahr“ unserer Gesellschaft letztlich mit dem Sommersemester beginnt und mit dem Wintersemester endet. Weil aber im Jahrbuch 2010/11 die Zäsur nach dem Sommersemester 2011 gezogen und damit die Anpassung an die Semester vollzogen wurde, folgt nunmehr in einem zweiten Schritt – wiederum durch Aufnahme von mehr als zwei Semestern – die endgültige Anpassung des Jahrbuchs an das „Geschäftsjahr“ der BWG. In Zukunft wird ein Jahrbuch die beiden Semester nach einer Jahreshauptversammlung abbilden. Weil auf diesen Jahreshauptversammlungen ja auch der Vorstand der BWG regelmäßig neu gewählt wird, kann dessen jeweils aktualisierte Zusammensetzung im Jahrbuch abgebildet werden.

Das vorliegende Jahrbuch 2012/13 der BWG markiert aber auch aus einem anderen Grunde eine Zäsur. Nachdem über mehr als ein Jahrzehnt die Jahrbücher der BWG im Berliner Wissenschafts-Verlag (BWV) in steingrauem Einband erschienen sind, hat sich die BWG aus verschiedenen Gründen insoweit zu einem Generalrevirement entschlossen, weshalb Ihnen nunmehr das erste Jahrbuch aus dem Verlag Peter Lang und ganz in Blau vorliegt. Wie zuvor mit dem BWV soll dies der Auftakt für eine lange Reihe ebensolcher Jahrbücher der BWG sein. Im Vorstand haben wir uns entschlossen, den Wechsel des Verlags mit einem Wechsel der Farbe des Einbanddeckels zu verbinden, einerseits weil die im BWV publizierten Jahrbücher auch bei ähnlicher Farbgebung sich optisch unterschieden hätten, andererseits aber auch, weil Blau als Farbe der BWG sich zunehmend durchgesetzt hat. Die Zäsur in Bezug auf den Partnerverlag der BWG wird damit optisch deutlich gemacht und zugleich die Verbindung zwischen herausgebender Gesellschaft und herausgegebenem Buch farblich stärker betont.

Eine andere Zäsur für die BWG soll in diesem Vorwort ebenfalls nicht unerwähnt bleiben, denn nach sechs Jahren als Vorsitzender hat sich Prof. Berlien ja bekanntlich entschieden, die Leitung dieser Gesellschaft in andere Hände zu übergeben. In seiner Ägide hat er sich auch für die nunmehr fast abgeschlossene Modifizierung des Jahrbuchs intensiv eingesetzt. In zahlreichen Vorstandssitzungen und Mitgliederversammlungen hat er immer wieder betont, wie essenziell wichtig ein solches gedrucktes Jahrbuch für die BWG und ihre Sichtbarkeit in der Berliner Wissenschaftslandschaft auch in Zeiten des Internet ist. Die in seinen drei Amtszeiten erschienen Jahrbücher der BWG legen darüber hinaus aber auch beredt Zeugnis ab von den von ihm angestoßenen und inhaltlich wie organisatorisch umgesetzten Projekten. Dazu zählen neben den Veranstaltungen zur politischen Architektur etwa auch der Reigen von Vorträgen der Universitätspräsidenten der großen Universitäten in Berlin und Potsdam. Dazu kommt – und das liegt ihm ganz besonders am Herzen – die im Wintersemester 2012/13 mit einem großen Vortrag des Vizepräsidenten der FU, Prof. Bongardt, begonnene und perspektivisch auf nicht weniger als fünf Jahre angelegte Reihe zu „Recht und Religion"; den Abschluss bilden soll eine Veranstaltung zum Verhältnis von Protestantismus und Recht im „Lutherjahr" 2017. Der in diesem Jahrbuch abgedruckte Vortrag von Prof. Bongardt steht damit auch programmatisch für ein wesentliches – und eben maßgeblich von Prof. Berlien mitgeprägtes – „großes Thema" unserer Gesellschaft im laufenden zweiten Jahrzehnt unseres Jahrhunderts.

Der im Juli 2010 mit einem Vortrag des Präsidenten der TU, Prof. Steinbach, begonnene Zyklus von Mitgliederversammlungen zusammen mit den großen universitären Einrichtungen in Berlin wurde im Berichtszeitraum fortgeführt, beginnend im Februar 2012 in der Charité mit einem Festvortrag von deren Direktor Prof. Einhäupl, über den unmittelbaren Berliner Stadtbezirk in den Raum Berlin-Brandenburg im Sommer 2012 ausgeweitet auf die Universität Potsdam, deren neu gewählter Präsident Prof. Günther den Festvortrag übernommen hatte, bis zur Universität der Künste, die mit einem Festvortrag ihres Präsidenten Prof. Rennert die Jahreshauptversammlung der BWG eingeleitet hatte.

Für den im Frühjahr 2013 vollzogenen Übergang der Leitung unserer Gesellschaft von Prof. Berlien auf Prof. Theuring steht schließlich das Symposium zu „Alter und Gesellschaft", welches die BWG zusammen mit der Staatsbürgerlichen Stiftung Bad Harzburg und in Kooperation mit der Konrad-Adenauer-Stiftung am 23. Februar 2012 in Berlin durchgeführt hat. Die Beiträge des von Prof. Berlien mitgeleiteten Symposiums sind bereits 2012 von der Staatsbürgerlichen Stiftung Bad Harzburg in einem Sammelband zusammengefasst worden. Angesichts der Bedeutung dieses Symposiums in der Berliner Wissenschaftslandschaft, der aktiven und intensiven Mitwirkung der BWG an dessen Organisation und Durchführung, aber auch der Mitwirkung verdienter Mitglieder unserer Gesellschaft haben wir uns entschieden, sozusagen Pars pro toto den Vortrag von Prof. Theuring sowie den von Herrn Hecken auch in dieses Jahrbuch aufzunehmen. In der Geschäftsstelle finden sich noch einige Exemplare des Symposiums-Bandes, die interessierten Mitgliedern auf Nachfrage gerne übersandt werden.

Insgesamt hoffen wir, dass auch das vorliegende „Jahrbuch 2012/13“ wieder die Gesellschaft in ihrer ganzen fachlichen Breite, aber auch in jedem einzelnen Beitrag in der gebotenen wissenschaftlichen Tiefe widerspiegelt.

Herzlichen Dank für die Mithilfe bei der Fertigstellung dieses Jahrbuchs schulden wir Frau Petra Roloff, die seit drei Jahren die Geschäftsstelle der BWG leitet, und Frau Vanessa Kisseler, die im zweiten Jahr als studentische Mitarbeiterin der BWG die Hauptlast der Erstellung des Manuskripts getragen hat. Bei den Korrekturarbeiten war wieder Frau Sigrid Schmidt eine große Hilfe. Ohne diese Hilfe wäre ein solches Buch überhaupt nicht zu erstellen. Bestehen gebliebene Fehler fallen aber natürlich allein in meinen Verantwortungsbereich.

Berlin, 13.5.2013 Martin Heger

# Geleitwort zum Jahrbuch der BWG 2012/2013

Hans-Peter Berlien

Liebe Leser,

dieses Jahrbuch stellt in zweierlei Hinsicht eine Neuerung dar:

1. Ist es das erste Jahrbuch, das wir mit dem Peter-Lang-Verlag herausgeben und
2. Markiert es die endgültige Umstellung des Zeitraumes vom Kalenderjahr auf unser Vereinsjahr. Deswegen umspannt es noch die letzten Veranstaltungen des Wintersemesters 2011/2012.

Das Spektrum ist wieder weit gesteckt. Sie finden ausgewählte Beiträge des Symposions Alter & Gesellschaft, die Forschungsarbeiten unserer ausgezeichneten Nachwuchswissenschaftler, aber auch grundlegende Beiträge zu aktuellen politischen Entwicklungen, die uns zeigen, dass alle Probleme schon mal dagewesen waren, wir aber doch aus der Geschichte nicht allzu viel gelernt haben.

So zeigt sich die Breite der Wissenschaft, für die die Berliner Wissenschaftliche Gesellschaft steht.

Für die exzellente Fertigstellung dieses Jahrbuchs möchte mich an dieser Stelle ganz herzlich bei Herrn Prof. Heger und Frau Kisseler bedanken, die so kurz nach Ende des Wintersemesters diese Arbeit geleistet haben.

Aber ich möchte mich auch mit diesem Jahrbuch als Vorsitzender der Berliner Wissenschaftlichen Gesellschaft verabschieden und wünsche dem neuen-alten Jahrbuch für die Zukunft alles Gute.

Mit freundlichen Grüßen

# BWG Jahrbuch 2012/2013 Inhaltsverzeichnis

**Beiträge**

# Veranstaltungsliste vom 01.10.11 bis 30.03.13

**Harnack-Haus-Kreis**

| | |
|---|---|
| 17.11.2011 | Lino von Gartzen, München<br>„Der Prinz, der Pilot und Antoine de St Exupéry“<br>(Korreferat: Stephan Kühmayer, WASt) |
| 15.12.2011 | Prof. Dr. Helmut Wagner<br>„Der Suizid der Sowjetunion 1991“ |
| 19.01.2012 | Katja Kaiser, Berlin<br>„Koloniale Landwirtschaft und Pflanzenjagd – der Botanische Garten und das Botanische Museum Berlin als Zentrum der Kolonialbotanik im Deutschen Reich“ |
| 09.02.2012 | Dr. Eva Rosenstock, Berlin<br>„Lebensbedingungen und biologischer Lebensstandard in der Vorgeschichte“ |
| 19.04.2012 | Dr. Andreas Bödecker<br>„Ein Ausflug in die Geschichte der Spekulation“ |
| 31.05.2012 | Dr. Michael Högele<br>„Eine mathematische Lesart eiszeitlichen Klimas“ |
| 21.06.2012 | Dr. jur. Moritz Renner<br>„Die Privatisierung des Rechts und ihre Folgen“ |
| 15.11.2012 | Prof. Dr. Christian Hackenberger<br>„Neue Strategien für die Herstellung funktionaler Proteine“ |
| 06.12.2012 | Laura McLardy<br>„Crossing the room by one step“ |
| 10.01.2013 | Dr. Yee Lee Shing<br>„Kognitive und neuronale Dynamik von Gedächtnisprozessen über die Lebensspanne“ |
| 07.02.2013 | Prof. Dr. Bernd Sösemann<br>„Nachlese zum Friedrichjahr“ |

| | |
|---|---|
| **Wissenschaft der Zukunft – Zukunft der Wissenschaft** | |
| 23.02.2012 | Symposium „Alter und Gesellschaft“ |
| 24.02.2013 | Dr. Oliver Bilke-Hentsch<br>„Zwischen Medienkompetenz und Internetsucht – Medienassoziierte Störungen in der Adoleszenz“ |
| **Literarischer Salon** | |
| 17.05.2012 | Prof. Dr. Eckart Henning<br>„Vom Quellenwert der Bilder“ |
| **Moderne Politische Architektur** | |
| 28.06.2012 | Israelische Botschaft<br>Führung durch das 1999-2001 errichtete Bauwerk der israelischen Architektin Orit Willenberg-Giladi in Zusammenarbeit mit dem Berliner Architekten Wolfgang Keilholz |
| **„über brücken“** | |
| 15.11.2011 | Prof. Dr. Michael Kloepfer<br>„Verfassungsfragen des Atomausstiegs“ |
| 08.11.2012 | Prof. Dr. Michael Bongardt<br>Auftaktveranstaltung „Die Religionen und ihr Recht“<br>– Eine Einführung in die neue Themenreihe |
| **Kunst und Kultur** | |
| 13.12.2011 | Galerie Kicken<br>Vortrag über die Geschichte der Fotografie und Führung durch die Ausstellung: Joachim Brohm, „Culatra“ |
| 14.12.2012 | Königliche Porzellan-Manufaktur Berlin (KPM)<br>Führung mit Besuch der Porzellanmalereiwerkstatt und der KPM Welt |

**Sonstiges**

| | |
|---|---|
| 29.02.2012 | Mitgliederversammlung der BWG mit Festvortrag von Herrn Prof. Karl Einhäupl (Vorstandsvorsitzender) in der Charité Universitätsmedizin Berlin |
| 13.07.2012 | Jahresversammlung der BWG mit Festvortrag von Herrn Prof. Oliver Günther Ph.D. (Präsident der Universität Potsdam) in der Universität Potsdam |
| 22.02.2013 | Mitgliederversammlung der BWG mit Festvortrag von Herrn Prof. Martin Rennert (Präsident der UdK) in der Universität der Künste |

# Rechenschaftsbericht des Vorsitzenden anl. der Mitgliederversammlung am 22. Februar 2013 in der Universität der Künste

Hans-Peter Berlien

Sehr geehrte Damen und Herren, liebe Mitglieder,

6 Jahre als Vorsitzender der BWG sind eine lange Zeit und deshalb wird sich mein Rechenschaftsbericht nicht nur auf das letzte Jahr beschränken.

Bevor ich aber damit beginne, habe ich die traurige Pflicht, unserer verstorbenen Mitglieder zu gedenken:

1. Prof. Gerhard Becker
2. Prof. Walter Endres
3. Peter Pöpper
4. Prof Werner Väth
5. und gerade erst am 15.2. Prof. Immanuel Broser

Ich darf Sie bitten sich zu erheben.

Danke.

Ich möchte mich bedanken.

Ich möchte mich bei Ihnen bedanken, dass ich 6 Jahre Ihr Vorsitzender sein durfte.

Ich möchte mich bei allen Mitgliedern für die kritischen Anmerkungen und die vielen Anregungen bedanken, die mir immer gezeigt haben, dass wir eine lebendige Gesellschaft unserer Mitglieder sind.

Ich möchte mich bei den Kollegen aus Vorstand und Beirat für die Unterstützung und konkreten Vorschläge zur Weiterentwicklung unserer Gesellschaft bedanken. Die Zusammenarbeit hat immer viel Freude gemacht und war von Freundschaft und Vertrauen geprägt.

Ich möchte mich bei den Mitarbeiterinnen der Geschäftsstelle, anfangs Frau Wolf und jetzt Frau Roloff und Frau Kisseler bedanken für ihr Engagement und den Einsatz, die vielfältigen Aufgaben zu erfüllen und immer den Überblick zu behalten.

Es hat sich in diesen Jahren einiges geändert. Manches eigentlich aus der Not heraus geboren, dann aber eben doch als guter Schritt in die Zukunft, manches in dem Sinne: Eine Gesellschaft, die sich nicht verändert, bleibt stehen.

1. Verlagerung Geschäftsstelle

Die Aufgabe der Büroräume und die Verlagerung der Geschäftsstelle an die Dienststelle des Vorsitzenden haben sich als guter Schritt erwiesen. Nicht nur, dass damit erhebliche Kosten für Miete gespart werden konnten, insbesondere die regelmäßige Zusammenarbeit und die kurzen Wege haben sich als sehr erfolgreich erwiesen.

Das Ziel, dass eine Geschäftsstelle auf eine Festplatte passen muss, haben wir noch nicht ganz erreicht, aber sind ihm doch schon recht nahe gekommen. Mit dem Wechsel im Amte des Vorsitzenden und damit dem Standort der Geschäftsstelle werden wir aber weiter daran arbeiten, um den Aktenberg für den Umzug möglichst klein zu halten.

Auch hat sich bewährt, die Arbeit der Geschäftsstelle auf Honorarbasis zu gestalten. Damit hat Frau Roloff, der ich an dieser Stelle nochmals ganz herzlich danken möchte, die Möglichkeit, ihren Einsatz dem tatsächlichen Arbeitsanfall anzupassen. Und wir als Gesellschaft können den Mittelfluss der tatsächlichen Liquidität anpassen, aber dazu wird unser Schatzmeister, dem ich auch an dieser Stelle für die hervorragende Arbeit danken möchte, in seinem Rechenschaftsbericht genauer eingehen. Die Konsolidierung unserer Finanzen war dabei oberstes Ziel. Sie wissen, die Spendenbereitschaft ist in den letzten Jahren immer weiter zurückgegangen. Entweder wurde die schlechte Wirtschaftslage angeführt, dann die Angst, in irgendeinen Vorteilsnahme-Skandal verwickelt werden zu können – welchen Vorteil außer wissenschaftlicher Reputation können wir schon gewähren – ,dann aber wurde auch ganz simpel gefragt, was hat unser Unternehmen denn davon. Deshalb war es unsere Politik, alle festen Ausgaben so zu reduzieren, dass sie aus dem Aufkommen durch die Mitgliedsbeiträge gedeckt werden können. Damit sind dann Spenden das „Sahnehäubchen“ für besondere Aktionen.

2. Website

Websites sind heute weltweit nicht mehr wegzudenken, auch wenn sie das Gedruckte, ich werde da beim Thema Jahrbuch weiter darauf eingehen, nicht verdrängen.

Auch eine Website bedarf der laufenden Anpassung an neue Gewohnheiten. Man hat den Vorteil, die aktuellen Veranstaltungen, auch mit ihren Änderungen, anzukündigen, man kann die vergangenen Veranstaltungen leicht zum Nachlesen dokumentieren. Aber auch hier liegt wie immer der Teufel im Detail:

Wir haben uns zwar bei der Neugestaltung auf ein Standardprogramm, das angeblich leicht zu bedienen sein soll, festgelegt. Aber wer zu Hause einen Computer hat und mal nur so eben eine Aktualisierung seiner Software vom Enkel oder einem guten Freund raufgespielt bekommt, weiß, was dann passiert: Es passiert erst einmal nichts. Bis wir mitbekommen haben, dass mit jeder –gutgemeinten – automatischen Aktualisierung wichtige Formatierungen unserer Mitgliederliste verloren gegangen waren, hat es eine Weile gedauert. Das genau in dieser Zeit unserer Programmierer schwer erkrankt war, war eine zusätzliche Belastung. Aber dank Frau Roloff hat sie kurzfristig Hilfe finden können, so dass dieses Problem gelöst ist. Aber die Hinweise unserer Mitglieder auf dieses Problem haben eben doch gezeigt, dass diese Website von den Mitgliedern gelesen wird, so dass ich alles wieder positiv sehe.

3. Jahrbuch

Auch hier haben sich viele Neuerungen ergeben:

Herr Sösemann, der das Jahrbuch viele Jahre geleitet und geprägt hatte, hat die Redaktion mit seiner Emeritierung abgegeben. Der Vorschlag, dieses Jahrbuch durch ein Kollektiv herausgeben zu lassen, hat sich als nicht durchführbar erwiesen, weshalb ich an dieser Stelle Herrn Heger ganz herzlich danken möchte, dass er sich dieser Aufgabe angenommen hat. Unterstützung hat er dabei durch Frau Kisseler erhalten, einer studentischen Hilfskraft aus seinem Seminar, der ich an dieser Stelle ebenfalls für ihren Einsatz ganz herzlich danken möchte. Sie nutzt jede freie Zeit, in der sie nicht für das Jahrbuch eingespannt ist, in der Geschäftsstelle auszuhelfen, so dass sie uns so eine große Unterstützung ist und sie in alle Vorgänge bestens eingearbeitet ist.

Eine weitere Neuerung war der Wechsel des Verlages. Die Bedingungen des Berliner Wissenschaftsverlages gestalteten sich doch zunehmend schwieriger und führten zu einer erheblichen finanziellen Belastung der Gesellschaft, so dass ein Wechsel angezeigt war. Mit dem Peter Lang Verlag konnte ein Partner gefunden werden, der auf alle unsere Wünsche eingegangen ist. Leider bestand mit dem Berliner Wissenschaftsverlag eine langfristige vertragliche Bindung, so dass wir nicht so schnell aus diesem Vertrag herauskamen. Aber auch hier haben wir aus der Not eine Tugend gemacht:

In der Vergangenheit war das Jahrbuch am Kalenderjahr ausgerichtet, während unser Vereinsjahr und damit unsere Vortagsveranstaltungen sich am akademischen Jahr orientierten. Damit gab es immer wieder Probleme, in welches Jahrbuch man gerade diese Beiträge nach dem Jahreswechsel einbringt. Mit der Umstellung werden wir uns an unserem Vereinsjahr orientieren, also Beginn mit dem Sommersemester und Ende mit dem folgenden Wintersemester.

4. Das aktuelle Jahrbuch, dass Sie gerade erhalten haben, war das letzte mit dem Wissenschaftsverlag und der Umstellung und umfasst 1 ½ Jahre. Das nächste ist in Vorbereitung und schließt mit diesem Wintersemser ab, so dass damit die Umstellung abgeschlossen ist.

5. Harnack-Haus-Kreis

Auch hier haben sich einige Veränderungen ergeben.

Nachdem Herr Puschner – dem ich an dieser Stelle ausdrücklich für sein Engagement danken möchte – aus persönlichen Gründen die Leitung des Harnack-Haus-Kreises abgegeben hat, hatte kurzfristig Herr Wendt die Organisation übernommen. Aber auch er hatte aus persönlichen Gründen diese bald wieder abgegeben, so dass wir aus dem Vorstand heraus direkt die Organisation übernommen haben. Wir haben dies genutzt, auch um neue Formen der Vorträge einzuführen. Der Schwerpunkt liegt jetzt bei Preisträgern ausgezeichneter Promotions- und Habilitationsarbeiten aus allen Bereichen der Wissenschaft, also Naturwissenschaft, Geistes-, Sozial- und Kulturwissenschaften. Ziel ist es gerade, die herausragenden jungen Wissenschaftler an die BWG heranzuführen, also ganz im Sinne der Gründer, ein Forum alle Wissenschaften zu sein. Vergessen wir nicht, dass die Gründergeneration damals fast ebenso alt war und aus den gleichen Motiven heraus unsere Gesellschaft gegründet hat. So hatten wir zuletzt Preisträger des Meier-Leibnitz Preises der Max-Plank Gesellschaft und eine Preisträgerin von Olafur Elliasson, beide über Cognition, so dass wir dabei die unterschiedlichen Sichtweisen der Wissenschaft erfahren konnten. Wir wollen dies weiterführen und somit die Universitäten auch stärker einbinden, so dass diese uns ihre herausragenden Wissenschaftler melden. Ich werde nach meinem Ausscheiden aus dem Amt des Vorsitzenden den Harnack-Haus-Kreis vorerst weiterführen – wenn Sie es denn wünschen –, um diesen Gedanken zu Ende zu führen.

6. Aber auch generell müssen wir unsere Mitgliederstruktur im Auge behalten. Wir waren und wollen auch keine Publikumsgesellschaft sein, in die man durch Selbstbewerbung eintritt, sondern eine wissenschaftliche Gesellschaft aktiver Wissenschaftlerinnen und Wissenschaftler und Förderer der Wissenschaft. Man muss aber aufpassen, dass nicht durch den Wandel der Mitgliederstruktur Fachgebiete verlorengehen. Um diesem zu begegnen, haben wir einen Vorschlag aus dem Beirat aufgegriffen, unsere Emeriti, die ja weiterhin die Übersicht über ihr Fachgebiet besitzen, anzuschreiben, wer von den jüngeren Fachvertretern für eine Mitgliedschaft in der BWG in Frage käme. Die Resonanz der Vorschläge war überwältigend und hat gezeigt, dass 1. die Mitglieder unserer Gesellschaft

in ihrem Fach aktiv vertreten sind und 2. Berlin nach wie vor ein Zentrum der Wissenschaft ist.

7. Eine große gemeinsame Veranstaltung mit der Konrad-Adenauer-Stiftung und der Staatsbürgerlichen Gesellschaft zum Thema Alter und Gesellschaft verdanken wir Herrn Großklaus, aus der viele Beiträge entstanden, die auch zum Teil dann in unser Jahrbuch Eingang finden. Die Resonanz auf dieses Thema war überwältigend und der Nachhall äußerst produktiv.

8. TSB-Promotionspreis

Auch beim Promotionspreis der TSB haben sich Veränderungen ergeben. In den letzten Jahren war die Stiftung durch die TSB immer auf Zuruf und damit auch von dem Wohlwollen der gerade dort Agierenden und der Finanzlage abhängig. Uns ist es jetzt gelungen, eine langfristige Vereinbarung zu erlangen, dass die TSB den Promotionspreis auf unbestimmte Zeit auslobt, der von der BWG vergeben wird. Damit ist auch hier Sicherheit eingekehrt.

Ich möchte mich hierbei ganz besonders bei unserem Beiratsmitglied Herrn Kuntze für seinen Einsatz bedanken.

9. Aber auch ein neuer Promotionspreis für die Ingenieurswissenschaften steht vor der Tür. Die Gespräche mit dem Stifter stehen kurz vor dem Abschluss, so dass ich aus Vertraulichkeitsgründen dazu noch keine Einzelheiten bekanntgeben darf.

10. Überbrücken: Religion und Recht

Ebenfalls neu gestaltet haben wir die Reihe Überbrücken. Nachdem Herr Sösemann sie mit der Bosch-Stiftung über viele Jahre erfolgreich durchführen konnte, gestaltete dies sich durch Änderung der Geschäftspolitik der Bosch-Stiftung zunehmend schwieriger.

Aber auch hier haben wir aus der Not eine Tugend gemacht:

Schon seit Jahren beschäftigt uns der Problemkreis des Verhältnisses von Religion und des individuellen Rechts des Einzelnen in den verschiedenen Religionen. Alles braucht seine Zeit und in intensiven Diskussionen im Vorstand und Beirat kristallisierte sich dann langsam die klare Fragestellung heraus. Da war es ein Glücksfall, dass wir mit Herrn Bongardt einen ausgewiesen Religionswissenschaftler gewinnen konnten, der sich dieses Themenkomplexes angenommen hat. Ziel dieser neuen Reihe ist es, diese Fragestellung bei den großen Weltreligionen zu beleuchten und im Lutherjahr dann mit dem Protestantismus – vorerst – zu enden. Die Auftaktveranstaltung mit dem Einführungsreferat von Herrn

Bongardt war ein voller Erfolg und macht Lust und Spannung auf die kommenden Veranstaltungen.

11. Die Reihe, die Universitätspräsidenten der Berliner und Potsdamer Universitäten zum Festvortrag zu bitten, wurde mit dieser Veranstaltung hier in der Universität der Künste abgeschlossen. Ich denke, dies war auch eine gute Gelegenheit, dass die Universitäten sich darstellen konnten und gleichzeitig wurde das Gespräch mit den Universitäten wieder befruchtet.

Sie sehen, vieles ist verändert worden, vieles liegt noch vor uns. Aber ich bin zuversichtlich, dass wir noch viele erfolgreiche Jahre vor uns haben und gebe das Amt jetzt nach 6 Jahren gerne an meine Nachfolger ab.

Aber als letzte Amtshandlung habe ich mir noch eine ganz besondere Freude aufgehoben:

Sie wissen, dass wir mit der Verleihung von Ehrenmitgliedschaften sehr restriktiv umgehen, um sie wirklich als „Ehre“ zu erhalten. In der Vergangenheit haben wir Nobelpreisträger geehrt und Mitglieder, die seit Gründung unserer BWG aktiv an der Entwicklung beteiligt waren. Diese Voraussetzung gilt auch für unser Fast-Gründungsmitglied und langjährigen Schatzmeister Prof. Bellinger, den ich aus anderen gemeinsamen hochschulpolitischen Aktivitäten schon vor der Gründung der BWG kennengelernt habe. Deshalb ist es mir eine ganz besondere Freude, Ihnen heute die Ehrenmitgliedschaft der Berliner Wissenschaftlichen Gesellschaft zu übertragen. Sie haben seit der Gründung am Aufbau der Gesellschaft mitgewirkt und für eine solide Basis gesorgt, die die Arbeit erst ermöglicht hat. Auch nach Ausscheiden aus dem aktiven Dienst sind Sie immer ein aktiver Teilnehmer unserer Veranstaltungen gewesen und haben so die BWG mit geformt. Dafür möchten wir Ihnen danken.

# Vorträge

# Verfahrene Atomausstiegsverfahren?
# – Verfahrensfragen bei der Ausstiegsgesetzgebung im Atomrecht –

Prof. Dr. Michael Kloepfer, Berlin*

**Der Beitrag beschäftigt sich mit den Gesetzgebungsverfahren im Zusammenhang mit der Entwicklung der deutschen Atompolitik der letzten zwölf Jahre. Diese Politik war nicht nur geprägt durch mehrfache jeweils gegensätzliche Kurskorrekturen in den Jahren 2002, 2010 und 2011, sondern auch durch Handlungen verschiedener Bundesregierungen, welche von einem fragwürdigen Rechts- und Verfassungsverständnis zeugten und teilweise die Verfassung massiv verletzten. Dies betrifft vor allem die in den Jahren 2000/2002 sowie 2010 gleich zweifach praktizierte paktierte Gesetzgebung in Folge der sog. „Atomkonsense“ sowie das sog. „Moratorium“ der Laufzeitverlängerung im Jahr 2011.**

## A. Zum Weg des deutschen Atomausstiegs

Mit einer breiten, parteiübergreifenden Mehrheit hat der Deutsche Bundestag am 30. Juni 2011 den endgültigen Ausstieg der Bundesrepublik Deutschland aus der friedlichen Nutzung der Kernenergie zur Energieerzeugung in zeitlicher Staffelung bis zum Jahr 2022 beschlossen. Neben den christlich-liberalen Regierungsfraktionen trugen auch weite Teile der parlamentarischen Opposition den Beschluss über das Gesetz zur 13. Änderung des Atomgesetzes.[1] Am 8. Juli 2011 folgte die Billigung des Gesetzes durch den Bundesrat.[2] Am 31. Juli fertigte der

---

* Meinem Mitarbeiter *Rico Neugärtner* danke ich für seine wertvolle Mitarbeit.
Im Übrigen liegt diesem Beitrag ein Vortrag zugrunde, den Herr Kloepfer am 15.11.2011 für die BWG hielt. Die Erstveröffentlichung des Beitrags erfolgte in der Zeitschrift UPR 2012, S. 41-49.

1 Lediglich die Fraktion Die Linke stimmte gegen den Entwurf, vor allem, weil sie einen noch schnelleren Ausstieg wünschte, vgl. beck-aktuell-Redaktion, Verlag C.H. Beck, 30. Juni 2011 (http://beck-online.beck.de/?vpath=bibdata\reddok\becklink\1014464.htm&pos=4&hlwords=atomausstieg#xhlhit; zuletzt aufgerufen am 26.7.2011).

2 Bundesrat-Drucksache 391/11. Das war aber gerade keine Zustimmung des Bundesrates im Sinne von Art. 77 Abs. 2a GG.

Bundespräsident das Änderungsgesetz aus,[3] das am 6. August 2011 in Kraft trat. Gegen das Gesetz wurde bereits Verfassungsbeschwerde eingelegt.[4]

Diesem (jedenfalls vorläufigen) Endpunkt in der Frage nach dem Atomausstieg war in den letzten zwölf Jahren eine wechselvolle Entwicklung in der deutschen Atompolitik vorausgegangen, die viele Kursänderungen enthielt und zu zahlreichen formellen und materiellen Verfassungsproblemen führte.

## I. Atomausstieg 2000/2002

Die erste wichtige Kursänderung stellt die Ausstiegsgesetzgebung von 2002 durch Rot-Grün dar, die das alte Atomgesetz von 1959 grundlegend änderte, das sich u.a. als Instrument zur Förderung der zivilen Kernkraftnutzung bekannte. Bereits im Jahr 2000 hatte die damalige sozialdemokratisch-grüne Bundesregierung *Schröder/Fischer* in einer Vereinbarung mit den großen Energieversorgungsunternehmen die Grundzüge eines Ausstiegs aus der zivilen Kernenergienutzung vereinbart. Die gesetzliche Umsetzung dieses sog. *Atomkonsenses I* erfolgte sodann im Jahr 2002 durch das sog. Ausstiegsgesetz.[5] Dieses sah im Wesentlichen ein Neubauverbot für Kernkraftwerke sowie Übergangsregelungen für die bereits bestehenden Anlagen vor. Die Übergangsregelungen erfolgten dabei durch die Zuteilung von (übertragbaren) Reststrommengen an die einzelnen Kraftwerke.[6] Die bestehenden Anlagen durften nur noch solange betrieben werden, bis die zugeteilte Reststrommenge produziert war. Demnach wäre voraussichtlich im Jahre 2021 das letzte Kernkraftwerk vom Netz gegangen.

## II. Ausstiegsverzögerung 2010

Die von der CDU/CSU und von der FDP geforderte Revision des Atomausstiegs spielte im Bundestagswahlkampf 2009 eine nicht unwesentliche Rolle. Nach der Bundestagswahl 2009, welche zur christlich-liberalen Koalition *Merkel/Westerwelle* führte, kam es dann zu einer wesentlichen, laufzeitverlängernden Modifizierung des gesetzlichen Ausstiegsbeschlusses von 2002 unter gleichzeitiger Teilabschöpfung der durch die Laufzeitverlängerung zu erwartenden zusätzli-

3 BGBl. I 2011, S. 1704.

4 Laut Medienberichten hat das Energieversorgungsunternehmen E.on Verfassungsbeschwerde gegen die 13. Atomgesetznovelle eingelegt, vgl. die Meldung der Tageszeitung Die Welt v. 15.11.2011.

5 Gesetz zur geordneten Beendigung der Kernenergienutzung zur gewerblichen Erzeugung von Energie vom 22.4.2002, BGBl. I, 1351.

6 Vgl. Anlage 3 zum AtG.

chen Gewinne. Dies stellte eine Ausstiegsverzögerung, nicht aber – wie manche Oppositionspolitiker und Journalisten behaupteten – einen „Ausstieg aus dem Ausstieg" dar. Das Ziel der Koalition war es – unter Beibehaltung des 2002 beschlossenen Neubauverbots für Kernkraftwerke –, die Laufzeiten der bereits bestehenden Anlagen zu verlängern. Dabei wählte auch die christlich-liberale Bundesregierung den Weg, zunächst eine Vereinbarung mit den betroffenen Energieversorgungsunternehmen zu schließen, um dann darauf aufbauend ein entsprechendes 13. Änderungsgesetz zum AtG vorzubereiten, das freilich formal von den Regierungs*fraktionen* eingebracht wurde (s.u. B IV. 1.). Die zwischen der Bundesregierung und den betroffenen großen Energieversorgungsunternehmen im September 2010 vereinbarte Eckpunktevereinbarung,[7] der sog. *Atomkonsens II*, bildete die Grundlage für die von der Bundesregierung vorgeschlagenen und dann auch beschlossenen gesetzlichen Maßnahmen im Rahmen des „Energiekonzepts 2050"[8] der Bundesregierung. Es kam also – nach 2002 erneut – zu einer paktierten Gesetzgebung. Kern des „Energiekonzeptes 2050" war die Verlängerung der Laufzeiten der bestehenden Atomkraftwerke durch das 11. Gesetz zur Änderung des Atomgesetzes.[9] Hierzu wurden den einzelnen Anlagen zusätzliche Reststrommengen zugeteilt,[10] so dass eine Laufzeitverlängerung von durchschnittlich zwölf Jahren bewirkt wurde.[11] Demnach wäre der endgültige Atomausstieg in Deutschland nunmehr erst etwa 2033 erfolgt. Hierbei wurde die Atomenergie nur noch als „Brückentechnologie" bis zur angestrebten Umstellung der Energieerzeugung vor allem auf erneuerbare Energien gesehen.

Ein weiterer wesentlicher Bestandteil des „Energiekonzepts 2050" sollte dabei auch die teilweise Abschöpfung der verlängerungsbedingten zusätzlichen Gewinne der Energieversorgungsunternehmen sein.[12] Hierzu wurde ein Sondervermögen „Energie- und Klimafonds" eingerichtet[13] und die Einführung einer Kernbrennstoffsteuer beschlossen,[14] die im Jahre 2017 wieder auslaufen soll-

---

7 Eckpunktevereinbarung v. 6.9.2010, abrufbar auf der Homepage der Bundesregierung unter http://www.bundesregierung.de/nsc_true/Content/DE/__Anlagen/2010/2010-09-09-foerderfondsvertrag,property=publicationFile.pdf/2010-09-09-foerderfondsvertrag; zuletzt aufgerufen am 26.7.2011.

8 S. hierzu die Informationen der Bundesregierung auf http://www.bundesregierung.de/Webs/Breg/ DE/Energiekonzept/energiekonzept.html; zuletzt aufgerufen am 26.7.2011.

9 G. v. 8.12.2010, BGBl. I 2010, S. 1814.

10 Vgl. Spalte 4 der Anlage 3 zum AtG a.F.

11 Vgl. *Kloepfer/Bruch*, JZ 2011, 377 (378 f.).

12 Ausführlich zu den entsprechenden gesetzlichen und vertraglichen Maßnahmen *Kloepfer/Bruch*, JZ 2011, 377 (378 ff.).

13 Durch das Gesetz zur Errichtung eines Sondervermögens „Energie- und Klimafonds" (EKFG), BGBl. I 2010, S. 1807.

14 Durch das Kernbrennstoffsteuergesetz (KernbrStG), BGBl. I 2010, S. 1804, das derzeit Gegenstand mehrerer Gerichtsverfahren ist.

te.[15] Im Januar 2011 wurde zwischen der Bundesrepublik Deutschland und den Kernkraftwerksbetreibergesellschaften sodann der sog. Förderfondsvertrag[16] geschlossen, welcher die umgehende Finanzierung des Energie- und Klimafonds durch schnelle Zahlungen der Kernkraftwerksbetreiber sicherstellen sollte.

## III. Moratorium und Ausstiegsbeschleunigung 2011

Bekanntermaßen hielt die Ausstiegsverzögerung von 2010 nur wenige Monate. Die multiple Katastrophe im März 2011 in Japan – in Folge des Erdbebens vom 11. März und dem nachfolgenden Tsunami kam es im Atomkraftwerk Fukushima zu einer Kernschmelze in mehreren Blöcken[17] – veränderte die deutsche Atompolitik erneut grundlegend. Als schnelle Antwort auf die dramatischen Ereignisse in Japan verkündete Bundeskanzlerin *Merkel* – offiziell in Sorge um die Sicherheit von Kernkraftwerken, vor allem wohl auch mit Blick auf die damals bevorstehenden Landtagswahlen in Baden-Württemberg, Rheinland-Pfalz und Sachsen-Anhalt – am 14. März 2011 ein dreimonatiges „Moratorium" der Laufzeitverlängerung und kündigte die sofortige Stilllegung der sieben ältesten noch arbeitenden Atomkraftwerke an. Zudem sollte das stillstehende KKW Krümmel weiter vom Netz bleiben.[18] Auf die (verfassungs-)rechtliche Würdigung dieses „Moratoriums" wird noch zurückzukommen sein (s.u. B III.). Während dieses Moratoriums sollten „Stress-Tests" und eine Überprüfung der Sicherheit aller deutschen Kernkraftwerke durch die Reaktor-Sicherheitskommission erfolgen. In ihrer Stellungnahme vom 16. Mai 2011 kam die Reaktor-Sicherheitskommission zu dem Ergebnis, dass „hinsichtlich der Stromversorgung und der Berücksichtigung externer Überflutungsereignisse für deutsche Anlagen eine höhere Vorsorge [als in Fukushima] festzustellen"[19] sei.

15 Vgl. § 12 KernbrStG.

16 Der Vertrag ist auf der Homepage des Bundesfinanzministerium abrufbar unter: http://www.bundesfinanzministerium.de/nn_3380/DE/Wirtschaft__und__Verwaltung/Steuern/13012011-Foerderfondsvertrag,templateId=raw,property=publicationFile.pdf; zuletzt aufgerufen am 26.7.2011.

17 Dies bestätigte im Juni auch die japanische Regierung, vgl. die Meldung v. 06.06.2011 auf spiegel.de, abrufbar unter http://www.spiegel.de/wissenschaft/technik/0,1518,766949,00.html, zuletzt abgerufen am 29.08.2011.

18 Vgl. die Meldung auf FAZ.net v. 15.03.2011 http://www.faz.net/s/Rub594835B672714A1DB1A121534F010EE1/Doc~E9FAC3BC57E344F20A85FA 806F611E469~ATpl~Ecommon~Scontent.html; zuletzt aufgerufen am 01.09.2011.

19 Stellungnahme der Reaktor-Sicherheitskommission „Anlagenspezifische Sicherheitsüberprüfung (RSK-SÜ) deutscher Kernkraftwerke unter Berücksichtigung der Ereignisse in Fukushima-I (Japan)", S. 15; abrufbar unter http://www.rskonline.de/downloads/rsk_sn_sicherheitsueberpruefung_20110516_hp.pdf; zuletzt aufgerufen am 4.10.2011.

Zudem setzte die Bundesregierung im April 2011 die Ethik-Kommission „Sichere Energieversorgung“ unter Vorsitz von *Klaus Töpfer* und *Matthias Kleiner* ein, wobei dem Vorgang offensichtlich ein sehr weiter, wenn nicht ungreifbarer Ethik-Begriff zugrunde lag. In ihrem Bericht vom 30. Mai 2011 kam die Ethik-Kommission zu dem Ergebnis, „dass der Ausstieg aus der Nutzung der Kernenergie innerhalb eines Jahrzehntes [...] abgeschlossen werden [könne]“[20] und empfahl der – wohl ohnehin dazu schon entschlossenen – Bundesregierung, entsprechende Maßnahmen zu ergreifen.

Die Bundesregierung arbeitete einen entsprechenden Gesetzesentwurf aus, der dann freilich von den Regierungs*fraktionen* eingebracht wurde. Das von den Regierungsfraktionen und den Oppositionsfraktionen mit Ausnahme der Fraktion Die Linke beschlossene 13. Änderungsgesetz zum AtG[21] lässt – im Sinne einer „Rolle rückwärts“ – die wenige Monate vorher im 11. Änderungsgesetz zum AtG gewährten zusätzlichen Laufzeiten entfallen. Es statuiert den endgültigen, zeitlich gestaffelten Ausstieg aus der Nutzung der Kernenergie spätestens bis zum Jahr 2022. In der Begründung zum Gesetzesentwurf wird dabei betont, dass ein vollständiger Ausstieg aus der friedlichen Kernenergienutzung „faktisch vor dem Jahr 2022 nicht möglich“[22] sei. Verwiesen wurde hierbei auf die noch notwendigen Maßnahmen beim Ausbau der erneuerbaren Energien, beim Netzausbau, bei der Verbesserung der Energieeffizienz und bei der Bereitstellung zusätzlicher (Kohle-)Kraftwerkskapazitäten.[23]

Insgesamt wird durch das 13. Änderungsgesetz zum Atomgesetz annähernd das gleiche Enddatum erreicht wie bereits bei dem im Jahre 2002 beschlossenen Atomausstieg. Durch die sofortige Abschaltung der sieben alten Kraftwerke (und die Nicht-Wiederanschaltung von Krümmel) geht das 13. Änderungsgesetz zum AtG im Ausstiegstempo freilich noch über das Gesetz von 2002 hinaus.

## B. Verfahrens-Fragen auf dem Weg zum Atomausstieg

Der slalomartige Weg des Atomausstiegs 2002 sowie der Verlangsamung 2010 und der erneuten Beschleunigung 2011 hat zu vielfältigen Herausforderungen und Problemen in verschiedenen Gesetzgebungsverfahren geführt, denen im Fol-

20 Deutschlands Energiewende – Ein Gemeinschaftswerk für die Zukunft, Bericht der Ethik-Kommission „Sichere Energieversorgung“ v. 30.5.2011, S. 4.

21 Vgl. zum Abstimmungsverhalten im Einzelnen BT-Plpr. 17/117.

22 Gesetzesentwurf der Fraktionen CDU/CSU und FDP, Entwurf eines Dreizehnten Gesetzes zur Änderung des Atomgesetzes, BT-Drucksache 17/6070, S. 5.

23 Gesetzesentwurf der Fraktionen CDU/CSU und FDP, Entwurf eines Dreizehnten Gesetzes zur Änderung des Atomgesetzes, BT-Drucksache 17/6070, S. 5.

genden nachzugehen ist, während Fragen der materiellen Verfassungsmäßigkeit der Änderungsgesetze[24] hier aus Raumgründen außer Betracht bleiben sollen.

## I. Paktierte Gesetzgebung

### 1. Problematik

Sowohl der im Jahre 2002 beschlossene Atomausstieg als auch die im Jahre 2010 ergangene Laufzeitverlängerung waren dadurch geprägt, dass im Vorfeld des Erlasses der entsprechenden gesetzlichen Maßnahmen Vereinbarungen zwischen der Bundesregierung und den betroffenen großen Energieversorgungsunternehmen getroffen wurden. Die Inhalte dieser „Atomkonsense" I und II prägten dann jeweils inhaltlich die gesetzlichen Regelungen faktisch weitgehend vor.

Diese Vorgänge werden unter dem Stichwort des paktierenden Staates,[25] genauer der paktierten[26] oder kooperativen[27] Gesetzgebung diskutiert. Problematisch an einer solchen vereinbarten Gesetzgebung ist, dass in einer politisch bedeutsamen Frage offensichtlich der Kooperation zwischen Regierung und Betroffenen mehr Gewicht beigemessen wird als der demokratischen Gesetzgebung.[28] Die von der Regierung mit den Betroffenen ausgehandelten Lösungen werden dem Parlament vorgelegt und sollen von diesem abgesegnet werden. Somit ist – faktisch – keine umfassende Erarbeitung politischer Lösungen durch das Parlament selbst mehr möglich. Die politische Gestaltung wird vielmehr von der Exekutive und einzelnen gesellschaftlichen Gruppen dominiert.

### 2. Verletzung des Demokratieprinzips

Gewichtige verfassungspolitische und verfassungsrechtliche Einwände gegen die paktierte Gesetzgebung ergeben sich aus dem Demokratieprinzip des Art. 20 Abs. 1 und 2 GG. Gemäß Art. 20 Abs. 2 S. 2 GG übt das Volk die staatliche Gewalt in Wahlen und Abstimmungen aus. Voraussetzung für die Wahrnehmung dieser Einflussnahmemöglichkeit ist dabei insbesondere, dass das Staatshandeln öffentlich erfolgt und die politischen Verantwortungszusammenhänge für das

---

24 Siehe dazu *Bruch/Greve*, DÖV 2011, 794 ff; *Kloepfer*, DVBl. 2011 (i.E.).

25 *Schoch*, in: Isensee/Kirchhof, HbStR, Bd. III, 2005, § 37 Rn. 18.

26 So *Morlok*, VVDStRL 62 (2003), 37 (76); *Schoch*, in: Isensee/Kirchhof, HbStR, Bd. III, 2005, § 37 Rn. 40; *Kloepfer*, DVBl. 2007, 1189 (1191); *ders.*, ZG 2010, 346 (348, 350 ff.); *ders.*, UTR 109 (2011), S. 79 ff.

27 Siehe hierzu aus dem umfangreichen Schrifttum insbesondere: *Michael*, Rechtsetzende Gewalt im kooperierenden Verfassungsstaat, 2002; jüngst *Krüper*, ZG 2009, 338 ff.

28 Vgl. hierzu und zum Folgenden: *Kloepfer/Bruch*, JZ 2011, 377 (380 f.).

Volk auf diese Weise erkennbar werden.[29] Eine solche Verantwortungsklarheit wird nun aber beeinträchtigt, wenn unter Ausschluss der Öffentlichkeit der Inhalt der gesetzlichen Regelungen schon von Regierung und Betroffenen in einer Absprache vorbestimmt wird und das Parlament diese vorbestimmten Inhalte lediglich „abnickt". Dann liegt die entscheidende Verantwortung real gerade nicht beim Parlament, sondern bei der Regierung und ihren Vereinbarungspartnern. Diese paktierte Gesetzgebung verletzt auch die Grundidee der Wesentlichkeitstheorie,[30] soweit dort das Handeln des Parlaments gefordert wird.[31] Dass dies im Atomrecht – jedenfalls bei grundsätzlichen Entscheidungen – der Fall ist, hat das BVerfG bereits zutreffend festgestellt.[32]

Das Demokratieprinzip fordert des Weiteren im Grundsatz die politische Gleichheit der Bürger.[33] Wenn nun aber bei der paktierten Gesetzgebung bestimmte Bürger oder Unternehmen als Partner von Vereinbarungen an den staatlichen Entscheidungen aktiv mitwirken, so werden diese Bürger oder Unternehmen gegenüber den restlichen Bürgern privilegiert.[34] Neben der Einflussnahmemöglichkeit über periodische Wahlen haben die an der paktierten Gesetzgebung beteiligten Bürger bzw. Unternehmen zusätzlich die Möglichkeit, an der konkreten politischen Entscheidung mitzuwirken. Dies verletzt das Prinzip der politischen Gleichheit.[35] Insgesamt sind die betroffenen Energieversorgungsunternehmen

---

29 BVerfGE 89, 155 (185); 97, 350 (369); 118, 277 (353); *Sachs*, in: ders., GG, 5. Aufl. 2009, Art. 20 Rn. 18.

30 Vgl. die hierzu maßgeblichen Entscheidungen BVerfGE 34, 165 (192); 40, 237 (248 ff.); 41, 251 (259); 45, 400 (417); 47, 46 (78); 48, 210 (221); 49, 89 (126 f.); 53, 30 (56); 56, 1 (13); 57, 295 (326 f.); 58, 257 (268 ff.); 62, 169 (182 f.); 64, 261 (268); 84, 212 (226); 88, 103 (116); 95, 267 (307); 98, 218 (251); 101, 1 (34); 108, 282 (312); siehe dazu *Kloepfer,* JZ 1984, 685 (689 ff.); *ders.* Verfassungsrecht I, 2011, § 10 Rn. 121 ff., jeweils m.w.N.

31 Nach BVerfGE 61, 260 (275); 88, 103 (116) soll dies bei allen wesentlichen Entscheidungen „in grundlegenden normativen Bereichen, zumal im Bereich der Grundrechtsausübung, soweit diese staatlicher Regelung zugänglich ist" der Fall sein. Hierzu *Kloepfer*, Verfassungsrecht II, 2010, § 51 Rdn. 51; *ders*., Verfassungsrecht I 2011, § 10 Rdn. 121 ff.

32 Vgl. BVerfGE 49, 89 (127): „Die normative Grundsatzentscheidung für oder gegen die rechtliche Zulässigkeit der friedlichen Nutzung der Kernenergie im Hoheitsbereich der Bundesrepublik Deutschland ist wegen ihrer weitreichenden Auswirkungen auf die Bürger, insbesondere auf ihren Freiheitsbereich und ihren Gleichheitsbereich, auf die allgemeinen Lebensverhältnisse und wegen der notwendigerweise damit verbundenen Art und Intensität der Regelung eine grundlegende und wesentliche Entscheidung im Sinne des Vorbehalts des Gesetzes. Sie zu treffen ist allein der Gesetzgeber berufen." Vgl. auch BVerfGE 53, 30 (56).

33 Vgl. hierzu die Ausführungen von *Waldhoff/v. Aswege*, „Kernenergie als goldene Brücke?", 2010, S. 62 f; *Kloepfer/Bruch*, JZ 2011, 377 (381 f.).

34 Vgl. *Michael*, Rechtsetzende Gewalt im kooperierenden Verfassungsstaat, 2002, S. 45, 235; *Morlok*, VVDStRL 62 (2003), 113; *Krüper*, ZG 2009, 338 (341).

35 *Waldhoff/v. Aswege*, „Kernenergie als goldene Brücke?", 2010, S. 76.

durch die auf den Atomkonsens bauenden Regelungen von 2002 bzw. 2010 in ungerechtfertigter Weise partizipatorisch privilegiert worden.

### 3. Verletzung des Grundsatzes der Gewaltenteilung

Neben dem Demokratieprinzip steht auch der Grundsatz der Gewaltenteilung der paktierten Gesetzgebung entgegen.[36] Konkretisiert wird der Gewaltenteilungsgrundsatz in den Vorschriften des Grundgesetzes über das Gesetzgebungsverfahren. Art. 76 Abs. 1 Var. 1 GG räumt der Bundesregierung zwar ein Gesetzesinitiativrecht ein, das bekannterweise neben die Initiativberechtigung des Bundesrats und (von Teilen) des Bundestags selbst tritt. Art. 77 Abs. 1 S. 1 GG hingegen stellt klar, dass es der Bundestag ist, welcher den rechtlich verbindlichen Beschluss über den Gesetzesentwurf fasst. Diese verfassungsrechtliche Rollenverteilung erfordert, dass dem Bundestag auch effektive eigene politische Entscheidungsspielräume verbleiben.[37] Bei der paktierten Gesetzgebung fehlt es regelmäßig faktisch an hinreichenden, eigenen Entscheidungsspielräumen des Parlaments, da der Inhalt der Regelung bereits durch eine Absprache zwischen Regierung und Betroffenen faktisch politisch vorbestimmt ist. Zwar geschehen solche Vorfestlegungen durch Vereinbarungen der Bundesregierung auch beim Abschluss völkerrechtlicher Verträge, indessen ist dies dort durch das Wesen außenpolitischen Handelns (durch Regierungen) begründet und wird vor allem in Art. 59 Abs. 2 S. 1 GG vorausgesetzt[38] und damit verfassungsrechtlich „abgesegnet".

---

36 Vgl. *Michael*, Rechtsetzende Gewalt im kooperierenden Verfassungsstaat, 2002, S. 229 ff.

37 Vgl. *v. Blumenthal*, Aus Politik und Zeitgeschichte, Beilage 43/2003, 9 (10); *Ruffert*, DVBl. 2002, 1145 (1148 f.); *Schorkopf*, NVwZ 2000, 1111 (1113).

38 Bei der paktierten Gesetzgebung besteht auch kein Siehe dazu *Bruch/Greve*, DÖV 2011, 794 ff; *Kloepfer*, DVBl. 2011 (i.E.).

*Schoch*, in: Isensee/Kirchhof, HbStR, Bd. III, 2005, § 37 Rn. 18.

So *Morlok*, VVDStRL 62 (2003), 37 (76); *Schoch*, in: Isensee/Kirchhof, HbStR, Bd. III, 2005, § 37 Rn. 40; *Kloepfer*, DVBl. 2007, 1189 (1191); *ders.*, ZG 2010, 346 (348, 350 ff.); *ders.*, UTR 109 (2011), S. 79 ff.

Siehe hierzu aus dem umfangreichen Schrifttum insbesondere: *Michael*, Rechtsetzende Gewalt im kooperierenden Verfassungsstaat, 2002; jüngst *Krüper*, ZG 2009, 338 ff.

Vgl. hierzu und zum Folgenden: *Kloepfer/Bruch*, JZ 2011, 377 (380 f.).

BVerfGE 89, 155 (185); 97, 350 (369); 118, 277 (353); *Sachs*, in: ders., GG, 5. Aufl. 2009, Art. 20 Rn. 18.

Vgl. die hierzu maßgeblichen Entscheidungen BVerfGE 34, 165 (192); 40, 237 (248 ff.); 41, 251 (259); 45, 400 (417); 47, 46 (78); 48, 210 (221); 49, 89 (126 f.); 53, 30 (56); 56, 1 (13); 57, 295 (326 f.); 58, 257 (268 ff.); 62, 169 (182 f.); 64, 261 (268); 84, 212 (226); 88, 103 (116); 95, 267 (307); 98, 218 (251); 101, 1 (34); 108, 282 (312); siehe dazu *Kloepfer*, JZ 1984, 685 (689 ff.); *ders.* Verfassungsrecht I, 2011, § 10 Rn. 121 ff., jeweils m.w.N.

Nach BVerfGE 61, 260 (275); 88, 103 (116) soll dies bei allen wesentlichen Entscheidungen „in grundlegenden normativen Bereichen, zumal im Bereich der Grundrechtsausübung, soweit

4. Zwischenergebnis

Im Ergebnis zeigt sich, dass die Praxis der paktierten Gesetzgebung nicht mit dem Demokratieprinzip und dem Grundsatz der Gewaltenteilung vereinbar ist. Das heißt, dass das Atomausstiegsgesetz von 2002 und die gesetzliche Laufzeitverlängerung von 2010 verfassungswidrig, jedenfalls aber verfassungspolitisch unhaltbar waren. Dieser Vorwurf trifft nicht nur die derzeitige schwarz-gelbe Bundesregierung, sondern auch die frühere rot-grüne Bundesregierung.

## II. Zustimmungsbedürftigkeit der 11. Atomgesetznovelle

1. Problematik

Einen weiteren verfassungsrechtlichen Streitpunkt im Zusammenhang mit der Laufzeitverlängerung von 2010 stellt die Frage nach der Zustimmungsbedürftigkeit des 11. Änderungsgesetzes zum Atomgesetz dar. Die Frage wurde politisch virulent, nachdem die schwarz-gelbe Mehrheit im Bundesrat im Sommer 2010 mit der Abwahl der CDU/FDP-Landesregierung in Nordrhein-Westfalen verloren gegangen war.[39] Die 11. Atomgesetznovelle wurde sodann ohne ausdrückliche Zustimmung des Bundesrates verabschiedet.[40]

Der Bundesrat ist gemäß Art. 50 GG das Verfassungsorgan des Bundes, über welches die Bundesländer bei der Gesetzgebung und Verwaltung des Bundes mitwirken. Ob der Bundesrat bei Gesetzgebungsakten des Bundes ausdrücklich zustimmen muss oder lediglich ein Einspruchsrecht hat, ergibt sich aus der Verfassung selbst. Zustimmungsbedürftigkeit besteht nur dann, wenn das Grundgesetz diese explizit anordnet. Die Unterscheidung von Zustimmungs- und Einspruchs-

---

diese staatlicher Regelung zugänglich ist" der Fall sein. Hierzu *Kloepfer*, Verfassungsrecht II, 2010, § 51 Rdn. 51; *ders.*, Verfassungsrecht I 2011, § 10 Rdn. 121 ff.

Vgl. BVerfGE 49, 89 (127): „Die normative Grundsatzentscheidung für oder gegen die rechtliche Zulässigkeit der friedlichen Nutzung der Kernenergie im Hoheitsbereich der Bundesrepublik Deutschland ist wegen ihrer weitreichenden Auswirkungen auf die Bürger, insbesondere auf ihren Freiheitsbereich und ihren Gleichheitsbereich, auf die allgemeinen Lebensverhältnisse und wegen der notwendigerweise damit e mit dem Abschluss völkerrechtlicher Verträge vergleichbare Sachlage, so dass eine analoge Anwendung des Art. 59 Abs. 2 S. 1 GG auf die paktierte Gesetzgebung nicht in Betracht kommen kann", vgl. *Kloepfer/Bruch*, JZ 2011, 377 (382).

39 Nach der Landtagswahl vom 09.05.2010 kam es am 14.07.2010 zur Wahl der Ministerpräsidentin Kraft (SPD), welche eine rot-grüne Minderheitsregierung leitet, vgl. die Meldung auf FAZ.net v. 14.07.2010, http://www.faz.net/artikel/S30923/nordrhein-westfalen-hannelore-kraft-zur-ministerpraesidentin-gewaehlt-30290051.html, zuletzt abgerufen am 01.09.2011.

40 Vgl. Bundesrat-Drucks. 683/10 v. 26.11.10.

gesetzen ist von entscheidender Bedeutung, da bei Einspruchgesetzen Einsprüche des Bundesrates i.S.v. Art. 77 Abs. 3 S. 1 GG durch die Bundestagmehrheit überstimmt werden können (Art. 77 Abs. 4 GG). Ist das Gesetz hingegen (ausnahmsweise) zustimmungsbedürftig, so führt die fehlende Zustimmung des Bundesrats zur Unwirksamkeit des beschlossenen Gesetzes.[41] Da die Atomgesetznovelle ohne Zustimmung des Bundesrats verabschiedet wurde, hängt ihre Wirksamkeit vom Fehlen der Zustimmungsbedürftigkeit ab.

Heiß umstritten ist (oder war) nun, ob die 11. Atomgesetznovelle 2010 zustimmungsbedürftig war oder nicht.[42] Auf Einzelheiten kann im Rahmen dieses Beitrags nicht eingegangen werden. Es sprechen allerdings insgesamt mehr Gründe gegen die Zustimmungsbedürftigkeit als dafür. Nur so viel: Die rege verfassungsrechtliche Diskussion dreht sich um die Auslegung von Art. 87c GG, einem Fall der fakultativen Bundesauftragsverwaltung. Art. 87c GG besagt, dass Gesetze, welche aufgrund des Kompetenztitels des Art. 73 Abs. 1 Nr. 14 GG („Erzeugung und Nutzung der Kernenergie zu friedlichen Zwecken") ergehen, mit Zustimmung des Bundesrats bestimmen können, dass sie von den Ländern

41 *Kloepfer/Bruch*, JZ 2011, 377 (378).

42 Für die Zustimmungsbedürftigkeit: *Däuper/Michaels/Ringwald*, ZUR 2010, 451 ff.; *Gaßner/Kendzia*, ZUR 2010, 456 ff.; *Geulen/Klinger*, NVwZ 2010, 1118 ff.; *Kendzia*, DÖV 2010, 713 ff.; *ders.*, NVwZ 2010, 1135 ff.; *Papier*, NVwZ 2010, 1113 ff.; *Wieland*, ZNER 2010, 321 ff.; *Roßnagel/Hentschel*, UPR 2011, 1 ff; *Ewer*, Rechtsgutachten zur Frage der Zustimmungsbedürftigkeit bestimmter Änderungen des Atomgesetzes, 2010, Typoskript; *Gaßner/Kendzia*, Zur Frage der Zustimmungsbedürftigkeit von Laufzeitverlängerungen für Atomkraftwerke wegen wesentlicher Erweiterungen der Staatshaftung der Bundesländer (Art. 74 Abs. 2 GG), 2010, Typoskript; *Held/Däuper/Michaels/Ringwald*, Rechtsgutachterliche Stellungnahme zur Zustimmungsbedürftigkeit einer Atomgesetznovelle zur Laufzeitverlängerung für den Betrieb von Kernkraftwerken in der Bundesrepublik Deutschland, 2010, Typoskript; *Papier*, Gutachten zur Zustimmungsbedürftigkeit eines Gesetzes zur Verlängerung der Laufzeiten von Kernkraftwerken, 2010, Typoskript; *Roßnagel/Hentschel*, Rechtsgutachten zur Zustimmungsbedürftigkeit des elften Änderungsgesetzes zum Atomgesetz, 2010, Typoskript; *Wieland*, Zur Zustimmungsbedürftigkeit eines Gesetzes zur Verlängerung der Laufzeit von Kernkraftwerken, 2010, Typoskript. Gegen die Zustimmungsbedürftigkeit: *Degenhart*, AtW 2010, 674 (676 ff.); *de Witt*, RdE 2010, 357 ff.; *Kloepfer/Bruch*, JZ 2011, 378; *Kotulla/Kilic*, NVwZ 2010, 1449 ff.; *Moench/Ruttloff*, DVBl. 2010, 865 ff.; *Rebentisch*, UPR 2010, 361 ff.; *Schneider*, AtW 2010, Heft 8/9, 2 ff.; *Scholz*, NVwZ 2010, 1385 ff.; *Schwarz*, JZ 2010, 1118 ff.; *Bruch/Greve*, DVP 2011, 178 ff.; *Badura*, Die Notwendigkeit einer Zustimmung des Bundesrates zu einer Novellierung des Atomgesetzes, mit der in Abweichung von Vorschriften des Gesetzes zur geordneten Beendigung der Kernenergienutzung zur gewerblichen Erzeugung von Elektrizität vom 22. April 2002 (BGBl I S. 1351) die zulässige Produktion von Elektrizitätsmengen („Reststrommengen") erhöht wird (Art. 87c GG, § 24 Abs. 1 AtG), 2010, Typoskript; *Degenhart*, Rechtsgutachten zur Zustimmungsbedürftigkeit eines Gesetzes zur Verlängerung der Laufzeiten von Kernkraftwerken, 2010, Typoskript; *Scholz/Moench*, Rechtsgutachten zur Zustimmungsbedürftigkeit des Bundesrates zu einer gesetzlichen Verlängerung der „Laufzeiten" der Anlagen zur Spaltung von Kernbrennstoffen zur gewerblichen Erzeugung von Elektrizität, 2010, Typoskript.

im Auftrage des Bundes ausgeführt werden. Bereits das Atomgesetz 1959 hatte in § 24 Abs. 1 S. 1 AtG mit Zustimmung des Bundesrats die Bundesauftragsverwaltung im Atomrecht angeordnet. Das 11. Änderungsgesetz zum Atomgesetz aus dem Jahr 2010 führte die Bundesauftragsverwaltung im Atomrecht also nicht ein, sondern modifizierte lediglich das Atomgesetz, für welches die Bundesauftragsverwaltung ohnehin bereits angeordnet war. Wird eine zustimmungsbedürftige Regelung nicht erstmals erlassen, sondern nur geändert, so genügt nach überwiegender Auffassung die ursprüngliche Zustimmungsbedürftigkeit allein nicht zur Begründung der Zustimmungsbedürftigkeit des Änderungsgesetzes.[43] Erforderlich ist vielmehr, dass zustimmungsbedürftige Teile des Ursprungsgesetzes unmittelbar oder – in qualifizierter Form – mittelbar betroffen sind. Unmittelbar betrifft die 11. Atomgesetznovelle die Regelungen über die Verwaltungszuständigkeiten nicht. Für eine mittelbare Auswirkung der Gesetzesänderung auf zustimmungsbedürftige Teile des Ursprungsgesetzes fordert das BVerfG eine „wesentliche Änderung von Bedeutung und Tragweite" zustimmungsbedürftiger Regelungen.[44] Eine solche „wesentliche Änderung von Bedeutung und Tragweite" zustimmungsbedürftiger Regelungen ist vorliegend zu verneinen, da die Reststrommengenvergrößerung der 11. Atomgesetznovelle (durch Gewährung zusätzlicher Reststrommengen) keine qualitative, sondern lediglich eine quantitative Änderung der zustimmungsbedürftigen Teile bewirkt, welche allerdings nicht von einem solchen Umfang ist, dass sie die Zustimmungsbedürftigkeit erforderlich macht.[45]

Im Übrigen sind weder das Ausstiegsgesetz von 2002 noch das 13. Änderungsgesetz zum Atomgesetz von 2011 mit Zustimmung des Bundesrats erlassen worden.[46] Eine solche Zustimmung war auch nicht nötig.

### 2. Anhängiges Verfahren vor dem BVerfG

Fünf sozialdemokratisch geführte Landesregierungen[47] sowie 212 Bundestagsabgeordnete aus den Fraktionen SPD und Bündnis 90/Die Grünen haben vor dem BVerfG Anträge auf ein abstraktes Normenkontrollverfahren gem. Art. 93 Abs. 1 Nr. 2 GG gestellt, in welchem (auch) die Frage der Zustimmungsbedürftigkeit

---

43 Das *BVerfG* hat sich von der sog. Mitverantwortungstheorie, nach der der Bundesrat durch seine Zustimmung die Mitverantwortung für das gesamte Gesetz übernimmt, verabschiedet; vgl. BVerfGE 37, 363 (379); *Kloepfer*, Verfassungsrecht I, § 21 Rdnr. 224 ff.; *Kokott*, in: Bonner Kommentar, Bd. VII, 148. EL Okt. 2010, Art. 77 Rdnr. 44.

44 BVerfGE 37, 363 (383); 39, 1 (34); 48, 127 (180); BVerfG, NVwZ 2010, 1146 (1150).

45 Vgl. *Kotulla/Kilic*, NVwZ 2010, 1449 (1450).

46 Vgl. BR-Drucks. 7/02 v. 01.02.2002 bzw. 391/11 v. 08.07.2011.

47 Es handelt sich um die Landesregierungen der Bundesländer Brandenburg, Berlin, Bremen, Nordrhein-Westfalen und Rheinland-Pfalz.

der 11. Atomgesetznovelle entschieden werden soll.[48] Inzwischen ist allerdings durch das 13. Änderungsgesetz zum Atomgesetz von 2011 die Spalte 4 der Anlage 3 des AtG (über die 2010 gewährten „zusätzlichen Elektrizitätsmengen") gestrichen,[49] d.h. der Kern des 11. Änderungsgesetzes zum Atomgesetz beseitigt worden. Dadurch könnte in dem angestrengten Normenkontrollverfahren nunmehr Erledigung eingetreten sein. Allerdings geht das BVerfG in ständiger Rechtsprechung davon aus, dass das Außer-Kraft-Treten eines Gesetzes der Zulässigkeit des Verfassungsrechtsbehelfs gegen dieses Gesetz dann nicht entgegensteht, wenn von den Regelungen noch immer Rechtswirkungen ausgehen können.[50] Von der Rechtmäßigkeit der Laufzeitverlängerung könnte vorliegend die Antwort auf die Frage abhängen, ob die Energieversorgungsunternehmen durch den beschleunigten Atomausstieg aufgrund der 13. Änderungsnovelle von 2011 in ihren Grundrechten verletzt werden. Insoweit können die Regelungen der 11. Atomgesetznovelle von 2010 noch immer Rechtswirkungen entfalten, weshalb im Ergebnis nicht von einer Erledigung des Normenkontrollverfahrens auszugehen ist. Gleichwohl ist mit der 13. Änderungsnovelle zum AtG aus diesem Normenkontrollverfahren die politische „Luft raus".

Ohne Risiken ist das derzeitige Normenkontrollverfahren freilich nicht. Sollte das Verfahren nicht erledigt sein und sodann das BVerfG – entgegen der hiesigen Erwartung – die Zustimmungsbedürftigkeit des 11. Änderungsgesetzes zum AtG bejahen, bliebe dies nicht ohne starke politische Auswirkungen auf das 13. Änderungsgesetz zum AtG, obwohl dieses nicht Antragsgegenstand des laufenden Normenkontrollverfahrens ist. Das 13. Änderungsgesetz von 2011 ließe sich ohne Zustimmung des Bundesrats aus politischen Gründen nicht mehr halten. Es müsste ein neues Gesetzgebungsverfahren durchgeführt werden, bei dem der Bundesrat dann zustimmen müsste.

## III. „Moratorium"

### 1. Nichtanwendung oder Falschanwendung des AtG?

Ein dritter verfassungsrechtlicher und verfassungspolitischer Problemkreis um den Atomausstieg soll im Zusammenhang mit dem von Bundeskanzlerin *Merkel*

48 Vgl. F.A.Z. v. 17.11.2010, „Klage gegen Laufzeitverlängerung", S. 2; Meldung auf tagesschau.de v. 28.02.2011, http://www.tagesschau.de/inland/spdatomklage102.html; zuletzt aufgerufen am 01.09.2011.

49 Art. 1 Nr. 3 lit. a G. v. 31.07.2011, BGBl. I 2011, S. 1704.

50 Vgl.BVerfGE 100, 249 (257); 5, 25 (28); 20, 56 (94); 79, 311 (326 f.).

am 14.03.2011 verkündeten „Moratorium“ der Laufzeitverlängerung[51] angesprochen werden. Um schnell und öffentlichkeitswirksam nach der Katastrophe von Fukushima politische Tatkraft zu demonstrieren, hatte die Bundesregierung im März 2011 angekündigt, für drei Monate die Laufzeitverlängerung vom Herbst 2010 auszusetzen. Dieser Zeitrahmen sollte für Sicherheitsüberprüfungen der Kernkraftwerke genutzt werden.[52] Vor allem sollten wohl aber auch die bevorstehenden wichtigen Landtagswahlen (Baden-Württemberg, Rheinland-Pfalz, Sachsen-Anhalt) durch das Abräumen des „grünen Themas“ des Atomausstiegs zugunsten der schwarz-gelben Parteien beeinflusst werden, was bekanntermaßen aber im Wesentlichen misslang.[53] Eine Rechtsgrundlage für den Nichtanwendungserlass wurde nicht genannt. Diese gibt es auch nicht. Zunächst schien es der Bundesregierung nach eigenem Bekunden mit dem Moratorium vor allem darum zu gehen, diejenigen Kraftwerke abzuschalten, deren Laufzeit ohne die Laufzeitverlängerung von 2010 bereits abgelaufen wäre.[54] Allerdings wäre dies nur bei einem einzigen Kraftwerk (Neckarwestheim I) tatsächlich der Fall gewesen.[55]

Schließlich wurde daher die Abschaltung der insgesamt sieben Kernkraftwerke – Krümmel blieb zusätzlich abgeschaltet – auf die einschlägigen Vorschriften des geltenden Atomgesetzes (§ 19 Abs. 3 S. 1, S. 2 Nr. 3 AtG) gestützt.[56] Dies misslang. Die Vereinbarkeit dieser Verfügungen mit dem AtG (insbes. § 19 Abs.

---

51 Vgl. die Meldung auf FAZ.net v. 15.03.2011, http://www.faz.net/s/Rub594835B672714A1DB1A121534F010EE1/Doc~E9FAC3BC57E344F20A85FA 806F611E469~ATpl~Ecommon~Scontent.html; zuletzt aufgerufen am 01.09.2011.

52 S. dazu den Bundesumweltminister *Röttgen* in der FAS v. 20.3.2011, S. 7.

53 In Baden-Württemberg kam es zur Bildung der ersten grün-roten Landesregierung, vgl. die Meldung v. 12.5.2011 auf süddeutsche.de, http://www.sueddeutsche.de/politik/gruen-rot-in-baden-wuerttemberg-kretschmann-zu-erstem-gruenen-ministerpraesidenten-gewaehlt-1.1096515; zuletzt abgerufen am 4.10.2011. In Rheinland-Pfalz verblieb es bei der Ministerpräsidentschaft von Kurt Beck (SPD), vgl. die Meldung v. 18.5.2011 auf FAZ.net, http://www.faz.net/aktuell/politik/inland/wahl-in-rheinland-pfalz-2011/kurt-beck-wiedergewaehlt-im-auenland-1639156.html; zuletzt abgerufen am 4.10.2011. Lediglich in Sachsen-Anhalt konnte die CDU zumindest einen Teilerfolg erzielen, indem sie auch in Zukunft den Ministerpräsidenten stellt; hingegen gelang der FDP der Wiedereinzug in den Landtag nicht, vgl. die Meldung v. 19.4.2011 auf zeit.de, http://www.zeit.de/politik/deutschland/2011-04/haseloff-sachsen-anhalt; zuletzt abgerufen am 4.10.2011.

54 Vgl. die Meldung auf FAZ.net v. 15.03.2011, http://www.faz.net/s/Rub594835B672714A1DB1A121534F010EE1/Doc~E9FAC3BC57E344F20A85FA 806F611E469~ATpl~Ecommon~Scontent.html; zuletzt aufgerufen am 01.09.2011; Näheres bei *Kloepfer/Bruch*, JZ 2011, 377 (378 u. 386).

55 Vgl. *Kloepfer/Bruch*, JZ 2011, 377 (378 u. 386). Alle anderen Kernkraftwerke hätten nach der Rechtslage der Atomnovelle von 2002 weiter betrieben werden können. Das hat nicht nur die Bundesregierung zunächst „übersehen“, sondern dauerhaft auch die rot-grüne Opposition.

56 S. dazu den Bundesumweltminister *Röttgen* in der FAS v. 20.3.2011, S. 7.

3 AtG) ist nach zutreffender Auffassung zu verneinen,[57] weil kein konkreter Gefahrenverdacht bei den deutschen Kernkraftwerken vorlag.

2. Verfassungswidrigkeit des „Moratoriums"

Fraglich ist, wie die Ankündigung der Bundesregierung, die Laufzeitverlängerung von 2010 vorläufig nicht mehr anzuwenden, verfassungsrechtlich zu beurteilen ist. Die Laufzeitverlängerung wurde durch das 11. Änderungsgesetz zum Atomgesetz vom 8.12.2010, d.h. durch Parlamentsgesetz, beschlossen. Mithin stellt die Ankündigung, die gesetzlich beschlossene Laufzeitverlängerung vorläufig nicht zu vollziehen, einen Nichtanwendungserlass der Bundesregierung im Hinblick auf ein Parlamentsgesetz dar. Dies ist mit Art. 20 Abs. 3 Alt. 2 GG, welcher anordnet, dass die vollziehende Gewalt an Gesetz und Recht gebunden ist, erkennbar nicht zu vereinbaren.[58] Die Nichtanwendung eines Parlamentsgesetzes durch die Bundesregierung stellt einen Verstoß gegen den Grundsatz vom Vorrang des Gesetzes dar und ist mithin evident verfassungswidrig.[59] Vielmehr hätte die Aufhebung der gesetzlich angeordneten Laufzeitverlängerung von 2010 ihrerseits durch Parlamentsgesetz erfolgen müssen, wie dies nunmehr durch die 13. Atomgesetznovelle vom 31.7.2011 geschehen ist. Insgesamt stellt das Moratorium einen schweren Verfassungsbruch dar, mit dem die Bundeskanzlerin auch ihren Amtseid nach Art. 64 Abs. 2 i.V.m. Art. 56 GG verletzt hat.[6059a] Es spricht nicht für den politischen Zustand unseres Rechtsstaats, dass diese Grundgesetzverletzung letztlich – soweit erkennbar – politisch folgenlos blieb.

Dem Vorwurf evidenter Verfassungswidrigkeit kann im Übrigen auch nicht entgegengehalten werden, die Bundeskanzlerin habe mit ihrer Äußerung zum Moratorium überhaupt keine rechtsverbindliche Erklärung abgeben wollen, sondern letztlich nur eine politische Absicht erklärt. Auch die bloße politische Äußerung wäre verfassungswidrig, weil durch sie ein Verfassungsbruch angekündigt

57 Die Voraussetzungen des § 19 Abs. 3 S. 1, S. 2 Nr. 3 AtG lagen nicht vor, vgl. *Kloepfer/Bruch*, JZ 2011, 377 (386); *Bruch/Greve*, DVP 2011, 178 (185). So auch die Äußerungen von *Papier*, Die ZEIT v. 17.3.2011; Wieland, LTO v. 17.3.2011; a.A. *Roßnagel*, Frankfurter Rundschau v. 4.4.2011; *Calliess*, Deutschlandradio v. 22.3.2011.

58 *Kloepfer/Bruch*, JZ 2011, 377 (386).

59 Ebenso verfassungswidrig ist die Nichtanwendung des Zugangserschwerungsgesetzes v. 17.2.2010 (BGBl. I, S. 78); so auch die zutreffende Kritik von Bundestagspräsident *Lammert*, vgl. den Beitrag auf FAZ.net v. 11.03.2011, http://www.faz.net/aktuell/politik/inland/aerger-unter-den-abgeordneten-lammert-regierung-agiert-grob-verfassungswidrig-1604705.html.

60 [59a] Für die fehlende verfassungsrechtliche Sensibilität auch des Bundesumweltministers *Röttgen* spricht seine im Hinblick auf die rechtlichen Bedenken gegen das Moratorium getroffene Aussage, „überlegtes, klares, entschlossenes Handeln" sei notwendig und nicht etwa „juristische Spitzfindigkeiten"; vgl. den Beitrag auf WELT.de v. 17.03.2011; http://www.welt.de/print/die_welt/politik/article12857007/Krisenkanzlerin-schaltet-das-Recht-ab.html.

worden wäre. Im Übrigen sind die ältesten Kernkraftwerke durch das „Moratorium“ ja auch tatsächlich vom Netz gegangen.

## IV. Mangelhaftes Gesetzgebungsverfahren

Im Hinblick auf das Gesetzgebungsverfahren (vor allem auch auf das sog. innere Gesetzgebungsverfahren der Gesetzesvorbereitung), in dem die 13. Änderungsnovelle 2011 erlassen wurde, bestehen erhebliche verfassungsrechtliche bzw. verfassungspolitische Bedenken. Hierbei sind drei Kritikpunkte besonders zu erwähnen: Erstens sind Bedenken vorstellbar hinsichtlich der Einbringung der Gesetzesvorlage in den Bundestag durch die Regierungsfraktionen anstelle der Bundesregierung (dazu 1.). Zweitens ist die Begründung zum Gesetzesentwurf unzureichend (dazu 2.) und schließlich ist – drittens – die übereilte Beratung des Gesetzesentwurfs im Bundestag näher zu untersuchen (dazu 3.).

### 1. Regierungsvorlage als Parlamentsvorlage

Die Gesetzesvorlage zum 13. Änderungsgesetz zum Atomgesetz wurde formell durch die Regierungsfraktionen der CDU/CSU und der FPD eingebracht[61] und nicht durch die Bundesregierung, obwohl diese das entsprechende Konzept für ein Gesetz vorher beschlossen hatte. Entsprechendes ist im Übrigen auch bei der Laufzeitverlängerung 2010[62] sowie – damals freilich durch die damaligen Regierungsfraktionen von SPD und Bündnis 90/Die Grünen – beim Ausstiegsgesetz 2002[63] der Fall gewesen. In allen Fällen sollte zur Beschleunigung des Gesetzgebungsverfahrens der sog. erste Durchgang beim Bundesrat nach Art. 76 Abs. 2 GG[64] für Regierungsvorlagen vermieden werden. Es handelte sich also bei den Entwürfen zu den Atomgesetznovellierungen um verkappte Regierungsvorlagen im Gewand von (unechten) Parlamentsvorlagen.

Art. 76 Abs. 1 GG zählt die Organe auf, welche zur Gesetzesinitiative berechtigt sind. Neben der Bundesregierung und dem Bundesrat kann die Gesetzesvorlage demnach auch aus der Mitte des Bundestages selbst kommen. Nach § 76 Abs. 1 GOBT[65] müssen die Parlamentsvorlagen von einer Fraktion oder von 5% der Mitglieder des Bundestages unterzeichnet sein. Die drei in Frage stehen-

61 Vgl. BT-Drucks. 17/6070 v. 06.06.2011.

62 Vgl. BT-Drucks. 17/3051 v. 28.09.2010.

63 Vgl. BT-Drucks. 14/6890 v. 11.09.2001.

64 *Kloepfer*, Verfassungsrecht I, 2011, § 21 Rn. 182.

65 Geschäftsordnung des Bundestages, B. v. 02.07.1980 BGBl. I S. 1237; zuletzt geändert durch B. v. 17.12.2010, BGBl. I S. 2199.

den Atomgesetznovellen wurden durch die jeweiligen Regierungsfraktionen eingebracht, folglich erscheinen die jeweiligen Gesetzesinitiativen jeweils formell rechtmäßig erfolgt zu sein.

Gleichwohl bestehen erhebliche Bedenken gegen verkappte Regierungsvorlagen, die als Parlamentsinitiativen getarnt sind. Bei dieser – unterdessen verbreiteten – politischen Praxis drängt sich der Verdacht eines Verfassungsmissbrauchs auf, weil die Form der Parlamentsinitiative unter Verkehrung ihres Sinns (Ermöglichung politischer Vorstöße und normativer Innovationen durch das Parlament) gebraucht wird. Zwar ist die Bundesregierung gemäß Art. 76 Abs. 1 GG selbst auch initiativberechtigt, allerdings birgt ihr Initiativrecht einen erheblichen zeitlichen Nachteil gegenüber dem Initiativrecht der (Regierungs-)Fraktionen[66]: An die Gesetzesinitiative der Bundesregierung schließt sich – wie erwähnt – das sog. Vorverfahren[67] des Art. 76 Abs. 2 GG an, in welchem die Vorlage zunächst dem Bundesrat (im ersten Durchgang) zugeleitet werden muss, um eine interne Abstimmung von Bundes- und Landesexekutiven vor Zuleitung an das Parlament zu ermöglichen. Gesetzesinitiativen „aus der Mitte des Bundestages" hingegen sind unmittelbar im Plenum des Bundestages beratungs- und beschlussfähig; ein solches Verfahren kann mithin bedeutend schneller erfolgen.[68] Aufgrund dieses zeitlichen Vorteils der Parlamentsinitiative gegenüber der Regierungsinitiative liegt die Vermutung nahe, dass die rotgrüne Bundesregierung im Jahr 2002 und die schwarz-gelbe Bundesregierung 2010 und erneut 2011 trotz ihrer eigenen Gesetzesvorbereitungen bewusst auf formelle Regierungsinitiativen verzichteten und stattdessen die Gesetzesentwürfe über die jeweiligen Regierungsfraktionen in den Bundestag einbrachten.

Umstritten ist, wie eine solche Umgehung des Zuleitungsverfahrens des Art. 76 Abs. 2 GG verfassungsrechtlich zu bewerten ist. Im Schrifttum wird teilweise von der Verfassungswidrigkeit dieser politischen Praxis ausgegangen.[69] Art. 76 Abs. 2 GG bezwecke erkennbar die *frühzeitige* Befassung des Bundesrates mit einer Regierungsvorlage, die jedoch durch ein Einbringen als (unechte) Parlamentsvorlage unterlaufen werde. Daher sei von der formellen Verfassungswidrigkeit eines Gesetzes, welches nach oben beschriebener Praxis zustande gekommen ist, auszugehen, wenn feststellbar sei, dass die Gesetzesvorlage zuvor im Kabinett beschlossen und sodann an Abgeordnete oder Fraktionen weitergereicht worden sei, um sie *bewusst* unter Umgehung der Rechte des Bundesrats aus der Mitte des Bundestags einzubringen.[70] Letztlich wird man allerdings nicht die

66 Vgl. *Kloepfer*, Verfassungsrecht I, § 21 Rdn. 196 f.

67 Vgl. *Pieroth*, in Jarass/ders., Grundgesetz, 11. Auflage München 2011, Art. 76 Rdn. 5.

68 Vgl. *Kloepfer*, Verfassungsrecht I, § 21 Rdn. 196.

69 Vgl. *Haratsch,* in: Sodan, Grundgesetz, 2009, Art. 76 Rdn. 11.

70 Vgl. *Haratsch,* in: Sodan, Grundgesetz, 2009, Art. 76 Rdn. 11; i.E. auch *Lücke*, in: Sachs (Hrsg.), GG, 5. Aufl. 2009, Art. 76 Rdn. 26.

Verfassungswidrigkeit verkappter Regierungsentwürfe als unechte Parlamentsentwürfe annehmen können.[71] Das Grundgesetz sieht die Initiativberechtigung der Bundestagsmitglieder vor (Art. 76 Abs. 1 Var. 2 GG) und beschränkt nicht deren Ausübung.[72] Insbesondere verbietet es die Verfassung nicht, dass sich Abgeordnete eine Regierungsvorlage zu Eigen machen.[73] Zudem ist der Bundesrat im weiteren Gesetzgebungsverfahren ohnehin beteiligt (Art. 77 GG).

2. Mangelhafte Begründung des Gesetzesentwurfs

Ein weiterer Kritikpunkt im Hinblick auf das Gesetzgebungsverfahren der 13. Atomgesetznovelle betrifft die mangelhafte, insbesondere viel zu kurze Begründung des Gesetzesentwurfs.

*a) Mangel der Begründung zum Gesetzesentwurf*

Die durch die 13. Atomgesetznovelle geänderte Vorschrift des § 7 Abs. la S. 1 AtG n.F. sieht vor, dass die Berechtigung der noch bestehenden deutschen Kernkraftwerke zum Leistungsbetrieb beim Eintritt einer dort näher bestimmten Frist erlischt, wenn dies nicht schon zuvor aufgrund der Erschöpfung der dem Kraftwerk zugeteilten Reststrommengen erfolgt ist. Dabei bedient sich § 7 Abs. la S. 1 AtG n.F. einer abgestuften Befristungsregelung. Gestaffelt in sechs Gruppen verlieren die bestehenden deutschen Kernkraftanlagen ihre Leistungsberechtigungen zu unterschiedlichen Zeitpunkten, welche zwischen dem 6. August 2011 als frühestem und dem 31. Dezember 2022 als spätestem Abschaltdatum liegen. Die schon während des „Moratoriums" abgeschalteten sieben Kernkraftwerke (sowie Krümmel) sind dabei überhaupt nicht mehr ans Netz gegangen.[74]

Zur Begründung der zeitlich gestaffelten Ausstiegsregelung in der 13. Atomgesetznovelle enthält der Gesetzesentwurf der Regierungsfraktionen lediglich die allgemeine Aussage, dass „[d]ie nunmehr geregelten Zeiträume [...] so be-

---

71 Vgl. *Kloepfer*, Verfassungsrecht I, § 21 Rdn. 197; *Ossenbühl*, in: Isensee/Kirchhof (Hrsg.), Handbuch des Staatsrechts, Bd. 3, 3. Aufl. 2005, § 63 Rdn. 23; *Schmidt-Jortzig/Schürmann*, in: Dolzer/Vogel/Graßhof (Hrsg.), Bonner Kommentar zum GG, 133. EL 2008, Art. 76 Rdn. 264 ff; *Sannwald*, in: Schmidt-Bleibtreu/Hofmann/Hopfauf, GG, 12. Aufl. 2011, Art. 76 Rdn. 39 m.w.N. *Dietlein*, in: Epping/Hillgruber, GG, 2009, Art. 76 Rdn. 32, weist jedoch auf die Möglichkeit eines Organstreitverfahrens, in welchem der Bundesrat die Verletzung seiner Rechte geltend machen kann, hin.

72 *Kloepfer*, Verfassungsrecht I, § 21 Rdn. 197.

73 Vgl. *Dietlein*, in: Epping/Hillgruber, GG, 2009, Art. 76 Rdn. 30.

74 Die Kernkraftbetreiber hatten erklärt, dass sie zwischen dem Auslaufen des Moratoriums am 14.6.2011 und dem Inkrafttreten der 13. Änderungsnovelle die betreffenden abgeschalteten Kernkraftwerke zwischenzeitlich nicht wieder „hochfahren" wollten.

messen [sind], dass sie den Genehmigungsinhabern der Kernkraftwerke für alle Anlagen eine Amortisation ihrer Investitionen sowie das Erzielen eines angemessenen Gewinns ermöglichen, wobei auch hier eine Regellaufzeit von 32 Jahren zu Grunde gelegt worden ist."[75] Zudem wird darauf verwiesen, dass der Gesetzgeber davon ausgehe, dass die Versorgungssicherheit durch die getroffenen Regelungen jederzeit gewährleistet sei. Wie es zu den in § 7 Abs. 1a S. 1 AtG n.F. getroffenen stufenweisen Befristungsterminen im Einzelnen gekommen ist, wird nicht dargelegt. Lediglich der Verweis auf eine Regellaufzeit von 32 Jahren bietet einen Anhaltspunkt für die unterschiedlichen Fristen. Eine Orientierung an einer solchen Regellaufzeit erklärt zwar grundsätzlich, warum ältere Anlagen zu einem früheren Zeitpunkt die Leistungsberechtigung verlieren als neuere Anlagen. So musste beispielsweise das 1975 in Betrieb genommene KKW Biblis A gem. § 7 Abs. 1a S. 1 Nr. 1 AtG n.F. bereits am 6. August 2011 vom Netz genommen werden, während das KKW Neckarwestheim 2, welches 1989 in Betrieb genommen wurde, gem. § 7 Abs. 1a S. 1 Nr. 6 AtG n.F. erst Ende 2022 abgeschaltet wird. Diese Orientierung am Alter der Anlagen bei der Bestimmung der festgesetzten Fristen wird zwar im Großen und Ganzen von der gesetzlichen Regelung durchgehalten.

Allerdings sind in Einzelfällen doch erhebliche Abweichungen von der in der Entwurfsbegründung betonten Regellaufzeit von 32 Jahren gegeben. Augenscheinlich wird dies im Hinblick auf das KKW Krümmel, welches von dem Beginn seines kommerziellen Leistungsbetriebes im März 1984[76] an bis zum 6. August 2011 nur knapp 27,5 Kalenderjahre betrieben werden konnte. Unabhängig davon, dass dies materiell-rechtlich aus sachlichen Gründen (besonderer Störanfälligkeit) gerechtfertigt sein könnte, ist festzustellen, dass sich im Entwurf der Regierungsfraktionen keinerlei Ausführungen hierzu finden. Auch die auffällige Abweichung von der betonten Regellaufzeit im Fall des KKW Gundremmingen C, welches insgesamt für fast 37 Kalenderjahre[77] – und damit beinahe 10 Jahre länger als das KKW Krümmel – betrieben werden darf, wird nicht erläutert. Dass auch diese Abweichung u.U. sachlich einer Rechtfertigung zugänglich sein könnte, insbesondere mit Hinweis auf das Ziel, den Atomausstieg so auszugestalten, dass die Versorgungssicherheit gewährleistet bleibt,[78] ändert nichts daran, dass diese mögliche gesetzgeberische Motivation jedenfalls nicht benannt wurde. Die Begründung zum Gesetzentwurf enthält lediglich den Hinweis darauf, dass davon ausgegangen werde, dass die Befristungsregelung insgesamt die Ver-

75 Gesetzesentwurf der Fraktionen CDU/CSU und FDP, Entwurf eines Dreizehnten Gesetzes zur Änderung des Atomgesetzes, BT-Drucks. 17/6070, S. 7.

76 Vgl. Anlage 3 zum AtG.

77 Vom 18.01.1985 bis 31.12.2021, vgl. Anlage 3 zum AtG sowie § 7 Abs. 1a S. 1 Nr. 5 AtG n.F.

78 Vgl. *Kloepfer*, DVBl 2011 (i.E.).

sorgungssicherheit gewährleiste.[79] Jedoch wird nicht etwa ausgeführt, dass und warum deshalb die im Vergleich längere Laufzeit des KKW Gundremmingen C als erforderlich erachtet wird. Insgesamt stellt sich der Verweis auf die Regellaufzeit von 32 Jahren nicht als ausreichend dar, um die Differenzierungen der gestaffelten Befristungsregelung des § 7 Abs. 1a S. 1 AtG n.F. zu begründen. Die Begründung zum Gesetzentwurf ist damit insoweit unzureichend. Dies wird besonders deutlich, wenn im Vorblatt des Entwurfs zur 13. Atomrechtsnovelle geschrieben wird: „Alternativen: Keine."[80] Das Gegenteil war richtig, wie die zahlreichen Vorschläge in der politischen Debatte zeigten.

*b) Verfassungsrechtliche Begründungspflicht des Gesetzgebers?*

Fraglich ist, wie diese mangelhafte Begründung zum Gesetzesentwurf verfassungsrechtlich zu bewerten ist. Anders als Art. 296 Abs. 2 AEUV kennt der Text des Grundgesetzes keine einschlägige Regelung zur Begründung von Staatsakten. Allerdings müssen Gesetzesentwürfe nach § 76 Abs. 2 GOBT „mit einer kurzen Begründung versehen werden". Die Geschäftsordnung des Bundestages stellt jedoch nur autonomes Satzungsrecht dar, welches im Rang unterhalb der Verfassung sowie des formellen Bundesrechts steht. Ein Gesetz, welches unter Verstoß gegen die Geschäftsordnung des Bundestags zustande gekommen ist, ist also nicht (deswegen) rechtlich fehlerhaft oder gar verfassungswidrig.[81]

Im Schrifttum wird die Frage, ob den Gesetzgeber eine Begründungspflicht für Gesetze (genauer: für Gesetzentwürfe) von Verfassung wegen trifft, unterschiedlich beantwortet.[82] Zwar ordnet das Grundgesetz eine solche Begründungspflicht nicht ausdrücklich an, jedoch wird sie teilweise dem Rechtsstaats- und Demokratieprinzip sowie den Grundrechten entnommen.[83] Schwierigkeiten

79 Vgl. Gesetzesentwurf der Fraktionen CDU/CSU und FDP, Entwurf eines Dreizehnten Gesetzes zur Änderung des Atomgesetzes, BT-Drucks. 17/6070, S. 7.

80 BT-Drucks. 1760, S. 2; nicht ohne Grund das Wort „alternativlos" zum Unwort des Jahres 2010 gewählt worden, vgl. den Internetauftritt der Gesellschaft für deutsche Sprache (GfdS), http://www.gfds.de/aktionen/wort-des-jahres/unwoerter-des-jahres; zuletzt abgerufen am 4.10.2011.

81 Vgl. BVerfGE 29, 221 (234); *Kloepfer*, Verfassungsrecht I, § 15 Rdn. 169 f; *Pieroth,* in: Jarass/ders., GG, 11. Aufl. 2011, Art. 76 Rdn. 1a. Nach a.A. führen schwerwiegende Verstöße gegen die GOBT zur Unwirksamkeit des Gesetzes, vgl. z.B. *Morlok*, in: Dreier (Hrsg.), GG, Bd. II 2006, Art. 40 Rdn. 22. Ein solcher schwerwiegender Verstoß wäre hier aber nicht anzunehmen, da die Begründung nicht vollständig fehlt, sondern nur unvollständig ist und zudem § 76 Abs. 2 GOBT lediglich eine kurze Begründung fordert.

82 Vgl. hierzu zuletzt *Schwarz/Bravidor*, JZ 2011, 653 (656 f.); *Cornils,* DVBl 2011, 1053 (1055).

83 Vgl. etwa *Pestalozza*, NJW 1981, 2081; *Lücke*, Begründungszwang und Verfassung , 1987, S. 105; *Dörner*, in: FS Däubler, 1999, S. 31 (38); *Redeker/Karpenstein*, NJW 2001, 2825; *Kischel,* Die Begründung. Zur Erläuterung staatlicher Entscheidungen gegenüber dem Bürger, 2003, S. 64 ff. (Rechtsstaatsprinzip), S. 87 ff. (Rechtsschutzgarantie), S. 92 ff. (Allgemeiner

kämen dann insbesondere auf Rechtsverordnungen zu, die bisher in Deutschland ohne Begründung (bzw. genauer: ohne begründeten Entwurf) erlassen werden.[84] Gegen die Ableitung einer Begründungspflicht für Legislativakte aus den genannten Verfassungsprinzipien wird vor allem eingewandt, dass die fehlende Begründung von Gesetzen kompensiert werde durch die öffentliche Debatte, welche die Gesetzgebung begleitet.[85] Insoweit sei legislatives Handeln nicht vergleichbar mit exekutivischem und judikativem Handeln, für welches verfassungsrechtliche Begründungspflichten anerkannt seien. Beim Handeln der Verwaltung und der Rechtsprechung fehle es an einer solchen öffentlichen Debatte und es sei eine Rückbindung der Entscheidungen an die gesetzlichen Vorgaben notwendig. Diese Rückbindung werde in der Begründung von Exekutiv- und Judikativakten demonstriert.[86] Für Legislativakte sei eine solche Begründung demnach naturgemäß entbehrlich.

In der Rechtsprechung des BVerfG wird allerdings in Einzelfällen doch die Bedeutung der Gesetzesmaterialien für die Beurteilung der Verfassungsmäßigkeit eines Gesetzes betont.[87] Zwar erkennt das Gericht auf der einen Seite an, dass es bei der Überprüfung der Verfassungsmäßigkeit auch Aspekte zu beachten habe, die in den Gesetzgebungsmaterialien keinen Niederschlag gefunden hätten.[88] Andererseits wird in der Literatur zum Teil aus der Judikatur des BVerfG eine Darlegungslast des Gesetzgebers im Hinblick auf sachlich vertretbare Gründe für Grundrechtseingriffe abgeleitet.[89] Der Gesetzgeber setze sich der Gefahr aus, dass das BVerfG ein Gesetz für verfassungswidrig erklärt, wenn er nicht die Gründe für Grundrechtsbeeinträchtigungen näher darlegt und das Gericht auch selbst nicht sachliche Gründe außerhalb der Gesetzesmaterialien erkennen kann.

---

Gleichheitssatz), S. 99 ff. (Rechtliches Gehör), S. 106 ff. (Demokratieprinzip), S. 116 ff (Grundrechte); a.A. *Schwarz/Bravidor*, JZ 2011, 653 (657) m.w.N. *Cornils,* DVBl 2011, 1053 (1055), denkt zumindest an, eine Begründungspflicht des Gesetzgebers könnte normativ am jeweils einschlägigen Grundrecht ansetzen, um so eine – als reine Ergebniskontrolle nicht mögliche – verfassungsgerichtliche Kontrolle zu ermöglichen. Vgl. in diesem Zusammenhang auch die Entscheidung des BVerfG zu den Regelsätzen des SGB II, BVerfGE 125, 175.

84 Vgl. hierzu *v. Bogdandy,* Gubernative Rechtsetzung, 2002, S. 440 ff.; *Saurer,* Die Funktionen der Rechtsverordnung, 2005, S. 119, 182.

85 *Schwarz/Bravidor*, JZ 2011, 653 (657) m.w.N. Das träfe freilich auf Rechtsverordnungen nicht zu.

86 *Schwarz/Bravidor*, JZ 2011, 653 (657); *Dolzer*, DÖV 1985, 9 (18).

87 Vgl. die Fallgruppen mit Nachweisen bei *Schwarz/Bravidor*, JZ 2011, 653 (654 f.): „Nachvollziehbarkeit von Gesetzeszwecken"; „Planungsmaßnahmen durch Gesetz"; „Prognoseentscheidungen des Gesetzgebers"; „Gesetzesregelungen mit Ausnahmecharakter"; „Verfahrensbezogene Gesetze" sowie ferner *Sannwald*, in: Schmidt-Bleibtreu/Hofmann/Hopfauf, GG, 12. Aufl. 2011, Art. 76 Rdn. 6.

88 Vgl. BVerfGE 7, 377 (411 f.); BVerfG, NJW 1998, 1776 (1777).

89 Vgl. *Schwarz/Bravidor*, JZ 2011, 653 (654, 659).

Im Ergebnis leuchtet nicht ein, warum die Begründungspflichten nicht auch für den Gesetzgeber (und für den Verordnungsgeber) gelten sollen. Die Prinzipien des Rechtsstaats und der Demokratie wölben sich über alle Staatsakte. Deswegen gelten auch Begründungspflichten für alle Staatsakte. Insoweit ist der Ansatz von Art. 296 Abs. 2 AEUV überzeugend, der sich allerdings nur auf Unionsakte bezieht. Das muss unterschiedliche Begründungsintensitäten und -qualitäten bei den verschiedenen Hoheitsakten der einzelnen Staatsgewalten nicht ausschließen. Das kann z.B. dazu führen, dass Politikformulierungen als Gesetzesbegründungen und Meinungen gesetzesvorbereitender Kommissionen zur Begründung von Gesetzesentwürfen ausreichen. Fehlende oder unzureichende Begründungen von Gesetzesentwürfen führen im Übrigen nicht zur Verfassungswidrigkeit von Gesetzen. Vielmehr überzeugt das Konzept des Bundesverfassungsgerichts, das dem Gesetzgeber die Folgen seiner fehlenden oder unzureichenden Gesetzesbegründung überantwortet. Insoweit ähnelt die Begründungspflicht eher einer verfassungsrechtlichen Obliegenheit.[90]

*c) Konsequenzen für die 13. Änderungsnovelle zum AtG*

Das kann für das 13. Änderungsgesetz zum AtG wichtige Konsequenzen haben. Das Gesetz greift durch seine Regelungen in die Grundrechte der Kernkraftwerksbetreiber aus Art. 14 Abs. 1 S. 1, Art. 12 Abs. 1 S. 1 GG sowie Art. 3 Abs. 1 GG ein.[91] Zur verfassungsrechtlichen Rechtfertigung dieser Eingriffe müssen sachliche Erwägungen herangezogen werden. Allerdings finden diese keinen (hinreichenden) Niederschlag in der Begründung zum Gesetzesentwurf. Dies betrifft zuvörderst die bereits dargestellte Problematik der Abweichungen von der im Entwurf betonten Regellaufzeit von 32 Jahren, welche vor allem im Hinblick auf die Vereinbarkeit mit Art. 3 Abs. 1 GG relevant wird. Wären solche Erwägungen nicht vorhanden bzw. nicht erkennbar, würden Grundrechtsverletzungen vorliegen. Da man jedoch außerhalb der Gesetzesbegründung sachliche Erwägungen (z.B. im Bericht der vom Gesetzgeber in Anspruch genommenen Ethikkommission) finden kann, welche für die wesentlichen Abweichungen von der 32-Jahre-Regelung sprechen – im Falle der kürzeren Laufzeit des KKW Krümmel die besondere Störanfälligkeit; im Falle der längeren Laufzeit von Gundremmingen C die Gewährleistung der Stromversorgungssicherheit –, wird sich die mangelhafte Begründung im Ergebnis nicht auf die Verfassungsmäßigkeit des Gesetzes insgesamt auswirken können.

---

90 So auch *Schwarz/Bravidor*, JZ 2011, 653 (656) unter Hinweis auf BVerfGE 125, 175.
91 *Kloepfer,* DVBl 2011 (i.E.).

### 3. Übereilte Beratung der Gesetzesvorlage im Bundestag

Schließlich ist das Verfahren, in dem das 13. ÄndG zum AtG zustande gekommen ist, unter einem dritten Gesichtspunkt verfassungsrechtlich kritisch zu bewerten. Es geht dabei vor allem um das überhastete Gesetzgebungsverfahren.[92] Die Gesetzesvorlage der Regierungsfraktionen wurde am 6. Juni 2011 in den Bundestag eingebracht. Am 9. Juni 2011 erfolgte die erste Beratung der Vorlage.[93] Nachdem der Ausschuss für Umwelt, Naturschutz und Reaktorsicherheit am 29. Juni 2011 seine Beschlussempfehlung abgegeben hatte,[94] erfolgte am Folgetag, dem 30. Juni 2011, die zweite und dritte Beratung mit anschließender Annahme der Gesetzesnovelle.[95] Fraglich ist, ob dieser zeitlich sehr straffe Ablauf des sog. inneren Gesetzgebungsverfahrens noch gewährleisten konnte, dass der Bundestag seiner Verantwortung beim Erlass von Gesetzen noch in hinreichendem Maße gerecht werden konnte bzw. gerecht wurde. In diesen straffen Verfahrensablauf gehört auch die bereits erörterte Umgehung des sog. ersten Durchgangs beim Bundesrat nach Art. 76 Abs. 2 GG (s.o. B. IV. 1.)

Die Gewährung hinreichender Zeit für das Treffen einer Entscheidung ist für eine effektive Kompetenzausübung unabdingbar. Insoweit ist die Gewährung hinreichender Zeit notwendige Kompetenzausübungsvoraussetzung.[96] Wird die hinreichende Zeit für die Entscheidungsfindung (und Beratung) in evidenter Weise[97] nicht gewährt bzw. nimmt sich ein Verfassungsorgan – ohne hinreichenden sachlichen Grund – für die Entscheidungsfindung nicht hinreichend Zeit, liegt grundsätzlich keine verfassungskonforme Kompetenzausübung vor.

In besonders gelagerten Einzelfällen mag es zwar denkbar sein, dass eine *in der Sache* begründete Eilbedürftigkeit dazu führt, dass die Kompetenzausübung in sehr kurzer Zeit erfolgen muss (z.B. Finanzmarktregulierung, Spannungsfall). Die sachlichen Gründe müssen jedoch tatsächlich vorliegen und dürfen nicht lediglich vorgeschoben sein. Zudem müssen das Gewicht der Gründe für die Eilbe-

---

92 Zu einer vergleichbaren Überhastung kam es auch schon bei der 11. Atomgesetznovelle 2010, vgl. die Kritik von Bundestagspräsident *Norbert Lammert* in FAZ v. 30.10.2010, „Lammert kritisiert Laufzeitverlängerung“, S. 2. Vgl. zur Problematik des überhasteten Gesetzgebungsverfahrens: *Kloepfer,* Der Staat 13 (1974), 457 ff.

93 BT-Plpr. 17/114, S. 12958B – 12993A.

94 BT-Drucks. 17/6361. Der Ausschuss empfahl dem Deutschen Bundestag die Annahme der Vorlage in unveränderter Form, vgl. S. 7.

95 BT-Plpr. 17/117, S. 13364C – 13409B sowie S. 13404D – 13409A.

96 Vgl. *Kloepfer,* Der Staat 13 (1974), 457 (467): „die Zeit oder besser: die Rechtzeitigkeit [als] Kompetenzvoraussetzung“.

97 Vgl. *Kloepfer,* Jura 1991, 169 (172): „Große Eile im Plenum und den Ausschüssen begründet für sich allein noch keine Verfassungswidrigkeit; wird der Entwurf jedoch völlig überhastet, d.h. praktisch ohne jede sinnvolle Beratung, verabschiedet, ist dies wohl verfassungswidrig“; *Kloepfer,* Verfassungsrecht I, § 21 Rdn. 201.

dürftigkeit und die Beschleunigung des Kompetenzausübungsvorgangs in einem angemessenen Verhältnis stehen. Und schließlich gilt, dass – selbst wenn eine sachlich gerechtfertigte Eile geboten ist – es absolute Zeitgrenzen geben muss, bei deren Unterschreitung nicht von einer verfassungskonformen Kompetenzausübung gesprochen werden kann. Davon ist jedenfalls dann auszugehen, wenn die Zeit so knapp bemessen ist, dass es tatsächlich nicht möglich ist, die für die effektive Kompetenzausübung erforderlichen Mindestarbeitsschritte auszuführen. Auf das Gesetzgebungsverfahren gewendet bedeutet dies, dass es den Abgeordneten beispielsweise möglich sein muss, die Materialien zu einem Gesetzesentwurf überhaupt zu lesen, bevor sie über den Entwurf abstimmen. Dies ist z.B. nicht der Fall, wenn erst wenige Stunden vor einer Abstimmung im Parlament neue umfangreiche Gesetzesvorlagen vorgelegt werden.

Im Falle der 13. Atomgesetznovelle kann die oben beschriebene Schnelligkeit des Gesetzgebungsverfahrens schon deshalb nicht gerechtfertigt werden, weil keine sachlichen Gründe für die Eile bestanden. Zudem wurden absolute Zeitgrenzen unterschritten. Sachliche Gründe für die an den Tag gelegte Eile wurden weder vom Gesetzgeber dargetan noch sind sie objektiv ersichtlich. Die Ausstiegsentscheidung bestand dem Grundsatz nach schon seit 2002 und sollte nunmehr lediglich nach der Laufzeitverlängerung von 2010 wieder auf die ursprüngliche Situation festgelegt werden. Auch die derzeit den Atomausstieg erwägenden ausländischen Staaten lassen sich offenkundig erheblich mehr Zeit mit ihren Entscheidungen.[98] Der Zeitdruck war nicht der Eilbedürftigkeit in der Sache geschuldet, sondern war letztlich ein Instrument zur Durchsetzung einer politischen Entscheidung. Die Bundesregierung und die Regierungsfraktionen wollten eine längere Beratung verhindern, um nicht die parlamentarische Zustimmung zu gefährden. Der Zeitdruck sollte dem Durchpeitschen der Entscheidung dienen – gewiss kein sachlicher Grund für ein übereiltes Gesetzgebungsverfahren.

Zum anderen wurde dadurch, dass zwischen der Abgabe der Beschlussempfehlung durch den zuständigen Ausschuss am 29. Juni 2011 und der Abstimmung über den Gesetzesentwurf am 30. Juni 2011 nur ein Tag lag, eine absolute Zeitgrenze unterschritten. Es ist faktisch unmöglich, dass in diesem Zeitraum die für die Kompetenzausübung unbedingt notwendigen Arbeitsschritte, wie das Lesen der Beschlussempfehlung und der übrigen Gesetzgebungsmaterialien durch die Abgeordneten in gewissenhafter Weise erfolgen konnten.

Bei dem 13. ÄndG zum AtG ist nach alledem von einem fehlerhaften, ohne hinreichenden sachlichen Grund übereilten Gesetzgebungsverfahren, das nicht

---

98 Die Schweiz, in welcher die derzeitige politische Mehrheit einen Atomausstieg forciert, befindet sich momentan im Prozess der Entscheidungsfindung, vgl. die Meldung v. 28.9.2011 auf NZZ.ch, abrufbar unter: http://www.nzz.ch/nachrichten/politik/schweiz/staenderat_sagt_ja_zum_atomausstieg_1.12707617.html; zuletzt abgerufen am 6.10.2011.

mehr verfassungskonform ist, auszugehen. Dabei ist freilich noch nicht ausgemacht, ob jeder Verfahrensfehler im Gesetzgebungsverfahren zur Verfassungswidrigkeit des Gesetzes selbst führen muss.[99]

## V. Unumkehrbarkeit des Atomausstiegs?

Abschließend soll ein weiterer Aspekt der neueren deutschen Atompolitik im Licht des Verfassungsrechts betrachtet werden. Nachdem Bundestag und Bundesrat im Juni bzw. Juli den beschleunigten Atomausstieg bis zum Jahre 2022 beschlossen hatten, wurden vor allem aus Regierungskreisen viele Politikerstimmen laut, die von einer Unumkehrbarkeit des Atomausstiegs sprachen.[100]

### 1. Rechtliche Unbegründetheit der Unumkehrbarkeitsthese

Verfassungs*rechtlich* kann eine solche These von der Unumkehrbarkeit des gesetzlich festgelegten Atomausstiegs keinen Bestand haben. Sie ist vielmehr verfassungsrechtlich offenkundig unhaltbar.[101] Der Atomausstieg bis 2022 wurde durch ein einfaches Bundesgesetz vom einfachen Gesetzgeber beschlossen. Durch ein späteres einfaches Gesetz kann der zukünftige Gesetzgeber diese Ausstiegsregelung abändern oder ggf. aufheben. Ein späteres Gesetz geht einem älterem Gesetz vor – *lex posterior derogat legi priori*. Die Geltung dieses Grund-

---

99 In BVerfGE 44, 308 (313) wird die Verfassungswidrigkeit und somit die Ungültigkeit des in einem fehlerhaften Gesetzgebungsverfahren zustande gekommenen Gesetzes nur dann bejaht, wenn es sich bei der verletzten Verfahrensvorschrift um zwingendes Verfassungsrecht handelt und der *Gesetzesbeschluss auf dem Verfahrensverstoß beruht*, vgl. auch *Sannwald*, in: Schmidt-Bleibtreu/Hofmann/Hopfauf, GG, 12. Aufl. 2011, Art. 76 Rdn. 6. Hier klingt der Rechtsgedanke des § 46 BVwVfG an. Das Kriterium der *Evidenz* des Verfahrensfehlers betont das BVerfG in BVerfGE 34, 9 (25). *Ulsamer*, in: Maunz/Schmidt-Bleibtreu/Klein/Bethge, BVerfGG, § 80 Rdn. 123, geht nur dann von der Ungültigkeit des Gesetzes aufgrund eines Fehlers im Gesetzgebungsverfahren aus, wenn es sich um einen Verstoß gegen eine *wesentliche* verfassungsrechtliche Vorschrift handelt. Keine wesentliche Vorschrift soll dabei z.B. Art. 76 Abs. 1 und 2 GG sein. Vgl. zur Rechtsprechung des BVerfG: *Pestalozza*, „Noch verfassungsmäßige“ und „bloß verfassungswidrige“ Rechtslagen, in: Bundesverfassungsgericht und Grundgesetz, 1976, Bd. 1 Verfassungsgerichtsbarkeit, S. 519 ff., S. 536 m.w.N. Z.T. wird für bestimmte formelle Fehler zwar die Ungültigkeit des Gesetzes verneint, während jedoch darauf hingewiesen wird, dass ein benachteiligtes Verfassungsorgan die Verletzung seiner Rechte i.R.e. Organstreitverfahrens geltend machen könne, vgl. *Dietlein*, in: Epping/Hillgruber, GG, 2009, Art. 76 Rdn. 32.

100 So z.B. die Äußerung vom sachsen-anhaltinischen Ministerpräsidenten *Reiner Haseloff* (CDU): „Der Atomausstieg ist unumkehrbar.“, vgl. Die WELT v. 4.6.2011.

101 Vgl. hierzu und zum Folgenden Kloepfer, F.A.Z. v. 16.06.2011; abrufbar unter: http://www.faz.net/artikel/C31408/gastbeitrag-herrschaft-auf-zeit-30440672.html, zuletzt abgerufen am 8.8.2011.

satzes ist für einen demokratischen Rechtsstaat, wie das Grundgesetz ihn in Art. 20 Abs. 1 bis 3 für die Bundesrepublik Deutschland vorsieht, unverzichtbar. Demokratie ist Herrschaft auf Zeit. Eine neue parlamentarische Mehrheit muss stets die Möglichkeit haben, ältere, mit früheren Parlamentsmehrheiten beschlossene Gesetze aufzuheben. Nur so erhält das Konzept von Demokratie, nach welchem die heutige politische Opposition in der Zukunft die Mehrheit gewinnen sowie die Regierung bilden und künftig auch eine andere Politik durchsetzen kann, hinreichend legitimierenden Gehalt.

### 2. Unumkehrbarkeitsthese als Mittel politischer Rhetorik

Mangels rechtlicher Unumkehrbarkeit des Atomausstiegs kann man vernünftigerweise die Aussagen der Koalitionspolitiker über die angebliche Unumkehrbarkeit also nur als *politische Absichtserklärung* verstehen, am Ausstieg dauerhaft festzuhalten. Da auch die Opposition den schnellen (bzw. einen noch schnelleren) Atomausstieg wollte, ist politisch in absehbarer Zeit auch nicht mit einer grundsätzlichen Kursumkehr in der deutschen Politik des Atomausstiegs zu rechnen. Sollte es allerdings – etwa weil der für die weitgehende Umstellung auf regenerative Energien notwendige nationale Netzausbau nicht rechtzeitig gelingt – künftig zu schwerwiegenden Stromausfällen und/oder erheblichen Strompreiserhöhungen kommen, ist ein weiterer politischer Meinungsumschwung in Deutschland im Hinblick auf eine neuerliche Laufzeitverlängerung nicht außerhalb des Vorstellbaren.

Die Glaubhaftigkeit auch einer nur politisch gemeinten Unumkehrbarkeitsthese gerät im Übrigen ins Wanken, wenn man bedenkt, dass die Politik bisher eine naheliegende Möglichkeit nicht realisiert hat, die eine zukünftige Abkehr vom Atomausstieg rechtlich und tatsächlich erheblich unwahrscheinlicher machen würde. Diese Möglichkeit läge in einer entsprechenden Verfassungsänderung. Beispielsweise könnte ein Verbot ziviler Kernkraftnutzung nach 2022 im Grundgesetz verankert werden. Forderungen nach einer solchen Verfassungsänderung wurden dementsprechend auch aus Kreisen der Oppositionsparteien erhoben.[102] Entsprechende Gesetzesentwürfe sind in den Bundestag eingebracht (und teilweise schon abgelehnt) worden[103]. Freilich würde auch durch eine solche Verfas-

102 So z.B. Forderungen in der SPD, vgl. die Meldung v. 03.06.2011 auf http://www.sueddeutsche.de/politik/energiegipfel-im-kanzleramt-spd-will-atomausstieg-ins-grundgesetz-schreiben-1.1104563, zuletzt abgerufen am 29.08.2011.

103 Der Vorschlag einer GG-Änderung der Fraktion Die Linke v. 12.04.2011 (BT-Drucks. 17/5474) wurde am 30.06.2011 in zweiter Beratung abgelehnt, vgl. BT-PlPr 17/117, 13364C – 13409B (13418). Der Vorschlag der Fraktion Bündnis 90/Die Grünen v. 28.06.2011 (BT-Drucks. 17/6302) wurde nach erster Beratung an den Innenausschuss verwiesen, vgl. BT-PlPr 17/117, 13364C – 13409B.

sungsänderung der Atomausstieg rechtlich nicht vollends unumkehrbar: Durch eine spätere neuerliche Verfassungsänderung könnte der Atomausstieg wieder aus dem Grundgesetz gestrichen werden. Dies würde nach Art. 79 Abs. 2 GG allerdings jeweils eine Zwei-Drittel-Mehrheit in Bundestag und Bundesrat erfordern. Solche Mehrheitsverhältnisse erscheinen für einen Ausstieg aus dem Ausstieg in Zukunft jedoch als außerordentlich unwahrscheinlich.

Allerdings gibt es auch Argumente, welche gegen eine verfassungsrechtliche Verankerung des Atomausstieges sprechen. Zu der ohnehin bereits sehr hohen Zahl von Änderungen des Grundgesetzes seit 1949[104] würde eine weitere hinzukommen. Auch bestünde die Gefahr, dass das Grundgesetz für tagespolitische Fragen geöffnet würde.[105] Allerdings kann bezweifelt werden, ob die Frage nach dem Atomausstieg tatsächlich lediglich tagespolitischen Charakter hat.[106] Der dauerhafte Ausstieg ist vielmehr eine Entscheidung mit erheblicher Tragweite. Schließlich besteht die Gefahr, dass bei der Aufnahme des Atomausstiegs in das Grundgesetz die Flexibilität der Energiepolitik in einer Weise beeinträchtigt werden könnte, dass nicht mehr den wechselnden Bedürfnissen und Möglichkeiten – etwa bei verzögertem Netzausbau – Rechnung getragen werden kann.[107]

Wenn die Politik dies tatsächlich so sehen sollte und sich eben doch eine Hintertür für die Umkehrbarkeit des Atomausstiegs offenhalten will, dann sollte sie nicht von Unumkehrbarkeit des Ausstiegs sprechen: Unehrlichkeit schafft Misstrauen. Es erscheint jedenfalls alles andere als konsequent, wenn Vertreter der Regierungsfraktionen einerseits davon sprechen, der Atomausstieg sei unumkehrbar, andererseits jedoch den naheliegenden Vorschlag einer Verfassungsänderung nicht aufgreifen und anscheinend seine Vor- und Nachteile kaum ernsthaft diskutieren. Die Glaubwürdigkeit einer politischen These der Unumkehrbarkeit des Ausstiegs wird dadurch erschüttert. Rechtlich ist diese These – wie gezeigt – ohnehin falsch.

---

104 Insgesamt wurde das Grundgesetz seit 1949 bereits 58-mal geändert, zuletzt durch Artikel 1 des Gesetzes vom 21. Juli 2010 (BGBl. I S. 944), durch welchen Art. 91e GG eingefügt wurde; vgl. z.B. die Übersicht bei *Jarass,* in ders./Pieroth, Grundgesetz, 11. Auflage München 2011, Einl. Rdn. 3; *Kloepfer,* Verfassungsrecht I, 2011, § 2 Rn. 172 ff..

105 So z.B. *Battis* in der Westdeutschen Allgemeinen Zeitung v. 9.7.2008; vgl. auch http://beck-online.beck.de/?vpath=bibdata\reddok\becklink\263061.htm&pos=0&hlwords=atomausstieg%c3%90%22verfassung%22#xhlhit, zuletzt abgerufen am 08.08.2011.

106 Vgl. *Kloepfer,* F.A.Z. v. 16.06.2011, abrufbar unter: http://www.faz.net/artikel/C31408/gastbeitrag-herrschaft-auf-zeit-30440672.html, zuletzt abgerufen am 08.08.2011.

107 So äußerte sich laut http://beck-online.beck.de/?vpath=bibdata\reddok\becklink\263061.htm&pos=0&hlwords=atomausstieg%c3%90%22verfassung%22#xhlhit, zuletzt abgerufen am 08.08.2011, *Isensee.*

# Der Suizid der Sowjetunion oder Die Selbstbefreiung ihrer Völker

Helmut Wagner

Am 21. Dezember 2011 jährte sich zum 20. Mal das formelle Ende der Sowjetunion.[1] Aus diesem Anlass hat in Krakau eine internationale Konferenz stattgefunden. Sie hatte zwei Schwerpunkte: den Untergang der Sowjetunion sowie seine Folgen für Europa und die Welt. Im Folgenden werde ich aus Gründen einer mir sinnvoll erscheinenden Begrenzung des von mir zu behandelnden Gegenstandes lediglich auf den ersten Teil des Themas, die Auflösung der Sowjetunion, zu sprechen kommen. Ich werde nicht versuchen, im Einzelnen darzulegen, weshalb es zu diesem in der Tat welthistorischen, weil die ganze Welt bewegenden Ereignis gekommen ist, sondern lediglich bestrebt sein, den Ablauf dieses Vorganges, des Untergang eines „Imperiums“, anhand von Zeitzeugen darzustellen, daraus sieben Schlüsse zu ziehen und außerdem auf drei parallele Vorgänge in der modernen europäischen Geschichte aufmerksam zu machen.

Dabei werde ich so vorgehen, dass ich zunächst drei vom Ende der Sowjetunion unmittelbar betroffene russische Politiker, nämlich Wladimir Wladimirowitsch Putin, Michail Sergejewitsch Gorbatschow und Alexander Nikolajewitsch Jakowlew, zu Wort kommen lassen und dass ich dann ihren Ansichten diejenigen von drei deutschen Beobachtern, nämlich von Ulrich Druwe, Gerhard Simon und Helmut Altrichter, zur Seite stellen werde. Sodann beabsichtige ich, in aller Kürze meine eigene Wahrnehmung des Zerfalls der Sowjetunion darzulegen und auf den Kommentar des US-amerikanischen Russland-Spezialisten Robert Strayer einzugehen. Diesen Vorgang, den Untergang des sowjetischen Imperiums, werde ich zum Schluss in Beziehung zu drei im Europa des 20. Jahrhunderts erfolgten Bankrotten von Imperien setzen: dem tragischen Ende Österreich-Ungarns im Jahre 1918, dem katastrophalen Ende des „Großdeutschen Reiches“ im Jahre

---

1 Anmerkung: Das gleiche Thema ist von mir unter einem anderen Titel auf der Internationalen Akademischen Konferenz „Der Zerfall der Sowjetunion und seine Konsequenzen für Europa und die Welt“ behandelt worden. Diese Konferenz hat vom 29. November bis 2. Dezember 2011 in Krakau in Erinnerung an den Untergang der Sowjetunion vor 20 Jahren stattgefunden. Mein dortiges Referat, das sich nur in Nuancen von dem Berliner Vortrag unterscheidet, der inhaltlich unverändert, nur formal überarbeitet worden ist, trug den Titel „Die Demontage der Sowjetunion im Jahre 1991 – Systemische Eigentümlichkeiten und historische Parallelen“ und ist im 3. Bd. der Veröffentlichung „Rozpad ZSRR i jego konsekwencje dla Europy i świata“, pod redakcją Joachima Dieca, Kraków 2011, S. 45-75, publiziert worden.

1945 und dem sang- und klanglosen Ende des britischen Weltreiches in Gestalt des British Commonwealth of Nations im Jahre 1947 und bald danach.

Damit hoffe ich, Gesichtspunkte zur Sprache zu bringen, die im Rückblick helfen können, den Untergang der Sowjetunion, eines der letzten „Weltreiche", wenn nicht des letzten, ein wenig besser zu verstehen.

## I. Kommentare zum Untergang der Sowjetunion

Die Zeit ist offenbar noch nicht gekommen, um auf umfassende und systematische Werke, welche die Ursachen und die Folgen des sowjetischen Unterganges behandeln, rekurrieren zu können.[2] Was mir deshalb im Hinblick auf russische und deutsche Autoren übriggeblieben ist, war, eigene Forschungen zu unternehmen und die Aussagen von jeweils drei mehr oder minder direkt beteiligten Politikern bzw. von sich mit dem Thema beschäftigt habenden Historikern auszuwerten.

### I.1. Russische Kronzeugen

Es ist mir sinnvoll erschienen, zunächst die Auskünfte von drei russischen Politikern einzuholen, was sie, die den Untergang der Sowjetunion miterlebt und sich dazu geäußert haben, dazu zu sagen haben. Was haben Putin, Gorbatschow und Jakowlew der Nachwelt darüber zu berichten?

#### I.1.1. Putins nachholendes Weltmachtstreben

Was der frühere und jetzige russische Präsident Wladimir Putin (geb. 1952) in einem von ihm überlieferten Ausspruch gesagt hat, ist, dass das Ende der Sowjetunion für ihn „eine der größten Katastrophen des 20. Jahrhunderts" gewesen sei.[3]

---

2 Vgl. die kürzlich erschienenen Werke von Gerhard und Nadja Simon, Verfall und Untergang des sowjetischen Imperiums, München 1993, von Manfred Hildermeier, Die Sowjetunion 1917-1991, München 2001, und von Helmut Altrichter, Russland 1989 – Der Untergang des sowjetischen Imperiums, München 2009, betrachte ich im deutschen Sprachraum als erste Annäherungen an das, was man als Standardwerke bezeichnen könnte. Über die vielfältige Literatur im englischen Sprachraum bis zum Jahre 1997 informiert Robert Strayer, Why Did the Soviet Union Collapse? – Understanding Historical Change, New York 1998, S. 207-211.

3 Im Original lautet der besagte Ausspruch Putins in englischer Übersetzung: "Above all, we should acknowledge that the collapse of the Soviet Union was a major geopolitical disaster of the century. As for the Russian nation, it became a genuine drama. Tens of millions of our co-citizens and compatriots found themselves outside Russian territory. Moreover, the

Damit hat er gewiss den Gefühlen vieler seiner Landsleute Ausdruck verliehen, sich aber über die Ursachen und Folgen dieses Ereignisses nicht näher ausgelassen. Sein politisches Wirken kann man indes als Bestreben verstehen, diesen Vorgang, den er als Niederlage betrachtet, wenn möglich, rückgängig zu machen, so dass Russland wieder in der Lage sein wird, eine weltpolitische Rolle zu spielen. Sein Verhalten lässt jedenfalls nicht erkennen, dass er die Reduktion Russlands zu einer Mittelmacht hinzunehmen willens und bemüht ist, aus dieser Situation das Beste zu machen.

Demgegenüber wird aber auch, wie etwa Christian Wipperfürth argumentiert, die Meinung vertreten, dass Putin sich der Grenzen der Macht Russlands durchaus bewusst sei und dass diese, wie er selbst gesagt hat, keine „imperialen Ambitionen" hegen, ein starkes Russland wohl aber als Stabilisator und „Ankermacht Zentralasiens" benötigt wird.[4] Diese Sicht steht allerdings im Widerspruch zu dem von vielen Beobachtern ernstgenommenen Bestreben Putins, Russland wieder zu einer Weltmacht zu machen. Dazu ist Russland in seinen derzeitigen Grenzen nämlich partout nicht in der Lage. Es bleibt ihm in seiner heutigen Situation eigentlich nur übrig, sich auch, wie andere ehemalige europäische Großmächte es getan haben, in Europa zu integrieren, um auf diese Weise zumindest die Mitgliedschaft in einer Weltmacht zu erlangen. Wenn es indes wirklich Putins Ziel ist, „to restore Russia's former greatness",[5] dann wird ihm zwangsläufig nichts anderes übrigbleiben als zu versuchen, die Ukraine zurückzugewinnen und sich mit einem Kranz von Satteliten zu umgeben, weil der Status eines „global players" in der Welt von heute anders als auf diese Weise nicht zu haben ist. Mit anderen Worten: Das Russland Putins ist nicht gewillt, sich selbst zu integrieren, sondern es wird stattdessen andere zu integrieren trachten, sobald es dazu in der Lage sein wird. Eben das macht Putins Russland potentiell zu einer Gefahr für den Weltfrieden.

---

epidemic of disintegration infected Russia itself." Quelle: http://archive.kremlin.ru/eng/text/speeches/2005/04/25/2031_type70029type82912_87086.shtml. – Vgl. u.a. auch Roland Haug, Putins Welt – Russland auf dem Weg nach Westen, Baden-Baden 2003; ders., Die Kreml-AG – Putin, Russland und die Deutschen, Hohenheim/Stuttgart 2007; Anna Politkovskaya, Putin's Russia – Life in a Failing Democracy, Metropolitan Books 2005; Boris Reitschuster, Wladimir Putin – Wohin steuert er Russland?, Berlin 2004.

4 Vgl. Christian Wipperfürth, Russlands Außenpolitik, Wiesbaden 2011, S. 97 und 114f. Im gleichen Sinne hat sich auch Uwe Halbach geäußert. Vgl. Gernot Erler, Peter W. Schulze (Hg.), Die Europäisierung Russlands, Frankfurt a. M. 2012, S. 223ff.

5 Vgl. dazu auch Dale R. Herspring (ed.), Putin's Russia – Past Imperfect, Future Uncertain, Oxford 2003, S. 225 und 231.

### I.1.2. Gorbatschow: Der gescheiterte Reformer

Von besonderem Interesse dürfte sein, was Michail Gorbatschow (geb. 1931), der letzte Generalsekretär der KPdSU (1985-1991) sowie der erste und letzte Präsident der UdSSR (1990-1991), über sein eigenes Erleben des sowjetischen Unterganges zu berichten hat. Ich berufe mich dabei vor allem auf sein Buch „Der Zerfall der Sowjetunion“,[6] das im Jahre 1992 verfasst worden und noch im gleichen Jahr in einer deutschen Ausgabe erschienen ist. Von Gorbatschow stammt das Diktum, dass er alles ihm Mögliche getan habe, um die Existenz der Sowjetunion in neuer Gestalt und Struktur zu bewahren.[7] Liest man sein Buch, so werden sowohl die Gründe für sein Bemühen klar, die Sowjetunion in veränderter Gestalt zu erhalten, wie auch die Gründe dafür, weshalb ihm das nicht gelungen ist.

Nach seiner Darstellung ist ihm nach etwa zwei Jahren, nachdem er 1985 Generalsekretär der KPdSU geworden war, klargeworden, dass das „alte System“ nicht zu „verbessern“ sei, sondern dass, wie er sich ausgedrückt hat, „Reformen nicht greifen, wenn man nicht das ganze Regime demontiert.“[8] Langsam hatte er sich, wie er nach seiner am 25. Dezember 1991 erfolgten Abdankung als Präsident der UdSSR geschrieben hat, zu der Erkenntnis durchgerungen, dass die Gesellschaft im alten System „im Würgegriff des administrativen Kommandosystems“ zu ersticken drohen würde, dass sie zum „Frondienst an der Ideologie verurteilt wäre.“[9] Ihm war klar geworden, dass das alte System ein „Einheitsstaat“ war, in dem die Völker, ihre Selbständigkeit, ihre Staatlichkeit unterdrückt wurden.[10] Und er gedachte, mit dem „geltenden Prinzip“ zu brechen, das er in der „Partei-Staat-Struktur“ verwirklicht sah, der sich alles unterzuordnen habe und durch das die „ganze Gesellschaft, jeder Mensch verschlungen“ worden sei.[11]

Was er diesem „ultrarevolutionären Modell des Sozialismus“[12] entgegenzustellen gedachte, war eine Gesellschaft, die sich „politisch und geistig aus der Knechtschaft befreit“ hat. Offenbar hatte er sich vorgenommen, ein völlig neues System zu schaffen, in dem „nicht mehr das Zentrum, sondern die Republiken selbst entscheiden, welche Machtbefugnisse sie behalten“ würden. Es ist durchaus glaubhaft, dass es ihm um „einen völlig neuen Staat“[13] ging. Lange Zeit war er sich sicher, dafür die Zustimmung der einzelnen Republiken zu finden, wenn

6 Michail Gorbatschow, Der Zerfall der Sowjetunion, München 1992.

7 Vgl. die Kapitel „In der Hauptsache habe ich mich nicht geirrt“ und „Mag die Geschichte ihr Urteil sprechen“, in: Michail Gorbatschow, a.a.O., S. 208 – 212.

8 Ebda., S. 177.

9 Ebda., S. 145.

10 Ebda., S. 72.

11 Ebda., S. 172.

12 Ebda., S. 207.

13 Ebda., S. 91f.

die neue staatliche Einheit zugleich die Gewähr dafür bieten würde, dass in ihr kein ideologisches Monopol mehr herrschen, die Gewaltenteilung eingehalten und die Marktwirtschaft mit Privateigentum eingeführt sein würde. Bei der Lektüre dieser Passagen seiner Visionen ist es mir oft so vorgekommen, als ob Gorbatschow eine „Gemeinschaft souveräner Staaten" im Stile der Europäischen Union angestrebt hat – nur dass er sie vom „Zentrum" aus zu gründen gedachte, während die west- und nunmehr auch osteuropäischen Staaten eben das, eine politische Gemeinschaft mit einem handlungsfähigen Zentrum, von der Basis aus zu errichten versuchen. Ob ihnen das, was Gorbatschow nicht gelungen ist, gelingen wird, wird allerdings erst der Fortgang der europäischen Integrationsbemühungen zeigen.

In dem, was Gorbatschow als seine Zielvorstellung betrachtet hat, eine „Gemeinschaft Europäischer und Asiatischer Staaten" (GEAS) zu schaffen,[14] erblickte er vor allem die Möglichkeit, die historisch gewachsene Einheit Großrusslands, wenn nicht gar die der Sowjetunion, bewahren zu können. Er wollte damit, wie er sagte, den „Verlust" der „Großen Heimat"[15] verhindern, der sich seiner Ansicht nach unweigerlich einstellen würde, wenn der „Prozess der staatlichen, verwaltungsrechtlichen und sonstiger Abgrenzungen praktisch einsetzt." Das würde viele Menschen ganz unmittelbar betreffen – im Alltag, in der Arbeit, in den zwischenmenschlichen Beziehungen. Eine solche Gemeinschaft unabhängiger Staaten zu gründen, würde, wie er in seinem Brief vom 18. Dezember an die „Verehrten Genossen", die sich in Alma Ata treffen wollten und dort dann die Auflösung der Sowjetunion beschlossen haben, ausgeführt hat, vier unbestreitbare Vorzüge aufweisen: einen gemeinsamen „Eurasischen Markt", beruhend auf der Marktwirtschaft und dem Schutz aller Eigentumsformen; eine „koordinierte Militärpolitik im Kollektiv", welche den militärisch-strategischen Schutz der Gemeinschaft sicherstellen würde; eine unter den Mitgliedstaaten „abgestimmte Außenpolitik", die ein einheitliches Auftreten in der Weltpolitik ermöglichen würde; sowie eine „Koordinierung" der Wissenschafts- und Kulturpolitik, da ansonsten der „geistigen Entwicklung aller unserer Völker ein irreparabler Schaden zugefügt" werden würde.[16]

Was an seinen, wie ich es sehe, nicht nur löblichen, sondern durchaus imponierenden Zielvorstellungen auffällt, ist, dass sie nach Gorbatschows Auffassung nicht oktroyiert, sondern von den betroffenen Völkern selbst gewollt und realisiert werden sollten. Daran aber, an dem gegenseitigen Vertrauen, hat es, wie die weitere Entwicklung gezeigt hat, sowohl bei den betroffenen Völkern wie bei ihren seinerzeitigen politischen Führungen, die tief gespalten waren, gefehlt.

---

14 Ebda., S. 117.
15 Ebda., S. 118.
16 Vgl. ebda., S. 120.

Sie waren sich in ihrer den Ton angebenden Mehrheit einig, sich niemandem zu unterstellen, und zogen es vor, eigene Wege zu gehen. Aus historischen Erfahrungen hatten sie gelernt, dem Zentrum für ihre persönliche und staatliche Existenz zu misstrauen. Sogar dann, wenn es von Gorbatschow repräsentiert sein würde. Der wurde nämlich von seinen „alten Genossen" als Verräter der Sowjetunion angesehen, von den „liberalen Reformern" aber nicht als einer der ihren betrachtet. Weshalb er zwischen die neuen Fronten geriet und ins politische Abseits gedrängt wurde. Die Sowjetunion folgte damit dem Beispiel vieler anderer Imperien, die letztlich zerfallen sind.

### I.1.3. Jakowlew: Der späte Dissident

Von ganz anderer Art als der „Halbkonvertit" Gorbatschow, der auch weiterhin auf „seinen Lenin" geschworen hat,[17] ist Alexander Jakowlew (1923-2005) gewesen. Er hatte einerseits als Mitglied des Zentralkomitees der KPdSU und des Politbüros zu den führenden Funktionären der Sowjetzeit gehört, ist andererseits aber der Einzige gewesen, der sich nach dem Zusammenbruch der UdSSR intensiv mit dem Sowjetsystem und seinen Repräsentanten, vor allem mit Lenin und Stalin, beschäftigt und mit ihnen gebrochen hat. In seiner im Jahre 2002 auf Deutsch erschienenen Autobiographie „Die Abgründe meines Jahrhunderts" heißt es: „Wenn man Schritt für Schritt über die blutige Leiter in den Untergrund einer Zeitspanne von siebzig Jahren hinabsteigt, verfliegt der ganze Mulm aus dem Glauben an die kommunistische Glückseligkeit wie Rauch im Wind. Die ganze Gemeinheit, Feigheit und Bösartigkeit, zu der Menschen fähig sind, entblößen sich bis auf die Knochen – in gleichem Maße wie die grenzenlose Kriminalität des Regimes und der Sadismus seiner Führer."[18]

Dies bin ich geneigt, als das Fazit seiner tiefgründigen Erwägungen anzusehen: „Was nach dem Oktober 1917 geschehen ist, stellt ein unfassliches Drama des Landes, seiner Völker und der einzelnen Menschen dar. Es war ein nicht enden wollender Wechsel von den Leiden der einen und den Verbrechen der anderen.

Freilich ist das totalitäre Regime bei weitem nicht das ganze Leben: Der Bolschewismus und zeitweise einer Art „Neoleninismus" war ein erschreckender Teil des Lebens. Die Zeit verlangt eine ehrliche Antwort auf die Hauptfrage: Wie konnte es geschehen, dass nach Lust und Laune einer kleinen Gruppe von Verbre-

17 Vgl. Sergej Saizew, Gorbacevs Leninismus – Aus der Ideologie der „Perestroika", Frankfurt a. M. 1992. Darin wird der Nachweis geführt, dass Gorbatschow eine „Rückbesinnung auf Lenin" vorgenommen und einer Art „Neoleninismus" angehangen hat (s. S. 11).

18 Alexander Jakowlew, Die Abgründe meines Jahrhunderts, übersetzt von Friedrich Hitzer, Leipzig 2002, S. 34.

chern an den Hebeln der Macht Millionen unschuldiger Menschen vernichtet wurden oder grenzenlosen Torturen ausgeliefert waren und ihr Dasein als Parias der Gesellschaft und Opfer einer unmenschlichen Staatsmaschine fristen mussten? – Die Tragödie des Volkes hört nie auf, eine Tragödie zu sein."[19] – Hier und im Folgenden geht es nun allerdings nicht darum, zu welchem Schluss Jakowlew über das blutige, von Lenin und Stalin errichtete Sowjetsystem gelangt ist, und auch nicht darum, was ihre Erben aus ihm im Laufe der Zeit gemacht haben, sondern lediglich um sein Endstadium. Dazu hat Jakowlew sich nicht eingehend, sondern nur im Vorübergehen geäußert, soweit seine eigene Biographie damit im Zusammenhang steht. Gleichwohl scheint mir auch dieser sein Rückblick aufschlussreich zu sein, gerade weil er anders ausfällt als der vieler seiner Landsleute.

Jakowlew ist davon überzeugt gewesen, dass die Reformbemühungen von Gorbatschow der einzige Weg gewesen sind, um „die Krise (des Systems, H.W.) abzuwenden, bevor sie in ihr akutes, womöglich blutiges Stadium eingetreten wäre. Es war der Weg, mittels einer totalitären Partei den Totalitarismus evolutionär zu zerbrechen, die Prinzipien des Zentralismus und der Disziplin auszunutzen, sich aber zugleich auf den mit Protest geladenen, reformatorischen Flügel zu stützen. Nur so sah ich die historische Möglichkeit, Russland aus der Sackgasse herauszuführen. – Ein Paradoxon? Vielleicht."[20] – Was ihn nach wie vor bedrückte, war, dass die Erben der „kommunistischen Ruine" und eines „einzigartigen Imperiums", dessen Zerfall er als „unausweichlich" betrachtet hat,[21] nämlich Gorbatschow, Jelzin und Putin, sich mit der Reform des Systems so schwer getan haben und dass sie weit hinter dem zurückgeblieben sind, was er sich von den Reformen versprochen hatte: die Erneuerung der politischen Führung an Haupt und Gliedern, die Beseitigung des Einparteien- und die Einführung eines Mehrparteiensystems sowie den Übergang zu einer gemischten Wirtschaftsform und die Garantie des Privateigentums. Die Ursache dafür, dass es den drei Erben auch bisher nicht gelungen sei, die Reformen zu vollenden, sondern dass sie dabei steckengeblieben seien, erblickte er darin, dass sie es versäumt hätten, die „bjurokratija", also die verbürokratisierte Staatsverwaltung, zu entmachten, die er als die das alte System überlebt habende „Kommandoadministration" apostrophierte.[22]

Auf diese Staatsbürokratie habe sich Gorbatschow gestützt, als er den Hebel der kommunistischen Partei nicht mehr benutzen konnte. Jelzin habe sich gehütet, sie anzutasten. Und Putin habe dann nicht gezögert, sich ihrer zu bedienen. Dadurch sei er mehr oder weniger in ihre Hände geraten, zu ihrem Werkzeug

19 Ebda., S. 47.
20 Ebda., S. 42.
21 Ebda., S. 684.
22 Ebda., S. 761.

geworden. Dem stellte Jakowlew entgegen, was er zur „Formierung einer Zivilgesellschaft“ als Voraussetzung angesehen hat: „Es darf nicht mehr heißen: Erst der Staat, dann die Gesellschaft und schließlich der Mensch, sondern: Erst der Mensch, dann die Gesellschaft und schließlich der Staat. Erst dann kommt alles ins richtige Lot.“[23]

Wenn ich richtig sehe, hat Jakowlew nachträglich nicht nur das Scheitern des kommunistischen Experiments in Russland als historisch zwangsläufig erachtet. Er hat sich auch über den Verlust des von ihm sogenannten, wenn auch nicht näher erläuterten „einzigartigen“ sowjetischen Imperiums nicht gegrämt, hat ihm nicht, wie andere es getan haben, nachgetrauert. Was ihn meiner Ansicht nach bis zu seinem Tode im Jahre 2005 umgetrieben hat, war das tragische Schicksal des russischen Volkes. Von ihm hat er gesagt: „Ich war überzeugt, wenn man dem Volk Russlands die Freiheit zurückgab, dann würde es erwachen und sich erheben, um sein Leben so einzurichten, wie es das für nötig hielt. Das stellte sich als selige Romantik heraus. . . . Heute beunruhigt mich sehr vieles. . . . Aber es wächst eine neue Generation mit freiheitlichen Ansichten heran. Ich will daran glauben, dass sie das Land auf die Magistrale des Fortschritts führt – auf die Bahn des sozialen Liberalismus.“[24]

Über Wladimir Iljitsch Uljanow (1870-1924), genannt Lenin, heißt es bei ihm dagegen: „Für Lenin diente das Volk von Russland als Brennholz für das Feuer der Weltrevolution, die Revolution selbst war nur der Auftakt für den permanenten Bürgerkrieg. Mit anderen Worten: Wladimir Uljanow-Lenin verkörperte den Inspirator und Organisator des Terrors in Russland – er steht für alle Zeit vor dem Tribunal 'Verbrechen gegen die Menschheit'.“[25] Und über das von Josef Wissarionowitsch Dschugaschwili (1879-1953), genannt Stalin, errichtete politische System hat er an anderer Stelle gesagt: „Den stalinschen Staat hielt man bekanntlich für sehr stark – durch Raketen, Nuklearwaffen, Repressionen. Aber er machte Bankrott, weil er die Menschen ins Elend stürzte und das Land zur Rückständigkeit verurteilte, obgleich seine Führer stets bekräftigten, der Sowjetstaat sei eine Organisation, die wie ein Leben spendender Mechanismus darauf gerichtet sei, gesellschaftlichen Wohlstand zu erzeugen, und er sei stabiler als der Felsen in der Brandung, was sich schließlich als taube Nuss entpuppte.“[26] Und auch das, was Jakowlew über die Zukunft seines Landes gesagt hat, ist aufschlussreich: „Russland“, so lesen wir, „muss aus eigener Kraft auf die Beine kommen, sich in den

23 Ebda., S. 764.
24 Ebda., S. 48f.
25 Ebda., S. 39.
26 Ebda., S. 750.

allgemeinen Weltentwicklungsprozess einfügen und möglichst rasch die Flecken der bolschewistischen und chauvinistischen Psychologie von sich abschütteln."[27]

Zu dem hier infrage stehenden Thema, dem Untergang der Sowjetunion, hat Jakowlew sich nur ganz am Rande geäußert. Dies ist, was sich in seiner Biographie dazu finden lässt: „Der militär-bolschewistische Putsch vom August 1991 brachte die Union endgültig zur Strecke. Die Vereinbarungen von Beloweschsk (damit sind wohl die Smolensker Gespräche zwischen Jelzin für die Russische Föderation und den ukrainischen und weißrussischen Präsidenten vom 7. – 8. Dezember 1991 gemeint, H.W.) setzten in diesem tragischen Prozess den Schlusspunkt – diese fixierten eine bereits eingetretene Lage. So hat also die kommunistische Elite die Union in Etappen zerfallen lassen."[28] – Vorausgegangen waren dem Putsch seiner Ansicht nach zwei folgenschwere Entscheidungen: der „orthodoxe Flügel" der KPdSU hatte darauf beharrt, eine eigene „Russländische KP" zu gründen, und hätte damit das „erste Signal für den Zerfall der UdSSR" gegeben; dem folgte die „Unabhängigkeitserklärung Russlands", durch welche die „kommunistische Fraktion", die im Obersten Sowjet Russlands die Mehrheit besaß, das „entscheidende Wort zugunsten einer Abspaltung von den anderen Unionsrepubliken" gesprochen hat.[29] In allen drei Fällen, beim Moskauer Putsch, bei der Abspaltung der KPdSU und bei der Unabhängigkeitserklärung Russlands, seien es demnach erzkommunistische Kräfte gewesen, welche das Ende der Sowjetunion herbeigeführt haben.

Wenn ich diese Aussage von Jakowlew im Zusammenhang seiner sonstigen Ausführungen richtig interpretiere, dann ist er zu dem folgenden Schluss gelangt: Erstens, dass das von den Internationalisten Lenin und Stalin geschaffene Sowjetsystem von ihren kommunistischen Nachfolgern, angefangen von Chruschtschow bis zu Tschernenko, die es zu erhalten suchten, notdürftig und gewaltsam am Leben erhalten worden ist; zweitens, dass es dem Ex-Kommunisten Gorbatschow nicht gelungen ist, das Sowjetsystem an Haupt und Gliedern zu reformieren und am Leben zu erhalten; sondern dass es, drittens, nationale Kommunisten gewesen sind, von Boris Jelzin bis zu Nursultan Nasarbajew, welche die Sowjetunion als Reaktion auf den Putschversuch durch die Gründung der GUS begraben haben. Das Sowjetsystem ist demnach Jakowlew zufolge von international gesinnten Kommunisten geschaffen und von national gesinnten Kommunisten beerdigt worden. Was ja doch eine einigermaßen überraschende Einsicht ist, nämlich einem Suizid gleichkommt!

---

27 Ebda., S. 705.

28 Ebda., S. 704.

29 Ebda.

## I.2. Deutsche Beobachter

Es ist mir ebenfalls nicht leicht gefallen, aus den wenigen vorliegenden systematischen deutschen Abhandlungen, die sich mit dem Untergang der Sowjetunion beschäftigen, eine Auswahl vorzunehmen.[30] Wegen der Kühnheit seiner Thesen werde ich mich im Folgenden auf die bereits 1991 erschienene Schrift von Ulrich Druwe „Das Ende der Sowjetunion – Krise und Auflösung einer Weltmacht“[31]; wegen seiner Prägnanz auf den Aufsatz von Gerhard Simon „Die Osteuropaforschung, das Ende der Sowjetunion und die neuen Nationalstaaten“[32]; sowie wegen seiner Materialfülle auf das Werk von Helmut Altrichter „Russland 1989 – Der Untergang des sowjetischen Imperiums“[33] stützen und deren Einsichten vorstellen. Dies geschieht auch hier in der Absicht, verschiedene Gesichtspunkte über ein und denselben Gegenstand, den Untergang der Sowjetunion, kennenzulernen.

### I.2.1. Die Sicht Druwes

Als die Hauptursache für die durch die „Perestroika“ und „Glasnost“ in Gang gesetzte Transformation des traditionellen sowjetischen Systems hat Druwe drei Merkmale identifiziert, die ihm zufolge zur „Erschöpfung des Entscheidungspotentials des totalitären sowjetischen Staates“, also zu seiner inneren Stagnation, beigetragen haben:

- die unbeschränkte Herrschaft und Dominanz der KPdSU bzw. der Parteielite in Gestalt des Zentralkomitees, des Politbüros und des Generalsekretärs der Partei;
- die umfassende Funktionskontrolle aller gesellschaftlichen Bereiche durch die Partei und die Nomenklatura; sowie

30 Außer den drei Schriften, von denen gleich die Rede sein wird, sind, was einschlägige, nach 1991 erschienene Werke betrifft, gleichwohl noch die folgenden Autoren zu nennen: Siegfried Fischer, Zerfall einer Militärmacht – Das Ende der Sowjetarmee, Hrsg. Wissenschaftliches Forum für Internationale Sicherheit e.V., Bremen 1992; Manfred Hildermeier, Geschichte der Sowjetunion 1917-1991, München 1998; ders., Die Sowjetunion 1917-1991, München 2001; Gerhard und Nadja Simon, Verfall und Untergang des sowjetischen Imperiums, München 1993.

31 Ulrich Druwe, Das Ende der Sowjetunion – Krise und Auflösung einer Weltmacht, Weinheim/Basel 1991.

32 Gerhard Simon, Die Osteuropaforschung, das Ende der Sowjetunion und die neuen Nationalstaaten, in: Aus Politik und Zeitgeschichte, B 52-53, 1992, S. 32-38.

33 Helmut Altrichter, Russland 1989 – Der Untergang des sowjetischen Imperiums, München 2009.

- die zentral-bürokratisch wirtschaftliche, kulturelle und politisch-ideologische Planung der gesellschaftlichen Ziele und Aktivitäten.[34]

Damit hat der Autor meiner Ansicht nach in der Tat gewichtige systemische Gründe für die Endkrise des sowjetischen Systems benannt, die nach 69-jähriger Dauer des Regimes in nur wenigen Monaten zu seinem Sturz geführt haben.

In gleicher Weise hat der seinerzeitige Dozent der Stuttgarter Universität anschaulich auf den Punkt gebracht, was unter Gorbatschows „Perestroika" alles verstanden worden sei. Sie bestand seiner Ansicht nach aus vier Teilaspekten:

- aus dem Umbau der Wirtschaft und in der Folge der gesamten sowjetischen Gesellschaft (perestroika),
- aus der Demokratisierung der Gesellschaft (demokraticija),
- aus der größeren Transparenz der wirtschaftlichen, gesellschaftlichen und politischen Entscheidungen (glasnost) sowie
- aus dem Abbau internationaler Spannungen und dem Ausbau der internationalen-wirtschaftlichen Kooperation (globalizacija).[35]

In der „perestroika" hat Druwe den Versuch Gorbatschows gesehen, „der sowjetischen Gesellschaft im Rahmen der sowjetischen Ideologie einen radikalen Umbau zu verordnen, um die seit 1917 schwelende Krise endlich in den Griff zu bekommen."[36] Er hat sich mit seinen Zielen und seinen entsprechenden Aktivitäten ausführlich beschäftigt. Wenn er dabei im Einklang mit Klaus von Beyme betont, dass die Reformen Gorbatschows sich anfangs noch alle im Rahmen des sowjetischen Systems bewegt hätten, so spielt er damit auf die seltsame Zögerlichkeit Gorbatschows an, die überkommenen institutionellen Formen zu zerbrechen, also etwa ein Mehrparteiensystem zuzulassen, das Privateigentum zu garantieren und die Marktwirtschaft einzuführen. Gleichwohl kommt Druwe zu dem Ergebnis: „Sie (Gorbatschows Politik, H.W.) war der Wegbereiter für den Zerfall der UdSSR."[37]

Eine zweite bemerkenswerte Aussage des Autors besteht in dem Satz: „Letztendlich führte das Nationalitätenproblem die Sowjetunion in den Zerfall."[38] Zu dieser Einschätzung ist er dadurch gelangt, dass es zwischen der Zentrale, verkörpert durch Gorbatschow, und den einzelnen Republiken, in denen inzwischen reformwillige Kommunisten das Sagen hatten, zu eskalierenden Konflikten gekommen war. Gorbatschow hatte seinerseits versucht, auf die Forderungen der Republiken einzugehen, aber den Zusammenhalt der Union gleichwohl zu be-

34 Vgl. Ulrich Druwe, a.a.O., S. 156.
35 Vgl. ebda., S. 56.
36 Ebda., S. 52.
37 Ebda., S. 185.
38 Ebda., S. 112.

wahren. Diese waren indessen in unterschiedlichem Grade an ihrer Selbständigkeit interessiert, wobei die Führungen die Unterstützung ihrer Völker suchten und fanden. Für die drei baltischen Völker, die Litauer, die Letten und die Esten, gab es nach dem erfolglosen Moskauer Putsch vom 19. – 21. August 1991 kein Halten mehr. Sie erklärten sich am 21. August als souverän und nicht mehr der Sowjetunion angehörig. Schwieriger war es nach Druwe mit den Entscheidungen der drei „schwergewichtigen Republiken“, der Russischen Föderation, der Ukraine und Weißrusslands. Sie hatten im Jahre 1922 die Sowjetunion gegründet. Von ihnen – und nicht von den am Erhalt der Union am stärksten interessierten asiatischen Republiken – hing das Schicksal der Sowjetunion ab. Sie hatten die Union am 4. Juni 1991 in „Union Souveräner Sowjetrepubliken“ umbenannt. Nach dem erfolglosen Moskauer Putsch im August 1991 ergriffen sie die Gelegenheit, sich selbst zu den Herren der Entscheidung zu machen und das auch weiterhin bestehende, von Gorbatschow verkörperte Zentrum zu ignorieren. In den bilateralen Gesprächen von Smolensk einigten sich Russland und die Ukraine darauf, eigene Wege zu gehen, und in der von 11 der 15 Republiken am 21. Dezember 1991 in Alma Ata angenommenen Erklärung hieß es schwarz auf weiß: „Mit der Schaffung der Gemeinschaft Unabhängiger Staaten (GUS) hört die Union der Sozialistischen Sowjetrepubliken (UdSSR) auf zu existieren.“[39] Damit war das Ende der Sowjetunion auch formell besiegelt. Nationalkommunisten hatten ihr Ende herbeigeführt.

Auch Druwe zufolge hat der erfolglose Moskauer August-Putsch beim Zerfall der Sowjetunion eine entscheidende Rolle gespielt. Zustimmend zitiert er die Aussage des damaligen armenischen Präsidenten Ter Petrosjan: „Das Zentrum ist klinisch tot. Es hat mit dem Putsch Selbstmord verübt.“[40] Damit hat er nicht nur gemeint, dass die Putschisten vergeblich versucht haben, das alte System wiederzubeleben, sondern auch, dass das bisherige Zentrum, als das sich Gorbatschow auch weiterhin verstand, dermaßen diskreditiert worden sei, dass ihm alle Macht abhanden gekommen war, diese nunmehr von den Republiken in Anspruch genommen wurde. Sie waren von nun an die entscheidenden Machtfaktoren.[41]

Die durch die Vereinbarung von Alma Ata entstandene Lage konnte Druwe allerdings selbst nicht mehr berücksichtigen, da er das Manuskript seines Buches im September 1991 abgeschlossen hatte. Er hat die Entscheidung darüber, ob es Gorbatschow nicht doch noch gelingen würde, die Union zu retten, oder aber ob die sich als souverän erklärt habenden Republiken eigene Wege gehen würden, seinerzeit noch für offen gehalten. Wir wissen es heute besser: Tatsächlich hat

39 Vgl. Siegfried Fischer, Zerfall einer Militärmacht – Das Ende der Sowjetunion, Bremen 1992, S. 111.

40 Ulrich Druwe, a.a.O., S. 161.

41 Vgl. ebda, S. 185.

die Vereinzelung der ehemaligen Sowjetrepubliken stattgefunden. Und selbst die GUS-Gründung hat nicht das gebracht, was einige ihrer Initiatoren wohl von ihr erwartet hatten: den lockeren, insbesondere wirtschaftlichen Zusammenhalt der neuentstandenen Republiken.

Das Folgende ist zumindest die Erwartung des Autors gewesen, die er am Schluss seines Buches notiert hat: „Der ökonomisch-technische Modernisierungsdruck, das erwachende politische Selbstbewusstsein der Menschen und Völker und die Veränderungen in der politischen Kultur der ehemaligen Sowjetunion, welche sich vor allem bei Jugendlichen, Künstlern, ökologisch denkenden Menschen, aber auch bei den gut ausgebildeten 'Werktätigen' zeigen, verlangen langfristig eine Systemtransformation. Diese ist im Rahmen totalitärer, autoritärer oder auch nationalistischer Strukturen nicht zu leisten. Wie es in der Wirtschaftspolitik keinen dritten Weg zwischen Marktwirtschaft und Planwirtschaft gibt, so gibt es ihn auch nicht bei der grundsätzlichen Entscheidung für oder gegen die Demokratie."[42] Diese Feststellung mag langfristig stimmen oder auch nicht. Kurzfristig sind „dritte Wege" aber offenbar in der Praxis nicht zu vermeiden. Es sind die jeweiligen Völker, die den Gang der Transformation bestimmen, nicht gutmeinende Analysten. Diese kommen indessen nicht umhin, sich mit den konkreten „Sonderwegen" der Regierungen und ihrer Völker zu beschäftigen.

### I.2.2. Der Simon-Aspekt

Nur auf einen Aspekt, dem Gerhard Simon besondere Aufmerksamkeit geschenkt hat, kann ich hier näher eingehen. Als einer der wenigen deutschen Ostexperten, die stets auf innere Distanz zur Sowjetunion bedacht gewesen sind, hat er bereits 1992 in einem 7-seitigen Aufsatz mit dem Titel „Die Osteuropaforschung, das Ende der Sowjetunion und die neuen Nationalstaaten"[43] zu den gerade erfolgten Ereignissen in Osteuropa Stellung bezogen. Zunächst hat er in seiner Abhandlung sowohl der westlichen Politik wie der Osteuropa-Forschung insgesamt „Blindheit" und „Versagen" vorgeworfen. Sie seien von den Ereignissen völlig überrascht worden, hätten mit ihnen überhaupt nicht gerechnet. Nun seien sie sprachlos und würden es im Hinblick darauf, was die Ursachen des Zerfalls der Sowjetunion betrifft, wohl auch noch für einige Zeit bleiben. Sodann aber ist er seinerseits darauf zu sprechen gekommen, was die Sowjetunion seiner Ansicht nach bislang zusammengehalten hat und was aus ihr wohl werden wird.

Für Simon hat der Untergang der Sowjetunion zwei Hauptgründe gehabt. Zum einen, sagt er, dass es, als die „Klammer", welche die Sowjetunion zusammengehalten hat, die KPdSU, zerfiel, auch um die Existenz der Sowjetunion geschehen

42 Ebda., S. 185f.

43 Gerhard Simon, a.a.O., S. 32-38.

sei.[44] Aber zum Glück für die Unionsmitglieder habe es, zum anderen, eine Alternative zur KPdSU gegeben, die „Nationen".[45] Wie ist es seiner Ansicht nach dazu gekommen, dass ausgerechnet die Nationen nach 69-jähriger Dauer des Sowjetregimes als alternative Machtbasis im Jahre 1991 unversehens zur Verfügung standen? Nach Simons Einschätzung stehen wir hierbei vor einem „Paradox": „Eine Ideologie und ein politisches System, das mit dem Anspruch angetreten war, den politischen Nationalismus zu überwinden, haben wesentlich zur Nationenbildung beigetragen." In diesem Zusammenhang konstatiert er: „Fast alle Nationen auf dem Territorium der ehemaligen Sowjetunion waren am Ende der Sowjetzeit sozial fester gefügt, kulturell tiefer verankert und politisch in höherem Maße aktionsfähig als zu Beginn der sowjetischen Periode in der russischen Geschichte." Seine diesbezügliche Schlussfolgerung lautet: „Die Sowjetmacht hat sowohl durch eine Reihe positiver Maßnahmen als auch durch die Politik der Repression zur Nationenbildung beigetragen."[46]

Dadurch sei es folgerichtig dazu gekommen, dass sich die Reformer der KPdSU an die Spitze ihrer Völker gestellt haben; denn auch in ihrem eigenen Interesse habe es gelegen, sich nicht erneut irgendeinem Zentrum zu unterstellen, mit dem sie in der Vergangenheit schlechte Erfahrungen gemacht hätten, sondern im Einklang mit ihren Völkern eigene Wege zu gehen. Die vielmals „totgesagten Nationen" hätten demzufolge nicht nur das Sowjetsystem überlebt, sondern sich gar als die Basis einer völlig neuen, nunmehr nationalstaatlichen Ordnung erwiesen.

Dieser Umstand bot, wie Simon argumentiert, für alle jene Völker der Sowjetunion, welche um ihre nationale Identität fürchteten, wie etwa die drei baltischen Staaten, die Ukraine sowie Georgien und Armenien, die Chance, auf Distanz zur Union zu gehen und sich für souverän zu erklären. Andere Völker, wie etwa die asiatischen Republiken und auch Moldawien, die nicht um ihre nationale Identität besorgt waren, zeigten sich weitaus zögerlicher, da sie von der Zugehörigkeit zur Union profitiert hatten. Ganz anders haben sich dagegen, wie Simon sagt, die Russen verhalten. Jelzin, Gajdar und dann auch Putin haben das Ende des Imperiums, wie er meint, nur „zähneknirschend" akzeptiert, weil das ihnen die Möglichkeit bot, eigene Wege zu gehen, nicht mehr einem obskuren Zentrum unterstellt zu sein. Für Simon stellt sich in diesem Zusammenhang die Frage: „Ob das Ende des Imperiums wirklich ein Verlust für die russische Nation ist oder nicht umgekehrt die Voraussetzung und die Bedingung ihrer Wiedergeburt."[47]

44 Ebda., S. 35.
45 Ebda.
46 Ebda., S. 35f.
47 Ebda., S. 36.

Simon weiß natürlich, dass das russische Selbstverständnis nicht ein ethnisches, sondern, geschichtlich bedingt, ein staatliches ist. Russland habe sich stets als ein „Vielvölkerstaat" verstanden. Eine ethnisch begründete Identität hätte zwangsläufig den Verzicht auf das Imperium bedeutet, wäre allenfalls mit einem föderativen Regierungssystem zu vereinbaren gewesen, sagt er. Das einzusehen, falle allerdings sowohl kommunistischen Renegaten als auch Demokraten in Russland unendlich schwer; zumal sich nunmehr, wie Simon in Erinnerung ruft, 25 Millionen Russen außerhalb der russischen Landesgrenzen befinden. Für Simon war im Jahre 1992, als er seinen Beitrag verfasst hat, noch keineswegs ausgemacht, welche Entwicklung Russland in Zukunft nehmen würde. Er erklärte seinerzeit lediglich: „Der traditionelle russische Staat in der Form eines Vielvölkerimperiums existiert nicht mehr, und eine russische Nation im europäischen Verständnis gibt es nicht."[48] Diese Einsicht hat ihn dazu geführt, zwei Wege in Erwägung zu ziehen, welche Russland in Zukunft einschlagen könnte: „Entweder die Wiederherstellung des Imperiums oder die Formierung einer Nation auf dem heutigen Territorium der Russischen Föderation."[49]

Was die Wiederherstellung des Imperiums betrifft, so ging Simon davon aus, dass dies nach menschlichem Ermessen nur mittels militärischer Gewalt möglich erscheint. Dagegen würde der „Westen" wohl kaum etwas unternehmen, solange es ich dabei um von Russen bewohntes Territorium handeln würde. Anders wäre es wohl erst dann, wenn die Existenz von souveränen Nationen in Frage gestellt werden würde. – Eine russische Nationbildung im geographischen Rahmen der Russischen Föderation hat es, Simons Ansicht zufolge, dagegen mit mindestens drei „Problemkomplexen" zu tun, mit denen fertig zu werden, es den Russen nicht leicht fallen wird: Sie müssten erstens über den „Schatten ihrer eigenen Geschichte" springen, die aus „Expansionen" bestanden hat; sie müssten zweitens mit 18% nicht-russischer Völkerschaften innerhalb ihrer eigenen Grenzen rechnen, dürften ihnen nicht ihre kulturelle Identität zu nehmen trachten, sondern müssten sie im Rahmen einer föderativen Verfassung zufriedenstellen. Und sie müssten drittens einen Kompromiss zwischen der Fürsorgepflicht für die 25 Millionen „Russen im Ausland" und der Distanz zu ihnen zu finden versuchen, die nun Staatsbürger anderer Staaten sind.[50] Alle drei zu lösenden Probleme würden Geduld und Einsicht in das allein Mögliche erfordern. Simon war sich seinerzeit keineswegs sicher, ob die Russen damit nicht schlichtweg überfordert wären.

Seinen Ausblick hat Simon mit folgenden Überlegungen beschlossen. Er hat nochmals betont: „Die Nationalbewegungen sind in atemberaubender Weise erfolgreich gewesen. Sie haben wesentlichen Anteil am Zusammenbruch des kom-

48 Ebda., S. 37.
49 Ebda.
50 Vgl. ebda., S. 37f.

munistischen Systems gehabt, sie waren die Hauptfaktoren bei der Auflösung der UdSSR als Staat."[51] Ob die neuentstandenen Nationalstaaten sich nicht nach dem Muster der in der Zwischenkriegszeit, von 1918-1939, in Ostmitteleuropa existierenden Staaten verhalten würden, nämlich sich zu radikalisieren und autoritäre Regime zu generieren, sei nicht abzusehen, sagt er vorsichtig.[52] Aber er hat doch auch nicht ausgeschlossen, dass die Nachfolgestaaten der Sowjetunion lebens- und handlungsfähig sein werden, wenn er auf sie bezogen hinzugefügt hat: „Die Wege der Nationalbewegungen zur Parlamentarischen Demokratie bleiben in Osteuropa offen."[53] – Wobei er allerdings noch nicht wissen konnte, dass zumindest die westlichen Staaten des ehemaligen sowjetischen Imperiums, also die baltischen Staaten, mitteleuropäische Staaten wie Polen, die Tschechische Republik und die Slowakei sowie auch Balkan-Staaten, später in der Europäischen Union einen sicheren „Zufluchtshafen" finden würden, der geeignet war, sie zwar nicht vor autoritären Anwandlungen, wohl aber vor autoritären Systemen zu bewahren.

### I.2.3. Altrichters Russland

Der Erlanger Universitätsprofessor Helmut Altrichter (geb. 1945) hat die Chance, die ihm ein Moskau-Aufenthalt im Jahre 1989 bot, genutzt. Er hat während eines Forschungsjahres in der sowjetischen Hauptstadt, das ihm seine damalige Universität Augsburg gewährt hatte, vor Ort miterlebt, was sich damals in der Sowjetunion ereignet hat; und er hat danach, in den Jahren 2002-2009, in sieben Monographien seine durch intensive Quellenstudien ergänzten Erkenntnisse publiziert. In seinem Buch „Russland 1989 – Der Untergang des sowjetischen Imperiums"[54] hat er zunächst, in vier Kapiteln mit den Überschriften

I. Ein Land im Umbruch
II. Das Ende der Parteiherrschaft
III. Der Verfall der Staatsautorität
IV. Die Auflösung des Imperiums

auf insgesamt 388 Seiten viele seiner Erlebnisse und Erkundungen des sowjetischen Alltags festgehalten. Erst danach, ganz am Schluss, ist er in seinem „Ausblick", der nur 15 Seiten umfasst, auf die Agonie der Sowjetunion eingegangen.[55]

---

51 Ebda., S. 38.
52 Ebda.
53 Ebda.
54 Helmut Altrichter, Russland 1989 – Der Untergang des sowjetischen Imperiums, München 2009.
55 Vgl. ebda., S. 389-404.

Nach Altrichter wurde der erste, noch verfassungskonforme Schritt zur Auflösung der Sowjetunion dadurch getan, dass auf der dritten Session des Volksdeputiertenkongresses Mitte März 1990 sowohl die Einrichtung eines Präsidentenamtes wie die Novellierung der Verfassungsartikel 6 und 51 beschlossen wurden, durch welche das politische Monopol der KPdSU beseitigt und die Gründung von Parteien ermöglicht worden wäre. In diesem Zusammenhang war Gorbatschow am 15. März 1990 als einziger Kandidat mit der erforderlichen absoluten Mehrheit der Stimmen zum Präsidenten der UdSSR gewählt worden. Sein Amt war, weil die Sowjetunion sich in einem Ausnahmezustand befand, mit einer außerordentlichen Machtfülle ausgestattet. Er entschied nicht nur allein über die Ausrufung des Kriegs- und Ausnahmezustandes, koordinierte nicht nur die Staatsorgane zur Verteidigung, sondern besaß auch die Richtlinienkompetenz in der Innen- und Außenpolitik des Gesamtstaates. Ja, er konnte sogar unter bestimmten Umständen in den Unionsrepubliken vorübergehend eine „Präsidentenherrschaft“ durchsetzen. Was als Rettungsmaßnahme gedacht war, den Präsident mit Sondervollmachten auszustatten, erwies sich jedoch in der Sicht von Altrichter insofern als kontraproduktiv, als dadurch die Angst derjenigen mobilisiert wurde, die in den Unionsrepubliken inzwischen das Sagen hatten und nun befürchteten, ihre gerade erlangte Macht über kurz oder lang wieder zu verlieren.

Was das Ringen um einen noch von Gorbatschow mitentworfenen neuen Verfassungsvertrag einer „Union Souveräner Sowjetrepubliken“ anging, der die alte, stalinsche Verfassung aus dem Jahr 1936 ablösen sollte, so war es zu seiner Ausarbeitung deshalb gekommen, weil gerade in den ersten Monaten der Präsidentschaft von Gorbatschow die Auflösung der Sowjetunion rapide Fortschritte gemacht hatte.[56] Nicht nur die baltischen Staaten bestanden auf ihrer Souveränität, sondern im Sommer 1991 erhoben auch andere Republiken den gleichen Anspruch, darunter die Kernrepubliken Russland, Weißrussland und die Ukraine. „Sie forderten, was ihnen laut Verfassung ohnehin zustand, nun aber offenkundig Wirklichkeit werden sollte.“[57] Dabei spielte naturgemäß die „Russische Sozialistische Föderative Sowjetrepublik“ eine entscheidende Rolle.

Der neugewählte Volksdeputiertenkongress der RSFSR hatte bereits am 12. Juni 1990 mit überwältigender Mehrheit eine Souveränitätserklärung verabschiedet. Zusätzlich war auch die Stellung von Boris Jelzin durch seine Volkswahl im Juni 1991 zum Präsidenten der RSFSR gestärkt worden. Gleichwohl war es Gorbatschows unermüdlichen Bemühungen gelungen, dass die Führungen der Republiken dem Entwurf eines neuen Unionsvertrages zustimmten, der allerdings, darin hatte Gorbatschow nachgegeben, stark konföderative Züge trug. Anfang

56 Vgl. ebda., S. 400.
57 Ebda., S. 397.

August 1991 „erklärte Gorbatschow den Vertragstext für unterschriftsreif.“[58] Dem aber kam, gerade als Gorbatschow sich im Urlaub auf der Krim befand, der Moskauer Putsch vom 19. – 21. August zuvor. Er vereitelte die für Anfang September geplante Unterzeichnung.

Der Putsch wurde am 19. August mit dem Hinweis auf eine angebliche Erkrankung Gorbatschows, die ihn darin hindern würde, seine Amtspflichten als Präsident der UdSSR auszuüben, von einem neunköpfigen „Notstandskomitee“ ausgelöst. „Ihm gehörten neben dem Vizepräsident der UdSSR (Janajew) auch der Premierminister (Pawlow), der Innenminister (Pugo), der Verteidigungsminister (Jasow), der KGB-Vorsitzende (Krjutschkow) und der 1. Stellvertreter des Präsidenten im Verteidigungsrat der UdSSR an.“[59] In der Erklärung zur Machtübernahme durch das Notstandskomitee hieß es, dass dieses sich zu dem Schritt entschlossen hatte, um „ein Abgleiten der Gesellschaft in eine gesamtnationale Katastrophe zu verhindern.“[60] Was diese engsten Vertrauten Gorbatschows, der sie alle in ihre Ämter gebracht oder belassen hatte, damit bezweckten, war in erster Linie, den Abschluss des geplanten neuen Unionsvertrags zu vereiteln, der ihrer Ansicht nach über kurz oder lang den Tod der Sowjetunion zur Folge haben würde. Den Abschluss des Vertrages haben sie durch ihren Putsch in der Tat verhindert, den Untergang der Sowjetunion aber nicht aufgehalten, sondern im Gegenteil beschleunigt.

Dass der Putsch nach drei Tagen überraschender Weise zusammenbrach, war, wie Altrichter betont hat, „nicht zuletzt ein Verdienst des neugewählten russischen Präsidenten (nämlich Jelzins, H.W.), der sich an die Spitze des Widerstandes stellte, alle Aktionen des Notstandskomitees für illegal erklärte und alle sowjetischen Exekutivorgane auf dem Boden der RSFSR seiner Befehlsgewalt unterstellte.“[61]

Auf zweieinhalb Seiten hat Altrichter dann zusammengefasst, was er zum „Ende der Sowjetunion“ zu sagen hat. Danach ließ der gescheiterte Putsch, der die Verhaftung des Notstandskomitees und das Verbot jeder Aktivität der KPdSU auf russischem Territorium zur Folge hatte, Gorbatschow auf der Bühne der Union faktisch allein zurück. Dieser habe sich beeilt, am 24. August seinen Rücktritt vom Vorsitz der KPdSU, also als Generalsekretär, wie dieser Posten lange Zeit geheißen hatte, zu erklären. Der am 2. September in einer außerordentlichen Sitzung des Volksdeputiertenkongresses der Union gegründete Staatsrat der Union bestand aus dem immer noch amtierenden Präsidenten der Union, Gorbatschow, sowie den Führern der Unionsrepubliken. Dieser habe am 14. November mit oder

58 Ebda., S. 400.
59 Ebda.
60 Ebda.
61 Ebda., S. 401.

auch ohne Gorbatschow, das ist strittig, beschlossen, die bisherige sowjetische Verfassung außer Kraft zu setzen. Was aber ist aus dem seit Anfang August auf dem Tisch liegenden neuen Verfassungsvertrag geworden?

Dazu heißt es bei Altrichter: „In dieser reichlich verfahrenen Situation trafen sich am 8. Dezember 1991 die Präsidenten Russlands, Weißrusslands und der Ukraine, erklärten die Verhandlungen zur Vorbereitung eines neuen Unionsvertrages für gescheitert, die ‘UdSSR als Subjekt des Völkerrechts und als geopolitische Realität‘ für nicht existent und gründeten stattdessen eine ‘Gemeinschaft Unabhängiger Staaten‘ (GUS).“[62] Der endgültige, offizielle Schlussstrich unter die Existenz der Sowjetunion wurde in der Sicht von Altrichter durch den kurz darauf folgenden Akt gezogen: „Am 21. Dezember 1991 trafen sich die drei Sezessionisten in Alma Ata mit den obersten Repräsentanten Armeniens, Aserbaidschans, Kasachstans, Kirgisiens, Moldawiens, Tadschikistans, Turkmenistans und Usbekistans, die der Gemeinschaft beitraten und künftig alle als gleichberechtigte Gründer der GUS gelten sollten. Am 25. Dezember zog Gorbatschow die Konsequenz aus der entstandenen Lage und trat als Präsident der UdSSR zurück.“[63] Die Sowjetunion gehörte damit der Geschichte an.

## II. Eigenarten des Unterganges der Sowjetunion

Im Folgenden geht es mir darum, die spezifischen Züge des Untergangs der Sowjetunion, soweit sie sich aus den vorausgegangenen Erkundigungen ergeben, zu benennen und in aller Kürze auch zu begründen. Zum Schluss dieses Kapitels, wenn ich den Extrakt meiner Überlegungen darlege, werde ich meine Einsicht präsentieren, dass der Akt des sowjetischen Selbstmordes zugleich ein Akt der Selbstbefreiung der sowjetischen Völker ist.

### II.1. Der Selbstmord des Sowjetsystems

Eine **erste** Eigentümlichkeit des Zerfalls der Sowjetunion ist in meinen Augen, dass er nicht einer militärischen Niederlage zu verdanken ist, sondern einem inneren „Ausnahmezustand“, dem Zerfall, der die Sowjetunion zusammengehalten habenden KPdSU. Sie hat sich in ihre nationalen Bestandteile aufgesplittert und sich damit als Klammer der Sowjetunion und des sowjetischen Imperiums selbst „abgeschafft“.

---

62 Ebda., S. 404.

63 Ebda.

Im Gegensatz zu dem Ende vieler anderer Imperien ist der Untergang der Sowjetunion demnach nicht durch äußere Umstände, Niederlagen, sondern durch innere Kräfte bewirkt worden, die das System bisher getragen hatten und die es nunmehr reformieren wollten. Sie waren alles Produkte des alten Regimes, die sich, als seine Repressionskraft nachließ, zunächst in den sowjetischen Satelliten und dann auch in der Sowjetunion als Reformer selbst zu Wort meldeten und dann in Gestalt von „national-kommunistischen" Bewegungen, eine andere Bezeichnung für ihre erfolgte Mutation fällt mir auf Anhieb nicht ein, dem alten System den Todesstoß versetzt haben.

So gesehen, handelt es sich im Sinne des armenischen Präsidenten Ter Petrosjan um einen perfekten Selbstmord des Sowjetsystems, wenn auch einen nichtbeabsichtigten, begangen von seinen eigenen Trägern. Der US-amerikanische Russland-Experte Robert Strayer hat seinerseits argumentiert, dass man im Hinblick auf das Ende der Sowjetunion nicht von einer „Implosion" und auch nicht von einer „Niederlage" sprechen könne, sondern vielmehr im Sinne von Gorbatschow von einer „Demontage" des Sowjetsystems.[64] Ich füge dem hinzu, dass man genauso gut von einer „Selbstdemontage" des Systems wie von einer „Selbstbefreiung" seiner Völker als Folge des Zerfalls der Sowjetunion sprechen kann.

## II.2. Wer sind die Totengräber gewesen?

Die **zweite** Eigentümlichkeit des Zerfalls der Sowjetunion ist in meinen Augen, dass sie nicht durch Dissidenten, ihren erklärten Gegnern, zur Strecke gebracht worden ist, sondern von ihren eigenen Genossen. Diese waren lange Zeit der Rückhalt des Systems gewesen. Ihre Spaltung in Reformer und Bewahrer hat dem alten System das Genick gebrochen und ein neues geschaffen, das allerdings von ganz anderer Art ist, als Reformer – wie Gorbatschow und Jakowlew – es sich vorgestellt hatten.

Im Vergleich mit den neuen reformerischen Kräften waren die alten Gegner, Monarchisten, Liberale und Demokraten, nahezu ohnmächtig. Sie haben weder beim Umsturz noch beim Aufbau der neuen Regime eine entscheidende Rolle gespielt. Das wird durch die Personalien der Reformer bekräftigt: Weder Gorbatschow noch Jelzin und Putin in Russland, weder Krawtschuk noch Janukowitsch in der Ukraine; weder Lukaschenko in Weißrussland, weder Schewardnadse in Georgien, weder Nasarbajew in Kasachstan und weder Petrosjan in Armenien waren Dissidenten. Sie waren alle mehr oder weniger stramme „Bolschewisten" gewesen.

---

64 Robert Strayer, Why Did the Soviet Union Collapse? – Understanding Historical Change, New York 1998, 203.

Somit hat ein erheblicher Teil der alten sowjetischen Elite die Beerdigung der Sowjetunion eigenhändig vorgenommen. Sie hat den Sturz der Sowjetunion überlebt und davon sogar noch profitiert. Und sie hat sich schließlich als Gründer neuer Nationalstaaten einen Namen gemacht. Als Totengräber wie als Staatengründer hat sie Geschichte geschrieben.

## II.3. Der abrupte Ideologiewechsel

Eine **dritte** Eigentümlichkeit des Zerfalls der Sowjetunion ist in meinen Augen der abrupte Ideologiewechsel von der utopischen Welterlösungsidee des revolutionären Kommunismus zu einem das Interesse der eigenen Völker ins Zentrum rückenden Nationalismus.

Es ist in der Tat überraschend, mit welcher Geschwindigkeit die 69 Jahre lang indoktrinierte marxistisch-leninistische Ideologie nicht nur offiziell ad acta gelegt, sondern auch aus den Köpfen der „Genossen“ verschwunden ist. Das lässt sich meiner Ansicht nach zum einen nur dadurch erklären, dass die offizielle Ideologie von einem Großteil der sowjetischen Bevölkerung nicht wirklich verinnerlicht worden, sondern als fremd und aufgesetzt empfunden worden war; und lässt zum anderen den Schluss zu, dass der Appell an das nationale Interesse sowohl bei den einfachen Bürgern wie auch bei den Politikern den größeren Anklang gefunden hat. Bei den einen, weil sie sich davon sehr verschiedene persönliche Vorteile versprachen; bei den anderen, weil sie damit auf demokratische Weise an die Macht gelangen oder aber an ihr bleiben konnten.

Im Übrigen hat sich damit in der Sowjetunion nach 1991 mit zeitlich reichlicher Verspätung nur das wiederholt, was sich in West- und Mitteleuropa in Schüben nach der Französischen Revolution von 1789 ereignet hat: der Siegeszug von Nationalbewegungen. Er hat Vielvölkerstaaten, wie etwa Österreich-Ungarn, den Garaus gemacht. Er ist auch durch zwei deutsche Hegemonialbestrebungen, denen von 1914 und von 1939, nicht zu stoppen gewesen, sondern hat ihm stattdessen neuen Auftrieb gegeben. Und er hat sie, die souveränen Nationalstaaten Europas, jedenfalls zumeist, schließlich – angefangen mit der von sechs westeuropäischen Staaten im Jahre 1950 gegründeten Montanunion – dahin gebracht, sich in einer von ihnen begründeten und dominierten Gemeinschaft, der Europäischen Union, ein gemeinsames Dach zu geben und sie zu gemeinsamem Handeln zu befähigen.

## II.4. Der Todesstoß

Eine **vierte** Eigentümlichkeit des Unterganges der Sowjetunion bin ich geneigt, in dem Moskauer Putsch vom 19. – 21. August 1991 zu sehen. Im Gegensatz zu den Absichten des „Notstandskomitees“, das ihn ausgerufen hat, bewirkte er nicht die Fortexistenz des Sowjetsystems, sondern beschleunigte er seinen Zerfall.

Der Putsch diskreditierte seine erzkommunistischen Urheber, beschädigte das Ansehen von Gorbatschow schwer, ließ Jelzin triumphieren und bestärkte nationalstaatliche Kräfte in ihrem Vorhaben, die Union zu verlassen. In einer von Russland dominierten Union fühlten sich die anderen Völker in ihrer politischen Existenz und kulturellen Identität noch mehr als zuvor bedroht. Der nunmehr verstärkt drohenden russischen Vorherrschaft zu entgehen, war demnach ein weiterer Grund, die Union aufzukündigen und ihr Heil in der Souveränität der eigenen Nation zu suchen.

## II.5. Der abrupte Systemwechsel

Als eine **fünfte** Eigentümlichkeit des Unterganges der Sowjetunion finde ich den Umstand erwähnenswert, dass das Ende der Sowjetunion innerhalb von kurzer Zeit, praktisch in zwei Jahren, vom Fall der Berliner Mauer am 9. November 1989 bis zur Todeserklärung von Alma Ata am 21. Dezember 1991, erfolgt ist.

Während andere Imperien, so etwa die polnisch-litauische Adelsrepublik und das türkische Ottomanen Reich, eine längere Schwächeperiode durchgemacht haben, bis sie auch ohne größere Nachhilfe von außen zerfallen sind, ist die Agonie des Sowjetsystems relativ kurz und weitgehend unblutig verlaufen. Den Grund dafür erblicke ich darin, dass das Sowjetsystem lediglich auf zwei Pfeilern ruhte: auf der kommunistischen Heilsideologie und der KPdSU. Als der eine Pfeiler, die Ideologie, ihre Attraktion verlor, weil ihre Versprechungen nicht in Erfüllung gegangen waren, und als der andere, die Partei, zerfiel und gar auf dem russischen Territorium verboten wurde, war das System orientierungs- und kopflos. Es hatte seine Stützen verloren, brach wie ein Kartenhaus zusammen, weil es über keinen weiteren Rückhalt verfügte.

## II.6. Die Erblast der Sowjetunion

Es gibt in meinen Augen noch eine **sechste** Eigentümlichkeit, welche die Sowjetunion hinterlassen hat. Sie besteht in der Fortexistenz einer aufgeblähten Staatsbürokratie, die ein Überbleibsel der gleichgeschalteten kommunistischen Gesellschaft ist. Sie spielt heute allerdings nur in den Kerngebieten der ehemaligen Sowjetunion eine Rolle, nicht oder doch in weit geringerem Maße dagegen auch in den sowjetisierten Staaten Osteuropas. Sie erstickt die Zivilgesellschaft, unterdrückt gesellschaftliche Aktivitäten, agiert, wie zuvor, als gesellschaftlicher Vormund und wird politisch als Herrschaftsinstrument benutzt.

Es ist in der Tat für die Kernstaaten der einstigen Sowjetunion typisch, dass die dort nach wie vor allmächtige Staatsbürokratie, ein kaum lösbares Problem darstellt. Meiner Ansicht nach ist das darauf zurückzuführen, dass die Staatsbürokatie in diesen Staaten immer noch nicht nur administrative, sondern in hohem Maße auch wirtschaftliche, kulturelle und wissenschaftliche Funktionen ausgeübt hat und noch ausübt. Die Entmachtung der Staatsbürokratie und ihre Ersetzung durch gesellschaftliche Kräfte, ohne dass es dabei chaotisch zugeht, stehen dort noch bevor. Es ist dies überdies eine Voraussetzung dafür, dass demokratische Verfahren nicht nur auf dem Papier stehen, sondern auch praktiziert werden.

## II.7. Der Suizid und die Selbstbefreiung

Insgesamt gesehen, **siebentens**, ist der Untergang der Sowjetunion, wenn ich mich nicht irre, ein in der Geschichte noch nicht dagewesener revolutionärer Vorgang. Während sich bisherige Revolutionen dadurch auszeichneten, dass sie, ganz gleich ob blutig oder unblutig, zu einem politischen Führungswechsel geführt haben, die bisherigen Machthaber durch neue ersetzt wurden, ist für die „Sowjetische Revolution“ von 1989 bis 1991 kennzeichnend, dass das politische System zwar total ausgewechselt wurde, die politischen Führungen aber zumindest personell vorerst weitgehend die alten geblieben sind.

Was mich bewogen hat, von einer „Demontage“ bzw. von einem „Suizid der Sowjetunion“ zu sprechen, ist, dass es die eigenen Machthaber selbst gewesen sind, die das alte System gestürzt haben; wenn auch nicht absichtlich, so doch im Resultat. Daran besteht nach allem, was wir wissen, kein Zweifel. Man kann aber genauso gut, wie den „Selbstmord“ des alten Systems durch ihre Machtinhaber auch die „Selbstbefreiung“ der ehemaligen Machthaber und ihrer Völker konstatieren. Dies insofern, als sie – freilich durch die Umstände dazu gezwungen – sich von ihrer das alte System legitimierenden Ideologie befreit, seine Institutionen geschleift und seine Verfahren verworfen und dafür eine neue Ideologie, neue Institutionen und Verfahren akzeptiert haben. Diesen Akt der „Befreiung“ von alten Gewohnheiten und Regeln darf man nicht unterschätzen; zumal in den Fällen, in denen diese Neuorientierung nicht unter Zwang, sondern aus Einsicht erfolgt ist. Sie hat großen persönlichen Mut und viel Kraft erfordert.

Wenn ich gefragt werde, auf welche kurze und einprägsame Formel ich den Untergang der Sowjetunion bringen würde, antworte ich: Es lag zum einen an dem von so gut wie von niemandem erwarteten Zerfall der leninistischen KPdSU und zum anderen an dem völlig überraschenden Erscheinen der Nationen auf der politischen Bühne. Darauf, was die Sowjetunion in ihrem Innersten zusammengehalten hat, auf die Partei als ihre „Klammer“, wie darauf, worauf die Nachfolgestaaten sich berufen haben, auf ihre Nationalität als die sie zusammenhaltende Idee.

In diesem Sinne bin ich geneigt, den Untergang der Sowjetunion nicht nur als Niederlage, sondern gleichzeitig auch als einen Akt der Selbstbefreiung zu verstehen, als Überwindung eines barbarischen, Millionen von unschuldigen Opfern zählenden Systems. Die „Selbstbefreiung“ von ihm durch seine eigenen Machthaber erachte ich als große menschliche Leistung und nationalen Erfolg. Ich setze auf die immer noch nicht abgeschlossene, reformbedürftige Transformation des post-totalitären Systems in einer Reihe der Nachfolgestaaten. Möge ihnen als Demokratien die Zukunft gehören! Zumal dies in meinen Augen eine Voraussetzung dafür ist, dass eines gewiss fernen Tages alle Nachfolgestaaten der Sowjetunion als Nationalstaaten mit den übrigen Nationalstaaten Europas unter dem Dach der Europäischen Union vereint sein werden – wenn sie das denn wollen.

## III. Interpretationen des sowjetischen Unterganges

Nach der Präsentation meiner eigenen Wahrnehmung und Einschätzung des Unterganges der Sowjetunion möchte ich es nicht versäumen, zusätzlich noch darauf aufmerksam zu machen, dass es natürlich sehr verschiedene Interpretationen dieses Ereignisses gibt. Robert Strayer hat dazu angemerkt, dass das Ende großer Imperien die Menschen seit jeher fasziniert und, wie im Falle des Unterganges des Römischen Reiches, endlose Diskussionen ausgelöst hat.[65] Er hat seinerseits vier vorherrschende, in seinen Augen „primitive“, wissenschaftlich nicht ernstzunehmende Reaktionen auf den Zerfall der Sowjetunion und ihres Imperiums ausgemacht: erstens, die der Freude und Genugtuung; zweitens, die der Trauer und Anklage; drittens, die der Verleumdung; und viertens, die der Rechtfertigung.

65 Vgl. Robert Strayer, a.a.O., S. 9.

## III.1. Sowjetische Reaktionen

Nach Strayer sind die ersten beiden Reaktionen vor allem in der ehemaligen Sowjetunion und ihren früheren Satellitenstaaten stark vertreten. Insbesondere nicht-russische Nationalisten würden sich verständlicher Weise darüber erfreut zeigen, dem sowjetischen „Gefängnis“ entronnen, frei und selbständig zu sein. Aber auch selbst unter Russen hat er Stimmen entdeckt, die sich über den Untergang der Sowjetunion nicht unglücklich geäußert haben. Als ein Beispiel hat er Alexander Solschenizyn angeführt, der gesagt hat: „Wir haben nicht die Kraft, ein Imperium zu unterhalten. Möge diese Last von unseren Schultern fallen.“[66]

Diesen mehr oder minder positiven Stimmen hat Strayer diejenigen der „sowjetischen Patrioten“, wie er sie genannt hat, gegenübergestellt. Sie sind in aller Regel darüber verzweifelt, dass ihre Supermacht ausgelöscht, dass das jahrhundertealte Erbe Russlands verspielt worden und dass der Motor des „revolutionären Sozialismus“ nun nicht mehr intakt ist. Sie schelten Gorbatschow und Jelzin glattweg als Verräter. Strayer selbst hat daran erinnert, dass die „wiederbelebte kommunistische Partei“ in den russischen Präsidentenwahlen von 1996 nicht weniger als 40% der abgegebenen Stimmen erhalten hat, in deren Programm es geheißen hatte, dass sie sich für eine „freiwillige Restauration der Sowjetunion“ einsetzen würde.[67]

## III.2. Westliche Reaktionen

Auch im Westen will Strayer zwei entgegengesetzte Reaktionen auf das Ende der Sowjetunion entdeckt haben. Die eine Version wird seiner Ansicht nach von liberalen „Konservativen“ vertreten. Sie lässt sich wie folgt zusammenfassen: „Sie betrachten die Sowjetunion als ein illegitimes Experiment des Totalitarismus, das durch einen konspirativen Coup der Bolschewisten zustande gekommen sei, das durch gewaltsame Unterdrückung solange am Leben erhalten wurde und das eine unaussprechliche Tragödie zur Folge gehabt habe. Ihre Position ist durch moralische Entrüstung und politischen Anti-Kommunismus gekennzeichnet. Sie finden, wenn überhaupt, nur ganz wenige positive Episoden in der sowjetischen Geschichte und kaum Anzeichen für die Möglichkeit eines Wechsels bzw. einer Reform des Systems.“[68]

Eine andere Interpretation sieht Strayer von kommunistischen „Revisionisten“, wie er sie nennt, vertreten: „Sie betrachten die bolschewistische Revolution von

---

66 Ebda., S. 9. So in meiner Übersetzung aus dem Englischen.

67 Ebda., S. 10.

68 Ebda., S. 10f.

1917 als einen Volksaufstand, kritisieren den 'Totalitarismus-Begriff' als ein unzulängliches Konzept, die sowjetische Gesellschaft zu beschreiben, und machen die USA und die Sowjetunion für den Kalten Krieg gleichermaßen verantwortlich. Überdies ist die Sowjetunion nach Stalin ihrer Auffassung nach eine sich erfolgreich entwickelt habende Industriegesellschaft, in der durch den Druck der Modernisierung eine Mittelklasse entstanden sei und sich ein gesellschaftlicher Pluralismus entwickelt habe, wie das auch in anderen modernen Gesellschaften der Fall gewesen ist."[69]

Diese vier verschiedenen, positiven wie negativen Reaktionen auf den Untergang der Sowjetunion hat Strayer notiert, ohne sie näher zu kommentieren oder zu belegen. Was für einen Sinn hat diese seine Vorgehensweise? Ich vermag nur den zu sehen: Er wollte auf diese Weise zeigen, dass Analytiker wie er anders vorgehen müssen als engagierte Bürger. Während Letztere, wie aus der Pistole geschossen, eindeutige, persönlich gefärbte und notwendigerweise einseitige Antworten parat haben; ist es die Pflicht von Analysten abzuwägen, das Pro und Contra zu bedenken und in ihren Urteilen zu differenzieren. Seine eigene Verfahrensweise hat Strayer wie folgt definiert: „The task of historical analysis involves describing what happened, explaining why things turned out as they did, and assessing the significance of historical events and processes. All of this is forever laced with controversy and dispute. ... History is society's memory, but it is at virtually every point contested memory."[70] Dem habe auch ich mich verpflichtet gefühlt. Inwieweit es mir gelungen ist, diesen Vorgaben gerecht zu werden, das mag jeder Leser für sich selbst entscheiden.

## IV. Historische Parallelen des Unterganges von Imperien

Bei einem Vergleich des Unterganges von Imperien wäre es gewiss aufschlussreich, möglichst viele Beispiele heranzuziehen, sowohl europäische wie außereuropäische. In diesem Zusammenhang kann ich indes, gewissermaßen pars pro toto, nur auf einige wenige Fälle kurz eingehen. Von drei europäischen „Reichsuntergängen", die sich alle im 20. Jahrhundert ereignet haben, soll im Folgenden die Rede sein: von der abrupten Auflösung „Österreich-Ungarns" im Jahre 1918, von der Kapitulation „Großdeutschlands" im Jahre 1945 und von der sanften Auflösung des „Britischen Weltreiches", beginnend mit der Freigabe von Indien im Jahre 1947. Dabei werde ich jeweils nur auf drei Aspekte dieser welthistorischen Ereignisse zu sprechen kommen, die alle nicht nur ein Land, sondern mehr oder

69 Ebda., S. 11.
70 Ebda., S. 7ff.

minder große Teile der Welt betroffen haben: auf die Ursachen sowie auf die kurzfristigen und langfristigen Folgen dieser Zerfallserscheinungen. Wie bei einem solchen Vergleich Russland abschneidet, das soll schließlich und endlich im Schlusskapitel bedacht werden.

## IV.1. Der forcierte Zerfall Österreich-Ungarns

Am schnellsten und unkompliziertesten, wenn auch nicht problemlosesten, ist in meinen Augen die „Abwicklung" Österreich-Ungarns erfolgt, in dem seit 1867 viele Völkerschaften vereinigt waren. Seine militärische Niederlage im Ersten Weltkrieg (1914-1918) hatte zur Folge, dass dieses Reich, das bis dahin zu den Großmächten Europas gehört hatte, mit der kräftigen Unterstützung der Siegermächte, also in erster Linie Frankreichs und Großbritanniens, 1918/19 in seine nationalen Bestandteile zerlegt wurde: in die neuentstandenen Staaten Polen, Tschechoslowakei und Jugoslawien. Aber auch Rumänien hat von der Aufteilung Österreich-Ungarns kräftig profitiert. Übrig blieben die beiden Kernländer Ungarn und Österreich als Kleinstaaten; wobei es den Siegermächten gefiel, dass ein Drittel der ungarischen Bevölkerung außerhalb der Landesgrenzen ansässig und dass Österreich der von ihm beschlossene Anschluss an Deutschland verwehrt wurde.

In der Zwischenkriegszeit hat das Zerreißen eines einheitlichen Wirtschaftsraumes für die meisten Nachfolgestaaten negative Folgen gehabt. Dies trug dazu bei, dass die neuen Regime mehr oder minder autoritär waren, sich zumeist radikal nationalistisch verhielten und auf ihre Minderheiten wenig Rücksicht nahmen. Die Nachfolgestaaten hatten erhalten, was sie angestrebt hatten, ihre Souveränität, aber sicher, stabil und wirtschaftlich erfolgreich waren sie alle nicht. Im Zweiten Weltkrieg (1939-1945) wurden sie, sofern sie nicht mit ihm verbündet waren, eine leichte Beute des „Großdeutschen Reiches".

Wie es nach dem Zweiten Weltkrieg weiterging, ist bekannt. Die „künstlichen Gründungen" der Tschechoslowakei und Jugoslawiens sind in ihre nationalen Bestandteile zerfallen. Ihre Nachfolgestaaten sowie die Kernstaaten Österreich-Ungarns sind heute entweder Mitglieder oder aber, wie Serbien, Kroatien, Bosnien-Herzegowina, Mazedonien, Kosovo, Montenegro und Albanien, Kandidaten der Europäischen Union, streben also deren Mitgliedschaft an. Es sieht demnach ganz danach aus, als ob die Europäische Union der „Hafen" ist, in dem nicht nur die westeuropäischen, sondern auch die osteuropäischen Nationalstaaten in der Lage sind, in der Zukunft ihre kulturelle Eigenständigkeit zu bewahren, ihre nationale Sicherheit am besten garantiert zu bekommen und ihren wirtschaftlichen Wohlstand zu befördern. Weshalb es in ihrem aller nationalen Interesse liegt, ihr anzugehören.

## IV.2. Die katastrophale Überanstrengung Großdeutschlands

Deutschland hat im 20. Jahrhundert zweimal versucht, die Vorherrschaft in Europa zu erlangen. Es ist beide Male, 1918 wie 1945, gescheitert. Nach dem Ersten Weltkrieg haben die damaligen Siegermächte es auf seine ethnischen Grenzen reduziert, aber sein Potential damit nicht neutralisiert, sondern im Gegenteil komprimiert. Es geriet 1933 nicht ohne die Mitschuld der es nach allen Regeln der Kunst diskriminierenden, ja knebelnden Siegermächte in die Hände der Hitlerschen Nationalsozialisten, die es in kürzester Zeit in einen totalitären Staat umwandelten und im Jahre 1938 durch den Anschluss Österreichs das „Großdeutsche Reich“ schufen.

Im Zweiten Weltkrieg gelang es Großdeutschland zunächst, in „Blitzkriegen“ die deutsche Hegemonie in großen Teilen West-, Nord- und Mitteleuropas durchzusetzen, bis es schließlich in einen Zweifrontenkrieg mit den beiden stärksten Weltmächten, den USA und der Sowjetunion, verwickelt und besiegt wurde. Am 8. Mai 1945 kapitulierte es bedingungslos, wurde von den Siegermächten – den USA und der Sowjetunion sowie von Großbritannien und Frankreich – besetzt und verwaltet. Am Beginn des „Kalten Krieges“ zwischen den Westmächten auf der einen und der Sowjetunion mit ihren Satelliten auf der anderen Seite kam es 1949 zur Teilung der Hauptstadt in West- und Ost-Berlin, zur Teilung Deutschlands in zwei Staaten, in die Bundesrepublik Deutschland und die Deutsche Demokratische Republik, und überdies zur Teilung ganz Europas. Am Ende des „Kalten Krieges“, das durch einen Politikwechsel in Moskau zustande kam, erfolgte am 9. November 1989 der Fall der „Berliner Mauer“ und, darauf folgend, am 3. Oktober 1990 die Wiedervereinigung Deutschlands und am 21. Dezember 1991 der Systemwechsel in Moskau, womit der Untergang der Sowjetunion besiegelt wurde.

Das 1990 wiedervereinigte Deutschland musste für seine imperiale Politik, die Auslösung des Zweiten Weltkrieges und seine sonstigen Schandtaten, bitter bezahlen. Es verlor ein Viertel des Territoriums, das 1937 zu Deutschland gehört hatte, und musste 12 Millionen Flüchtlinge und Vertriebene aufnehmen. Diese, die aus seinen verlorenen Ostgebieten und aus ganz Osteuropa stammten, hatten dort Haus und Hof und allen Besitz, der von vielen Generationen erworben worden war, zurücklassen müssen. Aber die 1949 gegründete Bundesrepublik hatte schon unter der Führung ihres ersten Kanzlers, Konrad Adenauers (1876-1967), die Lehre aus der jüngsten deutschen Geschichte gezogen und eine völlig neue deutsche Europapolitik kreiert. Sie bestand darin, dass Deutschland ein für allemal auf jede Großmachtpolitik verzichtete und stattdessen auf die Einigung der europäischen Staaten hinwirkte. Deutschland sollte in dieses vereinte Europa so eingebracht werden, dass deutsche „Sonderwege“ unmöglich gemacht und deutsche Interessen nur im Einklang mit, nicht gegen Europa verfolgt werden konnten.

Diese Orientierung, die von Adenauer bis zu Kohl (geb. 1930) als Leitlinie der bundesdeutschen Politik galt, hat die Wiedervereinigung überhaupt erst möglich gemacht und Deutschland wieder zu Ansehen in der Welt verholfen. Sich in den Dienst Europas zu stellen, ist auch, wie ich es sehe, in der Zukunft für Deutschland die probateste Politik. Wenn das nicht in überzeugender Weise geschieht, dann werden sofort wieder die alten Befürchtungen einer deutschen Vorherrschaft mobilisiert, die latent immer noch vorhanden sind. Nur in und mit Europa, einem sich weiterhin integrierenden Europa, kann Deutschland in Zukunft reüssieren. Der ehemalige „Zeit"-Journalist Theo Sommer hat diesen Sachverhalt so formuliert: „The success of Europe is still the hard core of Germany's national interest."[71]

### IV.3. Die sanfte Auflösung des britischen Imperiums

Das dritte hier in Erwägung zu ziehende Imperium ist das britische. Es ist wahrscheinlich, zumal es sich über nahezu alle Kontinente der Welt erstreckte, das größte Imperium gewesen, das die Welt je gekannt hat. Und es lebt auch heute in Gestalt des 1947 geschaffenen „Commonwealth of Nations" noch weiter, wenn es auch als solches nunmehr nur noch eine Erinnerung beschwört, keine politische Macht mehr darstellt.

Sein Niedergang begann unmittelbar nach dem Ende des Zweiten Weltkrieges mit der Souveränitätserklärung Indiens im Jahre 1947, gefolgt von den Unabhängigkeitserklärungen seiner Kolonien, bis zur Rückgabe Hongkongs im Jahre 1997 an China. Heute gehören von seinen einst vielen ehemaligen überseeischen Besitzungen neben Gibraltar gerade noch einmal 13 mehr oder minder kleine, weit verstreute, unbedeutende Inseln zu Großbritannien.[72] Die Auflösung des britischen Weltreiches ist meiner Ansicht nach darauf zurückzuführen, dass die Macht Großbritanniens im Vergleich zu den neuen Weltmächten rapide gesunken und der Einfluss seiner ehemaligen überseeischen Kolonien enorm gestiegen war. Das Besondere dieses „Reichsunterganges" scheint mir allerdings darin zu bestehen, dass er langsam, nahezu unauffällig, und in zivilen, um nicht zu sagen gentleman-liken Formen stattgefunden hat.

Das britische Weltreich hat sich peu à peu auf seine Ausgangspositionen, die britischen Inseln, zurückgezogen. Die mit der imperialen Vergangenheit Groß-

---

71 Theo Sommer, Debate, Dawadle and Delay – Europe Is Lost in Its Own Policy Maze, in: The Asia Pacific Times, vol. 5, No. 6/7, June/July 2011, p. 1.

72 Vgl. Liste von Inseln der Britischen Überseegebiete – Wikipedia.

britanniens zusammenhängenden Probleme sind heute meiner Ansicht nach dreifacher Art: die Vielzahl seiner überseeischen Bevölkerung, die Selbständigkeitsbestrebungen seiner eigenen Regionen und seine Beziehungen zur EU. – Unübersehbar hat Großbritannien, aus welchen Gründen auch immer, vielen Bewohnern seiner ehemaligen Kolonien die britische Staatsbürgerschaft verliehen und ihnen somit die Möglichkeit eröffnet, sich auf seinem Territorium niederzulassen. Sie zu assimilieren, fällt nicht leicht. Es besteht indes für mich kein Zweifel daran, dass das ein im Laufe der Zeit auf englische Art, also pragmatisch zu lösendes Problem darstellt.

Was Großbritanniens sehr verschiedenartige, sich auch sprachlich unterscheidende Regionen angeht, so wurde ihre zentralisierte, von London aus gesteuerte Verwaltung solange freiwillig in Kauf genommen, als ihre Bewohner an den weltweiten Aktivitäten des britischen Imperiums direkt beteiligt waren; solange ihre Abhängigkeit gewissermaßen durch imperiale Vorteile kompensiert wurde. Erst seit diese langsam abhanden gekommen sind, rühren sich, vorerst vornehmlich nur in Schottland, Bestrebungen, die auf eine stärkere Selbstverwaltung drängen. Diesen Forderungen nachzukommen, wird das Parlament in London auf Dauer nicht umhinkommen, auch wenn es sich dagegen bislang erfolgreich gewehrt hat, wenn sie nur mit genügend Nachdruck vorgebracht werden. Ob daraus eigene Staaten hervorgehen, erscheint zwar unwahrscheinlich, würde aber im Einklang mit der Geschichte anderer imperialer Staaten stehen und gewiss kein Unglück sein.

Und was die tiefe Abneigung der Briten gegen die EU betrifft, so entspringt sie ihrem, ähnlich wie das der Russen, immer noch stark imperial geprägten Selbstverständnis. Das lässt ein europäisches Engagement allenfalls zu, wenn es sich auszahlt und damit unabwendbar ist. Mehr ist, wie ich befürchte, von den Briten noch auf längere Zeit nicht zu erwarten. Aber ihre Mitgliedschaft in der EU ist in meinen Augen nicht nur für das kleingewordene Großbritannien eine Lebensnotwendigkeit, sondern auch für die Union ein nachweisbarer Gewinn, sofern es sich nicht sperrt, die Reform der EU nicht verhindert, sondern an ihr mitwirkt, sie befördert.

Das hervorstechendste Merkmal der britischen „Reichsauflösung“ ist in meinen Augen jedoch, dass es den Briten gelungen ist, ihre engen wirtschaftlichen, kulturellen und, ja auch, politischen Beziehungen zu ihren ehemaligen Besitzungen nicht nur zu erhalten, sondern teilweise sogar noch zu vertiefen. Dies hängt zweifellos mit der Art und Weise zusammen, wie die Trennung vollzogen worden ist, nämlich in der Regel im Einvernehmen. Dadurch ist es vor allem zu keinem gewaltsamen Bevölkerungsaustausch zwischen dem imperialen Mutterstaat und den Nachfolgestaaten gekommen. Die traditionellen Bindungen blieben zum Vorteil beider Seiten intakt, konnten gar in den Dienst der gegenseitigen

Beziehungen gestellt werden. Das hat den Nachfolgestaaten ihren eigenen Start erleichtert und den indirekten Einfluss Großbritanniens eher noch gestärkt.

Insofern lässt sich von dem Untergang des britischen Weltreiches sagen, dass in seinem Fall geglückt ist, was selten genug oder bislang überhaupt noch nicht geschehen ist, dass das Mutterland Großbritannien zwar sein Imperium verloren hat, ohne dabei aber selbst irreparablen Schaden davongetragen zu haben, und nicht ohne dass die Nachfolgestaaten auch nachträglich noch von der früheren britischen Herrschaft profitieren. Welches untergegangene Imperium kann das schon von sich sagen?

## V. Russland und sein Imperium

Russland hat, wie Gerhard Simon im Jahre 1992 gesagt hat, sein Imperium 1991 verloren, seinen eigenen Nationalstaat aber noch nicht gefunden. Das gilt auch heute, 21 Jahre danach, noch. Es ist immer noch dabei, den Verlust des Imperiums zu beklagen, und versäumt dabei, aus seinem gewonnenen Nationalstaat das Beste zu machen. Die drei hier behandelten Untergänge von Imperien zeigen, wie Russland in der besonderen Situation, in der es derzeit steckt, reagieren könnte: Es kann, wie einst Österreich-Ungarn, das „fait accompli" des verlorenen Imperiums wohl oder übel akzeptieren, sich auf sich selbst zurückziehen und den Nachfolgestaaten zürnen. Es kann auch, wie einst Großdeutschland, versuchen, das verlorene Imperium zurückzugewinnen, würde dann aber tatsächlich eine Katastrophe in Kauf nehmen, aus der es nicht anders denn schwerbeschädigt hervorgehen würde. Danach bliebe ihm gar nichts anderes übrig, als seinen Status als Mittelmacht zu akzeptieren und Zuflucht in einer Union souveräner Staaten zu suchen, wenn es sich nicht vereinzelt ins Abseits der Geschichte manövrieren will. Oder aber Russland kann, wie einst Großbritannien, die erfolgte Selbstauflösung seines Imperiums hinnehmen, mit seinen Nachfolgestaaten ein gutes Einvernehmen herstellen und seine traditionellen Bindungen zu ihnen nutzen, um seinen indirekten Einfluss zum Wohle aller Beteiligten zu erhalten und zu mehren.

Dies sind gemäß historischen Vorbildern die Wege, welche Russland meines Erachtens nach seiner Neugründung im Jahre 1991 hätte einschlagen können. Es hat gegenwärtig indes den Anschein, als ob Russland sich immer noch nicht endgültig entschieden hat, welchen Weg es zu beschreiten willens ist. In seinem derzeitigen politischen Verhalten sind Elemente aller drei der hier geschilderten historischen Reaktionen auf den Untergang von Imperien zu finden: sowohl passive wie imperiale und konstruktive. Russland hat es geschafft, sich von seiner utopischen marxistisch-leninistischen Ideologie zu befreien. Es hat sein totalitäres Sowjetsystem aus eigener Kraft verabschiedet. Es ist zu hoffen, dass es mit der Zeit auch den Verlust seines Imperiums verkraften, aus seinem neuen Status als Nationalstaat das Beste machen und als solcher schließlich und endlich selbst einen sicheren Platz in einer Gemeinschaft souveräner Staaten, wie der EU, finden wird. Ihm bleibt wohl auch nichts anderes übrig, als sich selbst zu integrieren, weil es nicht vermocht hat und es ihm auch nicht mehr gelingen wird, andere erfolgreich zu integrieren. Ein Vorhaben, das schließlich auf Dauer noch keinem Imperium gelungen ist.

Was kann man Russland, seinen Nachbarn und der Welt Besseres wünschen, als dass es, wie andere frühere europäische Großmächte auch, eines fernen Tages integraler Bestandteil einer europäischen Gemeinschaft von Staaten wird? Ich sehe keinen anderen Ausweg als diesen. Er allein liegt im Interesse eines sich selbst bestimmenden russischen Volkes – und daran, ob die EU bereit ist, ihm, wenn es dazu willens ist, die Hand zu reichen.

Helmut Wagner
D – 14163 Berlin
Wilskistraße 110
Tel. (030)-813 44 58  Fax: (030) 813 73 21
e-mail: helwag00@yahoo.de

# Symposium Alter und Gesellschaft (Auszüge)
# Familienpflegezeit – Geborgenheit im Alter

Josef Hecken
Staatssekretär im Bundesministerium für Familie, Senioren, Frauen und Jugend

Sehr geehrter Herr Conrad, sehr geehrter Herr Professor Großklaus, sehr geehrter Herr Professor Berlien, meine sehr geehrten Damen und Herren,

ich freue mich sehr, dass ich Ihnen heute im Rahmen Ihres Symposiums „Alter und Gesellschaft" die neue Familienpflegezeit vorstellen darf.

Die demografische Entwicklung in unserer Gesellschaft und die damit einhergehenden Herausforderungen sind Ihnen allen nicht unbekannt. Gleichwohl möchte ich mir zur Eröffnung des Vortrages erlauben, einige allgemeine Bemerkungen zur Diskussion über die absehbaren demografischen Entwicklungen und deren gesellschaftspolitische Folgen zu machen.

Die Fakten sind uns allen bekannt, ich möchte sie an einem einfachen Beispiel verdeutlichen:

Wenn Sie heute auf die Straße gehen und sich umschauen, dann ist die Wahrscheinlich, auf ein unter 5-jähriges Kind zu treffen, etwa doppelt so hoch, wie die Wahrscheinlichkeit, auf einen über 85-jährigen Menschen und damit einen Menschen mit einer hohen Wahrscheinlichkeit für eine Pflegebedürftigkeit zu treffen. Bereits im Jahr 2020 ist es bereits annähernd gleichwahrscheinlich, auf ein unter 5-jähriges Kind oder ein unter 85-jährigen zu treffen. Noch dramatischer verändert sich diese Entwicklung, je weiter wir in die Zukunft schauen.

Im Jahr 2050/2060 ist es mehr doppelt Wahrscheinlich, einen über 85- jährigen Menschen zu treffen, als ein unter 5-jähriges Kind. Spätestens dann ist uns allen klar, die Vereinbarkeit von Familie und Beruf wird mehr und mehr zu einer Vereinbarkeit von Pflege und Beruf. Bezugnehmend auf den Titel Ihrer Veranstaltung „Alter und Gesellschaft" müsste man sagen, Alter bestimmt mehr und mehr die Gesellschaft.

In den letzten Jahren hat sich hier (Gott sei Dank) ein Paradigmenwechsel vollzogen. Die Thematik der demographischen Veränderung unserer Gesellschaft wurde viel zu lange nur auf endlose Diskussionen über die damit verbundenen Probleme für die Finanzierung der sozialen Sicherungssysteme Rente, Kranken- und Pflegeversicherung reduziert.

In diesen Diskussionen wurde und wird der ältere Mensch auf einen ökonomischen Problemfall reduziert, der die Volkswirtschaft vor scheinbar unlösbare

Probleme stellt. Das ist doch eine verkehrte Welt und eine fast inhumane Diskussion.

Jeder ersehnt für sich, am besten gemeinsam mit seinen Partner in relativer Gesundheit möglichst alt zu werden. Gerade deshalb spricht man mit Blick auf die Bibel davon, dass jemand alt wie Methusalem geworden sei. Dabei wird ein solch biblisches Alter vom Einzelnen nicht als Bedrohung, sondern als Gnade empfunden. Wenn aber aufgrund des medizinisch-technischen Fortschritts und der Verbesserung der Lebensumstände immer mehr Menschen das erleben dürfen, was der Einzelne für sich als Glück oder Gnade empfindet, dann wird daraus in den politischen Diskussionen plötzlich eine Katastrophe.

Dies resultiert daraus, dass bei vielen Menschen immer noch ein völlig falsches Altersbild existiert. Alter wird immer noch gleichgesetzt mit Hilfsbedürftigkeit, Abhängigkeit und – ich verwende das schlimme Wort – Unproduktivität und Unmündigkeit. Der ältere Mensch wird zum Unkostenfaktor in der volkswirtschaftlichen Gesamtrechnung degradiert.

Und was noch schlimmer ist: Vielfach wird er als bloßes Objekt wohlmeinender Fürsorge des Sozialstaates begriffen, dem man helfen müsse und das man deshalb ohne schlechtes Gewissen faktisch entmündigen dürfe, weil man „es doch nur gut meine". Die Menschen, die so denken, verkennen die Lebenswirklichkeit! Sie verkennen, dass das Alter heute ein neuer und eigenständiger Lebensabschnitt jenseits des Renteneintritts ist, den Gott uns geschenkt hat und den jeder Einzelne selbstbestimmt und aktiv gestalten möchte und muss.

Die zwei oder drei Jahrzehnte, die Menschen heute nach Ende des Berufslebens noch haben, sind keine Bedrohung, sind keine Last, sind keine Jahre, vor denen man sich fürchten muss, sondern sind eine Chance und ein Geschenk, über das wir uns freuen können. Sie sind Geschenk nicht nur für den Einzelnen, sondern auch und gerade für unsere Gesellschaft, wenn man Alter nicht auf Krankheit und Pflegebedürftige reduziert, sondern auch betrachtet, was ältere Menschen der Gesellschaft an Wissen, Lebenserfahrung und tätiger Hilfe geben können.

„Die Alten werden jünger!"

Dieser einfache Satz drückt aus, dass Alte nicht nur Hilfe brauchen, sondern auch unendlich viel im Rahmen familiärer Hilfen oder bürgerschaftlichen Engagements für uns alle tun und leisten können. Wenn man dies so betrachtet, dann treten die rein ökonomischen Betrachtungen in den Hintergrund und dann schwindet auch die Panik vor der Veränderung des Altersquotienten in unserer Gesellschaft.

Natürlich darf man Krankheit und Pflegebedürftigkeit nicht vergessen: Heute haben wir in D pro 100 Einwohner 3,6 Mitbürger, die 85 oder älter sind, in 20 Jahren werden es 8,1 sein und in 50 Jahren sogar über 17. Darauf müssen wir uns rüsten! Dabei dürfen wir aber die 20 Jahre zwischen 65 und 85 nicht vergessen, in denen Gott sei Dank viele noch agil, fit und bereit sind, sich aktiv in die Gesellschaft einzubringen. Diese Gruppe will nicht auf die Parkbank gesetzt werden, sondern will solche Bänke planen, bauen (und manchmal auch noch „Bäume ausreißen").

Deshalb ist es falsch, einfach zu unterstellen, dass die gesundheitlichen Folgen des Alters und des Alterns zu einem Finanzierungsproblem in der gesetzlichen Krankenversicherung (GKV) führen. Veränderungen hin zu einer älter werdenden Gesellschaft müssen aber nicht zwangsläufig zu einer Bedrohung der Finanzierbarkeit der GKV führen.

Der medizinisch-technische Fortschritt wird oftmals als der größte Kostentreiber gefürchtet. Bisherige Prognosen erlauben allerdings nur wenig differenzierte Aussagen über seinen tatsächlichen Einfluss. Sie basieren in der Regel lediglich auf einer auf Annahmen gestützten Vorausberechnung der tatsächlichen Entwicklung und blenden vielfältige Einflüsse – sowohl ausgaben- als auch einnahmeseitig – aus.

Welcher Effekt – Medikalisierung oder Kompression – in Zukunft in der Gesamtheit aller Wirkungen die Oberhand gewinnt, ist noch lange nicht geklärt. Eine häufig zitierte Studie auf Basis des Mikrozensus schlussfolgert: „Man kann zumindest für die jüngere Vergangenheit in der Bundesrepublik die weit verbreitete pessimistische These nicht länger aufrechterhalten, wir würden zwar immer älter, aber gleichzeitig auch immer kränker."

So gibt es Produktinnovationen, die nicht zu einer Kostensteigerung führen. Beispielsweise ist die Entdeckung eines neuen Medikamentes zur Heilung einer bislang unheilbaren Krankheit zweifellos als Produktinnovation anzusehen. Vergleicht man die damit verbundenen Kosten mit den Aufwendungen für eine eventuell langjährige und lebensbegleitende Therapie, ist auch der Kostenvorteil dieser Maßnahme unumstritten.

Ein grundsätzlich ausgabensenkender Effekt auf die Behandlungsausgaben wird auch durch den Einsatz von ressourcensparenden Prozessinnovationen erreicht.

Beispiele hierfür finden sich u.a. im Bereich der Operationstechniken wie dem Einsatz der minimalinvasiven Chirurgie und anderen Verbesserungen. Beispielsweise durfte eine Patientin, die im Jahr 1965 am Grauen Star operiert wurde, damals erst nach drei Wochen das Krankenhaus verlassen und musste anschließend bei ihren Besorgungen immer begleitet werden. Eine Patientin, die im Jahr 1995 am Grauen Star operiert wurde, konnte den Eingriff ambulant vornehmen lassen oder auf Wunsch eine Nacht stationär bleiben. Nach einer Woche konnte sie wieder selbst ein Auto steuern.

Die Art der zukünftigen Innovationen ist daher von entscheidender Bedeutung für die Frage, wie der medizinisch-technische Fortschritt die Ausgabenentwicklung beeinflussen wird. Jegliche Innovation, die dazu führt, dass eine Krankheit geheilt werden kann, die früher als lebensbegleitend und mit ständigem Behandlungsbedarf eingestuft wurde, wird dazu beitragen, dass eher die Kompressionsthese statt der Medikalisierungsthese Gültigkeit hat.

Gerade im Bereich der Arzneimittelversorgung finden sich vielfältige Beispiele einer verbesserten und damit effizienteren Versorgung, die mit einer Senkung der Behandlungskosten einhergehen. So kann beispielsweise durch die Gabe von Ramipril bei Patienten mit Bluthochdruck und nicht-diabetischer Nephropathie der Einsatz einer konventionellen Dialyse verhindert werden und reduziert die Behandlungskosten um 90 % bei gleichzeitiger Steigerung der Lebensqualität der Patienten. Damit leistet sie einen Beitrag, dass die längere Lebenserwartung kein Kostenrisiko sein muss.

Der medizinische Fortschritt hat zu einer weiteren signifikanten Verbesserung der Gesundheit gerade älterer Menschen beigetragen und wird dies auch zukünftig tun. Den steigenden Ausgaben steht eine höhere Wertschöpfung gegenüber. Der medizinische Fortschritt bietet immer auch ein großes Potential an Produktivitätssteigerungen und eröffnet damit stets auch Möglichkeiten zur Kostensenkung.

Daneben begegnen wir einer Entwicklung, die wir gerne als Altersbilder im Umbruch bezeichnen. Dies resultiert daher, dass bei vielen Menschen immer noch ein völlig falsches Altersbild existiert. Denn die Bilder des Alters und vom Altern sind oft klischeehaft. Alter wird immer noch gleichgesetzt mit Hilfebedürftigkeit, Abhängigkeit sowie – ich habe es eingangs schon formuliert: – Unproduktivität und Unmündigkeit. Das stimmt nicht mehr!

Das Alter ist heute ein neuer und eigenständiger Lebensabschnitt jenseits des Renteneintritts, den jeder Einzelne selbstbestimmt und aktiv gestalten möchte und muss. Unabhängig davon dürfen wir aber selbstverständlich die Augen nicht davor verschließen, dass mit zunehmendem Lebensalter für uns Menschen die Wahrscheinlichkeit eines Pflegebedarfs immer höher wird.

Bereits in meiner einleitenden Darstellung zur demografischen Entwicklung konnten wir sehen, dass pflegebedürftige Menschen immer mehr Präsenz in unserem Alltag haben werden. Pflege rückt in die Mitte unserer Familien, in die Mitte unserer Gesellschaft. Von den derzeit 2,42 Millionen Menschen, die Leistungen aus der Pflegeversicherung beziehen, werden 1,67 Millionen zu Hause durch Angehörige und ambulante Pflegedienste versorgt. Diese Zahl wird sich in den nächsten Jahren und Jahrzehnten deutlich erhöhen. Außerdem haben wir mit steigenden Zahlen bei der Demenzerkrankung zu rechnen.

1,67 Millionen sind eine Zahl, die wir uns positiv vergegenwärtigen müssen. Oft wird in den Medien der Eindruck erweckt, als fände Pflege überwiegend oder ausschließlich in Seniorenheimen statt. In Deutschland ist dieses nicht die Realität. Mehr noch, es entspricht sogar dem Wunsch der Bevölkerung, sich um die Angehörigen soweit es geht selbst zu kümmern. Aus Umfragen, die das Institut für Demoskopie Allensbach für uns erstellt hat, wissen wir, dass etwa zwei Drittel der Menschen sich zu Hause um ihre Angehörigen kümmern möchten, wenn sie dieses nur irgendwie bewerkstelligen könnten.

Fragt man alleine die Berufstätigen, und unter denen sogar die, die derzeit keine Angehörigen als Pflegebedürftige haben, antworten fast 60 % von ihnen, dass sie sich gerne selbst um die Pflege kümmern würden.

Fragt man diese Menschen weiter, wie sie ihre gegenwärtige Situation hinsichtlich der Wahrnehmung solcher Pflegeaufgaben bewerten, ergibt sich ein recht eindeutiges Bild. Knapp 80 % der Befragten sehen derzeit Schwierigkeiten bei der Vereinbarkeit von Pflege und Beruf, sie sagen: Pflege und Beruf lassen sich nicht gut vereinbaren.

Dies kann ein Zustand sein, den man annehmen muss, sofern die Auffassung stimmt, dass die Bereitschaft der Bevölkerung, sich in Zeiten der Not um geliebte Menschen zu sorgen, nicht besonders gut ausgeprägt ist. Dies Bild entspricht aber nicht der Realität. Fragt man Berufstätige, wie wichtig sie es finden, berufliche Erleichterung zur Pflege von Angehörigen zu erhalten, antworten 91 %, dass sie es wichtig bis sehr wichtig finden, erleichternde Arrangements geboten zu bekommen. Ein eindeutiger Befund im Sinne einer Handlungsnotwendigkeit in diesem Feld.

Basierend auf dieser Handlungsnotwendigkeit ist es von besonderem Interesse, was diese Angehörigen als die wichtigste Maßnahme für die verbesserte Vereinbarkeit von Pflege und Beruf identifizieren. Knapp 70 % antworten: Eine Reduktion der Arbeitszeit wäre der richtige Ansatzpunkt.

Hierauf gibt die Familienpflegezeit eine Antwort. Sie ermöglicht es den Familien, Pflege und Beruf besser in Einklang zu bringen. Sie gibt den Pflegenden die Chance, im Arbeitsleben integriert zu bleiben und gleichzeitig ihre Kenntnisse und Fähigkeiten zu erhalten.

Die Grundstruktur der Familienpflegezeit ist relativ einfach zu erklären. Tritt der Pflegefall ein, kann der Beschäftigte seine Arbeitszeit in Absprache mit dem Arbeitgeber reduzieren auf bis zu 15 Stunden pro Woche. Diese reduzierte Arbeitszeit darf er für die Dauer von bis zu zwei Jahren beibehalten. In diesen zwei Jahren wird der Beschäftigte aber nicht mit der damit eingehenden Lohnreduktion belastet.

Stellen wir uns vor, ein Vollzeitbeschäftigter senkt pflegebedingt seine Arbeitszeit auf 50 % durch die Regelungen der Familienpflegezeit, erhält er in dieser Zeit weiterhin einen Lohn im Umfang von 75 % seiner ursprünglichen Beschäftigung. Im Anschluss an die Pflegephase tritt der Beschäftigte in die sogenannte Nachpflegephase ein.

Diese Nachpflegephase dauert in der Regel genauso lange wie die Pflegephase, also maximal zwei Jahre. In der Nachpflegephase arbeitet der Beschäftigte wieder Vollzeit bei ebenfalls 75 % Lohn, bis der Lohnzuschuss der Pflegephase wieder ausgeglichen ist.

Was nun ist das besondere an der Familienpflegezeit? Die Familienpflegezeit fördert und unterstützt Beschäftigte bei der Pflege von Angehörigen, denn sie nimmt ihnen die finanzielle Belastung über weite Teile ab. Gleichzeitig bietet das Modell einen neuen Weg im Umgang mit der Angehörigenpflege, ohne dabei die sonst bei Sozialleistungen übliche Kostenspirale im Sinne der Lohnnebenkosten für Wirtschaft und Unternehmen auszulösen. Die Familienpflegezeit ist somit ein wichtiger Schritt zu einer modernen Sozialpolitik.

Sie unterstützt Unternehmen dabei, Arbeitnehmerinnen und Arbeitnehmern die Pflege zu erleichtern. Über dies vermeidet sie pflegebedingte Unterbrechung in der Erwerbsbiografie.

Die Funktionsweise des neuen Ansatzes ist darüber hinaus sehr schlicht und ohne großen Verwaltungsaufwand organisiert. Im ersten Schritt schließen Arbeitgeber und Arbeitnehmer eine Vereinbarung zur Familienpflegezeit ab. Mustervereinbarungen für die Unternehmen stehen bei uns zur Verfügung. Im zweiten Schritt beantragt der Arbeitgeber auf Basis dieser Vereinbarung beim Bundesamt für Familie und zivilgesellschaftliche Aufgaben (BAFzA) eine Refinanzierung des Lohnvorschusses, den er den Beschäftigten während der Pflegephase gewährt. Die Refinanzierung erhält der Arbeitgeber zinslos. Dies bedeutet: Verantwortungsvolle Personalpolitik im Sinne der Familienpflegezeit stellt keine Belastung für die Liquidität der Unternehmen dar. Das BAFzA prüft den Antrag und gewährt die entsprechende Förderung. Im dritten und letzten Schritt, der in der Nachpflegezeit stattfindet, behält der Arbeitgeber die Rückzahlungsanteile analog dem gewährten Lohnvorschuss ein und führt diese an das BAFzA ab, um den Darlehensvertrag zu tilgen.

Die Mindestvoraussetzungen für die Förderung sind ganz kurz erklärt: In der Vereinbarung muss festgelegt sein, dass der Beschäftigte in der Pflegephase mindestens 15 Stunden arbeitet. Gleichzeitig muss garantiert sein, dass in der Nachpflegephase der Arbeitsumfang wieder das alte Niveau beträgt.

Während der Pflegephase müssen Arbeitgeber und Arbeitnehmer vereinbart haben, dass der Lohnvorschuss 50 % des Ausfalls beträgt, der sich durch die Arbeitszeitreduktion ergibt. Reduziert ein Beschäftigter seine Arbeitszeit um 20 Wochenstunden, muss also ein Lohnvorschuss im Umfang von 10 Wochenstunden gewährt werden. Für die Nachpflegephase müssen Arbeitgeber und Arbeitnehmer geregelt haben, dass eine spiegelbildliche Rückzahlung des Lohnvorschusses erfolgt. Letztes Element ist der Abschluss einer Versicherung, die für den Fall der zwischenzeitlichen Berufsunfähigkeit oder gar den Tod des pflegenden einen Ausgleich des Lohnvorschusskontos sicherstellt.

Möglichkeiten für den Abschluss einer solchen Familienpflegezeitversicherung existieren grundsätzlich drei. Zunächst kann der Beschäftigte selbst eine individuale Versicherung abschließen.

Daneben können Arbeitgeber für ihre Beschäftigten eine Gruppenversicherung vorhalten. Falls der Arbeitgeber eine solche Versicherung nicht anbietet, steht als dritte Möglichkeit der unproblematische Abschluss des Versicherungsschutzes über eine beim BAFzA vorgehaltene Gruppenversicherung.

Der Abschluss einer jeden Familienpflegezeitversicherung ist problemlos, denn die Beschäftigten brauchen nicht zu befürchten, dass sie aufgrund von Alter, Geschlecht oder etwaigen Vorerkrankungen mit Leistungsausschlüssen oder höheren Prämien zu rechnen haben. Über ein beim BAFzA angelegtes Zertifizierungsverfahren erhalten nur solche Versicherungen eine Zulassung für die Familienpflegezeit, die auf derartige Differenzierungen verzichten.

Auch für die Unternehmen ist die Umsetzung der Familienpflegezeit nahezu belastungsfrei. Sie erhalten eine Liquiditätshilfe im Sinne der zinslosen Refinanzierung im Umfang der Lohnvorschussleistung. Etwaige Ausfällige dadurch, dass der Beschäftigte wegen Berufsunfähigkeit oder Tod nicht mehr arbeiten kann, werden durch die Versicherung abgedeckt.

Sorgen, das längere Krankheit oder längere Beurteilungsverfahren bei der Feststellung der Berufsunfähigkeit des Verfahrens komplizieren, sind auch unbegründet. Denn eine Familienpflegezeitversicherung muss nach 180 Tagen Krankheit leisten. Die übrigen Risiken, beispielsweise der Umstand, dass ein Beschäftigter trotz der Vereinbarung kündigt und der Arbeitgeber dadurch keine Möglichkeit mehr hat, den Lohnvorschuss zurück zu erhalten, werden vom BAFzA abgedeckt. In diesen Fällen tritt der Arbeitgeber seinen Rückzahlungsanspruch an das BAFzA ab und wird von diesem schadlos gestellt.

Trotz all dieser Erleichterungen kann die Familienpflegezeit auch ein Vorteil im Sinne der Kostenstruktur der Unternehmen sein. Untersuchungen der Steinbeis Universität zeigen, dass die Belastungen für ein Unternehmen, die dadurch entstehen, dass Beschäftigte mit Pflegeaufgaben konfrontiert werden, immer dann am höchsten sind, wenn unter unveränderten Bedingungen weitergearbeitet wird.

Scheidet der Beschäftigte aus dem Betrieb aus, sinken die Belastungen der Unternehmungskostenstruktur nur unwesentlich, da etwaige Nachbesetzungsaufwendungen anfallen. Die Kosten sinken aber auf weniger als ein Drittel, wenn die pflegenden Angehörigen in eine Teilzeittätigkeit wechseln. Eben dieses ermöglicht die Familienpflegezeit.

Es ist daher wenig verwunderlich, dass sich die Unternehmen sehr aufgeschlossen für die Familienpflegezeit zeigen. 82 % der Unternehmen halten es für wichtig, die Vereinbarkeit von Pflege und Beruf zu erleichtern und möchten durch flexible Arbeitszeiten einen Beitrag leisten. Fast die Hälfte der Unternehmen, die bereits pflegende Mitarbeiter beschäftigt haben, wären bereit, die Familienpflegezeit einzuführen. Selbst ohne Erfahrung mit pflegenden Angehörigen ist jedes dritte Unternehmen für die Familienpflegezeit aufgeschlossen.

Bereits zum Start der Familienpflegezeit am 01.01.2012 konnten 300.000 Beschäftigte diese Möglichkeit nutzen. Darüber hinaus stoßen wir auf ein überwältigendes Interesse für unser neues Angebot. Nur kurz nach der Veröffentlichung waren bereits mehr als 30.000 gedruckte Broschüren über die Familienpflegezeit angefordert worden und dieses trotz eines parallel genutzten Downloadangebots.

Zum Schluss meines Vortrages möchte ich noch zwei Punkte besonders herausstellen. Zum einen wird häufig im Zusammenhang mit Pflegeaufgaben die Sorge geäußert, dass pflegebedingt die Rentenansprüche sinken. Die Pflegenden setzen sich somit der Gefahr der Altersarmut verstärkt aus. Durch die Familienpflegezeit wird eben dieses verhindert. Die Beibehaltung der Beschäftigung in Kombination mit der Lohnaufstockung erhält die beitragspflichtigen Einnahmen auf einem Niveau von (in Beispielfall) 75 % des ursprünglichen Einkommens. Dazu werden noch Rentenanwartschaften im Sinne der Pflegeversicherung erwirkt. Die Kombination aus beiden Elementen ermöglicht ein Alterssicherungsniveau, das in den meisten Fällen etwa einer Vollzeitbeschäftigung entspricht.

Mehr noch, je geringer das Ursprungseinkommen umso höher ist die Wahrscheinlichkeit, dass durch die Familienpflegezeit sogar leicht höhere Rentenanwartschaften erwirkt werden, als durch die Beibehaltung des alten Beschäftigungsumfangs, da die Zusatzleistungen aus der Pflegeversicherung einkommensunabhängig erbracht werden. Die Familienpflegezeit leistet damit einen wichtigen Beitrag zur Verhinderung von Altersarmut.

Eine weitere Sorge, die uns häufig entgegengebracht wird, ist, dass man befürchtet, die Pflegephase von zwei Jahren wäre zu kurz.

Freilich gibt es viele Pflegefälle, die sich über Jahre oder Jahrzehnte hinziehen. Bei 50 % der weiblichen Pflegebedürftigen dauert die Pflege allerdings weniger als zwei Jahre. Bei etwa zwei Drittel der Männer reicht eine Pflegedauer von zwei Jahren ebenfalls aus für eine angemessene Begleitung. Unabhängig davon ermöglicht die Familienpflegezeit den Angehörigen auch, eine längere Pflegedauer zu überbrücken.

In diesen Fällen ist es aber erforderlich, dass sich zwei Personen die Pflege teilen. Beispielsweise geht zunächst der Sohn in die Pflegephase. Nach zwei Jahren beginnt er die Nachpflegezeit und wird von der Tochter bei der Pflegetätigkeit abgelöst. Nach weiteren zwei Jahren geht die Tochter in Nachpflegephase und der Sohn tritt erneut in eine Pflegephase ein. In diesem Wechselspiel kann eine quasi unbegrenzte Pflegedauer sichergestellt werden.

Zusammenfassend und zum Abschluss meines Vortrages lassen Sie mich festhalten: „Alter und Gesellschaft“ ist ein großes Thema, das mit jedem Tag an Größe und Bedeutung gewinnt. Wir alle müssen uns mit den Herausforderungen des demografischen Wandels noch eine lange Zeit befassen. Schließlich sind wir selbst Teil dieser Entwicklung.

Die Familienpflegezeit ist ein Weg, um einen Beitrag zu leisten, die damit verbundenen Herausforderungen zu bewältigen. Unabhängig davon sind wir aber noch beim Anfang und müssen viele weitere innovative Antworten entwickeln.

Der erste Schritt ist freilich getan. Die Familienpflegezeit ist seit dem 1. Januar 2012 in Kraft. Erste Versicherungen sind zertifiziert, die Finanzierung steht und das BAFzA ist für die Bearbeitung der Anträge vorbereitet und die ersten Menschen sind in die Familienpflegezeit eingetreten.

# Therapie der Alzheimerschen Erkrankung mit Tau-Aggregations-inhibitoren: Die Zeit ist reif für Tau

Franz Theuring

Meine wissenschaftlichen Tätigkeiten in der biomedizinischen Grundlagenforschung haben schon sehr früh mein Interesse an der Alzheimerschen Erkrankung und der Erforschung der molekularen Mechanismen dieser neurodegenerativen Hirnerkrankung geweckt und ich konnte bereits 1990 bei der Schering AG in Berlin mit dortigen Kollegen aus der Neuropsychopharmakologie erste Einblicke in das pathophysiologische Geschehen erhalten. Nachdem ich 1996 einen Ruf an die Charité – Universitätsmedizin Berlin erhalten hatte, ruhte dieser wissenschaftliche Teilaspekt für 2 Jahre, da ich zunächst mit der Etablierung meiner Arbeitsgruppe im Umfeld eines völlig neuen Projektvorhabens – Angst, Angstverhalten und die Rolle des serotonergen Systems – zu tun hatte. Mit einem unerwarteten Anruf aus Aberdeen, Schottland, im Frühjahr 1998 kam dann völlig überraschend die Wende, als mich Prof. Claude Wischik kontaktierte und erkundigte, ob ich Interesse hätte, ihn auf einer neurowissenschaftlichen Tagung im Sommer in Berlin zu treffen.

Er arbeitete seit Mitte der 1980er Jahre auf dem Gebiet der Alzheimer-Krankheit und hatte von meinen Arbeiten bei der Schering AG gehört. Das Resultat dieses Treffens war schließlich und endlich, dass wir 2002 zusammen mit unseren jeweiligen Universitäten und Singapurer Privatleuten eine Biotechfirma – TauRx Therapeutics – mit Sitz in Singapur gründeten, da sämtliche privaten Geldgeber aus dem kleinen südostasiatischen Stadtstaat stammten. Ziel dieser Gründung sollte die Forschung und Entwicklung neuer Medikamente zur Therapie und Diagnose der Alzheimerschen Erkrankung sein. In Singapur war vor allem Dr. Kwang M. Seng maßgeblich beteiligt, ein leider viel zu früh verstorbener Gynäkologe, ohne dessen visionären Fähigkeiten und Charisma niemals an eine Gründung von TauRx Therapeutics und der Wandlung hin zu einer durchaus mittelständischen Pharmafirma zu denken gewesen wäre.

Für die Wissenschaftsgemeinde bin ich ein *Tauist*; ich glaube, dass Tau-Proteine und deren Aggregate, sogenannte neurofibrilläre Bündel (neurofibrillary tangles – NFTs) in bestimmten ZNS-Arealen maßgeblich am Entstehungsprozess der Krankheit beteiligt sind. Dies stellt für den größten Teil der Wissenschaftsgemeinde, aber vor allem für die Pharmaindustrie eine wissenschaftliche Revolution dar und hat damit natürlich massive Implikationen für die Entwicklung neuartiger Medikamente zur Therapie dieser Krankheit.

Es gibt momentan kein Arzneimittel, welches die Alzheimer-Demenz aufhält, also auf den Krankheitsmechanismus in irgendeiner Form einwirkt. Es gibt zwar symptomatisch wirkende Arzneimittel, die, wenn sie überhaupt eine Wirkung zeigen, aber nur über wenige Monate zu einer leichten Verbesserung der Symptome beitragen. Studien zum Einsatz dieser Pharmaka verdeutlichen, dass ca. 80 % der damit behandelten Alzheimer-Patienten nach 12 Monaten diese Medikamente nicht mehr einnehmen, weil keinerlei Wirkung beobachtet wurde, oder weil die initiale Wirkung nur gering war, oder aufgrund der mit der Einnahme dieser Substanzen beobachteten Nebenwirkungen. Dennoch haben einige dieser Arzneimittel sehr prominente Umsatzzahlen, so z.B. *Aricept*® mit einem Umsatz von 3 Mrd. US $ im Jahre 2007.

Alois Alzheimer, ein deutscher Psychiater und Neuropathologe, der weltweit als Erster über diese eigentümliche Erkrankung des Hirns 1907 publizierte, wurde seine erste Alzheimer-Patientin, Auguste Deter, 1901 in der Städtischen Irren-Anstalt zu Frankfurt/Main vorgestellt. In vielen Anamnesen und Gesprächen mit ihr konnte er sich ein recht ausführliches Bild zu ihren geistigen Fähigkeiten machen und protokollierte diese auch ausgiebig, so dass wir heute noch einen sehr guten Einblick in ihren Krankenstand haben. Nachdem Auguste Deter am 08.04.1906 verstarb, bat Alzheimer seinen früheren Frankfurter Chef, Prof. Emil Sioli, um die Übersendung der Krankenakte und des Hirns der Verstorbenen nach München an die dortige Psychiatrische Klinik, in der er inzwischen bei Prof. Emil Kraepelin arbeitete. Er untersuchte das Hirn und beschrieb ausführlich die auch noch heute gültigen pathologischen Veränderungen: Amyloid-Plaques und Neurofibrilläre Bündel. Die Plaques waren bereits 1892 von der französisch-rumänischen Arbeitsgruppe um Blocq und Marinesco beschrieben worden, allerdings ohne dass diese beiden Autoren die Plaques mit Demenzerkrankungen in Zusammenhang brachten, da ihre ersten Beobachtungen aus *post mortem* Untersuchungen von neun verstorbenen Epilepsie-Patienten resultierten. Die erstmalige Beschreibung der Neurofibrillären Bündel gehen aber eindeutig auf Alois Alzheimer zurück und er trug seine Befunde zu Auguste Deter zum 1. Mal einer breiteren Fachöffentlichkeit auf der Tagung der Südwestdeutschen Irrenärzte im November 1906 in Tübingen vor, ohne jedoch eine größere Aufmerksamkeit hervorzurufen, wie der Protokollant vermerkte.

Unter Verwendung von histologischen Gewebeschnitten aus dem Nachlass von Emil Kraepelin aus dem Münchner Institut, die Alzheimer damals noch persönlich angefertigt hatte, konnte erst im letzten Jahr von Müller und Kollegen der Nachweis geführt werden, dass Frau Deter eine Mutation im *Presenelin-1* Gen aufwies und es daher zu einer sehr früh auftretenden Alzheimer Erkrankung in ihrem Fall kam. Zu Beginn der ersten klinischen Auffälligkeiten war Frau Deter erst 51 Jahre alt. Es war dann Emil Kraepelin, der, in Anerkennung der wichtigen wissenschaftlichen Tätigkeiten und Beiträge seines Mitarbeiters Alois Alzheimer, diese damals sehr seltene Erkrankung erstmalig als *Alzheimer Erkrankung* bezeichnete und diesen Begriff in der 8. Auflage seines bekannten Lehrbuchs für Psychiatrie 1910 einführte.

Die Forschung und Entwicklung von therapeutisch wirkenden Alzheimer-Medikamenten war fast ausschließlich auf die sogenannte Amyloid-Hypothese ausgerichtet. Zur Erklärung der Entstehung der Alzheimerschen Erkrankung wurde Anfang der 1990er Jahre die Amyloid-Kaskaden-Hypothese formuliert. Diese Arbeitshypothese wurde kontinuierlich neuen wissenschaftlichen Ergebnissen angepasst und modifiziert, um auf möglicherweise nicht ganz passende Ergebnisse und Erkenntnisse reagieren zu können. Aus dem Amyloid-Vorläuferprotein (APP), einem Membranprotein, kann nach einer fehlerhaften Prozessierung das A-beta 42-Protein entstehen. Diese kleinen Peptide können mit sich selbst aggregieren und diese, sich über viele Jahre vergrößernden extrazellulären Aggregate, wirken toxisch auf Nervenzellen. Es bilden sich dann zusätzlich Neurofibrillenbündel, die aus Aggregaten des zellulären Proteins Tau bestehen. Andere Ereignisse, z.B. Mutationen in bestimmten Genen wie dem Presenelin-1 Gen, sowie Veränderungen im zellulären Geschehen in den Mitochondrien, den Energielieferanten der Zellen, können modulierend auf die Plaque-Bildung einwirken, z.B. diese beschleunigen.

Entscheidend für die Hypothese sind also die sich über viele Jahre hinweg bildenden Amyloid-Plaques, die aufgrund ihrer toxischen Wirkung auf die Nervenzellen zu deren Absterben führen. Die postulierten Erklärungen der ablaufenden Prozesse stellten den eigentlichen Krankheitsmechanismus dar und waren allgemein akzeptiert. Sie waren regelrecht in Stein gemeißelt und wurden als zentrales Dogma in der Alzheimerforschung angesehen. Jeder Forschungs- und Übersichtsartikel in den renommiertesten Wissenschaftsjournalen begann mit der Schilderung dieses Ablaufs. Mit dazu beigetragen haben vor allem auch amerikanische Forschungsgruppen und es führte im April 2004 dazu, das Sharon Begley, eine amerikanische Wissenschaftsjournalistin, genau zu dieser Thematik zwei längere Artikel im angesehenen *Wall Street Journal* veröffentlichte. Die dogmatische Beschreibung der zentralen Stellung des Amyloid-Proteins im Krankheitsgeschehen und die damit natürlich verbundene wissenschaftliche Ausrichtung der Wissenschaftsgemeinde, vor allem in den USA, führte zeitweilig dazu, dass das NIH als der wichtigste Geldgeber öffentlich geförderter Forschung in den USA nur noch Forschungsgelder bewilligte, wenn die entsprechenden Anträge den Zusammenhang von Amyloid-Plaques und Alzheimerschen Erkrankung zur Grundlage hatten.

Mark Smith, ein Neuropathologe der *Case Western Reserve* Universität in den USA sprach von der „*Church of the Holy Amyloid*"; wenn beim Einreichen einer neuen Publikation zur Alzheimerforschung bei den führenden Wissenschaftsjournalen nicht zu Amyloid und dessen ursächlichen Beteiligung am Krankheitsgeschehen publiziert wurde, wurden diese Artikel bei diesen Journalen nicht angenommen, da die Gutachter keinerlei alternativen Hypothesen duldeten. Der Wissenschaftsmarkt war also regelrecht beherrscht von diesem Forschungsdogma zur Amyloid-Hypothese. Das führte natürlich auch zu einer entsprechenden Wahrnehmung in der Pharmaindustrie. Nahezu jede forschende Pharmafirma hatte ein F & E Programm zur Entwicklung von Medikamenten zur Behandlung der Alzheimerschen Erkrankung. Diese Programme orientierten sich natürlich am Fortschritt in der Wissenschaftsgemeinde bezüglich der bekannten Hypothese und hinzu kam ebenso, dass immer wieder führende Vertreter der akademischen Forschung in die Firmen übertraten und dort die entsprechenden dogmatischen Forschungsansätze nicht nur als Gruppenleiter, sondern auch im höheren Management der Firmen weiter implementierten.

Der Erfolg in der Identifizierung und Entwicklung eines geeigneten Medikamentes, basierend auf der Amyloid-Hypothese, ist in den letzten zwei Dekaden bekanntermaßen bisher ausgeblieben, keine der entwickelten Substanzen zeigte in den letztendlich entscheidenden klinischen Phasen der Arzneimittelentwicklung eine zufriedenstellende Wirkung, keine Substanz hat die Zulassung erreicht. Insgesamt 18 klinische Studien der Phase 2 bzw. 3 wurden in dieser Zeit von der Pharmaindustrie initiiert und alle diese Studien wurden entweder gestoppt oder zeigten keinen Erfolg; die zu testenden Substanzen waren ohne Wirkung auf das Fortschreiten der Krankheit, obwohl einige dieser Mittel durchaus zu einer Reduzierung in der Zahl der Amyloid-Plaques im Hirn der behandelten Alzheimer-Patienten führten (Tabelle 1). Wir müssen davon ausgehen, dass in den letzten 25 Jahren im Bereich der biomedizinischen Grundlagenforschung und vor allem in der Pharmaindustrie etwa 15 Mrd. US $ zur Amyloid-basierten Erforschung der molekularen Grundlagen und der Therapie zum Einsatz kamen, ohne dass ein Durchbruch zu verzeichnen wäre, ohne dass ein Medikament den Markt erreicht hätte.

Die neueste Abänderung der Amyloid-Kaskaden-Hypothese besagt nun, dass bisherige Therapien viel zu spät im Krankheitsgeschehen zur Anwendung kamen, also erst, nachdem schon prominente histopathologische Veränderungen aufgetreten sind. Die Therapie muss dagegen wesentlich früher beginnen, also zu einem Zeitpunkt, an dem ganz frühe Proteinaggregate vorliegen, sogenannte Oligomere. Dieser Zeitpunkt kann aber eigentlich ohne eine entsprechende Diagnostik nicht erkannt werden, da zu diesem Zeitpunkt noch keine klinische Manifestation der Erkrankung vorliegt.

*Tabelle 1: 18 klinische Studien der Phase 2 bzw. 3, die unterschiedlichste Aspekte der Amyloid-Kaskaden-Hypothese testeten, waren entweder unwirksam bzw. wurden gestoppt. Die Unterstützer der Hypothese hatten diese auch immer wieder revidiert bzw. überarbeitet.*

| β-Amyloid Substanz | Firma | Klinische Phase | Status |
|---|---|---|---|
| Tarenflurbil | Myriad | 2 & 3 | unwirksam |
| Lipitor | Pfizer | 3 | unwirksam |
| Avandia | GSK | 3 | unwirksam |
| Alzhemed | Bellus | 2 & 3 | unwirksam |
| Semagacestat | Lilly | 3 | unwirksam |
| AN1792 | J&J, Elan | 2 | unwirksam |
| PBT2 | Prana | 2 | unwirksam |
| Tamiprosate | Neurochem | 3 | unwirksam |
| Huperzine | Neuro-Hitech | 3 | unwirksam |
| Dimebon | Medivation, Pfizer | 3 | unwirksam |
| Semageacestat | Lilly | 3 | gestoppt |
| ELND005 | J&J, Transition | 3 | gestoppt |
| Bapineuzumab | J&J, Elan | 3 | gestoppt |
| ACC-001 | J&J, Elan | 2 | gestoppt |
| m266 | Lilly | 2 | gestoppt |
| Solaneuzumab | Lilly | 3 | unwirksam |
| Avagacestat | BMS | 2 | gestoppt |

*Abkürzungen: GSK: GlaxoSmithKline; Lilly: Eli Lilly; J&J: Johnson and Johnson; BMS: Brystol Myers Squibb*

Wir müssen die Amyloid-Hypothese also sehr kritisch hinterfragen und für mich als Tauist hat das Protein Tau und seine Aggregate, die Neurofibrillären Bündel, die aus Tau-Oligomeren hervorgehen, eine zentrale Rolle im Krankheitsgeschehen. Diese Arbeitshypothese hatte ich bereits früher schon bei Schering verfolgt, aber erst durch die Bekanntschaft mit Claude Wischik bin ich zum überzeugten Tauisten geworden.

Wie sieht nun aber eigentlich der zeitliche Ablauf im Auftreten der histopathologischen Veränderungen bei der Alzheimerschen Erkrankung aus. Wann treten die Amyloid Plaques und die Neurofibrillären Bündel auf, welche zeitliche Abfolge ergibt sich und wie passt dies zu den genannten Arbeitshypothesen? Können uns derartige *post mortem* Analysen aus dem Hirn verstorbener Personen bzw. Alzheimer-Patienten einen wichtigen Hinweis geben?

Die intrazellulären Neurofibrillenbündel gehen aus ersten Tau-Aggregaten hervor, sogenannten Oligomeren. Die Anlagerung von weiteren Tau-Molekülen führt zunächst zur Bildung von helikalen Filamenten. Diese Prozesse der Protein-Aggregation laufen über viele Jahrzehnte ab, sind also keine schnellen Ereignisse im Zellgeschehen und letztendlich haben diese Strukturen eine Größe erreicht, die lichtmikroskopisch analysierbar sind und dann als NFTs bezeichnet werden. Der Prozess der Anlagerung weiterer Tau-Moleküle ist ein autokatalytischer Prozess, den wir sehr gut unter Einsatz von speziellen Antikörpern aufzeigen können. Die NFTs wirken letztendlich toxisch auf die Nervenzellen und nach vielen Jahren der Funktionsbeeinträchtigung der davon betroffenen Nervenzellen kommt es schließlich zu deren Absterben.

Die Prozesse des Entstehens der NFTs und des Absterbens von Neuronen unter Wirkung der sich bildenden Aggregate aus Tau-Proteinen verlaufen immer wieder nach einem ganz charakteristischen Entwicklungsmuster im ZNS. Der deutsche Neuroanatom Heiko Braak, der dieses Muster Anfang der 1990er Jahre als Erster erkannte, publizierte seine sogenannte „Braak-Klassifizierung“ (Braak Staging). Nach äußerst detaillierten histologischen Untersuchungen an Hirnen verstorbener Alzheimer-Patienten teilte er das Fortschreiten der Bildung der Protein-Aggregate und damit der Tau-Pathologie in 6 Stadien ein (Braak-Stadium 1-6), wobei mit einer höheren Zahl die Erweiterung der Pathologie auf weitere Hirnbereiche und damit eine Zunahme des Schweregrades der Erkrankung bezeichnet wird; dieses Fortschreiten erfolgt über viele Lebensdekaden und ähnelt verblüffend einer Infektion, die sich immer weiter über das Hirn ausdehnt.

Eine unsichere Diagnosestellung der Alzheimerschen Erkrankung kann nach Einsatz von entsprechenden Fragebögen, einer Art Intelligenztest, erfolgen. Dabei werden z.B. verhältnismäßig einfache Fragen zum Datum, zum Monat, zur Jahreszahl und zum Ort der Fragen gestellt. Weiterhin werden die Patienten aufgefordert, eine Uhr zu zeichnen und die Zeigerstellung für z.B. 15:00 Uhr einzutragen. Aus der Zahl der falsch beantworteten Fragen kann eine Einschätzung zum Vorliegen der Erkrankung bzw. deren Schweregrades erfolgen. Parallel dazu kann unter Einsatz von funktionellen bildgebenden Verfahren, wie z.B. SPECT (Single Photon Emission Computed Tomography) bzw. PET (Positron Emission Tomography), auf die Funktionsfähigkeit des ZNS und damit der verschiedenen Hirnregionen geschlossen werden. SPECT-Analysen geben Auskunft über den zerebralen Blutfluss und damit über die Versorgung von Hirnzellen mit Nährstoffen aus der Blutbahn, PET-Analysen erlauben einen Einblick in die Versorgung der Neurone mit Glukose, einem Nährstoff zur Energiegewinnung. Bei einem fortschreitenden Funktionsverlust von Neuronen aufgrund der begonnenen Bildung von NFTs bzw. einem Absterben von Neuronen aufgrund der Toxizität der Protein-Aggregate werden mit Hilfe der bildgebenden Analysen diese Bereiche auf dem Bildschirm sichtbar. Beide Analysemethoden geben allerdings nur einen indirekten Hinweis auf das Vorliegen pathophysiologischer Veränderungen im Hirn und damit auf eine Alzheimersche Erkrankung. Interessanterweise überlappen dabei genau die Hirnareale, die von Heiko Braak im Rahmen seiner Klassifizierung identifiziert worden waren mit den im Computerbild auffälligen Bereichen. Ebenso wird eine Zunahme des Schweregrades der Erkrankung bei Patienten mit erhöhter Beeinträchtigung der kognitiven Fähigkeiten, begleitet von einer Zunahme auffälliger Hirnregionen nach SPECT- bzw. PET-Analysen, beobachtet.

Claude Wischik hat als *Old Age Psychiatrist* in Cambridge über viele Jahre die Hirnbank geleitet. Dort, wie auch jetzt in Aberdeen, hatte er direkten Zugang zu Patienten, konnte deren kognitiven Fähigkeiten testen und hat die entsprechenden Tomographiebilder gesehen. All dies führte ihn schließlich und endlich zur Formulierung der Tau-Hypothese, die schlicht besagt, dass es Tau-Aggregate sind, die einen entscheidenden Einfluss auf das Krankheitsgeschehen haben. Andere Proteine, z.B. auch Amyloid, können auf diesen jahrzehntelangen Aggregationsprozess einwirken, aber es ist die Tau-Tau-Bindung und deren Auflösung bzw. die Unterdrückung des Fortschreitens der Tau-Aggregation, welches therapeutisch als Ziel genutzt werden muss.

Der deutlichste Hinweis auf die Richtigkeit der Hypothese kommt aus den Ergebnissen der histopathologischen Hirnuntersuchungen verstorbener Alzheimerpatienten aus Cambridge, 1985. Claude Wischik und Mitarbeiter fanden keinerlei Korrelation zwischen der Menge an aggregiertem Amyloid, also der Menge an Plaques im Hirn von Alzheimer-Patienten und dem Grad der Demenz. Dagegen fanden sie eine eindeutige Korrelation zwischen der Menge an aggregiertem Tau-Proteinen und den kognitiven Fähigkeiten: Je mehr aggregiertes Tau im ZNS vorlag, desto dementer waren die Patienten zu Lebzeiten – ein eindeutiger Befund. Dies war das entscheidende Argument für ihn, und später auch für mich, Tau in das Zentrum der Bemühungen zu setzen und eine Therapie zur Behandlung der Alzheimerschen Erkrankung zu entwickeln. Das klinische Bild, also genau das, was im Patienten beobachtet wird, stellt den Ausgangspunkt für weitergehende Forschungen zur Entwicklung von Therapeutika dar.

In einer weiteren Studie, die vor 2 Jahren von Charles Duyckaerts unter Verwendung der Daten von Heiko Braak publiziert wurde, wurde die zeitliche Entwicklung der Amyloid- bzw. der Tau-Pathologie in 2661 Hirnen von zufällig verstorbenen Personen analysiert. Die Autoren konnten aufzeigen, dass die Tau-Pathologie der Amyloid-Pathologie um etwa 27 Jahre voraus läuft, d.h. es werden wesentlich früher Tau-Aggregate (50 % Prävalenz bei 47-jährigen Personen) im Hirn der Verstorbenen detektiert als Amyloid-Aggregate (50 % Prävalenz bei 74-jährigen Personen). Die Arbeitsgruppe um Heiko Braak konnte in einer interessanten Studie ebenfalls 2011 aufzeigen, dass bereits Personen unter 30 Jahren (4 bis 29 Jahre alt) frühe Tau-Veränderungen im ZNS aufweisen. Die histopathologische Untersuchung an Hirnmaterial von zufällig Verstorbenen dieser Altersgruppe verdeutlichte, dass nahezu 90 % der Hirne (38 von 42) bereits eine frühe Tau-Pathologie aufwiesen. Diese Personen zeigten natürlich noch kein klinisches Bild einer Alzheimerschen Erkrankung. Dagegen zeigte nur ein Hirn dieser Altersgruppe (1 von 42) eine Amyloid-Ablagerung; in diesem Fall handelte es sich um einen Down-Syndrom Patienten.

Auch diese beiden Studienergebnisse verdeutlichen eindringlich die Probleme in der Aufrechterhaltung der Amyloid-Hypothese. Damit wird aber auch deutlich, dass, beginnend im jugendlichen Alter, jede Person bereits erste, wenn auch frühe Tau-Veränderungen im ZNS aufweist, ohne dass es zunächst zu Beeinträchtigungen der kognitiven Fähigkeiten kommt. Der Prozess der Aggregation der Tau-Proteine ist ein über mehrere Dekaden erfolgender Vorgang, der große individuelle Unterschiede aufweist und letztendlich scheint die Menge an aggregiertem Protein in den nach Braak klassifizierten Hirnregionen entscheidend für die Ausprägung des klinischen Bildes der Alzheimer-Demenz zu sein. Die Demenz vom Typ Alzheimer würde somit zur Gruppe der Tauopathien gehören, einer Gruppe von neurodegenerativen Krankheitsbildern, bei denen immer wieder Aggregate des Proteins Tau gefunden werden, was eine Ursache für den Krankheitsprozess darstellt. Die Alzheimer-Krankheit repräsentiert also nicht eine Erkrankung des hohen Alters, sondern eine den Alterungsprozess kontinuierlich begleitende Erkrankung; und der Prozess der Alterung, wie wir wissen, beginnt direkt nach der Geburt.

Unsere Hypothese zur Erklärung der Krankheitsmechanismen zur Entstehung der Alzheimerschen Erkrankung geht zentral von aggregierten Tau-Proteinen aus. Über einen langen Zeitraum erfolgt dieser nach Braak ganz charakteristische Aggregationsprozess im ZNS. Amyloid und andere zelluläre Proteine, aber auch Genmutationen und die damit einhergehende Veränderung im zellulären Geschehen können modulierend auf den Prozess einwirken, aber das zentrale Ereignis im pathologischen Prozess stellt, unserer Meinung nach, die Bildung von Fibrillen und NFTs dar. Es beginnt mit der Bildung eines ersten, kleinen Tau-Aggregats. Dazu muss ein Tau-Molekül an einen Keim binden, z.B. eine Plasmamembran und es ist diese Bindung an eine geeignete Keimbasis, die das Ausgangsereignis zum Aggregationsprozess darstellt. Weitere Tau-Proteine können sich anlagern und dieser sich selbst propagierende Prozess führt über die Bildung von Oligomeren nach vielen vielen Jahren zur Entstehung von lichtmikroskopisch sichtbaren NFTs. Diese intrazellulären Aggregate wirken toxisch auf Nervenzellen und führen zunächst zu einem Funktionsverlust in den Nervenzellen, da das Protein Tau nun seine normale Funktion, die Stabilisierung der Mikrotubuli, welche zur Aufrechterhaltung von Transportprozessen in den Nervenzellfortsätzen, den Axonen, beitragen, nicht aufrecht erhalten kann. Diese Beeinträchtigung der Funktion kann wiederum über viele Jahre erfolgen und erst mit einer deutlichen Zunahme der Belastung an NFTs, also einer Zunahme des Schweregrades in den betroffenen Neuronen, kommt es letztendlich zu deren Absterben. Je mehr Nervenzellen davon betroffen sind, desto größer wird zunächst die Beeinträchtigung auf physiologischer Ebene, eine Verringerung im zerebralen Blutfluss bzw. der Glukoseaufnahme ist in den betroffenen Hirnregionen die Folge und kann mit bildgebenden Verfahren wie SPECT oder PET dargestellt werden. Mit einer entsprechenden zeitlichen Verzögerung wird dann ein klinisch auffälliges Erscheinungsbild sichtbar, welches sich u.a. mit einer Verringerung der kognitiven Fähigkeiten bemerkbar macht.

Nimmt man dieses Szenario als gegeben an, würde es für die Arzneimittelentwicklung bedeuten, dass sogenannte Tau-Aggregations-Inhibitoren (TAI) identifiziert und als Therapeutika zum Einsatz kommen müssten. Den gesamten Vorgang der Aggregation konnte das Team um Claude Wischik in zellfreien Forschungsansätzen *in vitro* nachahmen und unter Einsatz entsprechender monoklonaler Antikörper auch nachweisen. Ebenso ist es ihm gelungen, die Bildung der Tau-Aggregate in Zellkulturen zu initiieren und diesen Prozess auch lichtmikroskopisch darzustellen. Eine erste Substanz, die als TAI effektive Wirkung aufzeigt, konnte als Methylthioniniumchlorid (MTC) identifiziert werden. MTC wirkt dosisabhängig auf die Auflösung von aus Alzheimer-Hirnen isolierten helikalen Filamenten und NFTs, wie Claude Wischik und Mitarbeiter 1996 aufzeigen konnten. Ebenso zeigt MTC seine Aggregat auflösende Wirkung nach Zusatz in Zellkulturmedium, in dem Zellen mit entsprechenden Tau-Aggregaten kultiviert worden sind.

Claude Wischik und sein Team waren mit MTC erstmalig in der Lage, Tau-Aggregate in Säugerzellen aufzulösen und deren Neubildung zu verhindern – ein wichtiger Befund auf dem langen Weg zur Entwicklung von neuen Arzneimitteln. Doch wie sieht es in einem intakten Organismus aus, z.B. in einer Maus; erreicht MTC überhaupt das ZNS dieses Säugetiers, um dann seine therapeutische Wirkung entfalten zu können, und können sich in einer Maus überhaupt NFTs bilden? Hier kam meine Berliner Arbeitsgruppe ins Spiel. Nachdem ich Claude Wischik 1998 kennen gelernt hatte, sind wir uns sehr schnell einig geworden, gemeinsam und unter Einbeziehung unserer beiden Universitäten die Forschung und Entwicklung neuartiger Substanzen zur Behandlung der Alzheimerschen Erkrankung voranzutreiben. Das hieß für meine Arbeitsgruppe, entsprechende

Tiermodelle zu etablieren, um Substanzen wie MTC in einem Säugetier auf seine Funktion testen zu können. Aufgrund einer veränderten Aminosäureabfolge zeigt das Tau-Protein der Maus auch in alten Mäusen normalerweise keinerlei Aggregation. Wir haben daher sogenannte transgene Mäuse etabliert, also genetisch veränderte Mäuse, die ein humanes Tau-Protein speziell im ZNS bilden. Durch diese genetische Manipulation entwickeln die Tiere im fortgeschrittenen Alter nun helikale Tau-Filamente. Interessanterweise zeigt die Bildung der Tau-Aggregate in den Mäusen, wie beim Menschen, ein charakteristisches Entwicklungsmuster, also eine Art Braak-Klassifizierung in der Maus, welche altersbedingt zunimmt. Parallel dazu nimmt die Fähigkeit der Mäuse, sich einfachste Vorgänge zu merken, mit dem Alter ab. Gerade diese beiden Ergebnisse verdeutlichen die Wichtigkeit dieses Tiermodells für unsere Forschung: Wir sehen erstens eine deutliche Zunahme an Tau-Aggregaten in älteren Mäusen und zweitens eine starke Beeinträchtigung im Verhalten älterer Tiere, sie werden vergesslich und können sich nicht mehr erinnern.

Auch wenn die pathophysiologischen Veränderungen, die wir in den Mäusen beobachten, nicht völlig denen ähneln, die in Alzheimer-Patienten beobachtet werden, so hätten diese beiden Analysewege doch eine wichtige Aussagekraft für die Testung von neuen Medikamenten: Sie würden zunächst einmal aufzeigen, dass ausreichende Mengen der Substanz in einem Säugerorganismus über die Blut-Hirnschranke ins ZNS gelangen, um dort physiologisch wirken zu können. Weiterhin würden sie demonstrieren, dass in einem intakten Organismus MTC in der Lage ist, die Neubildung von Tau-Aggregaten zu unterdrücken und bereits bestehende Aggregate aufzulösen und letztendlich könnten sie verdeutlichen, dass es aufgrund der Wirkung der Substanzen im ZNS zu einer positiven Verhaltensänderung in den Mäusen kommen kann.

Genau diese Wirkungen und die damit einhergehenden positiven Veränderungen in der ZNS-Pathologie und im Verhalten können wir sowohl nach oraler als auch nach intravenöser Applikation von MTC dosisabhängig in unseren transgenen Mauslinien analysieren. Wir beobachten also eine signifikante Reduktion der pathophysiologisch wirkenden Tau-Aggregate im Hirn älterer Tiere im Vergleich zu den Kontrollgruppen und ebenso parallel signifikant gesteigerte kognitive und motorische Fähigkeiten in den behandelten Mäusen.

Wir sind also in der Lage, unsere Alzheimer-Mäuse zu therapieren; auch das ist wiederum ein sehr wichtiger Schritt auf dem Weg zur Entwicklung eines Alzheimer Therapeutikums. Wie sieht es nun aber im Menschen aus: Zeigt die Substanz MTC Wirkung bei Alzheimer-Patienten? Dazu führte TauRx Therapeutics eine klinische, randomisierte Doppelblind-Studie der Phase 2 an 321 milden und moderaten Alzheimer Patienten durch. Die Ergebnisse dieser in Großbritannien und Singapur durchgeführten Studie belegen, dass MTC eine sichere und wirksame Substanz im menschlichen Organismus darstellt. Dosisabhängig wurden signifikante Verbesserungen in den mit MTC behandelten Patienten im Vergleich zu mit Placebo behandelten Personen gefunden. Es kam zu einer ca. 90%-igen Reduktion im Fortschreiten der Erkrankung und auch nach einer zweijährigen Applikation von MTC zeigten Patienten bestimmter Dosisgruppen keinerlei signifikante Verschlechterungen ihrer geistigen Fähigkeiten im Vergleich zum Beginn der Studie. Diese bemerkenswerten Ergebnisse wurden unter Einsatz von bildgebenden Verfahren wie SPECT und PET bestätigt.

Damit scheint erstmalig eine Substanz zur Verfügung zu stehen, die im Falle der Alzheimerschen Erkrankung nicht nur symptomatisch wirkt, sondern die direkt therapeutisch in die Entstehung der Tau-Aggregate eingreift und auch bereits bestehende Aggregate auflösen kann. Selbstverständlich müssen diese bahnbrechenden Befunde im Rahmen einer oder mehrerer klinischer Phase 3 Studien bestätigt werden, so wie es die Zulassungsbehörden weltweit vorschreiben. Wir haben in der Zwischenzeit natürlich auch weiter an der Entwicklung von neuartigen MTC-Derivaten gearbeitet, um diese hinsichtlich ihrer Effektivität und Tolerabilität verbessern zu können. Auch diese neuen Substanzen wurden zunächst tierexperimentell in unseren transgenen Mäusen getestet. Inzwischen haben wir diese Entwicklungen nun so weit voran gebracht, dass wir mit einer neuen, wirksameren Variante zu MTC, LMTX, weltweit klinische Studien der Phase 3 zur Behandlung von milden und moderaten Alzheimer Patienten und zur Behandlung der Frontotemporalen Demenz (FTD) begonnen haben. Bei der FTD handelt es sich um eine sehr seltene, neurodegenerative Erkrankung (Orphan Disease), bei der u.a. Tauaggregate im ZNS der davon betroffenen Patienten beobachtet werden. Studienzentren für diese klinischen Studien sind auch in Deutschland, z.B. in Rostock, Berlin, Leipzig, Ulm, Regensburg und München und je nach Studie wird die Studiendauer 12 – 18 Monate betragen.

Die oben genannten klinischen Befunde verdeutlichen, dass dem Tau-Protein eine entscheidende Rolle im Krankheitsgeschehen zufällt und wir glauben, dass unsere Arbeitshypothese zur Entwicklung von Tau-basierten Aggregationsinhibitoren richtig ist. Wir hoffen, dass wir mit unserem Vorgehen erstmalig in der Lage sein werden, ein therapeutisch wirkendes Arzneimittel zur Behandlung der Alzheimerschen Erkrankung anbieten zu können, also ein Medikament, welches in den Krankheitsmechanismus eingreift und diesen verlangsamt oder sogar zum Stoppen bringt. Den Patienten, aber auch den betreuenden Familien und beteiligten Personen wäre es zu wünschen.

Mein ganz herzlicher Dank gilt den vielen Kollegen und Mitarbeitern in Aberdeen, Berlin und Singapur, den vielen überwiegend privaten Investoren, die seit nun mehr 11 Jahren unsere Aktivitäten finanziell fördern, der *University of Aberdeen* und der Charité und natürlich Claude Wischik.

*Dieses Manuskript stellt eine modifizierte und erneuerte Fassung eines Beitrages für die Tagung „Alter und Gesellschaft" dar, die von der Staatsbürgerlichen Vereinigung und der Berliner Wissenschaftlichen Gesellschaft 2012 herausgegeben wurde.*

**Prof. Franz Theuring**
Charité – Universitätsmedizin Berlin, Institut für Pharmakologie, Hessische Str. 3-4, 10115 Berlin
Tel.: 030 450525005
Franz.Theuring@charite.de

# Ein Ausflug in die Geschichte der Spekulation

Dr. Andreas Bödecker

Spätestens seit der EURO zum Angriffsziel internationaler (d.h. vor allem amerikanischer) Finanzspekulanten geworden ist, haben wir das unangenehme Gefühl, dass unsere Welt einem aufgewühlten Ozean der Spekulation gleicht, auf dem die hilflosen Menschen wie in einer Nussschale herumgewirbelt werden.

An Hand von vier Geschichten möchte ich Ihnen zeigen, dass sich seit dem Beginn der modernen Geldwirtschaft in der Renaissance Spekulationskrisen – mit dramatischen Folgen für die Betroffenen – quasi naturgesetzlich immer wieder nach bestimmten Mustern vollziehen. Auch wenn diese Erkenntnis eher beunruhigt als tröstet, kann sie aber helfen, selbst spekulativen Blasen auszuweichen. Und der nicht von aktuellen Eigeninteressen verstellte Blick auf Ereignisse, die 200, 300 oder gar 500 Jahre zurückliegen, offenbart erstaunlicherweise Lösungsansätze auch für unsere heutigen Krisen.

Vor allem zwei Arten der Spekulationsgeschäfte führen immer wieder zu verheerenden Verwerfungen in den betroffenen Volkswirtschaften und sollen deshalb hier an einigen Beispielen näher beschrieben werden:

1) der Missbrauch von Marktmacht durch einige wenige große Marktteilnehmer, um das erhoffte Ereignis, auf das spekuliert wird, herbeizuzwingen oder sie, im Falle einer Fehlspekulation, von den Folgen zu entlasten;
2) die Entstehung von Spekulationswellen, die große Massen der Bevölkerung erfassen sowie deren Zusammenbruch.

## Die erste Geschichte: Spekulation und Reformation

Bei der ersten Fallgruppe, dem Missbrauch von Marktmacht, denken viele sicher an George Soros, der mit geliehenen 10 Milliarden US-Dollar und einigen gleichgesinnten Investoren im Herbst 1992 das britische Pfund zum Austritt aus dem Europäischen Währungssystem zwang und dieses beinahe zum Einsturz brachte.

Weniger denkt man an die Ereignisse, die 1517 Martin Luther zu seinen 95 Thesen provozierten und die in der Folge zur Reformation führten, in eine der größten gesellschaftlichen Umwälzungen der Neuzeit. Werfen wir einen Blick in einen Abgrund von Spekulation und Korruption in Kirche, Politik und Hochfinanz:

Der Ablassprediger Johannes Tetzel, der in den Bistümern Magdeburg und Halberstadt mit, heute würde man sagen, „Drückermethoden“, den Ablaß einwarb, war nur mittelbar im Auftrage des Papstes Leo X. unterwegs, direkter Auftraggeber war der Hohenzoller Albrecht von Brandenburg (1490–1545). An den richtete Martin Luther seinen berühmten Beschwerdebrief vom 31. Oktober 1517 über Johannes Tetzel, dem er die 95 Thesen beifügte. Der eigenhändige Anschlag der Thesen an die Türe der Wittenberger Schlosskirche ist wahrscheinlich Legende.

Dieser Ablass war das Objekt der spekulativen Begierde eines – im heutigen Sprachgebrauch – großen institutionellen Marktteilnehmers. Albrecht selbst war nur nützliches Mittel zum Zweck.

Albrecht von Hohenzollern war zunächst gemeinsam mit seinem älteren Bruder Joachim Co-Markgraf von Brandenburg (Albrecht IV.). Eine Doppelspitze funktionierte auch damals schon nicht wirklich befriedigend, also trat er in den geistlichen Stand ein und wurde Erzbischof von Magdeburg. Dann erwarb er – entgegen dem geltenden Kirchenrecht – weitere kirchliche Würden: zuerst das benachbarte Bistum Halberstadt. Dann schließlich wurde Albrecht auch noch Erzbischof von Mainz – womit das Haus Hohenzollern zwei Kurfürsten stellte.

„Erwarb“ ist hier durchaus wörtlich zu nehmen. Die drei Bistümer und die mit dem Erzbistum Mainz verbundene Kardinalswürde musste sich Albrecht teuer erkaufen; und damit tritt unser Spekulant zutage: Jacob Fugger von der Lilie (1459-1525) „der Reiche“ aus Augsburg.

Bei dem hatte sich Albrecht für die Bestechungsgelder, die auch für den Bruch des Kirchenrechts zu zahlen waren, mit insgesamt 48.000 Gulden[1] verschuldet.

---

1 Ein Gulden entsprach zur Zeit der Fugger 3,5 Gramm Gold – wenn er nicht von windigen Geschäftemachern oder Regenten durch unedlere Metalle gestreckt war. Bei einem heutigen Börsenpreis von 34,50 EUR/g Gold (Stand 1. Juni 2011) hätte also Albrecht von Brandenburg 5,9 Mio. EUR Bestechungsgelder von den Fuggern geborgt.

Das Anfangsvermögen Jacob Fuggers des Reichen hätte im Jahre 1511 24,5 Mio. EUR betragen, und er hätte es bis 1525 auf 242 Mio. EUR vergrößert. Das an sich wären schon riesige Summen. Doch führen derartige Vergleiche stets dazu, die Vermögenswerte der Vergangenheit zu unterschätzen. Goldmünzen waren das gängige Zahlungsmittel, Banknoten und Buchgeld auf Basis von Wechseln und Schuldscheinen begannen sich in der Renaissance mit dem Aufstieg der internationalen Handelshäuser gerade erst zu entwickeln. Das heißt, die Kaufkraft der Goldmünzen war relativ zum Warenangebot viel höher als heute (zum Vergleich – März 2011 im EURO-Raum: Bargeldumlauf 805 Mrd. EUR, Geldmenge M2 Bargeldumlauf, Sichteinlagen und kurzfristige Termineinlagen der Nichtbanken: 8.434 Mrd. EUR). Da die meisten Menschen sich mit dem Existenzminimum – oder weniger – zu begnügen hatten, kostete menschliche Arbeit – im Gegensatz zu heute – wenig.

Paul Strathern beschreibt in seinem Buch „The Medici, Godfathers of the Renaissance“, dass ein Mann von 200 fl. im Jahr eine große Familie ernähren und ein geräumiges Stadthaus mit

Solche Simonie-Geschäfte waren hoch politisch und hoch spekulativ für den Kaufmann, der den Ämterkauf finanzierte: Die Aussichten auf wirtschaftlichen und politischen Gewinn in Form von Zugang zu weiteren Geschäften waren riesig. Aber der Kaufmann wusste nicht, ob sein Darlehensnehmer das erstrebte Amt wirklich erwerben konnte und wenn, dann musste er riskieren, dass der das Darlehen gleichwohl nicht bedienen konnte oder wollte, was oft vorkam. Auch ein früher Tod des Darlehensnehmers konnte die Spekulation zunichtemachen, denn weder die Kaiserkrone noch kirchliche Ämter waren erblich. Im vorliegenden Falle ging die Spekulation auf, mit phantastischem Gewinn.

Mit Papst Leo X. hatte Albrecht eine, durch die Fugger vermittelte, für alle Beteiligten profitable Vereinbarung getroffen. Danach führte Albrecht auf seine Kosten den Ablass in seinen Bistümern durch, und die Erlöse wurden hälftig mit der Kurie geteilt. Die Einnahmen Albrechts standen dabei unmittelbar den Fuggern zur Tilgung und Verzinsung der aufgenommenen Darlehen für den Ämterkauf zu.

Als Jacob Fugger von der Lilie (1459–1525) „der Reiche" 1511 die Leitung des Familienunternehmens übernahm, lag dessen Eigenkapital noch bei 200.000 Gulden. Die Schulden Albrechts bei den Fuggern entsprachen also fast einem Viertel des geschätzten Kapitals der Fugger – was andeutet, in welche finanzielle Abhängigkeit voneinander sich beide begeben hatten.

Der Augsburger Bankier Jacob Fugger spekulierte extrem hoch in der Politik des 16. Jahrhunderts, obwohl die Linie der Fugger „vom Reh" unter seinem Cousin Lukas Fugger bereits 1494 an ihren nicht einzutreibenden Krediten an Kaiser Maximilian I. bankrott gegangen war. Auch Jacob Fugger finanzierte schon den Aufstieg Kaiser Maximilians I. mit. Aber für die Wahl von dessen Enkel, dem spanischen König Karl I., zum deutschen König (1519) und späteren Kaiser Karl V. – der, in dessen Reich die Sonne nie unterging – musste die ungeheure Bestechungssumme von 852.589 Gulden gezahlt werden. Davon stellte allein Jacob Fugger zwei Drittel (543.589 Gulden) als Kredit zur Verfügung. Hierfür musste er natürlich Einlagen aufnehmen, für die er geradezustehen hatte. Jakob Fugger finanzierte auch die Eheschließungen, die Böhmen und Ungarn für das Haus Habsburg sicherten. Anders als sein unglücklicher Cousin Lukas Fugger, der eine Bürgschaft der Stadt Leuwen als Kreditsicherheit vom Kaiser akzeptiert hatte, die natürlich für einen Kaufmann nicht zwangsweise durchzusetzen war, ließ sich Jakob Fugger jedoch Bergrechte in Spanien, in Tirol und in Ungarn als Sicherheit

zwei Dienstboten, einem Pferd und einem Esel haben konnte. Die Kaufkraft des Fugger-Vermögens im Vergleich zu seiner Mitwelt erreichte oder überstieg sehr wahrscheinlich die von Bill Gates heute. Günter Ogger drückte die finanziellen Möglichkeiten der Fugger trefflich im Titel seines Buches über die Fugger aus: „Kauf Dir einen Kaiser."

abtreten und später als Tilgung überschreiben. Dadurch wurde er zum reichsten Montanunternehmer der Welt.

Die Fugger waren im 16. Jahrhundert ausgesprochen glückliche Spekulanten in hohen Ämtern. Sie waren unermesslich reich, und sie hatten überall Macht und Einfluss. Außer mit dem Kaiserhaus standen sie seit Ende des 15. Jahrhunderts als erstes deutsches Handelshaus auch in direkten Geschäftsbeziehungen zur Kurie. Dem Papst Julius II.[2] finanzierte Jakob Fugger 1505/06 unter anderem die Anwerbung der bis heute bestehenden Schweizergarde des Vatikans. Für die Päpste Julius II. und auch für dessen Nachfolger Leo X.[3] transferierten die europaweit vernetzten Fugger die kirchlichen Einnahmen nach Rom.

Das war schon wegen der Gewinne aus der Währungsumrechnung, die dazumal nur sehr wenige Eingeweihte nachrechnen konnten, ein höchst einträgliches Geschäft.[4] Zeitweise hatten die Fugger sogar die römische Münzstätte, die „Zecca“, gepachtet.

*Papst Leo X. (1475/1513–1521), vorher Giovanni de Medici.*
*Porträt von Angolo Bronzino nach dem Gemälde von Raffael 1517/18*

2 Pontifikat von 1503–1513. Julius II. war nicht nur der Initiator des Petersdomes, er beauftragte auch Michelangelo mit der Ausmalung der Sixtinischen Kapelle. Wegen seiner rücksichtslosen Kriegsleidenschaft nannte Martin Luther ihn einen „Blutsäufer“.

3 Leo X., d.i. Giovanni di Medici, Pontifikat von 1513–1521.

4 Manche Bischöfe lieferten ihre Abgaben in Naturalien statt in Form von Bargeld. So schickte der Bischof von Island regelmäßig Robbenfelle, die in Brügge von den Fuggern zu Geld gemacht wurden, das dann nach Rom transferiert wurde. Hierbei konnten die beteiligten Bankiers gleich mehrfach ihren Schnitt machen.

*Karikatur auf das ausschweifende Leben am Hof von Papst Leo X. – Zeitgenössischer Kupferstich 1517*

Die Fugger wickelten den gesamten Ablasshandel für alle Beteiligten ab. Fugger-Vertraute hatten die Schlüssel für sämtliche Ablasstruhen, sie zählten die Einnahmen und teilten sie unter den Beteiligten auf. Die verschwenderischen und kriegsfreudigen Renaissance-Päpste und die am Ablass beteiligten Landesherrn brachten das ursprünglich zur Finanzierung von christlicher Mildtätigkeit gedachte Ablasswesen in Verruf. Seit 1476 wurden Ablässe sogar für die Seelen Verstorbener verkauft. Anfang des 16. Jahrhunderts konnte man Ablass der Sünden ohne jede Beichte erwerben, die Ablassbriefe wurden wie Wertpapiere auf dem Marktplatz gehandelt. Das druckvolle Geschäft mit der Angst vor dem Fegefeuer blühte. So reichlich flossen die Ablasszahlungen auch in den Bistümern von Albrecht von Brandenburg, dass er schon nach drei Jahren seine Kredite bei Jacob Fugger abgetragen hatte. Nur der Kurfürst von Sachsen, Friedrich der Weise (1463-1525), war so weise, den Ablass für den Petersdom in seinem Lande zu verbieten und Johannes Tetzel auszuweisen, als ihm bewusst wurde, welch ungeheuren Geldabfluss aus seinem Land der Ablass bedeutete.

Jacob Fugger nutzte seine wirtschaftliche Macht und seine dem Kaiser gegebenen Kredite (natürlich) auch als politisches Druckmittel:

Auf dem Reichstag in Nürnberg 1523 diskutierten die Reichsstände eine Begrenzung des Handelskapitals und der Zahl der Niederlassungen von Firmen. Bevor sie damit fast die moderne Kartellgesetzgebung erfunden hätten, erinnerte Jakob Fugger seinen Kaiser an die seinerzeit gewährte Wahlbeihilfe und die mittlerweile 600.000 Gulden hohe Kreditforderung. Mit der gleichzeitig erhobenen Forderung auf sofortige Begleichung der offenen Verbindlichkeiten erreichte Jacob Fugger von Kaiser Karl V., dass die Überlegungen zur Monopolbeschränkung nicht weiterverfolgt wurden. – So etwas wäre in unseren heutigen demokratischen Rechtsstaaten natürlich undenkbar...

Martin Luther kannte diese politisch-finanziellen Zusammenhänge und forderte (1520 in seinem Aufsatz „An den christlichen Adel deutscher Nation") in seiner unnachahmlich deutlichen Sprache: „Man müsste wirklich dem Fugger und dergleichen Gesellschaft einen Zaum ins Maul legen." Diese Forderung hat bis heute nichts von ihrer Aktualität eingebüßt.

Dazu kam es bekanntermaßen nicht. Die Fugger waren, wie man heute sagen würde – systemrelevant. Jacob Fugger gelang es, in der kurzen Zeitspanne von 1511 bis zu seinem Tod im Jahre 1525, die er das Handelshaus der Fugger von der Lilie führte, das Eigenkapital von 200.000 Gulden auf 2 Millionen Gulden zu verzehnfachen.

Papst Leo X., obwohl selbst Sohn des reichsten und mächtigsten Bankiers Italiens, Lorenzos de' Medici (1449–1492, genannt „der Prächtige"), nutzte die gewaltigen Einnahmen der Kirche dagegen schlecht: Er hat sich für seinen ausschweifenden Lebensstil und seine Prachtliebe derart verschuldet, dass bei seinem Tod angeblich nicht einmal mehr die Kerzen zu seiner Beerdigung bezahlt werden konnten.

Hochverschuldete Politik und reiche Banken also, bezahlt aus den Abgaben der Ärmsten.

1567 hob der ehemalige Großinquisitor und strenge Papst Pius V. alle Almosenablässe auf und verfügte 1570 die Exkommunikation für jene, die immer noch mit den Ablässen Handel treiben wollten. Viel zu spät: Da waren bereits die Bauernaufstände und ein Glaubenskrieg mit unzähligen Toten über Deutschland hingegangen, und der Augsburger Religionsfriede von 1555 hatte die Spaltung der Kirche unumkehrbar zementiert.

Hier haben wir schon viele der Elemente, die auch heute die Gazetten mit spannenden Artikeln füllen – aber verhindern, dass ernsthafte Vorkehrungen zum Eindämmen von Spekulationen auf ein volkswirtschaftlich verkraftbares Maß getroffen werden: übermächtige Marktteilnehmer mit Erpressungspoten-

*Karl V. (1500–1558), römischdeutscher Kaiser (1519–1556) und König von Spanien (ab 1516), mit Ulmer Dogge. Gemälde von Tizian 1533*

tial gegenüber der Politik,[5] ein persönliches und finanzielles Beziehungsgeflecht zwischen Politik und Hochfinanz bis hin zur Korruption. Wir sehen die Chance eines beherzten Eingreifens und die verheerenden Folgen der Laissez-faire-Politik eines gegen die Hochfinanz machtlosen Souveräns.

*Kardinal Albrecht von Brandenburg (1490-1545), Kurfürst und Erzbischof von Mainz, Erzbischof von Magdeburg und Administrator von Halberstadt. Porträtkupferstich von Albrecht Dürer 1523*

5 Heute spricht man bei den großen Banken nicht mehr von „Erpressungspotential", sondern von „Systemrelevanz": Die Bilanzsummen der fünf größten europäischen Bankhäuser reichen an das Bruttoinlandsprodukt ihres Heimatlandes heran oder überschreiten dieses sogar. Die addierte Bilanzsumme der fünf größten europäischen Banken zusammen erreicht 8,92 Bill EUR oder 70 % des von EUROSTAT prognostizierten Bruttoinlandsproduktes 2011 der EU (mit 27 Mitgliedern: 12,7 Bill EUR) – 1991 machte die addierte Bilanzsumme aller drei Großbanken zusammen noch 18 % des deutschen BIP aus, niemand dachte damals daran, dass die Schieflage einer einzelnen Bank einmal zu einer substantiellen Herausforderung für einen Industriestaat werden könnte.

**Die 5 größten europäischen Banken (2010)**

| Bank | Heimatland | Bilanzsumme 30. Juni 2011 | Bilanzsumme in % des nationalen BIP |
|---|---|---|---|
| BNP Paribas | Frankreich | 1,93 Bill. | 99 % |
| HSBC | U.K. | 1,87 Bill. | 110% |
| Deutsche Bank | Deutschland | 1,85 Bill. | 74 % |
| Barclays PLC | U.K. | 1,66 Bill. | 98 % |
| Royal Bank of Scotland | U.K. | 1,61 Bill. | 95 % |
| Der Spiegel Nr. 38, 2011 | | | |

*Jacob Fugger (1459–1525) „der Reiche“. Porträtgemälde von Albrecht Dürer 1518*

*Jacob Fugger in seinem Kontor*

## Die zweite Geschichte: Kleine Zwiebeln, große Gier

Betrachten wir die zweite Fallgruppe: die massenhaften Spekulationswellen, deren Zusammenbruch wie ein Tsunami auf die Märkte wirken kann:

Wenn man die Geschichte der großen Spekulationen betrachtet, stellt man fest, dass sich immer wieder in Abständen von selten mehr als 15 Jahren Mengen von einzeln möglicherweise ganz vernünftigen Menschen zu Herden von gierigen Zockern zusammenrotten, ihren wirtschaftlichen Sachverstand und alle Instinkte bis auf den Neid und die Gier ausschalten und die Preise für irgendeine Art Objekt, seien es Kunstwerke, Aktien, Grundstücke oder Blumenzwiebeln in aberwitzige Höhen treiben, am besten noch mit fremdem Geld – bis zum unvermeidlichen Zusammenbruch, der fast naturgesetzlich die Züge einer Katastrophe zeigt. Oder, um es mit Schiller auszudrücken: Die Menge macht aus dem halbwegs gesunden Menschenverstand des Einzelnen die Dummheit, mit der selbst die Götter vergebens kämpfen.

Der erste bekannte spektakuläre Ausbruch in der Geschichte ereignete sich in den 30er Jahren des 17. Jahrhunderts ausgerechnet im merkantilen Holland mit seinen standhaften und eher ernsthaften Menschen. Die Spekulation entzündete sich nicht etwa an Wertpapieren oder Gewürzen aus Ostasien, sondern an Tulpenzwiebeln. Tulpenzwiebeln gelangten aus dem osmanischen Reich Mitte des 16. Jahrhunderts nach Westeuropa. 1562 traf das erste Schiff mit Tulpenzwiebeln aus Konstantinopel in Antwerpen ein. Die Beliebtheit der Tulpe erreichte schnell enorme Ausmaße, der Besitz und die Zucht immer ausgefallenerer Arten gewährten bald hohes Ansehen.

Die Wertschätzung der schönen, exotischen Blumen selbst wich rasch einer noch höheren Wertschätzung des Anstieges ihrer Preise. Nur noch aus diesem Grund wurden jetzt die Zwiebeln gekauft und weiterverkauft. Ganz Holland wurde von einem Investitionsrausch befallen. In den 30er Jahren des 17. Jahrhunderts schien der Preisauftrieb alle Dämme zu brechen. Um 1636 konnte eine schlichte Tulpenzwiebel für einen neuen Wagen, zwei graue Pferde und ein vollständiges Geschirr getauscht werden.

Nicht ohne Häme kann man in Berichten über den holländischen Tulpenschwindel die Geschichte von dem jungen Seemann nachlesen, der einem Kaufmann die Nachricht von einer Ladung aus der Levante überbrachte und dafür mit einem Bückling zum Frühstück belohnt wurde. Kurz darauf vermisste der Kaufmann, der massiv mit Tulpenzwiebeln spekulierte, die Zwiebel einer „Semper Augustus", die unvorstellbare 3.000 Gulden wert war. Er suchte nach dem Seemann und fand ihn, wie er zufrieden zu seinem Fisch die Zwiebel verspeiste, für die er sie gehalten hatte.

Die Nachfrage nach seltenen Tulpenzwiebeln stieg so sehr an, dass in Amsterdam, Rotterdam, Leiden, Alkmaar, Hoorn und anderen Städten an den Börsen mit ihnen gehandelt wurde wie heute mit Aktien. Der Tulpenhandel wurde gesetzlich geregelt, es gab Tulpen-Notare, die sich ausschließlich mit dem Tulpengeschäft befassten.

Alle waren überzeugt, dass die Tulpenkonjunktur ewig dauern würde, dass die Wohlhabenden aus allen Teilen der Welt Tulpen ordern und jeden gewünschten Preis dafür zahlen würden. Die Armut würde verschwinden. Adlige, Bürger, Bauern, Handwerker, Seeleute, Lakaien, Dienstmädchen, Flickschuster und Schornsteinfeger, alle handelten mit Tulpen. Auch aus dem Ausland strömte Kapital nach Holland. Nach dem ehernen Gesetz, denen solche Entwicklungen gehorchen, veranlasste jede neue Preissteigerungswelle neue Spekulanten zum Einstieg und sorgte für scheinbar immer weiteren Reichtum. Man lieh sich Geld, um kaufen zu können, verpfändete selbst Haus und Hof für die kleinen Tulpenzwiebeln.

*Tulpenblüten. Pastellzeichnung aus einem Florilegium des 17. Jahrhunderts*

1637 kam das Ende. Ein paar Kluge und Ängstliche fingen an zu verkaufen, kein Mensch weiß aus welchem Anlass. Andere sahen sie aussteigen, es kam zu Panikverkäufen, die Preise stürzten ins Bodenlose. Gestandene Kaufleute kamen an den Bettelstab, diejenigen, die zu enorm überhöhten Preisen Verpflichtungen eingegangen waren, wurden in Scharen zahlungsunfähig. Die sich aus dem Zusammenbruch der Tulpenpreise ergebende allgemeine Verarmung lähmte das holländische Wirtschaftsleben über mehrere Jahre, modern ausgedrückt: Es kam zu einer tiefen und langanhaltenden Depression.

Die Spekulation, wie wir sie heute verstehen, setzt begrifflich ein, wenn sich die Phantasie der Öffentlichkeit an etwas scheinbar Neuem auf dem Gebiet des Handels oder der Finanzen entzündet und die Preise nicht mehr nur auf Grund von objektiven Fakten steigen, sondern lediglich in Erwartung weiterer Preissteigerungen. Die exotische und in vielen Farben blühende Tulpe war nicht nur das erste Objekt, das diese Voraussetzungen idealiter erfüllte. Der holländische Tulpenschwindel und sein totaler Zusammenbruch 1637 blieben bis heute eines der eindrücklichsten Beispiele spekulativer Massentäuschung.

## Die dritte Geschichte: Vernunft wird Unsinn, Wohltat Plage...

Nicht einmal 100 Jahre später erschien in Holland unter dem Titel **„Das große Gemälde der Dummheit"** eine Sammlung in Kupfer gestochener Karikaturen über die Entstehung, den Boom und den Zusammenbruch des Aktienhandels. Das Werk war die Reaktion auf eine Spekulationswelle ungeheuren Ausmaßes in England, Frankreich und den Niederlanden, die im Jahre 1720 kulminierte. Was war geschehen?

In Frankreich hatte Philippe von Orleans das traurige finanzielle Erbe des „Sonnenkönigs" Ludwig XIV. für den noch minderjährigen Ludwig XV. zu verwalten: Staatsschulden von 2,4 Milliarden Livres, der französische Staat war nahezu bankrott. Dankbar griff er daher zu, als sich ihm in Gestalt des schottischen Mathematikers, Wirtschaftstheoretikers – und Berufsspielers – John Law der rettende Strohhalm zu bieten schien. 1671 in Edinburgh geboren, verspielte John Law bereits in jungen Jahren das Vermögen seines Vaters. Draufgängerisch auch sein Umgang mit den Frauen. 1694 erstach Law im Duell seinen Gegner, wahrscheinlich ging es auch hier um eine Frau. Er wurde ins Gefängnis geworfen und zum Tode durch den Strang verurteilt. Freunde verhalfen ihm zur Flucht. Also ein Mann, der sich in jeder Hinsicht für ein hohes Staatsamt empfahl.

Während seiner von Glücksspiel und riskanten Amouren begleiteten Flucht quer durch Europa beschäftigte sich Law mit Wahrscheinlichkeitsrechnung, zunächst, um seine Chancen im Spiel zu erhöhen. Er begann aber auch, sich Fragen über die Natur des Geldes und der Preise zu stellen. Er fragte sich beispielsweise, warum Wasser so viel weniger koste als Diamanten, obwohl Wasser ja viel wertvoller sei: „Weil das Angebot an Wasser sehr viel größer ist als die Nachfrage da-

*Philippe II. de Bourbon (1674–1723), Herzog von Orleans. Von 1715–1723 übte er im Namen des noch unmündigen Königs Ludwig XV. von Frankreich die Regentschaft aus. Porträtgemälde von Jean-Baptiste Santerre 1715/16*

*John Law (1671–1729), schottischer Mathematiker, Wirtschafts-theoretiker und Berufsspieler. Kupferstich von Peter Schenk 1720*

nach" und „weil die Nachfrage nach Diamanten weit größer ist als das Angebot" schreibt er im Jahre 1705 in seinem Essay „Betrachtung über Geld und Handel mit einem Vorschlag, die Nation mit Geld zu versorgen." John Law überträgt darin diesen fundamentalen Gedanken auf die Edelmetalle:

Kunden und Kaufleute bezahlen mit Gold- und Silbermünzen. Was aber, wenn dem Staat das Edelmetall zum Prägen von Münzen ausgeht? Dann fehle den Kaufleuten der Rohstoff für die Geschäfte, und weil das knappe Gold immer wertvoller wird, werde es gehortet. Die Händler und das Handwerk machten keine Geschäfte mehr, sie gehen bankrott, „nicht, weil Ihnen die Lust zur Arbeit fehlt, sondern, weil es an Geld fehlt." John Law kommt die bahnbrechende Idee, Geld nicht länger mit den immer knapper werdenden Edelmetallen zu decken – Papier soll zu Geld werden, und eine staatliche Bank soll die Scheine drucken.

Natürlich wollte zunächst kein Herrscher auf diese versponnene Idee eines Berufsspielers eingehen – bis 1715 der Sonnenkönig starb. Die französische Wirtschaft lag darnieder, die Menschen hungerten. Die Finanzexperten eröffneten dem Regenten Philippe von Orleans die Alternative: Eisern sparen – oder das Land für bankrott erklären. Natürlich hörte Phillipe lieber auf seinen Freund John Law, der ihm einen Ausweg aus dem schrecklichen Dilemma zu bieten schien. Man hatte sich vor Jahren beim Kartenspiel kennengelernt.

*Aus der 1720 in Holland über den Zusammenbruch der Aktienspekulation erschienenen Mappe in Kupfer gestochener Karikaturen „Het groote -Tafereel der Dwaasheit" (Das große Gemälde der Dummheit): Anleger rollen die nackte Fortuna auf einem riesigen Wagen aus der Pariser Börse, dabei streut Fortuna wertlose Aktien unter das sich balgende Volk.*

Law ging tatkräftig ans Werk, gründete 1716 mit königlichem Privileg die „Banque Générale", die schon drei Jahre später (1719) verstaatlicht, das heißt als „Banque Royale", mit John Law als Direktor vom Regenten übernommen wurde. Law gab Banknoten aus, die bald als staatliches Zahlungsmittel anerkannt waren. Zunächst wollten die Kaufleute naturgemäß nicht akzeptieren, dass ihnen die Banque Royale ihre Darlehen in Form dieser merkwürdigen neuen Geldzettel auszahlen wollte. Aber Law gab zwei Versprechen ab, die für die Akzeptanz des neuen Papiergeldes sorgten:

Erstens: Die Bank verpflichtet sich, die Scheine jederzeit in Gold umzutauschen.
Zweitens: Der Staat akzeptiert die Scheine zur Bezahlung der Steuern. Das neue Geld wird also zum offiziellen Zahlungsmittel.

Dies war die erste Einführung von Papiergeld in großem Maß in der abendländischen Geschichte des Geldes.

John Law fing nun an, mit Wahrscheinlichkeiten zu kalkulieren. Er sagt sich: Es spricht wenig dafür, dass alle Leute gleichzeitig kommen, um ihre Scheine in Hartgeld zu tauschen. Also druckte er alsbald mehr Banknoten, als Golddeckung in den Tresoren der Bank vorhanden war.

Immer mehr Menschen nehmen Kredit bei der Banque Royale auf, zu moderaten Zinsen, denn das Geld war ja nicht mehr knapp. Die Folge war das, was wir heute einen konjunkturellen Aufschwung nennen: Die Handwerker und Manufakturen bekamen Aufträge, sie stellten Arbeiter ein. Die Menschen hatten wieder zu essen. Es ging endlich wieder vorwärts. John Law war der Retter Frankreichs – und der Begründer der modernen Geldtheorie.

Nun aber brach die Spielernatur in John Law durch:

Er heizte den Druck der Banknoten geradezu rauschhaft an. Bald sind acht Männer in der Banque Royale rund um die Uhr damit beschäftigt, Banknoten zu drucken.

Diese Menge Geldes hätte aber die französische Wirtschaft nicht mehr aufnehmen und in Wirtschaftsleistung umsetzen können. Das wusste natürlich auch John Law. Das Geld musste anderweitig wieder „produktiv angelegt" werden. Zu diesem Zweck gründete Law die „Compagnie d'Occident" (im Volksmund Mississippi-Gesellschaft) als Aktiengesellschaft, die die Schätze des damals französischen Louisiana ausbeuten sollte. Für die Existenz von Goldvorkommen in Louisiana gab es keinerlei Beweise. Doch wie stets bei solchen Spekulationswellen war es nicht die Zeit der Zweifler und Zauderer. Law war ein glänzender Verkäufer und mobilisierte ungeheure Geldsummen. Die Anleger standen in der Rue des Quincampoix, der Pariser Bankiersstraße, Schlange, um ihr Geld loszuwerden. Durch immer neue Ausgabe von Banknoten und Anteilen, denen nur noch ein Bruchteil an Deckungsmasse in Gold gegenüberstand, heizte Law die

Spekulation an. Im Januar 1720 stiegen die Anteile im Nennwert von ursprünglich 500 Livres auf 18.000 Livres.[6]

Doch der Verkaufserlös aus den Aktien floss nicht etwa in die Suche nach dem Gold in Louisiana, sondern an den Staat, der damit seine Schulden beglich. Die Banknoten, die der Staat zur Schuldentilgung ausgegeben hatte, kamen so zum Ankauf weiterer Aktien zurück. Alle Stände vom Adel bis zur Dienerschaft waren vom Spekulationsfieber erfasst. Gelockt von den gewaltigen Kurssteigerungen und Gewinnaussichten liquidierte man ganze Vermögen oder nahm Kredite auf, um den Zug nach Eldorado nicht zu verpassen. Es wird von einem Diener berichtet, der so plötzlich zu spekulativem Reichtum gekommen war, dass er bei seiner neuen Equipage versehentlich wie gewohnt hinten auf den Lakaiensitz aufstieg, zur Belustigung der Anwesenden.

Als erste Zweifler begannen, ihre Banknoten in Gold einlösen zu wollen, ließ John Law, um das Vertrauen der Öffentlichkeit wiederherzustellen, ein Heer von Pariser Bettlern mit Schaufeln ausrüsten und durch die Straßen von Paris marschieren, als wären sie unterwegs nach Louisiana, um das Gold abzubauen. Es gab jedoch Irritationen, als die Pariser nach einigen Wochen viele von ihnen wieder an ihren alten Stammplätzen sitzen sahen.

Der prominente Prinz de Conti ließ aus Ärger, weil er keine Aktien bekommen hatte, einige Pferdewagen mit Geldscheinen vor der Banque Royale vorfahren, um seine Banknoten in Gold umzutauschen und löste damit einen Sturm auf die Banque Royale aus. Laws hilfloser Versuch, die Ausgabe von Gold zu beschränken, verstärkte die Panik. Das ganze System brach zusammen wie ein Kartenhaus. An einem Tage im Juli 1720 starben im Gedränge vor der Bank in Paris 15 Menschen. John Law flieht über die Grenze und stirbt neun Jahre später verarmt und verachtet in Venedig.

In England wurde die „South Sea Company" auf Betreiben von Robert Harley, Graf von Oxford zur Entsprechung von John Laws Mississippi-Gesellschaft. Sie bot der Krone eine ähnlich (be)trügerische aber hochwillkommene Lösung für das Problem der hohen Staatsverschuldung. Der Staat räumte ihr dafür das exklusive Privileg ein, „allein den gesamten Handel auf der Westseite Nord- und Südamerikas" zu betreiben.

Geflissentlich übersehen wurde dabei allenthalben die Tatsache, dass es sich bei den beschriebenen Ländern um spanische Kolonien handelte und Spanien den alleinigen Handel und Verkehr mit diesen Ländern beanspruchte. Es bestand immerhin eine schwache Hoffnung, dass Großbritannien wenigstens Zugang zum Sklavenhandel in diese Gebiete erhielt, für den sich die Briten für besonders be-

6 Das finden Sie erstaunlich? Es ist kaum 10 Jahre her, da wurde im Rahmen des Internet-Booms ein junges Software-Unternehmen namens Intershop mit fast 9 Mrd. Euro bewertet, höher als die gesamte Lufthansa.

*Robert Harley (1661–1724), Graf von Oxford und Mortimer, britischer Schatzkanzler. Porträtgemälde von Sir Godfrey Kneller*

fähigt hielten. Nach langen Verhandlungen gestattete Spanien der Südseegesellschaft tatsächlich eine einzige Fahrt im Jahr, von deren Gewinn noch ein Teil an die spanische Krone abzuführen war.

Die britische Öffentlichkeit reagierte dennoch erwartungsgemäß mit einer alle Bevölkerungsschichten erfassenden Spekulationswelle, die die Kurse explodieren ließ. Die aus Paris bekannten Szenen wiederholten sich. Es gab zahlreiche Nachahmergründungen, die ebenfalls mit phantastischen Gesellschaftszwecken Aktienkapital anzogen. Die Kurse der South Sea Aktie, im Januar 1720 etwa bei 128 Pfund, kletterten bis zum Spätsommer auf über 1.000 Pfund. Der Erfolg der Aktie brachte natürlich Nachahmer hervor. Zahlreiche Gesellschaften mit den phantastischsten Gesellschaftszwecken wurden gegründet und sogen wiederum gewaltige Kapitalmassen in sich auf. Die Spekulationswelle schwappte aus Frankreich und England auch nach den Niederlanden hinüber.

Den Vogel schoss jenes unvergängliche Unternehmen ab, das versprach, „ein Vorhaben von großem Vorzug durchzuführen, den aber niemand kennt." Selbst bei den an sich soliden Gesellschaften standen die Kurse bald in keinem vernünftigen Verhältnis mehr zur Ertragslage. Hiergegen entschloss sich die englische Regierung im Juli 1720, den „Bubble Act" zu erlassen, ein Gesetz, das derartige Neugründungen von Aktiengesellschaften verbot. Dies geschah jedoch weniger zum Schutz der unkundigen Anleger, sondern zur Sicherung des spekulativen Emissionsmonopols der Südseegesellschaft.

England ist keine absolutistische Monarchie, sondern eine Demokratie. Die Gesetzgebung wurde also durch Gratisaktien an wichtige Minister und den glücklichen Umstand gefördert, dass mehrere Direktoren der Gesellschaft im Parlament saßen und von dort die Abgeordneten und die Öffentlichkeit auf die großartigen Aussichten der Südseegesellschaft aufmerksam machen konnten. Doch war das Ende bereits nahe. Der Aktienkurs geriet ins Trudeln, weil Gewinnmitnahmen durch Insider Panikverkäufe auslösten. Innerhalb von zwei Monaten fiel der Kurs von über 1.000 Pfund auf unter 20 Pfund.

Auch im 18. Jahrhundert ruinierte der fast gleichzeitige und schlagartige Zusammenbruch der Spekulation in Frankreich, Holland und England zahlreiche Anleger und erschütterte das Finanzwesen dieser Länder über viele Jahre. Was im Vergleich zur Tulpenblase hier erschwerend hinzukam, war die leichtfertige Überschwemmung des Marktes mit wertlosem Papiergeld, die der Spekulation zusätzlich Nahrung gegeben hat.

*Es liegt nahe, an dieser Stelle einmal innezuhalten und daran zu denken, dass die Wirtschaft der EURO-Zone in den letzten 15 Jahren nur um real 27 % (= 1,6 % p.a.) gewachsen ist, die Geldmenge aber um 150 % ausgeweitet wurde, also sechsmal stärker als die Wirtschaft gewachsen ist. Ähnlich hat auch die*

*USA ihre Geldmenge um ein Vielfaches des realen Wirtschaftswachstums ausgedehnt.*[7]

Ein geringer Trost, dass auch große Geister nicht gefeit sind gegen die Versuchung der Spekulation. „Ich kann die Bewegung von Körpern messen", sagte Isaak Newton, „aber ich kann nicht die menschliche Dummheit messen." Seine eigene offenbar auch nicht, er sollte nämlich bei der großen Aktienspekulationswelle des Jahres 1720 selbst 20.000 Pfund verlieren, was heute etwa 1 Million Euro entspräche.

Bei jedem Markt, der Gegenstand der Spekulation wird, kann man diesen rasanten Anstieg der Umsätze und der Preise beobachten, vor allem aber – entgegen den vorherrschenden Theorien amerikanischer fundamental-liberaler Wirtschaftswissenschaftler – einen rasanten Anstieg der Preisschwankungen. Erfahrungsgemäß führt eine solche Entwicklung eher früher als später in die Krise und den Zusammenbruch.

Es ist daher besorgniserregend, dass die großen Industriestaaten[8] tatenlos zusehen, wie selbst Grundnahrungsmittel wie Getreide zum Gegenstand der Spekulation werden. 2009 wurde die gesamte Getreideernte der Welt an den Rohstoffbörsen im Durchschnitt 52mal durchgehandelt. Um beispielsweise Weizen vom Bauern bis zum Endverbraucher in Form von Brot oder anderen Produkten zu bringen, wären maximal 6 Handelsvorgänge ausreichend. Die **monatlichen** Preisschwankungen überschritten bereits mehrfach 30%, solche Bewegungen sind durch fundamentale Nachrichten über Wetter und zu erwartende Erntevolumina nicht zu erklären. Was wird passieren, wenn die Spekulation die Getreidepreise unter das Niveau treibt, zu dem die Landwirtschaft produzieren kann oder über das Niveau, zu dem arme Länder ihre Bevölkerung ernähren können? Müssen wir die Revolutionen in den arabischen Mittelmeerländern im vergangenen Jahr nicht auch als eine Art letzte Warnung begreifen?

---

7 In der EURO-Zone ist 1995–2010 die Wirtschaft real um durchschnittlich 1,6% p.a. gewachsen, die Geldmenge M3 aber um das Vierfache (+3,8% p.a.). Über 15 Jahre bedeutet das ein Wachstum des BIP um 27% und ein Wachstum der Geldmenge um 150%. Früher wäre ein solch aggressives Ausweiten der Geldmenge unmittelbar durch Inflation bestraft oder ausgeglichen worden. Da wir aber unsere Konsumgüter überwiegend aus Billiglohnländern beziehen, deren Konkurrenz untereinander die Stückkosten „am oder unter dem Existenzminimum der Produzenten hält", blieb der Preisanstieg bei durchschnittlich nur 1,9% pro Jahr. Ganz ähnlich sind die Zahlen für die USA (Durchschnitt 1995–2010: BIP + 2,46% p.a., M2 + 6,07% p.a., Inflation 2,42%) M3 wird von der Fed. nicht mehr veröffentlicht.

8 Bei Staaten wie dem Vereinigten Königreich oder den USA, bei denen der Anteil der Gewinne der Finanzindustrie vor zwei Jahren ein Drittel der gesamten Unternehmensgewinne des Landes erreicht oder überschritten hat, tue ich mich schwer, noch von Industriestaaten zu sprechen. Das ist aber eine polemische Randbemerkung, die in die Fußnote gehört. Diese Entwicklung ist aber Teil des Problems; sie erklärt, warum gerade diese beiden Länder sich so hartnäckig jeder Einschränkung der Handlungsfreiheit ihrer Finanzindustrie widersetzen.

Der Preußenkönig Friedrich der Große (1740-1786), dessen 300. Geburtstag wir dieses Jahr feiern, war klüger als unsere heutigen Regierungen und verbot jede Spekulation in Grundnahrungsmitteln:

Er verbot mit dem Edikt vom 17. November 1747 dem Adel, den Beamten, Geistlichen, Pächtern, Verwaltern und Kaufleuten bei Strafe „weder einer dem andern, noch den Bauern ihr Getreide, Vieh, Holtz und Wolle, auch andere Stücken, um Handlung zu treiben, abzukaufen." Getreide durfte eben nur zwischen den Erzeugern und den Verarbeitern gehandelt werden.

## Die vierte Geschichte: Die Tulpenzwiebeln des 21. Jahrhunderts

In den heutigen USA platzten seit 1690 in so regelmäßigen Abständen spekulative Seifenblasen in verschiedenen Märkten, dass Wirtschaftswissenschaftler bis hin zu Joseph Schumpeter argumentierten, dass es sich um der Marktwirtschaft natürlicherweise innewohnende normale Prozesse handele und dass der Abschwung nach spekulativen Auswüchsen in durchaus heilsamer Weise die Normalität wieder herstelle. Angesichts der ungeheuren Folgen, die der Börsencrash vom Oktober 1929 auslöste, klingen solche Einsichten ziemlich zynisch. Aber das Tempo, in dem Spekulationskrisen aufeinanderfolgen, scheint sich sogar noch erhöht zu haben: Allein in den letzten 15 Jahren haben wir das Platzen von vier weltumspannenden Spekulationsblasen durchlitten: Die Asienkrise 1998, die Internet-Blase, die Immobilienkreditkrise des Jahres 2008, die aktuelle Krise der Staatsanleihen.

Die Internet-Blase zum Anfang dieses Jahrtausends war eine klassische Spekulationsblase nach bekanntem Muster: Man konnte mit einem Kapitaleinsatz von weniger als 100.000 Euro in zwei Jahren Millionär werden und in einem weiteren Jahr den gesamten Einsatz verloren haben.

Der NEMAX 50 war der Leitindex für den sogenannten Neuen Markt in Deutschland, der im März 1997 nach dem Vorbild der US-Technologiebörse Nasdaq mit zwei Unternehmen startete (Mobilcom und Bertrandt). Ein Jahr später waren bereits 64 junge Unternehmen am Neuen Markt notiert. 1999 folgten weitere 132 Gesellschaften, im Jahr 2000 waren 300 Unternehmen am Neuen Markt gelistet, darunter so klangvolle Gesellschaften wie die Fantastic AG. Der NEMAX 50 startete am 30. Dezember 1997 mit 1.000 Punkten. Nach nur zwei Jahren (10. 03. 2000) erreichte der NEMAX 50 seinen Höchststand mit 9.665,81 Punkten; in 2 Jahren verzehnfacht!

Die 50 jungen Unternehmen im NEMAX 50, viele davon hatten noch nicht einen Euro Gewinn ausgewiesen, hatten eine Börsenkapitalisierung von 127 Mrd. Euro erreicht. Das entsprach dem addierten Unternehmenswert von Bayer,

BMW, Deutsche Bank, RWE und Lufthansa. Allein das Unternehmen INTERSHOP, dessen einziger Unternehmensgegenstand die Vermarktung einer selbst entwickelten Software zur Abwicklung von Einzelhandelsverkäufen über das Internet war, hatte eine Marktkapitalisierung, die nahe an den gesamten Unternehmenswert der Lufthansa heranreichte, fast 9 Mrd. Euro.

„Deutsche Aktien brechen alle Rekorde.“ „Noch nie war Geldverdienen so einfach.“ „40 heiße Tipps“: Mit solchen Überschriften versprachen Journalisten und angebliche oder wirkliche Experten den Anlegern anstrengungsarmen und schnellen Reichtum. „Millionen mit Optionen“ warb sogar die renommierte Wirtschaftswoche. Für viele Aktien des Neuen Marktes wurde mehr als das 200fache des Jahresgewinnes pro Aktie bezahlt und manche Neuemission verdreifachte ihren Kurs bereits in den ersten Tagen nach der Börseneinführung. Um auch für solche Aktiengesellschaften – die keine Gewinne ausweisen konnten – scheinbar objektiv vergleichbare Bewertungsmaßstäbe zu entwickeln, wechselten die Experten vom klassischen Kurs-Gewinn-Verhältnis erst zum Kurs-Umsatz-Verhältnis. Und als selbst die Kurs-Umsatz-Verhältnisse phantastische Größenordnungen annahmen, wurde von den Analysten, für die sehr stark kreditfinanzierten Neugründungen, die „cashburn-rate“ zum Maßstab erhoben, eine Größe, die in Monaten ausdrückte, wann das Unternehmen am Ende seiner Liquiditätsreichweite angekommen ist, wenn kein neues Kapital zugeführt wird.

Ähnliches spielte sich auch in den USA ab, in nur wenig geringerer Dimension. Auch der NASDAQ-Index stieg von 1.000 Punkten Anfang 1996 auf rund 4.800 Punkte im Frühjahr 2000.

Die Ernüchterung folgte noch schneller als der rasante Anstieg. Im Sommer 2000 kursierten die ersten „Todeslisten“ mit Unternehmen in Zahlungsschwierigkeiten, im August 2000 stellte das erste NEMAX-Unternehmen Insolvenzantrag. Eine Reihe von Unternehmensskandalen in den USA und in Europa erschütterte das Vertrauen der Anleger zusätzlich. Viele weitere Insolvenzen sollten folgen. Im Sommer 2001 bereits unterschritt der NEMAX 50 wieder seinen Startwert von 1.000 Punkten, schon vor den Anschlägen vom 11. September 2001. Im September 2002 erreichte der NEMAX 50 schließlich sein Allzeittief von 325 Punkten. Zwei Tage später verkündete die Deutsche Börse das Aus für den Neuen Markt. Von den im NEMAX 50 vereinten führenden Unternehmen des Neuen Marktes ist jedes fünfte Unternehmen insolvent geworden.

Unser Beispiel-Unternehmen INTERSHOP existiert noch, wird aber heute nicht mehr mit 8,5 Mrd. Euro, sondern nur noch mit 75 Millionen Euro (Stand September 2011) bewertet. Am Kollaps des Neuen Marktes, ebenso wie am Einbruch der Kurse an der NASDAQ, waren weder der Computerhandel noch die Manager schuld, die ihre Aktionäre durch betrügerische Bilanzierung betrogen haben. Sie mögen den Sturz der Kurse beschleunigt haben, ein Markt aber, der sich in zwei Jahren verzehnfacht hat, war ohnehin reif für den Zusammenbruch.

**Nichts ist also an den aktuellen Krisen wirklich neuartig, bis auf die Dimension: Unter amerikanischer Führung haben Investmentbanker und Hedgefonds-Manager die Welt in ein gigantisches Spielkasino verwandelt:**[9] 2010 war das weltweit gehandelte Volumen von Wertpapieren und sogenannten Derivaten (Optionen, Kreditversicherungen und anderen Wettformen) 11mal so hoch wie das weltweite Bruttoinlandsprodukt an realen Waren und Dienstleistungen. Das heißt: Wann immer Sie für 100 Euro Brot, Obst, Butter und Milch eingekauft haben, hat jemand gleichzeitig für 1.100 Euro Wertpapiere oder Optionen an einer Börse oder am Telefon gehandelt.

*John Maynard Keynes (1883–1946), britischer Nationalökonom, mit seiner Frau, der Tänzerin Lydia Lopkowa – 1932*

9 Wenn man sich die Entwicklung der Weltwirtschaft, gemessen am Wachstum des Bruttoinlandsproduktes (BIP), im Vergleich zu den wichtigsten Kapitalmärkten ansieht, könnte man den Eindruck gewinnen, dass wir genau diesen Zustand in den letzten 20 Jahren erreicht haben: Die Realwirtschaft ist neben den Kapitalmärkten fast eine „quantitée négligeable" geworden:

| | 1990 | Veränderung in % | 2010 |
|---|---|---|---|
| Welt-BIP (Volumen aller produzierten Güter und Dienstleistungen in USD) | 22 Billionen | 186 % | 63 Billionen |
| Weltbörsen: Volumen aller gehandelten Aktien und Anleihen (in USD) | 9 Billionen | 867 % | 87 Billionen |
| Volumen aller außerbörslich gehandelten Finanzderivate (in USD) | 2 Billionen | 29.950 % | 601 Billionen |
| Volumen aller Devisengeschäfte (in USD) | 147 Billionen | 550 % | 955 Billionen |
| Quelle: SPIEGEL Nr. 34/2011, IWF, BIZ | | | |

**In 20 Jahren (von 1990-2010) hat sich das Welt-Bruttoinlandsprodukt etwa verdreifacht, das Handelsvolumen an Aktien, Anleihen und Derivaten versechzigfacht!**

Prophetisch wirkt heute, was der Ökonom John Maynard Keynes schon 1936 in seiner berühmten General Theory (S. 159) zur Spekulation formuliert hat:

> „Spekulanten mögen so lange keinen Schaden anrichten, wie sie Seifenblasen auf dem steten Strom des Geschäftslebens gleichen, aber die Angelegenheit wird ernst, wenn das Geschäftsleben sich zur Blase auf einem Strudel der Spekulation entwickelt. Wenn die Kapitalbildung eines Landes zum Nebenprodukt der Geschäfte eines Kasinos wird, droht die Sache schiefzugehen."

In den Boomjahren der Nachkriegszeit geriet diese kluge Analyse jedoch leider in Vergessenheit. Die Spekulation wurde – im Gegenteil – wirtschaftstheoretisch geradezu geadelt durch den späteren Nobelpreisträger Milton Friedman.

Der amerikanische Liberale wandte sich vor allem gegen das damals auf festen Wechselkursen beruhende Weltwährungssystem von Bretton Woods. Er behauptete gegen die Warnungen seiner Kritiker, dass in einem System völlig freier („flexibler") Wechselkurse keineswegs destabilisierende Spekulationen zu befürchten seien. Mit seiner recht einfachen Argumentation postulierte Friedman sogar, dass Spekulation stets stabilisierend auf die Märkte wirke: Indem Spekulanten überbewertete Finanzprodukte verkauften und unterbewertete kauften, sorgten sie – so seine Theorie – für die Glättung von Kursbewegungen. Friedman sprach tatsächlich von der Annäherung an Gleichgewichtskurse fairer Bewertung. Spekulation ist im Modell Friedmans gesamtwirtschaftlich sinnvoll; staatliche Regulierung von Spekulanten sei damit nicht nur unnötig, sondern geradezu schädlich.

Die Wirklichkeit zeigte ziemlich schnell, wie Unrecht Friedman hatte. Spekulationen führen nicht zur Gleichgewichtsbildung, sondern verstärken – im Gegenteil – die Wechselkursschwankungen noch. Seit der Freigabe der Wechselkurse 1973 betrug die Schwankungsbreite des US-Dollars gegen die zweitstärkste internationale Anlagewährung, die DM, ab 1999 dem EURO, bis zu 34 % innerhalb eines Jahres.[10] In vierzehn dieser achtunddreißig Jahre schwankte der USD-Wechselkurs über 20 %. Solche Wechselkursschwankungen sind nicht nur ein Problem für jeden Unternehmer, der Außenhandel betreibt. Sie können auf ganze Volkswirtschaften wie eine Abrissbirne wirken, wie man zuletzt 1998 in der Asienkrise gesehen hat.

Friedman hatte zwei wesentliche Einflussfaktoren übersehen, zum einen den Herdentrieb und zum anderen die Möglichkeit, dass große Marktteilnehmer so viel Einfluss oder gar Macht haben würden, die Kurse oder die Regeln des Marktes in die gewünschte Richtung zu beeinflussen. Gleichwohl wurde Friedmans Ar-

10 Differenz zwischen Jahrestiefstkurs und Jahreshöchstkurs in Prozent des Jahresdurchschnittskurses US $ – DM 1972–1999, dann US $ – EURO.

*Milton Friedman (1912–2006),*
*US-amerikanischer Wirtschaftswissenschaftler und Nobelpreisträger – 1974*

gumentation äußerst einflussreich und prägte für Jahrzehnte das Denken über Spekulation. Sie ist heute noch das Mantra der Finanzindustrie in der internationalen wirtschaftspolitischen Diskussion über die aus der Kreditkrise zu ziehenden Folgerungen.

Und enge personelle Verflechtungen zwischen Politik und Finanzindustrie, namentlich in den USA, sorgen dafür, dass dieses Denken nach wie vor in der Politik maßgeblich bleibt. Der Einfluss der Finanzindustrie auf die Politik hat nicht nur zu einer langen Reihe von gesetzlichen Erleichterungen für die Banken[11] geführt, sondern auch einen anderen Faktor befördert, der die Neigung der Finanzinstitutionen zu riskanten Spekulationsgeschäften signifikant erhöht hat:

---

11 Beispiele aus der Chronologie der Entfesselung der Banken: 1971: Die USA heben die Goldpreisbindung des USD auf; 1986: Die britische Premierministerin Thatcher verkündet eine weitreichende Deregulierung des Finanzplatzes London; in den 1990er Jahren forcieren George Bush und sein Nachfolger Bill Clinton das „Homeowner-Programm“ und heizen damit den kreditfinanzierten Immobilienboom an, der am 15. September 2008 mit der Pleite des Bankhauses Lehman Brothers zusammenbrach; 1999: Die US Regierung hebt die bis dahin bestehende strenge Trennung von Einlagen- und Kreditgeschäft vom Investmentbanking (Eigenhandelsgeschäft) auf. 2004 wird in den USA die Grenze für das Hebeln (die Kreditfinanzierung) von Eigenhandelsgeschäften aufgehoben.
2005 werden auch in Deutschland die auf US-Initiative im internationalen Baseler Ausschuss für Bankenaufsicht verabschiedeten „Mindestanforderungen an das Risikomanagement“ (MaRisk) verbindlich. Banken dürfen danach die Höhe ihrer Kreditausfallrisiken – und damit die Höhe der erforderlichen Eigenkapitalunterlegung – nach eigenen internen oder nach externen Ratings berechnen. Das verleiht den Ratings der Agenturen Fitch, Moody's und S&P eine bisher nie gekannte Verbindlichkeit. Die Unabhängigkeit dieser Agenturen darf angezweifelt werden: 49 % der Moody's-Aktien und 38 % der Aktien von McGraw-Hill, dem Mutterkonzern von S&P, werden von demselben Dutzend großer US-Fondsfirmen und Finanzkonzerne gehalten, darunter The Capital Group, Blackrock, State Street, Fidelity, Morgan Stanley und die Bank of New York (Das hat eine Studie von Roland Berger im Sommer 2011 ergeben). Diese beiden größten Ratingagenturen teilen sich 80 % des Marktes und erzielen dabei Umsatzrenditen von 40 %. Und mit der Einführung der MaRisk haben die Banken ebenso begonnen, ihre Handelsrisiken nach einer komplizierten Mathematik (möglichst niedrig) zu berechnen. Die Berechnungsmethode basiert in der Regel auf einer Rückschau über die letzten 250 Handelstage, also über ein Jahr. Schon der gedankliche Ansatz dieser „Risikobemessung“ enthält fundamentale Fehler: Risiken haben etwas mit Zukunft zu tun, man kann sich auch nicht auf der Autobahn verkehrt herum an das Steuer seines Wagens setzen und sich, mit der Familie im Fonds plaudernd, darauf verlassen, dass, wenn 500 Meter rückwärts die Autobahn geradeaus lief, mit 98 % Wahrscheinlichkeit nach vorne keine Kurve zu erwarten ist. Ereignisse wie die Anschläge des 11. September 2001 auf das World Trade Center kündigen sich in den Handelsdaten der Vergangenheit gar nicht an. Und der Zusammenbruch spekulativer Krisen wie der der Internet-Blase (DAX vom 19.3.2002 – 12.3.2003: –59,7 %) kündigt sich dem erfahrenen Börsianer allenfalls durch eine vorherige (zu) lange und (zu) gleichmäßige Aufwärtsbewegung an – die aber in der Risikomathematik immer zu einem besonders niedrigen Risikoausweis führt. Es bleibt bei dem alten Börsianer-Spruch: An der Börse wird vor Kursänderungen nicht geklingelt.

Die Hoffnung auf kapitalerhaltende Rettungsmaßnahmen seitens der internationalen Sicherungssysteme oder des Staates.

Schon nach der Lateinamerikakrise in den 80er Jahren und noch einmal deutlicher nach der Asienkrise 1998 hatten die Bundesbank und die Bank für Internationalen Zahlungsausgleich davor gewarnt, dass die Interventionen, namentlich des IWF, zu Gunsten der beteiligten ausländischen Investoren bei diesen zu einer erhöhten spekulativen Risikoneigung, dem „moral hazard“, führten. Wenn heute, wie in Deutschland geschehen, eine Bank, die an der Börse noch weniger als 5 Mrd. Euro wert ist, in der Krise vom Staat mit 18 Mrd. EUR gestützt wird und der stützende Staat dabei nur 25 % der Anteile an dieser Bank erwirbt, dann bewahrt er eben nicht nur die volkswirtschaftliche Funktion des Bankensystems vor dem Kollaps, sondern er setzt Steuergelder ein, um das Vermögen der Aktionäre dieser Bank zu retten. Im Sommer 2011 haben zwei Wirtschaftswissenschaftler der holländischen Universität Groningen in einer wissenschaftlichen Studie im Auftrag und herausgegeben von der Deutschen Bundesbank[12] diesen „moral hazard-Effekt“ mathematisch nachgewiesen. Sie haben dazu alle 1994-2004 beobachteten Kapitalhilfen und Marktaustritte deutscher Kreditinstitute untersucht.

Es ist kaum drei Jahre her, dass eine Reihe großer Banken in Europa und in den USA nach dem Platzen der großen amerikanischen Immobilienkreditblase mit Steuergeldern rekapitalisiert wurden, da werden absichtsvoll öffentlich Befürchtungen verbreitet, dass einige Großbanken nicht in der Lage seien, die notwendigen Abschreibungen auf ihr Griechenland-Exposure zu tragen. Wir werden akzeptieren müssen, dass spekulationsbedingte Zusammenbrüche quasi natürlich zu den kapitalistischen Märkten gehören. Müssen dann aber nicht die Staaten durchsetzen, dass alle Marktteilnehmer derart mit Eigenkapital ausgestattet sind, dass sie das Risiko ihrer Spekulationsgeschäfte im Falle des Zusammenbruches selbst tragen können? Und sollten die Staaten nicht die Mittel der Kartellgesetze ausschöpfen, um Banken zu entflechten, die so groß sind, dass ihr Zusammenbruch die Gesamtwirtschaft eines großen Industriestaates oder sogar einer Region wie der EU erschüttern könnte? Soll es wiederholt hingenommen werden, dass die Banken und deren Aktionäre zwar die Erträge gelungener Spekulationen einfahren, aber die Steuerzahler die Kosten gescheiterter Fehlspekulationen tragen müssen, weil die Banken „systemrelevant“ sind?

Wenn große Marktteilnehmer staatlicherseits vor den Folgen der eigenen unternehmerischen Fehler geschützt werden, weil sie so groß geworden sind, dass ihre Insolvenz den Heimatstaat gefährden könnte, dann ist der faire Wett-

12 Lammertjan Dam, Michael Koetter: „Bank bailouts, interventions and moral hazard“ – herausgegeben von der Deutschen Bundesbank, discussion paper Series 2: Banking and Financial Studies No. 10/2011.

bewerb empfindlich gestört. Und Wettbewerbsstörungen können unsere Freiheit und unsere Demokratie gefährden:

Der Wettbewerb des Marktes dient nämlich nicht dazu, in einem anhaltenden k.o.-Prozess die größten und stärksten Marktteilnehmer zu ermitteln, die nach erfolgter Auslese der Schwächeren ihre Interessen ungehindert durchsetzen können. Der Wettbewerb dient, wie der ehemalige sächsische Ministerpräsident Prof. Kurt Biedenkopf ausführte, auch nicht in erster Linie dazu, den Konsumenten eine Vielfalt von Produkten zu bieten. Der Wettbewerb ist ein zentrales Ordnungsprinzip unserer sozialen Marktwirtschaft: Seine Hauptfunktion ist die Machtkontrolle und damit die Sicherung unserer Freiheit. Wettbewerb ist das Prinzip, die Konzentration wirtschaftlicher Macht gar nicht erst entstehen zu lassen.[13] Keinem Marktteilnehmer dürfte es erlaubt sein, sich die Regeln und Bedingungen über den Marktzugang, das Wettbewerbsverhalten oder das Ausscheiden aus dem Wettbewerb zu Lasten der Allgemeinheit hinzubiegen. Wo Marktteilnehmer übermächtig werden, muss der Staat eingreifen und den Wettbewerb wieder herstellen. In einem Kapitalismus ohne wirksamen Wettbewerb haben Recht und Freiheit vor wirtschaftlicher Macht und Willkür kapituliert.

Wenn es den Staaten und den überstaatlichen Organisationen nicht gelingt, den Wettbewerb auf den Finanzmärkten wiederherzustellen, indem die wirtschaftliche und politische Macht der großen Finanzmarktteilnehmer auf ein für

13 Dazu der ehemalige Ministerpräsident Sachsens, Prof. Dr. Kurt Biedenkopf, in einem Vortrag am 25. 01. 2006 in Berlin: „In Deutschland hatte die Wirtschaft schon im letzten Viertel des 19. Jahrhunderts und dann mit Perfektion im 20. Jahrhundert, insbesondere in der Weimarer Republik, mit privatrechtlichen Mitteln ein Netzwerk von Kartellen aufgebaut, mit denen man im übrigen Kontrollen sehr viel besser ausüben kann, als es der Staat vermag. Diese Kartelle waren so umfassend und so stabil organisiert, dass sie die Nationalsozialisten als Grundlage für Vierjahrespläne nutzen konnte. Die Organisatoren der Kartelle haben diese Grundlage zur Verfügung gestellt, weil sie die Gefahr eines zusätzlichen Missbrauchs privatrechtlicher Macht nicht erkannt haben. Das war einer der Hauptgründe dafür, weshalb die Vereinigten Staaten als Besatzungsmacht unmittelbar nach dem Krieg ein Kartellrecht erließen – die sogenannte Verordnung 56 der Militärregierung –, um ganz deutlich zu machen, dass sie in Deutschland nie wieder die Bildung einer Wirtschaftsmacht auf privatrechtlicher Grundlage zulassen würden.“...
Kurt Biedenkopf umreißt die Kernthese seines Lehrers Franz Böhm (Franz Böhm, *16. Februar 1895 in Konstanz; †26. September 1977 in Rockenberg, war ein deutscher Politiker [CDU], Jurist und Ökonom. Er war ein wichtiger Mitbegründer der Sozialen Marktwirtschaft und des Ordoliberalismus):
„Die Funktion des Wettbewerbs besteht nicht in erster Linie darin, den Konsumenten eine Vielfalt von -Möglichkeiten zu bieten – das sei gewissermaßen nur eine entscheidende Begleiterscheinung –, sondern sein Hauptinteresse am Wettbewerb war die Machtverhinderung. Wettbewerb ist die beste Methode, eine Wirtschaftsmacht gar nicht erst entstehen zu lassen. Dort, wo man versucht, diesen Wettbewerb zu unterdrücken, greift der Staat, durch das Kartellamt oder auf andere Weise, in die soziale Marktwirtschaft ein.“

alle verkraftbares Maß zurückgeführt wird, werden wir immer größere Krisen erleben, die bald schon selbst von den großen Staaten nicht mehr bewältigt werden können.

Wer sich verspekuliert, scheidet aus dem Wettbewerb aus:

Thomas Mann ließ den alten Buddenbrock an seinen Sohn schreiben: „Mein Sohn, sei mit Lust bei den Geschäften am Tage, aber mache nur solche, dass wir bei Nacht ruhig schlafen können." Thomas Buddenbrock hielt sich nicht an die väterliche Mahnung und löste mit einer Terminspekulation in Getreide zum 100. Firmenjubiläum den Untergang des Hauses Buddenbrock aus. Das Vorbild dieser Geschichte war übrigens real, eine wirkliche Welle von Fehlspekulationen in Getreidetermingeschäften um 1880 in Lübeck, Berlin und Paris, die eine Reihe von Getreidehändlern die Existenz kosteten – ohne dass dies für die Getreideversorgung oder sonst für die Heimatstaaten dieser Händler ein Problem geworden ist.

## Eine Auswahl verwendeter und weiterführender Literatur


Kurt Biedenkopf
*Wir haben die Wahl – Freiheit oder Vater Staat*
Berlin, 2011

Carl Colbert
*Der Börsenschwindel des John Law*
München, 1927

Niall Ferguson
*The Ascent of Money, a financial history of the world*
London, 2008

John Kenneth Galbraith
*A short history of financial Euphoria – Financial genius is before the fall,*
Knoxville, Tenessee, 1990.
(In Deutschland erschienen unter dem Titel: Finanzgenies – eine kurze Geschichte der Spekulation, Frankfurt/M. 1992)

Günter Ogger
*Kauf Dir einen Kaiser – die Geschichte der Fugger*
Berlin, 1979

Felix Pinner
*Die großen Weltkrisen*
Zürich und Leipzig, 1937

Carmen M. Reinhart und Kenneth S. Rogoff
*Dieses Mal ist alles anders – Acht Jahrhunderte Finanzkrisen*
München, 2011

Hans-Werner Sinn
*Kasinokapitalismus, 2. akt. Auflage*
Berlin, 2011

Paul Strathern
*The Medici – Godfathers of the Renaissance,*
London, 2003

Wolfgang Uchatius
*Jetzt werden alle reich. Das Lebensabenteuer des John Law und das Schicksal seiner »Banque Royale«*
in DIE ZEIT Nr. 14 / 2010, 31.03.2010

**Dr. Andreas Bödecker**

Dr. Andreas Bödecker (14.6.1958). Bankkaufmann und Jurist. Studium in Freiburg, Berlin und Stanford (USA). 25 Jahre Mitglied der Geschäftsleitung einer bekannten Berliner Privatbank, zuletzt als persönlich haftender Gesellschafter. Jetzt Rechtsanwalt und Verwalter mehrerer privater Stiftungen.

Verheiratet, zwei Kinder (14 und 24 Jahre), Rechtsritter des Johanniterordens, ehrenamtliche soziale Jugendarbeit. Unterstützung des Naturschutzes, besonders beim Schutz der Haie.

Seit 2010 Vorstand des Brandenburg-Preußen Museums, Wustrau.

## Sind Historiker „im Bilde“?
## Zur Auseinandersetzung der Geschichtswissenschaft mit dem Visuellen

Eckart Henning

Der als Reaktion auf den sog. Linguistic Turn der sechziger Jahre des 20. Jahrhunderts proklamierte wissenschaftstheoretische Paradigmenwechsel zum Pictorial (J.T. Mitchell, 1992) bzw. Iconic Turn (Gottfried Boehm, 1994) hat die Geschichtswissenschaft erst in den neunziger Jahren erreicht. Jüngere Darstellungen zur deutschen Geschichte kamen noch ganz ohne Bilder aus; weder Thomas Nipperdey noch Hans-Ulrich Wehler waren schon „im Bilde“. Historiker zweifelten nicht nur an der Abbildbarkeit von Geschichte, Bilder galten ihnen auch als wenig seriös, gerade wegen einer wahren Bilderflut. Sie störten mehr die Darstellung „ernsthafter“ Historiker, wurden als Ersatzquellen behandelt oder erschienen als nebensächliche Illustrationen. Bildkompetenz wurde Kunsthistorikern zugeschrieben, während Historiker sich für Texte zuständig fühlten, ihre Quellenkritik war Sprachkritik. Abgesehen von textlichen Bildern (Metaphern), die ja neben den visuellen bestehen, herrschte bei ihnen eine weitgehende Bildignoranz vor, obwohl bekannte Methodenlehrer wie Johann Gustav Droysen, Karl Bernheim und Wilhelm Bauer wenigstens auf Bildquellen hingewiesen hatten, um sie dann (meist) den „Überresten“ zuzuordnen. Sie behandelten diese nonverbalen Quellen wie Sachüberreste (Realien) und vermochten deren „Wirkmächtigkeit“ kaum angemessen einzuschätzen.

Die unausgesprochene Arbeitsteilung zwischen Kunstgeschichte und Geschichte fand erst in den letzten Jahrzehnten ein allmähliches Ende, befördert durch die Wiederkehr der Kulturgeschichte, auch wenn Außenseiter und Vorläufer dieser Entwicklung den Weg ebneten. Auf Seiten der Kunstgeschichte sind Jacob Burckhardt (1818-1897), Aby M. Warburg (1866-1929) und Erwin Panofsky (1892-1968) zu nennen, auf Seiten der Historiker Karl Lamprecht (1856-1915), Georg Steinhausen (1866-1933), Georg Dehio (1850-1932) und Erich Keyser (1893-1968), die den Bildquellen größte Beachtung schenkten, egal ob es sich nun um mittelalterliche Buchminiaturen, um Tafelmalerei, um Holzschnitte (15. Jahrhundert), Kupferstiche und Radierungen (16./17. Jahrhundert), um Lithographien und Stahlstiche (18./19. Jahrhundert), um Plakate, Fotografien (1825/1839) oder um Filme (1895/1927) handelte. Eine auf französische Initiative beim Internationalen Historiker-Kongress in Oslo (1928) gegründete Ikonographische Kommission und auch ihr 1930 in Halle/Saale ins Leben gerufener deutscher Ausschuss mit Sigfried H. Steinberg (1899-1969) als Berichterstatter und weiteren Mitgliedern wie Karl Brandi (1868-1946), Percy Ernst Schramm (1894-1971) und Walter Goetz (1867-1958) als Nachfolger Lamprechts, ist wieder „eingeschlafen"; die bilderreiche, von Goetz zwischen 1931 und 1933 herausgegebene, Propyläen Weltgeschichte in zehn Bänden blieb lange Zeit einzigartig. Eine besonders von Schramm geforderte interdisziplinäre Diskussion kam (noch) nicht zu Stande.

Erst infolge der Theoriediskussionen in der Geschichtswissenschaft seit den siebziger und achtziger Jahren des 20. Jahrhunderts nahmen sich in Deutschland die Historiker wieder verstärkt der Bildquellen an. Nicht unbeeinflusst von historischen Großausstellungen und auch der Medienwelt, blieben sie nicht mehr nur Zuschauer von Bildern, sondern begannen, sich auch ihrer zu bedienen, insbesondere in Darstellungen zur neueren Kulturgeschichte des 19. und 20. Jahrhunderts, zur Industrie- und Kolonialgeschichte, zur Frauen- und Geschlechtergeschichte, aber noch erstaunlich selten zur Zeitgeschichte nach 1945, sieht man von der Ereignisgeschichte (etwa des 17. Juni 1953 und dem Fall der Berliner Mauer 1989/90) einmal ab. Visuelle Informationen behaupteten sich in Teilgebieten der Wissenschafts- und Technikgeschichte, etwa in der Astronomie, wo fotografische Aufzeichnungen ohnehin zum Handwerkszeug des Faches gehören.

Gegenüber der Zeit um 1900 fand im Verhältnis von Text und Bild im 21. Jahrhundert, wie bereits angemerkt, eine Verlagerung vom Wort zum Bild statt. Die Hegemonie der Texte wurde von einer Bilddominanz abgelöst. Historiographen können sich angesichts der alles beherrschenden Audiovision kaum noch eine Bildabstinenz oder auch nur Bildenthaltsamkeit leisten. So verändern Historiker auch ihre Präsentationsformen bei Vorträgen oder im akademischen Unterricht durch den Einsatz von Folien oder von Powerpoint. Möglichkeiten und Gefahren von Bildern, stehenden wie laufenden, werden in einem früher nie gekannten Ausmaß diskutiert, vor allem hervorgerufen durch massenhaften Fernsehkonsum (Deutsche verbrachten 2012 durchschnittlich vier Stunden und elf Minuten täglich vor dem Bildschirm, das sind nur sechs Minuten weniger als 2011).

Die Ikonologie (von griech. Eikon = Bild bzw. Abbild) ist die „Bildlehre", bald „Visualistik" oder anspruchsvoller „Bildwissenschaft" genannt, widmet sich vornehmlich der Ikonografie, d.h. der Beschreibung und Erklärung von Bildern. Schon bei Georg Steinberg zerfällt sie in einen kunsthistorischen und einen historischen Teil, wobei letzterem das „Prüfbare" vorbehalten bleibt. Auf diesen ist hier näher einzugehen. Generell sind Bilder nur eine andere Form der Darstellung, doch können sie vieldeutiger und affektiv aufgeladener als Texte sein; sie bieten scheinbar die Möglichkeit, Vergangenheit unmittelbar (mit) zu erleben. Als Kommunikationsmittel, das keiner Sprache bedarf, enthalten Bilder Informationen, die nur sie bereitstellen, ein Alleinstellungsmerkmal, das ihnen „Autorität" verleiht. Stets sind es freilich zeitlich und sachlich sehr begrenzte Informationen (sieht man von Luftbild- und Satellitenaufnahmen ab), die in ihnen gespeichert sind, Einschränkungen, denen Texte weniger unterliegen. Immerhin benötigt eine Bilderschrift, einst „als Kommunikationsmittel der Unterprivilegierten und Ungebildeten geradezu verpönt" (Petra Schuck-Wersing), kein Schriftbild.

Historiker, die nach Bildquellen für ein Buch oder eine Ausstellung suchen, brauchen Anschauungsmaterial. Dabei geht es ihnen in erster Linie um den „wahrheitsgetreuen Zeugnischarakter bildlicher Darstellungen" (Jens Jäger), schlichter ausgedrückt, um ein verwendbares historisches Beweisstück, meist um Keysers „Geschichtsbilder" von Personen, Orten, Ereignissen und Sachen. Sie vertrauen dabei meist dem verbreiteten, aber irreführenden chinesischen Sprichwort: „Ein Bild sagt mehr als tausend Worte." Da auch (Bild-) Quellen getrübt bzw. manipuliert sein können, der Wahrheitsgehalt (Authentizität) oftmals fraglich erscheint, muss dieser quellenkritisch überprüft werden, ob es sich in der Tat um eine korrekte Abbildung historischer Ereignisse handelt. Auch die Suche nach Bildern, die „reale" Zustände zeigen, kann sich als problematisch erweisen, denn bis 1100, so warnte einst P. E. Schramm, bildete die Buchmalerei nur „Wichtiges" ab. Bei dem Bedürfnis nach authentischer Wirklichkeit darf man sich keinesfalls von einem intuitiven Umgang mit Bildern bzw. einem oberflächlichen, naiven Realismus („pictures cannot lie") leiten lassen, da auch Bilder – ebenso wie Texte – gattungsspezifischen und traditionellen Mustern unterliegen, man denke nur an Symbolik und Allegorien des Mittelalters und der Renaissance; das sollten vor allem Sozialhistoriker oder Museologen beherzigen, die oft das Alltagsleben dar- bzw. ausstellen wollen, ohne die Bildtradition, in der die Maler stehen, angemessen zu berücksichtigen. Ihre Bilder, erst recht Fotografien, täuschen Lebendigkeit vor oder zeigen längst verschwundene Inhalte, wobei die gewählte Perspektive und die Auswahl der abzubildenden Objekte, Licht und Belichtung oder die Kamerawahl Realität vortäuschen kann. An dieser Grenze zur kunsthistorischen Betrachtung, die sich der Stilgeschichte, der Motiventwicklung, wie den Bildtypen ebenso wie der ästhetischen und auratischen Wirkung eines einzelnen Bildes zuwendet, überlagern sich leicht „Überrest" und (Bild-) „Tradition" im Sinne Bernheims.

Der Historiker möchte, nicht nur um Realitätsnähe zu verbürgen, den Wahrheitsgehalt von Bildern ermitteln oder sie zur Korrektur schriftlicher Überlieferung heranziehen, sondern sie in zweiter Linie auch als Indikator des jeweiligen Zeitempfindens (Mentalität) nutzen, weswegen schon Keyser die Einbeziehung nicht nur der hohen Kunst, sondern auch der populären Bildinhalte gefordert hat. Und ein besonderes Augenmerk der Historiker, wieder inauguriert von P. E. Schramm, galt stets den Sinnbildern der Macht, ihren Herrschaftszeichen, die durch gedachte und reale Bilder eine mentale, fast spirituelle Macht durch das Zeremoniell in Vorstellung, Darstellung oder Vergegenwärtigung ausüben.

Die Bedeutung des Sehens wächst mit der Erfindung der Fotografie, des Stumm- wie des Tonfilms, sowie des Fernsehens und der Digitalisierung. Seit dem 19. Jahrhundert wurden Fotografien von Historikern zunächst nur als ein mehr oder weniger getreues Mittel zur Abbildung benutzt, eben zur „Bebilderung“, weniger als Quelle der Erkenntnis. Das änderte sich eigentlich erst in der zweiten Hälfte des 20. Jahrhunderts durch die Frühneuzeitforschung, insbesondere durch die Auswertung illustrierter Flugschriften der Reformationszeit, des Bauern- und des Dreißigjährigen Krieges, aber auch der Einbeziehung der Porträtmalerei von Renaissance und Barock.

In den achtziger Jahren entwickelte Rainer Wohlfeil seine größtenteils auf Panofsky beruhende Methode der Bilddeutung, die sich im ersten Schritt der Vorbeschreibung, im zweiten der ikonografisch-historischen Analyse und im dritten der Interpretation widmet. Diese an der historischen Quellenkritik äußerer und innerer Merkmale geschulte, mehr am Inhalt als am Gehalt von Bildern orientierte Dreischrittmethode, die in Wahrheit ein Vierschrittmodell darstellt, scheint sich trotz begrifflicher Unschärfen unter Historikern durchgesetzt zu haben. Im Einzelnen wird folgende Vorgehensweise von Wohlfeil vorgeschlagen: Im ersten Schritt der Inhaltsangabe wird ermittelt, was ein Bild „zeigt“; dabei soll nicht nur eine herkömmliche Bildbeschreibung (von links nach rechts, von Vorder- zu Hintergrund) erfolgen, sondern eingehender der Bildaufbau geschildert werden. Im zweiten Schritt der Formanalyse geht es um die Bildaussage, wobei die Stoffgestaltung, literarische Quellen, traditionelle Themen und Motive herauszuarbeiten sind. In der historischen Analyse, dem dritten – bei Wohlfeil aber noch zum zweiten – Schritt gehörig, geht es dann um die Bildeinbindung in das soziale Umfeld der Zeit, um Erwartungen des Auftraggebers und um Entstehungszusammenhänge, um Zweckbestimmung und Rezeption. In einem vierten und letzten Syntheseschritt der Interpretation nutzt der Historiker die bisher erzielten Ergebnisse der Bildanalyse und seinen zeitlichen Abstand zum Kunstwerk, indem er einen Perspektivenwechsel für eine abschließende Bilderklärung vollzieht; dabei bestimmt er, wie Wohlfeil das nennt, den „historischen Dokumentensinn“. Er betont mit Recht, dass die aufgetragene Bildaussage sich nicht mit der vom Künstler ausgeführten decken oder auf sie beschränken muss. Nach Wohlfeils allerdings überzogener Meinung sollten Historiker „grundsätzlich davon ausgehen, dass Bilder keine Wirklichkeitswiedergabe, d.h. objektive Abbilder einer historischen Realität sind – weder in der Vergangenheit noch in der Gegenwart“, nur weil auch der Urheber eines Bildes als Produzent mitwirke. Dennoch hat Wohlfeils Methode viel zur Analyse der materiellen Kultur und sozialer Zustände beigetragen. Als Historiker kam es ihm vor allem darauf an, den gesellschaftlichen Kontext in den Werken der bildenden Kunst, aber nicht wie Panofsky, auch ihren ästhetischen zu erschließen. Allerdings bleibt füglich offen, ob Wohlfeils Interpretationsschema nicht „wissenschaftlich in die Sackgasse“ führt (Martin Knauer), wenn sich nämlich Geschichts- und Kunstwissenschaft erneut voneinander abgrenzen, zumal ihr gemeinsamer Gegenstand, das Bild, beiden als Quelle dient und folglich eher nach Kooperation als nach Abschottung ruft.

Insgesamt fehlt es noch an einem ausgereiften Instrumentarium zur Auswertung historischer Bildzeugnisse, auch wenn ausbaufähige Konzepte vorliegen. Zu nennen ist hier das Iconclass-System, das alle auf Kunstwerken vorkommenden Themen, Personen, Gegenstände etc. klassifiziert, mit einem Code versieht und als „Gerüst“ auch in jeder graphischen Sammlung gut verwendbar ist. Da dort früher nur Künstlernamen erfasst waren, aber keine ikonographischen Kataloge vorlagen, ist von dem Niederländer Henri van de Waal in Leiden sein „ICONographic CLASsification System“ in 17 Bänden (1972-1985) entwickelt worden, das alle bisherigen kunsthistorischen Stoffgliederungen übertrifft, und auch für Historiker interessant ist; sein System wird durch einen General Alphabetical Index in drei Bänden erschlossen und durch eine integrierte Bibliographie in sieben Bänden ergänzt. Inzwischen gibt es auch eine elektronische Ausgabe, die im Internet über www.iconclass.nl erreichbar ist. Ab 1987 erschienen weitere Indices zur bildenden Kunst in fünf Reihen, um auch größere Bildmengen ikonographisch zu erschließen. Als wichtigstes deutsches Anwendungsbeispiel von Iconclass ist das seit 1983 geführte ikonographische Register des Bildarchivs Foto Marburg zu nennen, das in 200 Einrichtungen vorliegt und als Marburger Index z.Zt. 150.000 Abbildungen erschließt.

Doch sind Bilder sind nicht nur passive Abbilder der Vergangenheit, die sie widerspiegeln (wie die Geschichtsdidaktik meint), sondern auch selbst „wirkungsvoll“, indem sie angreifen oder entwaffnen, Inhalte aktiv vermitteln und Botschaften in informierender oder agitierender Absicht transportieren, um unser Denken zu beeinflussen, historisches Denken zu formieren, Weltbild und Weltanschauung  zu prägen, ja werbend oder als publizistische Waffe in die Realität einzugreifen. Im Dienste der politischen Agitation beeinflussen sie die Meinungsbildung und stellen suggestive Freund- und Feindbilder her; sie sind nicht nur selbst Geschichte, sondern „machen“ sie auch bis hin zum Bildersturm der reformierten Protestanten (Ikonoklasmus). Jedes Bild, versucht ihren Betrachter mehr oder weniger zu beeinflussen oder gar zu überzeugen, ist Teil einer Kommunikation, auch wenn sich seine Wirkung nicht genau ermessen, oft aber die Absicht der Bildproduzenten oder Vermarkter ergründen lässt. Zum propagandistischen Gebrauch von Fotografien, vorwiegend in totalitären Systemen, liegen mehrere Studien vor, sowohl über Bildmanipulation („Fälschungen“), insbesondere wenn politische Gegner wegretuschiert werden sollten, als auch über Motive und Rezeption eingesetzter Bilder, etwa der Kriegsberichterstatter, um den Feind zu schmähen oder im „Krieg der Bilder“ eigene Fronterfolge zu übertreiben, oder sie durch Großaufnahmen von Persönlichkeiten in der Öffentlichkeit bekannter und sympathischer erscheinen zu lassen (man denke nicht nur an Wahlkämpfe, sondern z.B. an die Rolle von Hitlers „Hoffotografen“ Heinrich Hoffmann).

Neben dem „stehenden“ Einzelbild (Fotografien, Bildplakate, Karikaturen, Briefmarken) gibt es, kulturgeschichtlich von größtem Interesse, die die Massenbildforschung betreibende Ethnologie; sie liefert die besten volkskundlichen Beispiele bereits in Form von gestochenen und gedruckten Bildern, etwa über die Bilderwut des Napoleonkults, Moritatenblätter, Genreszenen, religiöse Bilder, Bildsatiren, keineswegs nur Almanach- und Kalenderbilder. Angesichts dieser Mengen, Produkte ganzer Bildfabriken, ist es angezeigt, solche Bilder, wie auch die Neuruppiner Bilderbögen, seriell zu betrachten, um Trivialisierungen zu erkennen, kollektive Vorstellungen und Deutungen zu berücksichtigen. Erst nach einem solchen Blick „hinter die Bilder“ vermag man auch der Bildpublizistik gerecht zu werden. Stärker noch als Flugblätter, Zeitungen und „Illustrierte“ (sic!), Satirezeitschriften und Karikaturen, beeinflussen heute Film und Fernsehen alle sozialen Schichten. Diese Medien zeigen, anders als statische Momentaufnahmen, erstmals menschliches Handeln bzw. von Regisseuren gestaltetes Agieren. Auch Mimik und Gestik eines Redners werden analysierbar. Doch nicht nur in Spielfilmen, auch in Dokumentarfilmen wird inszeniert, und Wochenschauen wurden seit 1910, als die Gebrüder Skladanowsky sie als „tönenden“ Ersatz für Zeitungen erfanden, notfalls „nachbearbeitet“, der Betrachter gelenkt und getäuscht. Filmaufnahmen werden erst dann zu brauchbaren Quellen des Historikers, wenn sie gespeichert vorliegen, Drehbücher gesammelt und Besprechungen auszuwerten sind, d.h. Bild und Text mit allen Visualisierungsanweisungen gemeinsam interpretierbar sind. Filmische „Überreste“ gehören einer bestimmten Zeit an, obwohl auch „traditionelle“ Momente im Sinne Bernheims mitschwingen, wenn sich nämlich zusätzlich zu einer Meldung (Überrest) ein Kommentar (Tradition) bestrebt zeigt, auch seiner Nachwelt ein bestimmtes Bild zu vermitteln und künftige Betrachter über den Tag hinaus beeindrucken möchte (was häufig bei Fernsehübertragungen von Parlamentsreden mitschwingt). Stets ist die Absicht der Massenbeeinflussung ins Kalkül zu ziehen, keineswegs nur in totalitären Regimen, auch nicht allein in Nachrichtensendungen, sondern gerade in vermeintlich unpolitischen Spielfilmen, die der Zuschauer häufig weniger kritisch aufnimmt, von Werbung und Werbepsychologie einmal ganz zu schweigen.

Der Beitrag, den nicht die Bildforschung den Historikern, sondern die Historiker der Bildforschung leisten, besteht darin, dass sie alle Bilder in einen geschichtlichen Zusammenhang (Kontextualisierung) stellen und ihm damit eine Position in einem „Verweissystem“ (Jens Jäger/Martin Knauer) zuteilen. Selbst „Schlagbilder“, wie Aby Warburg diejenigen nannte, die wir heute als Schlüsselbilder bezeichnen, wie das Attentat auf John F. Kennedy, der Angriff auf die

Twin Towers, das Sprengen der Buddha-Statuen durch die Taliban oder Hinrichtungsvideos, Frontbilder aus Vietnam und Hungerbilder aus Äthiopien müssen lokalisiert werden und somit als „Augenzeugen“ zum Sprechen gebracht werden, d.h. sie benötigen eine zeitgeschichtliche Interpretation, wenn auch nicht unbedingt durch „tausend Worte“. Erst in der Verbindung mit Texten, von Graphikern früher als „Bleiwüste“, heute als „Grauwerte“ verspottet, erfüllen Bilder ihre volle emotionale Funktion, kann man sich von ihnen Authentizität borgen oder der eigenen Erinnerung auf die Sprünge helfen. Leicht stiehlt das Bild dann freilich dem Grauwert die Show, ist insofern nur schwer „einzubinden“, weil es oft durch seine emotionale Dominanz vom Text ablenkt. Das fällt noch schwerer beim Videoclip, wo Bewegung, Farbe und Musik fast ein Eigenleben führen, das oft vom Gedanken weg- und dafür zum Kunstwerk hinführt. Vollends ohne Text kommt nur das beinahe vorwurfsvoll so bezeichnete Bild „ohne Titel“ aus – gewöhnlich nur bei abstrakten Motiven – , leben wir doch, wie Walter Benjamin bemerkte, in einer „beschrifteten“ Welt. So mutet es widersinnig an, dass die in der Bundesrepublik Deutschland meistgelesene Zeitung „Bild“ heißt, doch zeigt sich auch hier, dass deren nicht immer besonders vieldeutige Bilder durch (eindeutige) Texte erläutert werden müssen. „Kein Bild erklärt sich selbst“, meinte E. H. Gombrich, weil es seine Informationen gleichsam in kodierter Form enthält. Es ist ja bereits „gestaltet“ und prägt das Wissen derer, die es sehen, erneut bei Einsichtnahme und weiterwirkender Wiedergabe (auch als „Agenten“, wie Horst Bredekamp betont).

Aufgabe der seit etwa zwanzig bis dreißig Jahren allgemein akzeptierten, immens erweiterten Bildforschung ist es zunächst, die Quellen der Erinnerung zu sammeln, zu sichern bzw. zu erschließen (in Karteien, durch Repertorien und/oder in Datenbanken) und die Sekundärliteratur dazu bibliographisch zu erfassen (in Fortsetzung Steinbergs). Doch darf die Forschung nicht nur Quellenkunde im engeren Sinne einer „Ikonologie der Geschichtswissenschaft“ (Bernhard Jussem) betreiben. Sie soll auch (Wissens-) Bilder aus den Naturwissenschaften und der Technik miteinbeziehen, auf Herstellungsverfahren und auf Produktionsformen von Bildern, auf Bilddistribution, Bildpräsentation und Bildkonsum ausgedehnt werden.

Über die Erforschung der materiellen Bilder darf die der mentalen Bilder nicht zu kurz kommen (Neurophysiologie), schon weil erstere wahrscheinlich als Produkte letzterer entstehen. Neuronal imaginierte Gedankenbilder werfen die Frage auf, wie sich ein Bildgedächtnis überhaupt entwickelt. Leider hat die Hirnforschung bisher nur Bilder vom Hirn und von Hirnströmen, nicht aber die im Hirn gespeicherten Bilder selbst zeigen können, also nur dass etwas, nicht aber was gesehen wurde. Das führt in die Bemühung um Erfassung aller Formen des Sehens, in kognitive Prozesse hinein, bis hin zu Halluzinationen, inneren Bildern und Träumen, aber auch zu bestimmten Wahrnehmungsmustern und in

Deutungsbräuche im Grenzbereich der empirischen Psychologie, die auch die Tragfähigkeit der Theorie von der (Vor-) Prägung von Wahrnehmungen durch Konventionen zu überprüfen hätte.

Klassiker der Fotografiegeschichte, die eine Wesensbestimmung dieses Mediums und seine Rolle in der Gesellschaft beschreiben wollten, waren Walther Benjamin (1892-1940), Gisèle Freund (1908-2000), Susan Sontag (1933-2004), Roland Barthes (1915-1980) und Siegfried Kracauer (1899-1966), auf deren Analysen immer wieder zurückgegriffen wird. Laut Benjamin zerstörte die Fotografie den Kultwert des Originals und damit auch seine Aura durch Reproduzierbarkeit; er bestritt die Einzigartigkeit von Fotografien, von Originalen könne keine Rede mehr sein. Auch Freund bezeichnete massenhaft Produziertes als zweitrangig, und Sontag betrachtete die Fotografie als Manipulationsmedium, das genuine bzw. reale Erfahrungen des Menschen direkt verhindere. Barthes beschäftigte sich vor allem mit dem Verhältnis der Fotografie zur Vergangenheit und Kracauer kritisierte die Erinnerungsfunktion dieses Mediums, das nur dann etwas nütze, wenn der Kontext bekannt sei, in dem es einmal entstand. Einflüsse dieser kulturkritischen und vielfach zu radikal gedachten Deutungen auf die Geschichtswissenschaft sind bisher kaum zu spüren gewesen. Sie wird an technisch erzeugten Bildern erst dann Anstoß nehmen, wenn die Fotografie im Sinne des Spielfilms mehr und mehr der perfekten Illusion dienen sollte und Realität und Illusion untrennbar ineinander überzugehen drohen, ja als Ersatzrealität erscheinen oder zumindest eine Verwechslungsgefahr gegeben ist. Doch ganz so weit ist es noch nicht, an lila Kühe glauben wir ja noch nicht, ganz davon abgesehen, dass selbst die Fotografie eine – wie auch immer gedachte – Realität nur eingeschränkt vermitteln kann.

Von manipulierten Bildquellen war bereits beiläufig die Rede, doch sind damit nicht nur die traditionellen Gestaltungsmittel der Fotografen, seine Dunkelkammertechniken wie Schattenaufhellung, oder das Ausflecken von Fusseln und Staubkörnern mit dem Pinsel, das Einkratzen von Lichteffekten mit dem Federmesser, aneinander geklebte und retuschierte Panoramabilder gemeint oder auch ein verschwundener Trotzki neben Lenin und ein Stalin ohne Pockennarben. Bisherige Fotofälschungen oder auch nur Verfälschungen älterer Art mit Hilfe von Pinsel, Klebstoff und Schere, zu denen auch Formatveränderungen oder eben Positivmontagen aller Art zählen, wie das später hineinkopierte und nachträglich kolorierte, vor dem brennenden Berliner Reichstag wehende Siegesbanner, das (von Jewgeni Chaldej) am 2. Mai 1945 aus mehreren Aufnahmen zusammengesetzt wurde, muten gegenüber modernen Manipulationsmöglichkeiten geradezu rührend an. Durch heutige Bildbearbeitung (Imaging) mit Hilfe der von den Brüdern John und Thomas Knoll 1987/90 in Amerika ursprünglich für Scanner entwickelten und dann für 34,5 Millionen Dollar an Adobe verkaufte Software („Photoshop Elements" und weitere Anwendungen) können nun Bilder nicht nur von ihrem Hintergrund befreit, weich gezeichnet oder Porträts durch das Motivprogramm „Schöne Haut“ von Pickeln und anderen Hautunreinheiten gesäubert werden, auch Augen glänzen wieder und Krähenfüße, sonstige Falten und etwaige Figurprobleme schwinden. Inzwischen werden diese, den „schönen Schein“ vermittelnden Programme – ursprünglich für Werbefotos gedacht – serienmäßig in die meisten Digitalkameras eingebaut. Missbrauch, bis hin zum Versicherungsbetrug (durch vergrößerte Schadensbilder), ist die Folge. Auch findet man heute in Printerzeugnissen kaum noch „unbehandelte“ Bilder, die eben nicht die Wahrheit sagen, sondern „wie gedruckt“ lügen.

Der kreative Zugewinn wird nicht nur durch einen starken Vertrauensverlust bezahlt, den die Bilder erleiden, indem sie sich von bloß digitalen in virtuelle verwandeln, sondern auch durch den Wirklichkeitsverlust, dem sie Vorschub leisten. Daher muss der „eben erst“ an Bilder gewöhnte Historiker vor neuen digitalen, aber auch vor älteren analogen Bildern, die sich leicht manipulieren lassen, auf der Hut sein, selbst mit einer digitalen Vergangenheitskontrolle muss er rechnen, da sich ältere Bildbeweise, in Digitalisate verwandelt, leicht und nahezu spurlos verändern lassen (George Orwell lässt grüßen). Längst sehen sich Historiker auch neuartigen Bildproblemen gegenüber, die keineswegs nur im Auffinden und Verändern einzelner Digitalfotos, sondern in deren automatischer bzw. automatisierter Vervielfältigung bestehen, d.h. in der Produktion (selbst manipulierter) Bilder, die man dann ebenfalls ins Netz mailen, googeln, skypen, bloggen, posten oder twittern kann. Neben Qualitätsmängel treten Quantitätsprobleme: Das Internet droht immer mehr von Bildern überflutet zu werden, die doch einst seine Attraktivität erhöhten, nun aber zu Bildverdruss führen. Um dieser Bilderflut Herr zu werden, müssen deren Informationen beispielsweise im „Foto des Jahres“ oder Daten und Fakten zu Diagrammen verdichtet werden.

Da es kaum eine Institution gibt, in der keine Bilder zu finden sind, meinten u.a. Archive, Bibliotheken, Museen etc. im Netz „nicht fehlen zu sollen“, so dass schon seit etwa zwanzig Jahren ein kostspieliges Digitalisierungsprojekt (mit Ausgaben für Hard- und Software, Personal- und Datenunterhalt) das andere jagt. Alte Bildbestände gelangten damit ans Licht, neue digitale Bildarchive entstanden in größerer Zahl. Die virtuelle Welt ist damit längst zur „Realität“ geworden, weckt aber gerade deshalb die Sehnsucht nach dem wirklich Greifbaren (der beste Beweis ist das vermeintlich „papierlose“ Büro). Historiker misstrauen der Digitalisierung, in der sie trotz verbesserten Quellenzugangs mehr und mehr ein verführerisches Medium sehen, um die Wirklichkeit zu verfälschen, da alle Bilder nun mutierbar, separierbar und rekombinierbar geworden sind, d.h. keine genuine Komposition mehr darstellen, höchstens die Illusion eines Bildes erwecken. Folglich fürchten Historiker den Versuch, durch dieses Medium die Wirklichkeit zu verfälschen, anders als Künstler, die darin keinerlei Defizite mehr erblicken, sondern eher eine Steigerung ihres ästhetischen Potentials. Schließlich lebt nicht nur die bildende Kunst, sondern bereits jede halbwegs gut gelungene Visualisierung davon, dass Bilder Wirklichkeiten, d.h. Fiktionen, erfinden, die unsere Sehkonventionen verändern (sollen).

Während die fotografische Medienrevolution um 1900 noch um die Begriffe Abbild (picture) und Illustration kreiste, möchte die digitale des späten 20. Jahrhunderts sogar Abstraktionen visualisieren; die Wissenschaft macht sich die „verallgemeinernde Eigenschaft der Bilder“ (Mitchell) für ihre Resultate zunutze, bis hin zu Diagrammen und Kurven, Röntgen- und Radarbildern. Solche Bilder (images) verkörpern wissenschaftliche Erkenntnis, keineswegs nur in Medizin und Technik.

Auf die erste Technisierungswelle, die mit der Fotografie (seit 1826 bzw. Daguerreotypien seit 1839) verbunden war und zu einer gewissen „Demokratisierung“ der Bilder führte, folgte die zweite, die mit der Digitalisierung der Welt verknüpft ist, nur dass dabei der eigentliche Bildträger verloren ging, den bisher alle Bilder aufwiesen, denn Computerbilder sind als binäre Darstellungen zumindest so lange „trägerlos“, bis sie auf Chips oder Festplatten gesichert werden. Folglich ist auch eine Definition des „Bildes“, die eigentlich an den Anfang dieses Beitrags gehört hätte, erst nach diesem Rundgang durch die terra incognita imaginum möglich. Aus dem Klärungsprozess alter und neuer Bildformen und verschiedenen Deutungsversuchen der Sekundärliteratur ergeben sich drei Perspektiven: Danach werden Bilder entweder 1) als objektive Beweise (mit Evidenzanspruch) oder 2) als Repräsentanten einer bestimmten, künstlerisch kodierten Wirklichkeit betrachtet, die sie bedeutungsvoll, oft symbolisch gestalten (konstruierte Sinnmuster), wenn sie nicht gar 3) als bloß subjektives Konstrukt begriffen werden, das erst aufgrund von Sinneswahrnehmungen im Auge des Betrachters entsteht; man hat sich in diesem Zusammenhang angewöhnt, von „Bildakten“ zu reden, die unsere Wirklichkeit aktiv „gestalten“ (Funktionalismus). Während die erste Perspektive heute mehr und mehr für obsolet erklärt wird, stehen sich die zweite und dritte ziemlich unvermittelt gegenüber. Ihnen immerhin gemeinsam erscheint die Überzeugung, dass nicht der Bildträger, sondern – herkömmlich gesprochen – eigentlich die Idee konstitutiv ist, die hinter dem Bild steht: materielle Artefakte transportieren immaterielle Inhalte oder englisch ausgedrückt, sind picture und image zugleich. Die Botschaft wird umgesetzt bzw. visualisiert, indem dreidimensional Gedachtes zweidimensional reduziert und ein „Ausschnitt von Zeit“ vorgezeigt wird; zuvor Ungesehenes wird ansehnlich! Der Mensch denkt offensichtlich nicht nur sprachlich, d.h. nicht nur in Worten, sondern auch in Bildern.

In der Gegenwart geht es nicht mehr nur um das Ziel, die Realität (wie man sie sieht), fotografisch einzufangen, um sie für die Zeitgenossen oder die Nachwelt festzuhalten, oder um die zunächst weniger beachtete künstlerische Aussage, auf die die berühmte Werkbundausstellung „Film und Foto“ (Stuttgart 1929) erstmals hinwies, sondern ganz schlicht und banal um Probleme analoger und digitaler Sicherung von Bildbeständen. Zwar geht es in seriösen öffentlichen und privaten Bildersammlungen auch weiter um den Erhalt analoger Originale im Sinne der „Europäischen Konvention über den Schutz audiovisuellen Erbes“ (2004), keineswegs nur um digitale Reproduktionen, doch verhalten sich die meisten kommerziellen Bildarchive ganz anders, da sie kaum noch am Originalcharakter ihrer Bestände interessiert sind, worin sie ein eher historisches Problem erblicken, sondern vorwiegend an der schnellen Übermittlung des Bildinhalts durch digitalen Datentransfer an den Besteller, d.h. an der bequemen Vermarktung (Abzüge sind nahezu obsolet geworden). Durch Digitalisierung werden konservatorische Probleme allerdings nicht gelöst, sondern nur verschoben; offen bleibt auch das brennende Problem der Langzeitverfügbarkeit. Ungeklärt ist weiterhin der Verbleib von Nachlässen kommerzieller Fotografen und journalistischer Bildreporter, für die kein – längst gefordertes – Spezialarchiv bisher gegründet wurde. Ohne die Stabilität analoger und digitaler Daten, für die die Rettung bisher nur in häufiger Konversion schnell veralteter Hard- und Software gesucht wird, kann das visuelle Gedächtnis eines Gemeinwesens nicht bewahrt werden, auch wenn sich dafür Fachgesellschaften, wie die Deutsche Gesellschaft für Photographie, (bisher ergebnislos) einsetzen. Ob man allerdings auch vermeintlich „verbesserte“ Digitalbilder mit einbeziehen sollte, bei denen man bald an ethische Grenzen rührt, ist ungeklärt.

Dass genuine digitale Fotos keine Digitalisate analoger Bilder sind (von denen dann wenigstens annähernd „zukunftssichere“ Negative und /oder Positive zurückblieben), sei zur Klärung der Begriffe vorausgeschickt, sondern nur die gleich mit einer Digitalkamera aufgenommenen und in einem Chip gespeicherten „Originale“; sie büßen diesen Charakter allerdings – streng genommen – auch schnell wieder ein, wenn ihre Bilder „auf ein externes Speichermedium heruntergeladen und dabei in ein anderes Dateiformat konvertiert“ werden (Angela Ullmann). Damit ist die Authentizität der Ausgangsversion zwar nicht beseitigt, so doch gestört. Dennoch haben sich die Digitalfotos, wie oben erwähnt, wegen ihrer schnelleren und bequemeren Übermittlung durchgesetzt. Ihre Langzeitverfügbarkeit durch kostspielige Konversion kann im Archiv nur angestrebt werden, wenn außer dem Abbild auch alle inhaltlichen Angaben (wer, wann, wo und was) korrekt überliefert werden und sich nicht, wie etwa bei der berüchtigten Wehrmachtsausstellung über den „Vernichtungskrieg“ (1995) des Hamburger Instituts für Sozialforschung, falsche Bildbeschriftungen einschleichen, die Aussagen über begangene Verbrechen unzulässig verändern. Hinzu kommt die schon erwähnte Manipulierbarkeit von Bilddateien bereits bei ihrer Übernahme oder im Speicher, auf Vervielfältigungs- und Verbreitungswegen elektronischer Nutzung, aber auch Eingriffe in die Metadaten, so dass Skepsis gegenüber der Authentizität durchaus angebracht erscheint. Während Negative prinzipiell irreversibel bleiben, egal wie viele Personen beim Entwickeln oder am Positiv herausretuschiert oder hineingemogelt wurden, ist ein Scan von vornherein reversibel. Während die herkömmliche Fotografie wenigstens weitgehend garantieren kann, dass „es so gewesen" ist wie aufgenommen (was am belichteten Material beweisbar ist), erscheint jeglicher Argwohn gegenüber der das Authenticum gefährdenden Digitalfotografie angebracht.

Die in Archiven und Museen, bei kommerziellen Agenturen und in Privatsammlungen weltweit vorhandenen Bildquellen (Porträts, Ortsansichten, zu Ereignissen oder Themen aller Art), vorzugsweise zur Kultur- und Landesgeschichte, sind immer noch zu wenig bekannt und keineswegs generell digitalisiert bzw. durch Suchmaschinen erschlossen. Angaben darüber, wie über Archivierungsformen oder über technische Instrumente zur Bildbestimmung, ferner zu urheberrechtlichen, persönlichkeitsrechtlichen oder nutzungsrechtlichen Fragen, führen hier zu weit; Interessenten seien deshalb auf das Lehrbuch „Die archivalischen Quellen" (5. Auflage, Köln 2012) verwiesen. Es zeigt in seiner Vielfalt, dass Verlustängste bei jeder Einführung neuer Medien zwar häufig sind, aber gänzlich unbegründet erscheinen: Die Fotografie hat nicht die Malerei beendet, der Film nicht die Fotografie, das Fernsehen nicht den Film und das Internet nicht das Fernsehen, so werden auch E-books nicht das gedruckte Buch verdrängen, sondern die Medienpalette höchstens erweitern.

Abschließend noch ein Blick auf die gegenwärtige Kunstwissenschaft, die allem Anschein nach auf dem Weg zu einer nicht mehr fachgebundenen Bildwissenschaft ist, d.h. zu einer Metadisziplin für die Welt des Sichtbaren heranwächst, die aber doch ihre „Platzhirschrolle" (man denke an Horst Bredekamp oder Hans Belting) behaupten konnte, indem sie auch gegenüber nicht-künstlerischen, epistemischen oder technischen Bildern Position bezieht. Inzwischen beginnt sich der ursprünglich zweidimensionale Bildbegriff als Folge des oft erörterten „Ausstiegs aus dem Bild" (Hamburger Kunsthalle, 1996) durch die Medienkunst sich allmählich aufzulösen bzw. in einen dreidimensionalen Bildraum zu verwandeln. In ihm geht es nicht mehr um ein Abbild der Realität oder um Repräsentation, sondern bei Multimedia-Installationen um dessen – oftmals dynamische – Struktur, um neue Bildobjekte, visuelle Inszenierungen, Performances usw., „jenseits" der Bilder. Der herkömmliche Bildbegriff löst sich auf diese Weise mehr und mehr auf und erscheint diffus wie der der Kultur (worin Satiriker freilich gerade seinen Vorzug erblicken).

Das Verhältnis zwischen Kunstwissenschaft und Geschichtswissenschaft ist angespannt, wirft ihr doch die Geschichtswissenschaft beispielsweise vor, sich zu einer „weitgehend ahistorischen Disziplin" (Hartmut Boockmann) entwickelt zu haben, während Kunstwissenschaftler Historikern ihren „Echtheitsfetischismus“ vorhalten, wenn es um Fragen von Original und Replik geht und geltend machen, dass es bei Urkunden nur verschiedene Ausfertigungen und kein „Original“ gäbe und auch angesichts schematischer Herrscherdarstellungen kaum eine Möglichkeit bestünde, Originale von Repliken zu unterscheiden. Historiker sehen in Bildern nach wie vor eher passive Quellen, schätzen sie als zusätzliche, ergänzende, korrigierende bzw. inhaltliche Dokumente ein, nicht aber als aktive, eigenständige, emotionale bzw. gehaltvolle Deutungsmedien, die energetisch die Ereignisse selbst prägen und beeinflussen können; die Sicht der Bilder als Abbilder der Vergangenheit steht jener gegenüber, die sie als „medialen Aktivposten“ (Gerhard Paul) im Kommunikationsprozess begreifen.

Die von Holger Th. Gräf (2008) aufgeworfene Frage: „Historische Bildkunde, eine Hilfswissenschaft zwischen Kunstgeschichte und Bildwissenschaft?“ sollte man abschließend zurückweisen, schon weil die Historische Bildkunde im engeren Sinne (anders als die Bildwissenschaft im weiteren) bislang kaum gängigen Bedürfnissen genügt; trotz vieler Neuerscheinungen hat sie bisher weder ein leidlich anerkanntes Lehrbuch, eine Bibliographie, periodische Schrifttumsberichte in einer Fachzeitschrift noch regelmäßige Tagungen hervorgebracht. Folglich vermag diese „Kunde“ den zwischen Ikonophobie und Ikonophilie schwankenden Historiker nur wenig zu helfen. Doch sieht man von dieser noch fehlenden „Grundausstattung“ einer Historischen Hilfswissenschaft einmal ab, so wiegt ein prinzipieller Einwand schwerer, dass es nämlich der Historischen Bildkunde an Eigenständigkeit mangelt, die sonst jede Historische Hilfswissenschaft aufweist und zwar unabhängig von der Unterstützung (ancilla-Rolle), die sie der Geschichtswissenschaft im Bedarfsfalle gewährt. Die Historische Bildkunde ist immer von der Kunstgeschichte oder Kunstwissenschaft abhängig bzw. bleibt Teil einer allgemeinen Bildwissenschaft, der Ikonologie, die sich nun als solche zu stabilisieren scheint, von der auch hoffentlich Historiker, vor allem der Kultur- und Alltagsgeschichte, ikonographisch profitieren werden. Folglich wird man die Historische Bildkunde gegenwärtig kaum „in den Kanon der etablierten historischen Hilfswissenschaften aufnehmen“ (Gräf) wollen. Sie ist und bleibt ihrem Heimatfach, der Ikonologie, eng verbunden.[1]

---

1 Leicht überarbeiteter und gekürzter Text meines Referats im Literarischen Salon der Berliner Wissenschaftlichen Gesellschaft am 7. Mai 2012 im Otto-Warburg-Haus der Max-Planck-Gesellschaft. Er beruht auf einem Beitrag des Verf. über „Bilder“ im Lehrbuch „Die archivalischen Quellen. Mit einer Einführung in die Historischen Hilfswissenschaften“, hrsg. von Friedrich Beck und Eckart Henning. 5., erweiterte u. aktualisierte Aufl. Köln 2012, S. 157-181, 416-419. Ein mit Anmerkungen und Nachweisen versehener Vorabdruck dieses Artikels erschien unter dem Titel „Vom Quellenwert der Bilder. Ikonologisch-methodologische Reflexionen“ im: Herold-Jahrbuch N.F. 16 (2011), S. 111-130.

# Private Ordnung und öffentliche Interessen

Moritz Renner

Ausgangspunkt dieses Beitrags ist die Frage, welche Folgen die Globalisierung für das Verhältnis von privaten und öffentlichen Interessen hat. Diese Frage stellt sich deshalb, weil die Vermittlung von privaten und öffentlichen Interessen – etwa im Sinne der Hegelschen Rechtsphilosophie – die eigentliche Aufgabe des Staates und seiner Rechtsordnung ist. Die Entgrenzung der Wirtschaft führt aber dazu, dass die staatlichen Rechtsordnungen immer mehr an Bedeutung verlieren und durch Mechanismen privater Ordnung ersetzt werden.

## I. Private Ordnung

Beispielhaft zeigt das ein zunächst ganz alltäglicher Fall, über den kürzlich ein US-amerikanisches Bezirksgericht im Staat New York zu entscheiden hatte. Geklagt hatte hier ein schweizerisches Unternehmen, die Ameropa AG. Prozessgegner war ein Unternehmen aus den Vereinigten Arabischen Emiraten, die Havi Ocean Corporation. Gegenstand des Streits war ein Kaufvertrag, es ging um die Lieferung einer größeren Menge Schwefelsäure. Die Havi Ocean Corporation hatte diesen Vertrag nicht ordnungsgemäß erfüllt, statt der vereinbarten 18.000 Tonnen wurden nur 9.000 Tonnen Schwefelsäure geliefert. Hierfür hatte die Ameropa AG Schadensersatz in Höhe von 720.000 $ verlangt.

Diesen Schadensersatz hat die Ameropa AG nun allerdings nicht vor einem staatlichen Gericht eingeklagt, weder in der Schweiz noch in den Vereinigten Arabischen Emiraten, sondern vor einem privaten Schiedsgericht mit Sitz in Hamburg – und zwar mit Erfolg. Von dem New Yorker Gericht begehrte sie nur die Anerkennung dieses Schiedsspruchs, um in die amerikanischen Konten der Beklagten vollstrecken zu können.

Das klingt zunächst überraschend. Aber tatsächlich werden Rechtsstreitigkeiten im internationalen Wirtschaftsverkehr nur sehr selten von staatlichen Gerichten entschieden. Stattdessen enthalten über 95 % aller grenzüberschreitenden Verträge eine sogenannte Schiedsklausel. Das bedeutet, dass die Vertragsparteien den Weg zu den ordentlichen Gerichten ausschließen und stattdessen private Schiedsrichter über ihre Streitigkeiten entscheiden lassen. Üblicherweise ernennt dazu jede Partei einen Schiedsrichter, diese beiden Schiedsrichter bestimmen dann gemeinsam einen Dritten zum Vorsitzenden des Schiedsgerichts.

Für international agierende Unternehmen gibt es viele Gründe, ihre Streitigkeiten in einem Schiedsverfahren beizulegen und nicht vor den staatlichen Gerichten. Die Schiedsgerichtsbarkeit gilt als schneller, kostengünstiger und pragmatischer. Es gibt keinen langwierigen Instanzenzug; außerdem sind die Schiedsverfahren in der Regel vertraulich und finden unter Ausschluss der Öffentlichkeit statt. Bei grenzüberschreitenden Streitigkeiten werden die staatlichen Gerichte als wenig kompetent wahrgenommen, vor allem beim Handelsverkehr mit Entwicklungsländern besteht kein großes Vertrauen in die Professionalität und Unparteilichkeit der Gerichte.

Noch wichtiger ist allerdings: Die Regeln, nach denen die Schiedsgerichte entscheiden, bestimmen die Parteien selbst. So können ein schweizerisches und ein arabisches Unternehmen ohne weiteres vereinbaren, dass ihre Streitigkeiten von einem Schiedsgericht mit Sitz in Hamburg nach englischem Recht entschieden werden. Die Parteien können sogar festlegen, dass ihre Konflikte gar nicht nach dem Recht eines bestimmten Staates entschieden werden, sondern nach dem billigen Ermessen der Schiedsrichter oder nach internationalen Handelsbräuchen.

Für den Gang zum Schiedsgericht spricht auch, dass es nach wie vor kein weltweites Abkommen über die Vollstreckung ausländischer Urteile gibt, so dass etwa die Vollstreckung eines schweizerischen Urteils in den USA mit erheblichen Unwägbarkeiten verbunden wäre. Dagegen sind private Schiedssprüche auf Grundlage des so genannten New Yorker Abkommens nahezu weltweit vollstreckbar. So konnte in unserem Fall die Ameropa AG erfolgreich Ihren Schiedsspruch in den USA vollstrecken.

Allerdings bedarf es nur sehr selten überhaupt einer Anerkennung und Vollstreckung von Schiedssprüchen durch die nationalen Gerichte. In der Regel werden Schiedssprüche freiwillig befolgt, weil sie von effektiven privaten Sanktionsmechanismen gestützt werden. Die Nichtbefolgung eines Schiedsspruchs hat für ein Unternehmen oft den Abbruch langjähriger Geschäftsbeziehungen zur Folge; es drohen außerdem erhebliche Reputationsverluste. In einigen Branchen werden sogar schwarze Listen geführt, um die Nichtbefolgung von Schiedssprüchen durch Ausgrenzung zu bestrafen. So können internationale Unternehmen ihre Streitigkeiten außerhalb des staatlichen Rechtssystems beilegen; „opting out of the legal system“ heißt das in der amerikanischen Literatur.

Private Ordnungsmechanismen sind in der internationalen Wirtschaft mittlerweile so verbreitet, dass man hier von einer neuen Form des Rechts sprechen muss: von einem transnationalen Recht. Denn hier geht es weder um die Anwendung innerstaatlichen Rechts noch um die Anwendung zwischenstaatlichen Völkerrechts. Jedes Schiedsgericht ist eine Schöpfung der Streitparteien; nicht, wie es im Grundgesetz heißt, „an Recht und Gesetz gebunden", sondern den „legitimate expectations of the parties" verpflichtet, wie die Schiedsordnung der Internationalen Handelskammer formuliert. Daher können auch die Vertragsparteien das anwendbare Recht selbst bestimmen und ihren Bedürfnissen anpassen. Das transnationale Recht, das private Schiedsgerichte anwenden, ist dementsprechend ein Bricolage aus staatlichen und nichtstaatlichen, nationalen und internationalen, öffentlichen und privaten Normen.

## II. Öffentliche Interessen

Die so beschriebene Transnationalisierung des Rechts wirft aber eine Reihe bislang unbeantworteter Fragen auf, insbesondere mit Blick auf das Verhältnis privater und öffentlicher Interessen. Kehren wir zu unserem Ausgangsfall zurück. Die Ameropa AG aus der Schweiz hat hier also mit Erfolg Schadensersatz bei einem Schiedsgericht eingeklagt, weil die emiratische Havi Ocean Corporation nicht die versprochene Menge an Schwefelsäure geliefert hatte. Allerdings habe ich vorhin unerwähnt gelassen, dass die Schwefelsäure aus dem Iran beschafft werden und möglicherweise auch an eine US-amerikanische Tochterfirma der Ameropa geliefert werden sollte. Die Havi Ocean berief sich nun darauf, dass der Vertrag unwirksam sei, weil er gegen ein Handelsembargo der USA gegenüber dem Iran verstoße. Mit diesem Einwand hatte sie aber weder vor dem Schiedsgericht noch im Anerkennungsverfahren vor dem New Yorker Bezirksgericht Erfolg.

Unabhängig davon, ob der Einwand in der Sache berechtigt war, verweist er auf ein zentrales Problem privater Ordnungsmechanismen. Während staatliche Gerichte, „an Recht und Gesetz gebunden", bestimmte Normen notfalls auch gegen den Willen der Vertragsparteien durchsetzen, sind Schiedsgerichte ja gerade von den Parteien geschaffen und in erster Linie deren Interessen verpflichtet. So ist nach deutschem Recht gemäß § 134 des Bürgerlichen Gesetzbuchs ein Rechtsgeschäft nichtig, wenn es gegen ein gesetzliches Verbot – wie ein Handelsembargo – verstößt; nach § 138 ist es auch dann nichtig, wenn es den guten Sitten widerspricht. Aber diese Normen gelten nicht für ein privates Schiedsgericht, das einen Rechtsstreit zwischen einem schweizerischen und einem arabischen Unternehmen auf der Grundlage internationaler Handelsbräuche entscheidet. Welche gesetzlichen Verbote hier zu beachten, wessen gute Sitten zu berücksichtigen sind, ist weitgehend ungeklärt.

Unser Fall zeigt, dass auch wirtschaftsrechtliche Streitigkeiten politische Fragen berühren können, dass auch ein Vertrag über die Lieferung von Schwefelsäure zum außenpolitischen Problem werden kann. Dafür gibt es unzählige weitere Beispiele. Immer wieder wird in Schiedsverfahren diskutiert, ob bestimmte Abreden verbotene Wettbewerbsbeschränkungen darstellen, ob Verträge durch Korruption zustande gekommen sind oder eine Vertragspartei unangemessen benachteiligen. Noch offensichtlicher sind die politischen Implikationen dort, wo der Staat selbst mit privaten Unternehmen Verträge schließt und es dann zu Streitigkeiten kommt. Das betrifft in erster Linie Investitionsverträge ausländischer Unternehmen in Entwicklungsländern, die mit Hilfe privater Schiedsgerichte auch gegen den Widerstand des Anlagestaats durchgesetzt werden. Der Fall des Kraftwerks Moorburg in Hamburg zeigt allerdings, dass sich ein Unternehmen wie Vattenfall nicht scheut, auch gegen einen Staat wie Deutschland ein Schiedsverfahren einzuleiten. Nachdem der neu gewählte schwarz-grüne Senat den Bau eines Kohlekraftwerks verhindern wollte, ging Vattenfall hier aus einem Investitionsschutzabkommen gegen die Bundesrepublik vor. Dagegen kommt es bei Schiedsverfahren über die Vergabe von Internet-Domains regelmäßig zu Auseinandersetzungen über das Recht auf freie Meinungsäußerung, etwa wenn Kritiker des Walmart-Konzerns die Domain „walmartsucks.com" registrieren.

Intuitiv erscheint uns unmittelbar einleuchtend, dass in all diesen Fällen öffentliche Interessen berührt sind und wir eine Entscheidung über diese Belange nicht leichtfertig einer privaten Institution überlassen wollen, die hierüber unter Ausschluss der Öffentlichkeit entscheidet, ohne an ein bestimmtes staatliches Recht gebunden zu sein. Allerdings ist die Problematik mit diesem intuitiven Unbehagen nur unzureichend erfasst.

Handhabbar wird das Problem erst, wenn es in rechtlichen Kategorien formuliert wird. Mein Ansatzpunkt dafür ist eine Unterscheidung, die auch die nationalen Rechtstraditionen entscheidend geprägt hat: die Unterscheidung von dispositivem und zwingendem Recht. Die liberalen Rechtsordnungen der Moderne überlassen es in erster Linie dem Einzelnen, seine Rechtsverhältnisse nach seinen Vorstellungen zu gestalten. Für Verträge gilt der Grundsatz der Privatautonomie, das heißt die Vertragsparteien setzen die Regeln, die für sie gelten sollen, selbst. Gesetzliche Normen im Bereich des Wirtschaftsrechts sind ganz überwiegend dispositiv: Die Einzelnen können sie in ihre Verträge einbeziehen oder abbedingen, ganz wie sie wünschen. Die Dispositionsfreiheit der Parteien findet aber ihre Grenzen in den Normen des zwingenden Rechts. Diese zeichnen sich dadurch aus, dass sie notfalls auch gegen den erklärten Willen der Parteien angewandt werden.

Auf die Frage, welche Normen in einer bestimmten Rechtsordnung zwingend gelten, gibt es seit jeher unterschiedliche Antworten. Hier zeigt sich, dass im Recht immer bestimmte Modelle der Gesellschaftsordnung wirksam sind. Im deutschen Recht ist dies heute das Modell der sozialen Marktwirtschaft ordoliberaler Prägung. Hier werden vor allem diejenigen Normen als zwingend angesehen, die dem marktwirtschaftlichen Tausch einen ordnenden Rahmen setzen, insbesondere das Kartellrecht. Daneben werden bestimmte Schwächerenschutzregeln der Disposition der Vertragsparteien entzogen, beispielsweise im Handelsvertreterrecht. Auch die Grund- und Menschenrechte gelten als zwingendes Recht.

Aber welches Gesellschaftsmodell verwirklicht sich eigentlich im transnationalen Recht? Dient dieses Recht jenseits des Staates allein den ökonomischen Interessen der Marktakteure? Oder ist hier tatsächlich Weltbürgerrecht in der Entstehung begriffen, ein globales Vernunftrecht, das sich endlich aus den Ketten des Nationalstaats gelöst hat?

## III. Zwingendes transnationales Recht

Jenseits aller Abstraktionen sind diese Fragen letztlich nur empirisch zu beantworten. Für meine Dissertation habe ich über 400 Schiedssprüche unterschiedlicher Schiedsinstitutionen auf die Frage hin untersucht, ob und in welcher Weise private Schiedsgerichte zwingende Rechtsnormen anwenden. Das erstaunliche Ergebnis meiner Untersuchung ist, dass internationale Schiedsgerichte, die weder an das zwingende Recht eines bestimmten Staates noch an die zwingenden Normen des Völkerrechts gebunden sind, ihr eigenes zwingendes Recht entwickeln, das ich zwingendes transnationales Recht nenne.

In der Handelsschiedsgerichtsbarkeit steht dabei die Anwendung marktregelnder Normen im Vordergrund. Meist geht es um die Anwendung von Korruptionsverboten, Wettbewerbsregeln oder Schutzvorschriften des Handelsvertreterrechts. Immer häufiger verweisen die Schiedsgerichte gar nicht mehr auf eine bestimmte Rechtsordnung, wenn sie solche Normen anwenden, sondern auf einen transnationalen *ordre public*. So heißt es in einem Schiedsspruch: „Corruption is an international evil; it is contrary to good morals and to an international public policy common to the community of nations." Oder es heißt, bestimmte Handelspraktiken seien „contraire aux usages normaux du commerce international." Noch prägnanter fasst ein anderes Schiedsgericht zusammen: „Les arbitres rendent la justice, même s'il s'agit de justice privée" – und verweist damit auf die immanente Gerechtigkeit einer privat geschaffenen Rechtsordnung jenseits des Staates.

Der Rekurs auf überstaatliche Gerechtigkeitsvorstellungen versagt aber dort, wo gemeinsame Gerechtigkeitsvorstellungen schlicht nicht existieren. Und das gilt für weite Teile des regulativen Wirtschaftsrechts. Unterschiede zwischen dem Wettbewerbsrecht der USA und dem der EU-Staaten sind kaum zu überbrücken; zu unterschiedlich sind die Kapitalismusmodelle, die beiden Rechtsordnungen zu Grunde liegen. Noch offensichtlicher werden nationale Unterschiede, wenn man etwa an das Zinsverbot der Sharia-Rechtsordnungen denkt. In all diesen Fällen bedarf die Anwendung zwingender Normen eines differenzierteren Argumentationsrahmens.

Soweit die Schiedsgerichtsbarkeit sich nicht auf überstaatliche zwingende Normen stützen kann, entwickelt sie daher Kollisionsnormen, die bestimmen, welche zwingenden Normen nationaler Herkunft im Einzelfall angewendet werden. In unserem Fall hatte das Schiedsgericht zunächst zu prüfen, ob der Liefervertrag zwischen der Ameropa AG und der Havi Ocean Corporation gegen überstaatliches zwingendes Recht verstößt. Das war aber nicht der Fall, denn bei dem umfassenden US-amerikanischen Handelsembargo gegen Iran handelte es sich um einen nationalen Alleingang. In einem zweiten Schritt war daher zu prüfen, ob der Sachverhalt so enge Beziehungen zur US-amerikanischen Rechtsordnung aufwies, dass deshalb das Handelsembargo als zwingende Norm des US-Rechts anzuwenden war. Da keine der Parteien ihren Sitz in den USA hatte, der Erfüllungsort nicht dort gelegen war und eine Beteiligung der US-Tochter der Ameropa AG an dem Geschäft nicht nachgewiesen werden konnte, blieben die Embargovorschriften unangewendet.

Wie kommt es aber zu dieser Anwendung zwingender Normen durch internationale Schiedsgerichte? Das zwingende transnationale Recht wird in erster Linie aus der Spruchpraxis der Schiedsgerichte selbst entwickelt. Seit ihre Schiedssprüche veröffentlicht werden, beginnen die Schiedsgerichte ihre Entscheidungen zu zitieren und dogmatisch zu systematisieren. So formuliert ein Schiedsgericht: „There is sufficient case precedent to allow the resolution of this matter without express reference to the law of any country."

Einen wesentlichen Beitrag zur Entwicklung des zwingenden transnationalen Rechts liefern außerdem die Streitparteien selbst. Denn zumeist hat eine der Parteien ein greifbares Interesse an der Anwendung zwingender Normen. So lag es in unserem Fall natürlich im Interesse der Havi Ocean Corporation, sich auf die Nichtigkeit des Liefervertrags wegen des Embargoverstoßes zu berufen, weil sie dadurch von ihren Leistungspflichten frei geworden wäre. Diese Konstellation ist sogar ganz typisch: Bei einem Rechtsstreit über die Erfüllung eines Vertrags ist die vertragsbrüchige Partei immer daran interessiert, sich nachträglich von ihren vertraglichen Pflichten zu lösen. Die Ökonomie beschreibt dieses Verhalten als ex post-Opportunismus.

Verstärkt wird die Bindung der Schiedsgerichte an zwingende Normen durch die verbleibenden Einflussmöglichkeiten der nationalen Gerichte. So hätte das New Yorker Bezirksgericht in unserem Fall die Anerkennung des Schiedsspruchs verweigern können, wenn dieser offensichtlich das öffentliche Interesse unberücksichtigt gelassen hätte. Allerdings findet hier nur eine punktuelle Kontrolle statt, insbesondere die US-amerikanischen Gerichte gehen davon aus, dass die Berücksichtigung öffentlicher Interessen grundsätzlich dem Schiedsgericht selbst obliegt.

Eine Schlussfolgerung aus meiner Arbeit ist, dass gerade diese regulierte Selbstregulierung der Schiedsgerichtsbarkeit die Entstehung eines zwingenden transnationalen Rechts ermöglicht, das sowohl überstaatliche als auch nationale öffentliche Belange reflektiert. Die Antwort auf meine eingangs gestellte Frage nach der Vermittlung von privaten und öffentlichen Interessen im Recht jenseits des Staates gibt sich damit die rechtliche Praxis selbst. Für Rechtswissenschaft und Gesetzgebung bedeutet diese Antwort allerdings eine Herausforderung.

Für die Rechtswissenschaft liegt die Herausforderung darin, das entstehende zwingende transnationale Recht zu systematisieren und weiterzuentwickeln. Denn wenn es tatsächlich Chancen für die Entstehung einer Verfassungsordnung jenseits des Nationalstaats gibt, dann liegen sie an dieser Stelle. Nicht der ewige Reigen feierlich verkündeter Menschenrechtskataloge, sondern nur die Anwendung zwingender Normen im konkreten Streitfall kann zu einer Konstitutionalisierung des transnationalen Rechts führen. Diese Konstitutionalisierung ist allerdings voraussetzungsreich.

Die Aufgabe der Gesetzgebung ist es, die Voraussetzungen des Konstitutionalisierungsprozesses durch geeignete Verfahrensvorgaben abzusichern. Drei Punkte sind dabei wichtig. Erstens muss es immer dann möglich sein, einen Schiedsspruch aufzuheben bzw. nicht anzuerkennen, wenn das Schiedsverfahren grundlegende Prozessmaximen wie das Recht auf rechtliches Gehör verletzt. Denn dann können die Parteien ihre Rolle als Funktionäre der Gesamtrechtsordnung nicht erfüllen. Zweitens müssen in bestimmten Fallkonstellationen auch Drittbetroffene in das Schiedsverfahren einbezogen werden, bei Investitionsstreitigkeiten wird das seit kurzem bereits praktiziert. Und drittens muss die Veröffentlichung von Schiedssprüchen, zumindest in anonymisierter Form, verpflichtend werden. Denn nur durch die Auseinandersetzung der transnationalen Rechtspraxis mit sich selbst können die Konturen des zwingenden transnationalen Rechts weiter geschärft werden.

# Promovieren Post Plagiatsskandal – Wer, Wie und Warum?

Oliver Günther, Universität Potsdam

Durchgesehene und revidierte Abschrift eines Vortrags vom 13.07.2012 anlässlich der Jahresversammlung der Berliner Wissenschaftlichen Gesellschaft

## 1. Einleitung

Als Wissenschaftler[1] darf man, bei aller Sorge um die Art des Diskurses, in gewisser Weise dankbar sein für die öffentliche Debatte um Plagiatsfälle in Promotionen. Denn die Hetzjagd der Plagiatsjäger fordert mit ihren prominenten Fällen auch grundsätzliche Fragen zutage, die es schon seit längerem zu diskutieren gilt.

Diese Fragen lassen sich unter der Überschrift „Warum promovieren wir?" subsummieren, wobei das Verb *promovieren* sowohl transitiv als auch intransitiv gemeint ist. Die Fragen richten sich also ganz bewusst nicht nur an (potenzielle) Doktoranden, sondern auch an (potenzielle) Betreuer.

In einem 2009 in *Forschung und Lehre* erschienenen Artikel schrieb ich unter genau diesem Titel, „Warum promovieren wir?": „Ziel einer jeden Dissertation sollte sein, der Menschheit etwas grundlegend Neues mitzuteilen." Heute würde ich ergänzen „...und so nicht nur originär, sondern originell zu sein."

Warum haben sich viele – Doktoranden wie Betreuer – demgegenüber auf Promotionsvorhaben eingelassen, bei denen doch relativ früh, wenn nicht sogar von Anfang an klar gewesen sein dürfte, dass für den Gewinn neuer wissenschaftlicher Erkenntnisse wenig Potenzial bestand? Warum haben die Akteure während der Promotionsphase nicht selbst gemerkt, dass etwas falsch läuft? Und wie lassen sich solche Fehlentwicklungen in Zukunft vermeiden?

Schließlich sollten wir uns auch fragen, wie wir diese Krise der Promotion überwinden können und welche Perspektiven sie eröffnet. Mit der Bologna-Reform kam die Gleichung 3-5-8 auf: Bachelorabschluss nach 3 Jahren, Master nach 5 und nach 8 Jahren dann die Promotion. Doch lässt sich die Promotion in diese Taxonomie so einfach eingliedern? Fraglich ist auch, ob strukturierte Promotionen, wie sie insbesondere in Graduiertenkollegs zunehmend an Popularität gewinnen, die Individualpromotion ersetzen oder nur ergänzen sollen.

All diesen Fragen müssen wir uns stellen. Dass diese Diskussion auch in der Presse geführt wurde und wird, hilft uns, die Rolle der Promotion und die Rolle

1 Die Verwendung der Begriffe „Wissenschaftler", „Betreuer", „Doktorand" etc. ist durchgehend geschlechtsneutral zu verstehen.

der Wissenschaft in unserer Gesellschaft intensiver und unter öffentlicher Beteiligung zu diskutieren – wobei die Promotion eben nicht als Selbstzweck verstanden wird, sondern als Instrument, die Wissenschaft voran zu bringen und so dem öffentlichen Wohl zu dienen.

Auch im historischen Rückblick war der Doktorgrad keineswegs nur für die wissenschaftliche reine Lehre, also für die wissenschaftliche Laufbahn gedacht. Der Doktorgrad diente von jeher auch der beruflichen Anerkennung außerhalb der Wissenschaft, und es gab von jeher auch Doktorarbeiten ohne großen, oder gar ohne jeden wissenschaftlichen Neuigkeitswert. Insofern ist die Debatte nicht neu.

In einer mir vorliegenden Broschüre aus dem Jahre 1931, die den schönen Titel trägt „Wo und wie erlangt man die Doktorwürde? Bedingungen für die Erwerbung des Doktorgrades“ sind sämtliche Promotionsordnungen aller deutschen Fakultäten enthalten, „nach amtlichen Quellen in Auszügen bearbeitet von Dr. Richard Kampe.“ Damals ging das noch auf ein paar Dutzend Seiten.

Auch aus diesen Texten geht hervor, dass Forschung im engeren Sinne schon damals nicht der einzige Beweggrund zur Promotion war, zumal die Anforderungen relativ vage gehalten sind. Und diese Broschüre ist nicht der einzige Hinweis darauf, dass die Promotion damals breiter angelegt war und sich nicht nur an ambitionierte Wissenschaftler *in spe* wandte. Die Vorschriften und Prozeduren lassen übrigens durchaus vermuten, dass auch zu dieser Zeit schon viel geschummelt wurde – was jedoch wohl seltener bemerkt geschweige denn von semiprofessionellen „Plagiatsjägern“ aktiv verfolgt wurde.

Treten Plagiatsfälle jetzt gehäuft auf? Für diese Vermutung besteht kein Anlass. Zwar erleichterte das Internet zunächst potenziellen Plagiatoren die Arbeit. Inzwischen herrscht aber längst wieder Waffengleichheit.

Weit entfernt von der Aussage „Früher war alles besser“ sollten wir uns also fragen, wie wir mit der neuen Situation umgehen.

## 2. Sieben Beobachtungen

*Beobachtung 1: Viele Promotionen werden aus wissenschaftsfernen Gründen angegangen und durchgeführt.*

Nach wie vor spielt hier Titelsucht eine Rolle. Immerhin ist der Preis für den Titel post-Guttenberg höher geworden – das sieht man auch an der (monetären) Preisgestaltung mancher einschlägiger Anbieter. Aber nach wie vor ist Titelsucht etwas, das viele Menschen umtreibt und zu solchen mittelmäßigen und schlechten

Arbeiten führt, wie wir sie in den letzten Monaten und Jahren genauer kennen lernen mussten.

Als wissenschaftsferne Gründe möchte ich aber auch anführen, dass viele Berufsgruppen in der Promotion einen vermeintlichen Qualifikationsvorteil außerhalb des Wissenschaftsbereichs sehen, wohl auch nach wie vor gerechtfertigt. Hier wird der Doktorgrad teilweise auch ohne wissenschaftlich kritische Prüfung als sichtbarer Nachweis für eine weitergehende Qualifikation oder ein Prädikatsexamen vergeben. Zwar gibt es einige Berufe in der Praxis, bei denen eine Promotion aus Sachgründen hilfreich oder gar notwendig ist. Bei niedergelassenen Ärzten, Strafverteidigern oder brückenbauenden Ingenieuren mag dies aber doch in Frage gestellt werden.

Derartige Fehlanreize für die Anfertigung einer Promotion sind in den letzten Jahren glücklicherweise weniger geworden. Heutzutage kann man auch ohne Doktorgrad als guter Arzt gelten oder es auch zum Vorstandvorsitzenden bringen. Der Anteil der Promovierten in den DAX-Vorständen ist in den vergangenen Jahren signifikant gesunken. Unter diesem Aspekt sollte im Vorfeld einer geplanten Promotion umso gründlicher geprüft werden, ob die zeitliche Investition sich wirklich rentiert, wenn letztlich eine praktische Berufslaufbahn angestrebt wird.

*Beobachtung 2: Die große Nachfrage nach einem Doktorgrad reflektiert keineswegs eine besondere Wertschätzung der Wissenschaft in der Gesellschaft.*

Wie bereits angesprochen, korreliert das Interesse an einem Doktorgrad längst nicht immer mit einem wissenschaftlichen Interesse. Die Idee, dass die hohe Nachfrage nach einem Doktorgrad grundsätzlich eine besondere Wissenschaftsaffinität der deutschen Gesellschaft reflektiert, scheint mir verfehlt. Dies ließ sich auch an den ersten Reaktionen auf den Plagiatsfall Guttenberg ablesen, in denen der Respekt vor wissenschaftlichen Prozessen und Institutionen alles andere als offensichtlich war. Dank dieses einen prominenten Falles und seiner Folgen mag sich diese Haltung inzwischen etwas verbessert haben. Andererseits stehen die wissenschaftlichen Einrichtungen und Prozesse auch unter Kritik, da sie gelegentlich versagt haben. Konstruktive Kritik ist aber nicht von Schaden.

*Beobachtung 3: Die Fachkulturen unterscheiden sich erheblich.*

Insbesondere fachspezifische Eigenheiten haben auch im Nachgang zu der Guttenberg-Affäre für emotionale Diskussionen gesorgt. Dabei ist klar erkennbar, dass die Ziele einer Promotion von unterschiedlichen Fächern ganz unterschiedlich gesehen werden. In manchen Fächern reicht vielleicht eine Literaturarbeit oder eine themenbezogene Übersicht für den Erwerb des Doktorgrads, während in anderen Fächern der intellektuelle Eigenbeitrag, der persönliche Beitrag zur

Forschung als *conditio sine qua non* gilt. Angesichts dieser stark divergierenden Anforderungsprofile sollte über separate Grade und fachspezifische Regelungen nachgedacht werden.

*Beobachtung 4: Auch unter Professorinnen und Professoren herrscht Uneinigkeit über die Erfolgskriterien; Noten kommt nur eine sehr beschränkte Aussagekraft zu.*

Eine Promotion ist nicht schon dann gelungen, wenn die Endbewertung *rite* oder besser ausfällt. Aus meiner Sicht ist eine Promotion eigentlich nur dann ein Erfolg, wenn sie wissenschaftliche Erkenntnisse erbracht hat, die später in der jeweiligen Fachdisziplin reflektiert, also von anderen Wissenschaftlerinnen und Wissenschaftlern zitiert werden und auf denen aufgebaut wird. Das ist ein hoher Anspruch an eine Promotion, aber meines Erachtens nicht unbedingt ein unangemessener Anspruch. Denn Promotionen, die keiner liest, müssen als gescheitert gelten. Ebenso – wenngleich mit gewissen Einschränkungen – Promotionen, die zwar vielleicht gelesen, aber nicht zitiert werden, denn dies bedeutet, dass der wissenschaftliche Eigenbetrag, wenn er denn erbracht wurde, nicht rezipiert wurde.

Noten hingegen erscheinen mir vor dem Hintergrund einer solchen Erfolgsmetrik eigentlich überflüssig. Ich bin schon seit vielen Jahren der Ansicht, dass wir dem Beispiel vieler anderer Länder folgen sollten und Promotionen nicht mehr mit einer Note bewerten sollten. Der Einschätzung, wonach bis auf ein *summa cum laude* für außergewöhnliche Leistungen von einer Benotung abgesehen werden sollte, hat sich der Wissenschaftsrat kürzlich angeschlossen. Bei vielen Kolleginnen und Kollegen stößt diese Empfehlung jedoch auf großen Widerstand.

Notengebung bei Promotionsverfahren ist in erster Linie ein sozialer Prozess, in den viele wissenschaftsfremde Kriterien einfließen: die Nähe von Betreuer und Doktorand, Beziehungen zwischen den mit der Promotion befassten Kolleginnen und Kollegen, Kleinkriege, die es auch in akademischen Kollegien geben soll. Die Korrelation zwischen den Noten und der wissenschaftlichen Resonanz auf eine Doktorarbeit scheint mir begrenzt, wenn es sie denn überhaupt gibt.

*Beobachtung 5: Mehr Promotionen sind nicht unbedingt besser.*

Wollen wir möglichst viele promovieren? Das ist eine Fragestellung, die letztlich auch vor dem Hintergrund von Pisa und Bologna diskutiert werden muss. Sie wissen ja, dass Deutschland zunehmend daran gemessen wird, wie viele unserer jungen Leute in die Hochschulen strömen. Dabei gibt es allerhand Vergleichbarkeitsprobleme, zum Beispiel mit unserer dualen Ausbildung, die von vielen Statistiken nicht als Hochschulausbildung angesehen wird. Ein Mechatroniker, der in den USA ein Community College besucht, zählt dort als Hochschulabsolvent, während eine qualitativ vergleichbare Ausbildung hier nicht zu einem entsprechenden Punkt in der Statistik führt. Die generelle Frage zur Quantität akademischer Grade stellt sich in Bezug auf die Promotion in besonderem Maße. Der Ressourceneinsatz bei einer gut betreuten Promotion rechtfertigt die Frage nach deren volkswirtschaftlicher Bedeutung. Ist es wirklich besser, möglichst viele Doktorandinnen und Doktoranden durchzuschleusen? Oder sollte man sich eher beschränken und sich auf die vielversprechenderen Kandidaten konzentrieren? Die Konsequenz, die sich daraus natürlich ergibt, ist, dass die Anzahl der Promotionen und Habilitationen eines Fachbereichs nicht als Leistungsmesser herangezogen werden darf. An der Universität Potsdam haben wir diesen Parameter bei der leistungsorientierten Mittelverteilung abgeschafft.

*Beobachtung 6: Viele Professorinnen und Professoren bereiten ihre Doktoranden unzureichend auf die bevorstehende Herausforderung vor.*

Jungen Menschen muss klar kommuniziert werden, was bei einer Promotion von ihnen erwartet wird: Eine nachhaltige, länger andauernde primäre Auseinandersetzung mit Wissenschaft sowie die Erwartung, dass am Ende dieser intensiven Arbeit neue Erkenntnisse entstehen. Dies reicht vielfach schon aus, um ungeeignete Kandidaten dieses Vorhaben verwerfen zu lassen. In meiner Zeit als Professor der Wirtschaftsinformatik und späterer Dekan der Wirtschaftswissenschaften an der Humboldt-Universität zu Berlin habe ich im Umfeld insbesondere von Unternehmensberatungen eine gewisse Klientel für Doktorgrade kennen gelernt, die innerhalb eines 9-monatigen Sabbaticals eine Doktorarbeit anfertigen will. Der Sinn einer solchen Aktion hat sich mir schon als jungem Hochschullehrer nicht erschlossen. Irgendwann bin ich so wohl auf der schwarzen Liste gelandet, und die Bewerber vor meiner Bürotür blieben aus.

Als erster Filter erweist sich eine klare Kommunikation demnach als hilfreich. Es geht nicht darum, dass hinter der Promotion unbedingt das Berufsziel Wissenschaftler steht. Der Gesellschaft ist auch damit sehr gut gedient, wenn junge Menschen ihrer Promotion wichtige Jahre ihres Lebens widmen, sich intensiv mit wissenschaftlichen Inhalten auseinandersetzen und dann in die Praxis gehen. Wenn diese Auseinandersetzung aber nur eine untergeordnete Rolle spielt, ist etwas falsch gelaufen.

Die Promotion ist eben kein Regelabschluss wie Bachelor und Master. Selbst als grundsätzlicher Befürworter der Bologna-Reform habe ich bei der Anwendung der oben genannten 3-5-8-Formel auf die Promotion große Bauchschmerzen. Die Promotion ist ein besonderer und kein beliebiger dritter Grad und sollte daher auch nicht in einer normierten Zeit absolviert werden müssen.

Eine Promotion, die mit dem Ziel „wissenschaftliche Erkenntnis“ angegangen wird und über mehrere Jahre hinweg als gemeinsames Projekt von Doktorand und Betreuer verfolgt wird, ist für alle Beteiligten ein Vergnügen. Die Begleitung derartiger Promotionen gehört zu den schönsten Seiten des Professorenberufs. Zu sehen, wie junge Menschen sich interessante Inhalte selbst erarbeiten, und dabei zu helfen, die richtigen Wege einzuschlagen, das sind erfüllende Momente. Und deswegen promoviere ich, deswegen promovieren wir.

*Beobachtung 7: Auffallend ist, dass viele der als Plagiatsfälle bekannt gewordenen Promotionen berufsbegleitend außerhalb des Wissenschaftsbetriebs angefertigt wurden.*

Tatsächlich gibt es auch nebenberufliche Promotionen, die erfolgreich durchgeführt werden, so dass man diese Konstruktion nicht *per se* verurteilen kann. Letztlich entsteht auch die Dissertation eines wissenschaftlichen Mitarbeiters „neben“ Lehr- und Verwaltungstätigkeit, wenngleich in einem forschungsnahen Umfeld und meist über einen entsprechend längeren Zeitraum. Dennoch stellt sich bei Anwälten, Politikern, Vorstandsvorsitzenden die Frage, wie neben derartigen Tätigkeiten eine Doktorarbeit entstehen soll. Auch die Betreuer sind in diesen Fällen gefragt, solch ein Vorhaben von vornherein angemessen vorzubereiten, Erwartungen und Meilensteine zu setzen sowie regelmäßig zu überprüfen, dass das Vorhaben auf gutem Kurs ist. Als Regelfall taugt dieses Modell meines Erachtens nicht.

## 3. Sieben Empfehlungen

*Empfehlung 1: Bei der Auswahl geeigneter Kandidaten ist wissenschaftliches intrinsisches Interesse als zentrales Kriterium anzuwenden.*

Hier sind die potenziellen Betreuerinnen und Betreuer gefragt. Das heißt nicht unbedingt, dass das Berufsziel eines Kandidaten Professorin oder Professor lauten muss. Es heißt aber, Bereitschaft für eine mehrjährige, prioritär wissenschaftliche Tätigkeit zu zeigen. Nebenberufliche Promotionen bedürfen einer besonders sorgfältigen Prüfung.

*Empfehlung 2: Die Anzahl der Promotionen oder gar Habilitationen dürfen nicht als Leistungskriterium für einen Lehrstuhl oder eine Fakultät verwendet werden.*

Dieses Kriterium führt zu Fehlanreizen und gehört daher abgeschafft.

*Empfehlung 3: Strukturierte Promotionen in Graduiertenkollegs und Promotionsschulen sind zu stärken.*

In diesem Punkt bin ich voreingenommen: Zehn Jahre lang war ich Sprecher eines DFG-finanzierten Graduiertenkollegs, und diese Zeit zählt zu meinen allerschönsten beruflichen Erfahrungen. Nicht nur aufgrund meiner eigenen Doktoranden, sondern ebenso aufgrund der Erfahrungen als Leiter einer Einrichtung, in der zwischen Kolleginnen und Kollegen herzlich und produktiv zusammengearbeitet wurde, im gemeinsamen Bemühen um die besten Doktoranden und deren gemeinsamer Betreuung. Dabei war man vor Kritik und teils tiefgreifenden Auseinandersetzungen nicht gefeit, Doktoranden ebenso wenig wie Betreuer. Letztlich hat aber diese harte Schule zum Zusammenhalt und zur Qualität der erstellten Arbeiten beigetragen. In begrenztem Umfang sind auch Vorlesungen und Seminare zur Methodik und Vorbereitung auf das Arbeitsfeld Forschung durchaus sinnvoll.

*Empfehlung 4: Der Einsatz von Plagiatssoftware sollte zum Regelfall werden.*

Allein der Einsatz von Plagiatssoftware lässt die Anzahl der Plagiatsversuche sinken. Schon deshalb sollte Plagiatssoftware grundsätzlich eingesetzt werden, wenngleich sie alles andere als perfekt funktioniert.

*Empfehlung 5: Noten bei Promotionen sind abzuschaffen.*

Noch weiter gehend als die Empfehlung des Wissenschaftsrats (was die Note *summa cum laude* betrifft) möchte ich mich ganz gegen die Vergabe von Noten bei Promotionen aussprechen. Die Korrelation zwischen Noten und wissenschaftlichem Wert einer Dissertation scheint mir nicht gegeben. In den USA, wo ich promoviert habe, gab es m.W. noch nie Noten. Auch die Franzosen sind davon abgekommen, nachdem Noteninflation (z.B. bei der schönen Auszeichnung *avec félicitations de la jury)* konstatiert worden war.

*Empfehlung 6: Wissenschaftliche Titel sollten aus dem Personalausweis und der persönlichen Anrede verschwinden.*

Der Doktorgrad ist ein wissenschaftlicher Grad und sollte deswegen allein im wissenschaftlichen Kontext von Bedeutung sein. Daher sollten sich Deutschland und Österreich dem internationalen Usus anschließen und auf die Verwendung von Titeln in öffentlichen Dokumenten und bei der persönlichen Anrede verzichten. In der Umgangssprache ist seine Nennung insofern hinderlich, als sie falsche Anreize bzw. Anreize für die Falschen schafft, einen solchen Titel zu erwerben.

Daher befürworte ich die Forderung z.B. der Grünen nach der Abschaffung des Titels im täglichen Sprachgebrauch.

*Empfehlung 7: Für traditionell berufsorientierte Promotionen sind Sonderregelungen mit disziplinspezifischen Titeln zu treffen.*

Wie angesprochen haben sich in unterschiedlichen Fächern unterschiedliche Promotionsparadigmen herausgebildet. Viele medizinische Dissertationen enthalten keinen wissenschaftlichen Eigenbeitrag, sondern ähneln eher einer Diplom- oder Masterarbeit in anderen Disziplinen. Eine juristische Promotion erfolgt nicht immer, aber oft nebenberuflich als Nachweis des Prädikatsexamens. Angeblich promovieren nur die besten ca. 10% aller Juristen, jedoch scheint der Grad gelegentlich umgekehrt genutzt zu werden: Ein Jurist promoviert, um zu zeigen, dass er zu den besten 10% gehört. Ein wissenschaftliches Interesse ist hier nicht immer gegeben. Daher plädiere ich in solchen Fällen für Sonderregelungen, wie sie uns die Amerikaner vorgemacht haben. Dort vergeben Mediziner und Juristen für Abschlussarbeiten ohne weitergehenden wissenschaftlichen Anspruch keinen Ph.D., sondern einen M.D. bzw. J.D., wobei das D. in beiden Fällen auch für Doktor steht.

*Dank* an Frau Ruth Lange für hilfreiche Kommentare und Editierarbeit sowie an Frau Eileen Hohnschild für das Transkribieren der Tonaufnahme.

# Religion und Recht
# Eine schwierige Liaison[1]

Michael Bongardt

## 1. Notwendiges Recht

Die ethnologische Forschung, die sich mit der Konstitution von Gruppen und Gesellschaften befasst, hat die besondere Bedeutung der Zahl 30 entdeckt. Überschreiten Gruppen, in denen Menschen eng zusammenleben, die Zahl von 30 Mitgliedern, wird es notwendig, qualitativ neue Strukturen zu schaffen. Denn mit dieser Zahl ist eine Größe erreicht, die es unmöglich oder zumindest unangemessen aufwändig werden lässt, die für das Zusammenleben wie für die Abgrenzung nach außen wichtigen Entscheidungen im Gespräch aller mit allen zu diskutieren und zu treffen.[2]

Gruppen, die diese Grenze überschreiten, müssen Regeln setzen. Dabei geht es nicht nur um konkrete Verhaltensregeln, sondern vor allem auch um Regeln, die prozedural festlegen, wie Regeln zu setzen sind. Es gilt Entscheidungsbefugnisse zu verteilen: Befugnisse, Regeln zu setzen, aber auch Befugnisse, die Befolgung dieser Regeln zu überprüfen und Regelverletzungen zu ahnden.

Vor dem Hintergrund dieser Forschungen sei für die folgenden Überlegungen der Begriff des Rechts formuliert: Unter Recht werden positiv gesetzte Regeln verstanden, die mit der Möglichkeit verbunden sind, Übertretungen zu sanktionieren. Rechtswissenschaftlich ist diese Definition zweifellos deutlich unterbestimmt und bedürfte zahlreicher Präzisierungen, um der Komplexität der Materie gerecht zu werden. Doch im Blick auf die extrem unterschiedlichen Rechtsverständnisse, die sowohl synchron wie diachron in verschiedenen Gesellschaften oder auch Religionen zu finden sind, kann die hier gewählte, sehr weite Defini-

1 Der folgende Text dokumentiert den Vortrag, der am 8. November 2012 an der Freien Universität Berlin gehalten wurde. Er führte ein die Reihe „Die Religionen und ihr Recht“, die von der Berliner Wissenschaftlichen Gesellschaft in den kommenden 4 Jahren durchgeführt wird. In ihr werden Vertreter verschiedenster Religionen und Konfessionen Form und Bedeutung des Rechts in ihren und für ihre Religionen vorstellen.
Der folgende Text benennt in den Fußnoten lediglich Quellen, die direkt zitiert bzw. paraphrasiert werden. Auf die Einordnung in größere Diskussionszusammenhänge wird bewusst verzichtet, um den künftigen Vorträgen der Vorlesungsreihe nicht vorzugreifen.

2 Vgl. Klaus Eberl, Das Heil für Körper und Seele. Medizin, Politik und Religion in der Wissensordnung der griechischen Antike, Berlin 2011 (Mikrofiche-Format), 158-171, unter Rückbezug vor allem auf Armin Heymer, Die Pygmäen. Menschenforschung im afrikanischen Regenwald, München/Leipzig 1995.

tion einen Bezugspunkt bilden, der Diskurse und Vergleiche ermöglicht. Wichtig ist jedenfalls, dass durch den Hinweis auf die Sanktionierungsregeln das Recht unterschieden ist von Ethik und Moral, wenngleich es auf deren Regelsetzungen bezogen bleibt.

Es gibt keinen Grund, die „magische“[3] Zahl 30 nicht auch auf religiöse Gemeinschaften anzuwenden. Doch die naheliegende Schlussfolgerung, dass deshalb Religionen eines Rechts bedürfen, stößt bei religiösen Menschen nicht auf einhellige Zustimmung. Vielmehr lassen sich geradezu gegensätzliche Auffassungen von der Notwendigkeit eines Rechts in Religionen finden.

Es gibt Gläubige, die sich gerade durch ihre Religiosität, durch ihre Beziehung zu Gott der Notwendigkeit rechtlicher Regelungen enthoben glauben. Es ist kein Zufall, dass sich eine solche Einstellung nicht nur, aber vor allem in mystischen Strömungen verschiedener Religionen finden. Von Franziskus, dem in vieler Hinsicht radikalen Ordensgründer des 13. Jahrhunderts, wird berichtet, dass er es für unnötig hielt, seiner Ordensgemeinschaft eine Regel zu geben – das Evangelium, so seine Überzeugung, genüge. In Rom, wo der Papst den neuen Orden zu genehmigen hatte, erntete er mit dieser Auffassung dem Vernehmen nach Erheiterung, vor allem aber strikte Ablehnung.[4] Im muslimischen Raum stehen die Mystiker des Sufismus für eine Auffassung des Islam, die Regeln und Gesetzen eine sehr geringe Bedeutung zumisst. Einen besonders ausgeprägten Anti-Legalismus findet man bei den Aleviten, die in nahezu jeder Hinsicht verbindliche Normierungen ablehnen.

Zu finden ist aber auch das Gegenteil: Die Hoffnung, dass eine strenge Regelsetzung der Religion und dem Ernst des religiösen Lebens dient. In nahezu jeder großen christlichen Ordensgemeinschaft entstanden, wenn das Ordensleben sich zu sehr an das Leben der jeweiligen „Welt“ anpasste, Reformbewegungen, die an die ursprüngliche Regel erinnerten, indem sie sie durch weitere Regeln schützten und verstärkten. Zu erinnern ist auch an die pharisäische Bewegung im Frühjudentum. Das biblische Neue Testament rückt sie in ein zwiespältiges, eher negatives Licht und verdeckt damit die Tatsache, dass auch Jesus von Nazareth dieser Bewegung nahestand.[5] Ihr ging es darum, die Regeln der Thora so in konkrete Vorschriften zu übersetzen, dass sie den Alltag und die Haltung der Menschen gemäß den Weisungen Gottes prägten. Das extrem strenge Reglement des buddhistischen Mönchtums, das von der Überzeugung geprägt ist, dass je-

3 Heymer, Pygmäen 133, zit. n. Eberl, Heil 133.

4 Zum historischen Hintergrund dieser Legende vgl. Laurentius Casutt, Einführung in die Ordensregel des Franziskus, in: Hans Urs von Balthasar (Hg.), Die großen Ordensregeln, Einsiedeln 1974, 263-284.

5 So schon am Anfang jüdischer Forschungen zu Jesus von Nazareth: Joseph Klausner, Jesus von Nazareth. Seine Zeit, sein Leben und seine Lehre, Jerusalem 1952, 503-523.

des begangene Unrecht am eigenen Leibe gesühnt werden muss, schilderte vor einigen Jahren ein auch in Deutschland viel beachteter Film.[6] Doch nicht nur in Orden und ordensähnlichen Gemeinschaften wird auf die Regelungen des Rechts großer Wert gelegt: Auch Kirchenreformen haben ihren Kern nicht selten in der Neufassung rechtlicher Regelungen – wie etwa die Reformversuche des Konzils von Trient zeigen.

Bei nüchterner Betrachtung der hier skizzierten Auffassungen zeigt sich allerdings: Beide Positionen, die extreme Zurückweisung rechtlicher Regelungen wie der weitgehende Rechtsoptimismus werden kontrafaktisch vertreten. Auch religiöse Gruppen, die sich dem Gesetz enthoben fühlen, leben nach Regeln; und selbst „Legalisten", die mit Hilfe der Gesetze den unwandelbaren Bestand ihres Glaubens und Lebens sichern wollen, leben in Religionen, deren Regeln ständiger Transformation unterworfen sind, weil neue Fragen neue Antworten brauchen. Kurz gesagt: Auch für Religionen gilt die „30+ Regel". Auch Religionen müssen sich der Frage nach ihrer Organisation stellen.[7] Sie müssen und werden Strukturen ausbilden, die im oben genannten Sinne rechtlichen Charakter haben. Das „dass" dieser Strukturen ist unvermeidlich – ihr „wie" denkbar unterschiedlich.

6 Kim Ki-Duk, Frühling, Sommer, Herbst, Winter... und Frühling, Korea 2003. Ein anderer Film, der das extrem strenge Leben der Kartäuser schildert, denen die Ordensregel lebenslanges Schweigen auferlegt, wurde geradezu zum Kassenschlager in deutschen Kinos: Philip Gröning, Das große Schweigen, Frankreich / Schweiz / Deutschland 2005.

7 In der an den Vortrag anschließenden Diskussion wurde gegen die hier behauptete Notwendigkeit rechtlicher Struktur von Religionen mit Nachdruck auf das Phänomen des religiösen Individualismus verwiesen – auf die in der Tat große Zahl von Menschen, die betonen, sie seien für ihre Religiosität oder, um einen noch weiter verbreiteten Begriff zu nutzen, für ihre Spiritualität auf keine Kirche oder Religion und damit auch auf keine Regeln angewiesen. Es bleibt allerdings zu fragen, ob nicht auch diese selbstbewusste Individualität, ja Vereinzelung stärker mit religiösen Regeln verbunden ist, als den Einzelnen bewusst sein muss. Zumindest zwei solcher Verbindungen lassen sich kaum leugnen: (1) Religiösität kann gar nicht voraussetzungslos entstehen. Sie lebt von Traditionen, auf die sich bezieht – und sei es nur in sprachlicher Hinsicht: ohne ein vorausliegendes Verständnis des Wortes „Gott" oder seiner Äquivalente kann kein Mensch seine Erfahrungen als Erfahrungen göttlicher Wirklichkeit benennen und erleben; ohne eine vorgeprägte Vorstellung von „Religion" seine Haltung nicht religiös nennen. Und selbst der Widerstand gegen die Regeln von Religionsgemeinschaften, aus dem nicht selten die „persönliche" Religion entsteht, bleibt gerade im Protest gegen sie auf genau diese Regeln bezogen. (2) So wenig Religiösität ohne Bezug auf vorausgegangene, geregelte Religion entstehen kann, so selten dürfte Religiösität auch in individueller Vereinzelung gelebt werden. Auch gleichgesinnte Individualisten bilden fast immer „Sprachgemeinschaften", denen sie sich zugehörig fühlen und in denen sie ihre Religiosität weitergeben – und geschehe dies auch allein über die Publikation und Rezeption von Büchern, in denen die jeweilige „individuelle Religion", ihre Begrifflichkeit, ihre Denk- und Ausdrucksformen gestaltet werden. Vgl. dazu Hans Joas, Braucht der Mensch Religion? Über Erfahrungen der Selbsttranszendenz, Freiburg u.a.2004, vor allem 11-62; Charles Taylor, Ein säkulares Zeitalter, Frankfurt 2012, vor allem 843-895.

Diese große Vielfalt religiöser Organisationsformen ist für die Religions- und Rechtswissenschaft eine Herausforderung, für diesen einführenden Vortrag in die Vorlesungsreihe über Religionen und ihr Recht aber vor allem ein Problem. Denn wie kann und sollte er dieser Pluralität gerecht werden, unzulässige Pauschalisierungen und Vereinnahmungen verhindern können? Was kann er überhaupt leisten?

Mein Vortrag will nicht versuchen, die Vielfalt religiöser Rechtsformen zusammenzufassen. Auch geht es nicht darum, konkrete religiöse Rechtssysteme oder gar Rechtsnormen vorzustellen. Denn dies würde nicht nur den kommenden Vorträgen unzulässig vorgreifen, es wäre auch und vor allem unmöglich, das breite Spektrum der dabei zu berücksichtigenden Phänomene zu erfassen. Stattdessen will ich versuchen, den Rahmen für die Vorlesungsreihe abzustecken. Zu diesem Zweck sollen die Fragen herausgearbeitet werden, die von den Religionen mittels ihres Rechts beantwortet werden und beantwortet werden müssen. Lediglich zur Illustration greife ich dabei auf Beispiele aus möglichst vielen einzelnen Religionen zurück. Grundsätzlich lässt sich der von mir gesuchte Zusammenhang von Fragen, die sich allen stellen, und Antworten, die je konkret und unterschiedlich gegeben werden, in zwei Richtungen erforschen: Man kann von den vorliegenden Antworten auf die ihnen zugrunde liegenden Fragen schließen; oder man geht von theoretisch entwickelten Fragen aus und sucht in den einzelnen Religionen nach den Antworten, die auf sie gegeben werden. Diese Methode, die ich aus den kulturphilosophischen Arbeiten Ernst Cassirers übernommen habe, ist ein Weg – für mich der überzeugendste Weg – Religionen, Traditionen oder kulturelle Erkenntnis- und Lebensformen überhaupt erst vergleichen zu können. Denn ein Vergleich setzt Vergleichbarkeit voraus, also einen gemeinsamen Bezugspunkt, von dem her und auf den hin Unterschiede erkannt und in ein Verhältnis zueinander gesetzt werden können. Ein solcher Bezugspunkt aber kann nicht in der Vielfalt inhaltlicher Ausformungen gefunden werden, die ja in ihrer je eigenen Weise immer schon konkret sind. Er muss dieser Vielfalt vielmehr als Ursprung zugrunde- oder als Ziel vorausliegen, weil anders nur Verschiedenheit, nicht aber das Verhältnis des voneinander Unterschiedenen erkennbar wird.[8] Die den religiösen Antworten vorausliegenden Grundfragen bieten sich als dieser Bezugspunkt an.

---

8 Vgl. Ernst Cassirer, Philosophie der symbolischen Formen, 2. Teil: Das mythische Denken, Einleitung (= ders., Werke, Hamburger Ausgabe Bd. 12, Hamburg 2002),1-34. Einen methodisch vergleichbaren Versuch hat bereits im 15. Jahrhundert Nicolaus Cusanus in seiner Schrift „De pace fidei“ (Der Friede im Glauben) unternommen: Nikolaus von Kues., De pace fidei, in: ders., Philosophisch-Theologische Schriften, Bd. 3,, hg. u. eingel. v. L. Gabriel, übers. u. komment. v. D. u. W. Dupré, Wien 1989, 705-799. Cusanus weist in einem in den Himmel verlegten hypothetischen Gespräch zwischen Gelehrten verschiedenster Religionen, Christus und Paulus nach, dass allen Religionen das gleiche, philosophisch zu erhebende Gottesverständnis eignet, das in der Vielheit der Riten (zu denen neben den Gottesdienstformen auch

Der so ermöglichte Vergleich zwischen verschiedenen Religionen ist nicht nur akademisch interessant. Er hilft auch, bei der Betrachtung fremder Religionen genauer hinzusehen, mehr zu erkennen; er wird zu Auseinandersetzung und Diskussion führen und gerade so die Möglichkeiten von Toleranz entdecken lassen.[9]

Es geht also in den folgenden Überlegungen darum, die richtigen Fragen zu entdecken und zu stellen, damit in den Folgeveranstaltungen die darauf gegebenen Antworten vorgestellt werden können. Angesichts der Fülle des Materials und der Religionen empfiehlt es sich, die Fragen nach dem Recht der Religionen zunächst drei unterschiedlichen Bereichen zuzuordnen. So soll zunächst und vor allem das Recht in den Religionen, das diese sich selbst geben, auf seine Funktionen untersucht werden. Sich darauf zu beschränken, griffe aber zu kurz. Deshalb sollen anschließend zwei weitere Fragestellungen zumindest skizziert werden. Im zweiten Teil wird es um das Recht gehen, das Religionen und religiöse Menschen politisch für sich einfordern, besonders wenn säkulare Staaten sich nicht mehr an ein religiöses Rechtsverständnis zurückbinden. Im Schlussteil des Vortrags wird dann nach der im engeren Sinne religiösen Bedeutung des Recht und seiner Befolgung gefragt.

## 2. Recht in der Religion

Die grundlegende Frage, die Religionsgemeinschaften durch rechtliche Regelungen beantworten müssen, lautet: Wer gehört zu uns?

Diese Frage stellt sich zwangsläufig. Denn jede Gemeinschaft formiert und erhält sich durch Abgrenzung. Das gilt sowohl synchron wie diachron: In der jeweiligen Gegenwart gibt es faktisch immer Menschen, die anderen Religionen oder auch keiner Religion angehören. Es bestehen also Grenzen, die in und trotz ihrer Faktizität reflektiert, festgelegt und geschützt werden müssen. Im diachro-

---

die jeweiligen Glaubensbekenntnisse und Lebensregeln zählen) zum Ausdruck kommt. Die „eine Religion in der Vielheit der Riten" ist für ihn der Bezugspunkt, auf den hin nicht nur die Verschiedenheit der Religionen, sondern sogar ihre grundlegende Einheit erkennbar wird. Auffälliger Zielpunkt der Kritik an dem Konzept des Cusanus ist die Tatsache, dass der von ihm entworfene Einheitspunkt nahezu deckungsgleich mit dem christlichen Glauben ist – und so unter dem Verdacht der nivellierenden Vereinnahmung der anderen Religionen steht. Zu dieser Schrift und ihrer Nähe zu Ernst Cassirer vgl. Michael Bongardt, Selbstbewusste Toleranz. Perspektiven einer christlichen Religionstheologie im Anschluss an Nicolaus Cusanus und Ernst Cassirer, in: ders. u.a. (Hg.), Verstehen an der Grenze. Beiträge zur Hermeneutik interkultureller und interreligiöser Kommunikation (= Jerusalemer Theologisches Forum 4), Münster 2003, 115-142.

9 Vgl. dazu Christoph Schwöbel, Dorothee von Tippelskirch (Hg.), Die religiösen Wurzeln der Toleranz, Freiburg u.a. 2002, dort vor allem die Einleitung von C. Schwöbel, 11-37.

nen, historischen Rückblick ist jede geschichtlich fassbare Religion aus früheren Formen entstanden.[10] Christentum und Judentum haben sich in wechselseitiger Abgrenzung und Abhängigkeit aus der Religion des alten Israel entwickelt, deren Zeugnis das Alte Testament ist. Der Islam hätte sich ohne den Rückbezug auf Judentum und Christentum ebenso wenig formieren können wie ohne die Abgrenzung zu den polytheistischen Religionsformen, die auf der arabischen Halbinsel zur Zeit Mohammeds lebendig waren. Vor allem in der Zurückweisung letzterer definiert der Koran, was der rechte Glaube ist. Ähnliche Prozesse sind in Zentral- und Südasien zu beobachten: Aus frühen Religionsformen haben sich vor allem Hinduismus und Buddhismus – einschließlich vieler anderer Denominationen – miteinander und gegeneinander entwickelt. Immer spielt Unterscheidung, also Abgrenzung eine Rolle. Aus der Perspektive jeder Religion gibt es deshalb ein Innen und ein Außen – die ihr Zugehörigen und die Außenstehenden. Wer zu welcher dieser beiden Gruppen gehört, muss im grundlegenden Sinne des Wortes geregelt, also durch Regeln festgelegt werden.

Die Antwort auf die Frage nach der Zugehörigkeit zu einer Religion stellt sich konkret bezüglich der beiden möglichen Übergänge: dem Zugang zu einer Religionsgemeinschaft bzw. der Aufnahme in sie und dem Austritt bzw. dem Ausschluss aus ihr.

### a) Zugang

Die Frage nach dem Zugang zu einer Religionsgemeinschaft wird häufig sehr einfach beantwortet: So wie Menschen in eine bestimmte Zeit, Gesellschaft und Familie hineingeboren werden, ist die Geburt dann auch der Eintritt in die Religionsgemeinschaft der Familie, des Stammes, der Gesellschaft. So legt das jüdische Recht fest, dass Jüdin bzw. Jude jeder Säugling ist, der von einer jüdischen Mutter geboren wurde; auch im Islam ist die Geburt durch eine muslimische Frau mit der Aufnahme in die umma, die muslimische Gemeinschaft identisch. Eine

10 Die im vor allem im 18. Und 19. Jahrhundert diskutierte Frage nach einer sogenannten „Urreligion“, aus der alle Religionen hervorgegangen sein sollen, war der Versuch, die Idee einer „Religion der Vernunft“ zu historisieren. Diese Idee wurde philosophisch entwickelt, um an den Kriterien einer „vernünftigen“ Religion die konkret begegnenden Religionen und Konfessionen kritisch zu messen. Auf diesem Wege hoffte man, Konfessions- und Religionskriege befrieden zu können. Ihren markantesten und in mancher Hinsicht auch abschließenden Ausdruck fand diese philosophische Religionskritik, die nicht die Abschaffung, sondern die „Reinigung“ der Religion zum Ziel hatte, in dem Werk von Immanuel Kant, Die Religion in den Grenzen der bloßen Vernunft, 2. Aufl., Königsberg 1794. Die Frage, ob es eine solche „Religion der Vernunft“ in der Geschichte, gar als Anfang der Religionsgeschichte je gegeben hat, ist aus prinzipiellen Gründen weder sinnvoll zu stellen noch zu beantworten.

solche Religionszugehörigkeit durch Geburt schließt nicht aus, sondern in der Regel ein, dass die Heranwachsenden durch eine Abfolge verschiedener Initiationsriten schrittweise nicht nur in ihre gesellschaftlichen Rollen, sondern auch in ihre Religionszugehörigkeit und deren spezielle Anforderungen eingeführt werden. Diese Riten konkretisieren und bestätigen die Zugehörigkeit durch Geburt.

Grundsätzlich anders definiert das Christentum den Zugang zur Kirche, wie die christliche Religionsgemeinschaft in all ihren Konfessionen genannt wird. Christ und damit Kirchenmitglied kann werden, wer sich zum christlichen Glauben bekennt. Bis heute gibt es einzelne christliche Konfessionen, die an der frühkirchlichen Praxis festhalten, nur solche Menschen durch die Taufe in die Kirche aufzunehmen, die sich bewusst, frei und explizit zum Glauben an Christus bekennen. Ein solcher Schritt verlangt nicht nur ein entsprechendes Alter der Bewerber und Bewerberinnen, sondern auch deren langfristige und gründliche Vorbereitung, die Einweisung in Glaubensinhalte und Lebensformen des christlichen Glaubens. Durch die weit verbreitete Praxis der Säuglingstaufe sind Glaube und Bekenntnis als Zugangsbedingungen zur Kirche nur noch schwer zu erkennen – auch wenn sie im Ritus weiterhin betont werden, indem Eltern und vor allem Paten nicht nur stellvertretend für das Kind den Glauben bekennen, sondern auch die Verpflichtung übernehmen müssen, das Kind im Glauben zu erziehen.

Umgekehrt sind auch Glaubensgemeinschaften, die die Zugehörigkeit durch Geburt kennen, immer wieder mit Menschen konfrontiert, die als Erwachsene Mitglied dieser Gemeinschaften werden wollen – sei es, dass sie zuvor einer anderen, sei es dass sie bis dahin keiner Religion angehörten. Im Judentum ist die Möglichkeit eines solchen Beitritts bis heute umstrittener als im Islam. Doch beide Religionen haben Regeln dafür entwickelt, welche Voraussetzungen die Interessierten erfüllen müssen, um in die Gemeinschaft aufgenommen werden zu können.

### b) Ausschluss

Für das Ende der Zugehörigkeit zu einer Religionsgemeinschaft gibt es grundsätzlich zwei Möglichkeiten. Es kann sein, dass Menschen aus eigenem Entschluss – aus welchem Grund und mit welchem Ziel auch immer – ihre Religionsgemeinschaft verlassen wollen. Möglich ist es aber auch, dass eine Religionsgemeinschaft Mitglieder ausschließt. Dies geschieht immer dann, wenn Menschen in gravierender Weise die Zugehörigkeitsregeln verletzen.

Faktisch werden diese beiden Perspektiven oft miteinander verbunden sein. Denn wer einer Religion nicht weiter angehören will, wird sich kaum noch ihren Regeln verpflichtet wissen. Dieser Zusammenhang lässt sich jedoch nicht ohne

Weiteres umkehren. Denn nicht jeder bewusste Regelverstoß muss mit einer Abkehr von der Religionszugehörigkeit einhergehen. Er kann auch in der Überzeugung geschehen, dass bestimmte Regeln illegitim sind, weil sie sich nicht notwendig aus dem Glauben der jeweiligen Religion ableiten lassen. Solche mit dem eigenen Glauben begründeten Regelverstöße sind der wohl wichtigste Impuls innerhalb der Religionsgemeinschaften, ihre Regeln immer wieder zu prüfen und ggf. zu verändern.

An dieser Stelle zeigt sich, dass die Zugehörigkeitsregeln einer Religion keineswegs Randerscheinungen sind, die nur an der Grenze, an der sich Aufnahme oder Ausschluss vollziehen, von Bedeutung wären. Weil Zugehörigkeit ein kontingenter Status ist, der prinzipiell widerrufbar bleibt, ist die Befolgung der Regeln, die eine Religionsgemeinschaft aufstellt, Bedingung des Fortbestands der Zugehörigkeit – und damit eine dauerhaft das Leben der Gläubigen prägende Forderung. So sollen nun zunächst diese Regeln – oder besser gesagt: die Fragen, auf die die einzelnen Regeln antworten – in den Blick genommen werden. Erst danach werde ich auf die Möglichkeiten und Formen eines Endes von Religionszugehörigkeit näher eingehen.

Grundsätzlich gibt es für Religionen drei große Bereiche, für die Regelungsbedarf besteht: den Ritus bzw. Kult, also die Formen gemeinschaftlicher wie individueller Gottesverehrung; die Lebensform, die als dem Glauben angemessene Gestaltung des Alltags angesehen wird; die Doktrin, d.h. die formalisierten und als verbindlich festgelegten Vorstellungen über die göttliche Wirklichkeit und das Verhältnis zwischen Gott/Göttern und den Menschen. In allen drei Bereichen können sehr unterschiedlich präzise Regelungen getroffen werden, auch variiert die Bedeutung, die den einzelnen Bereichen zugeschrieben wird, zwischen den verschiedenen Religionen beträchtlich. Dies sei an einigen Beispielen erläutert.

### c) Regeln

(1) In wohl allen Religionsgemeinschaften gibt es Regeln für das rechte Beten, für religiöse Riten und Feiern, nicht zuletzt – in vielen Religionen sogar vor allem – für die richtige Weise, Opfer darzubringen. Diese Regeln sollen stets dazu dienen, dass die vollzogenen Riten Gott oder den Göttern gefallen, dass Opfer angenommen und von göttlicher Seite mit Wohlwollen erwidert werden. Dass die Übertretung ritueller Regelungen zum Fall wird, an dem sich die Zugehörigkeit zu einer Religionsgemeinschaft entscheidet, ist heute eher selten – kam und kommt aber immer wieder vor.

Religionshistoriker ordnen das israelitische Bilderverbot, das im Alten Testament vielfach wiederholt und eingeschärft wird, diesem Themenkomplex zu. Das

Verbot, Gott in Bildern und Statuen darzustellen, das sich in der jüdischen Tradition dann auch noch zum Verbot ausweitet, den Menschen, also das lebendige Bild Gottes, abzubilden, entstand wohl ursprünglich nicht aus philosophischen und theologischen Erwägungen zur Unfassbarkeit und Undarstellbarkeit göttlicher Wirklichkeit. Vielmehr, so diese These, war die Bildlosigkeit die denkbar schärfste Abgrenzung gegen die bildreichen Religionen der Israel benachbarten Völker. Nicht durch eigene Kultbilder setzte man sich von ihnen ab, sondern durch den völligen Verzicht auf Bilder.[11] Wer gegen dieses Gebot verstieß, indem er vor Bildern betete und opferte, galt als Diener fremder Götter und sollte aus dem Volk Israel ausgeschlossen werden.[12]

Eine ganz andere Regelung ist im Kult der römischen Kaiserzeit anzutreffen: Das römische Reich, das aus klugen machtstrategischen Gründen den von ihm eroberten Völkern meist eine weitgehende Kultfreiheit gewährte, verpflichtete alle Bewohner des Reiches zum Opfer für den Kaiser oder, nachdem der Kaiser selbst als göttlich verstanden wurde, an den Kaiser. Die Verweigerung dieses Opfers galt als Zeichen mangelnder Loyalität gegenüber dem römischen Reich und seinem Herrscher und wurde hart bestraft – in Krisenzeiten gar mit dem Tod.[13]

Ein letztes Beispiel sei aus der Kirchengeschichte angefügt: Im 15. Jahrhundert eskalierte der Streit zwischen der römischen Kirche und einer böhmischen Reformbewegung, die von Johannes Hus angeführt wurde. Ein zentrales Symbol dieses Konflikts war die rituelle Frage, ob im Gottesdienst den Gläubigen nur das Brot als Leib Christi oder auch der Wein als Blut Christi gereicht werden soll. Die römische Regel sah zu dieser Zeit die sogenannte „Kommunion unter beiderlei Gestalten“ als Privileg des Klerus an und wandte sich gegen die hussitische Praxis. Der Konflikt führte schließlich zur Kirchenspaltung und zur Hinrichtung des Johannes Hus.[14]

11 Diese These zum biblischen Bilderverbot wird ausführlich entfaltet und begründet bei Christoph Dohmen, Das Bilderverbot. Seine Entstehung und seine Entwicklung im Alten Testament, 2. Aufl., Bonn 1986.

12 Die Häufigkeit, mit der im Alten Testament der Monotheismus und die Bildlosigkeit des Jahwe-Kultes eingefordert werden, nährte schon früh den Verdacht, dass mit diesen Regeln kein Zustand beschrieben, sondern eine hartnäckige gegenläufige Praxis eingedämmt werden sollte. Mittlerweile ist archäologisch und ikonographisch vielfach belegt, dass im biblischen Israel Amulette und Götterbilder weit verbreitet waren: Vgl. Othmar Keel, Christoph Uehlinger, Göttinnen, Götter und Gottessymbole. Neue Erkenntnisse zur Religionsgeschichte Kanaans und Israels aufgrund bislang unerschlossener ikonographischer Quellen, 6. Aufl., Fribourg 2010.

13 Vgl. Susanne Hausammann, Alte Kirche. Zur Geschichte und Theologie in den ersten vier Jahrhunderten, Bd. 2, Verfolgungs- und Wendezeit der Kirche, Neukirchen-Vluyn 2001, 1-18; ausführlicher: Hubert Cancik/Konrad Hitzl (Hg.), Die Praxis der Herrscherverehrung in Rom und seinen Provinzen, Tübingen 2003.

14 Vgl. das „Dekret über die Kommunion allein unter der Gestalt des Brotes“, das auf dem Konzil von Konstanz 1415 erlassen wurde: Heinrich Denzinger (Hg.), Kompendium der Glaubensbe-

(2) Auf den Alltag religiöser Menschen wirken sich die Regeln, die sich auf Verhalten und Lebensform beziehen, am nachhaltigsten aus. Sie können sich auf sehr verschiedene Lebensbereiche beziehen: Von Speisevorschriften reichen sie bis zu Geboten und Verboten im Bereich der Sexualität, von den Familien- und Sozialformen bis zur Kleidung, vom Umgang mit Geld bis zu Regeln des erlaubten und unerlaubten Umgangs mit anderen Menschen, vor allem auch Andersgläubigen. Für alle genannten Bereiche setze ich voraus, dass zahlreiche Beispiele aus verschiedensten Religionen allgemein bekannt sind. Es erübrigt sich deshalb, hier einzelne von ihnen hervorzuheben. Grundsätzlich gilt: Viele dieser Vorschriften – so z.B. in einigen Fällen gegensätzliche Speiseverbote oder Kleidungsvorschriften – dienen der Abgrenzung von anderen Kulturen; andere Regeln – wie etwa das Inzest-Verbot – erscheinen als mehr oder weniger universal geltende Grundregeln. Je ausgeprägter die Unterscheidungszeichen sind – so etwa die Kleidungs- und Verhaltensvorschriften der so genannten Amish People, die die Lebens- und Arbeitsformen des frühen 18. Jahrhunderts für immer festgeschrieben haben[15] –, desto strenger werden sie auch als Zugehörigkeitskriterien gehandhabt. Je verbreiteter dagegen bestimmte Regeln über Religionsgrenzen hinweg sind, als desto wichtiger dürfte die darin gegebene Antwort auf Grundfragen des menschlichen Zusammenlebens angesehen werden.

Für unseren Themenzusammenhang besonders interessant ist eine grundlegende Problematik religiöser Lebensregeln: Die für alle Mitglieder einer Religionsgemeinschaft geltenden Lebensregeln sind zwangsläufig umso offener, je größer und heterogener die Gemeinschaft ihrer Gläubigen ist. So konnte z.B. die frühe Kirche das Verbot der Ausübung bestimmter Berufe nicht mehr aufrechterhalten werden, als der christliche Glaube sich immer mehr in allen Gesellschaftsschichten verbreitete, allmählich zur umfassenden Religion des römischen Reiches wurde. Armutsgebote lassen sich nicht strikt durchsetzen, wenn sich auch Reiche nicht nur der Gemeinschaft anschließen wollen, sondern gerade mit ihrem Reichtum auch wichtige Dienste für sie erfüllen können.[16] Allzu rigide Kontaktverbote sind nicht durchzusetzen, wenn zu den Gläubigen Händler und Reisende zählen, deren Aufgabe genau solche Kontakte sind. Doch gerade wenn Regeln wegen solcher Umstände gelockert werden müssen, verlieren sie eine ihrer wichtigsten Funktionen. Sie taugen immer weniger zur Unterscheidung und Abgrenzung, eignen sich kaum noch als Zugehörigkeitskriterien. Denn je unspezifischer die Kriterien sind,

---

kenntnisse und kirchlichen Lehrentscheidungen, 37. Aufl., hgg. von Peter Hünermann, Freiburg u.a. 1991, Nr. 1198-2000. Zum Konflikt mit Jan Hus insgesamt vgl. Wolf-Dieter Hauschild, Lehrbuch der Kirchen- und Dogmengeschichte, Bd. 1, 2. Aufl., Gütersloh 2000, 475-480.

15 Vgl. Peter Ester, Die Amish people. Überlebenskünstler in der modernen Gesellschaft, Düsseldorf 2005.

16 Vgl. Christoph Markschies, Zwischen den Welten wandern. Strukturen des antiken Christentums, Frankfurt 1997, 138-147.

desto weniger werden nur die Mitglieder einer einzigen Religion ihnen folgen. Gegen die deshalb aufkommende Angst vor einem Identitätsverlust bilden sich nicht selten innerhalb der Religionsgemeinschaften die schon erwähnten radikalen Reformgruppen, die sich besonders strenge Regeln auferlegen.

Wie stark Verstöße gegen die in einer Religionsgemeinschaft insgesamt oder nur in bestimmten Untergruppen geltenden Regeln geahndet werden, ist höchst unterschiedlich. Entsprechende Praktiken unterliegen nicht zuletzt einem erheblichen historischen Wandel: In nahezu allen christlichen Konfessionen hat sich die Bewertung von Homosexualität, die lange als schwere Sünde galt, verändert. Einzelne Kirchen erkennen homosexuelle Partnerschaft vollgültig an, andere sind zumindest zu einer differenzierten Beurteilung bereit. Die in der islamischen Tradition verbreiteten, aus heutiger Perspektive sehr rigiden Strafformen für zahlreiche Vergehen werden heute von vielen Muslimen kritisch gesehen und deutlich verändert. Die umfangreichen jüdischen Speisevorschriften werden nur von einer kleinen Minderheit der Jüdinnen und Juden vollständig befolgt, ohne dass den anderen ihr Jude-Sein deshalb abgesprochen würde.

Gleichwohl geht die Funktion der Lebensregeln als Zugehörigkeitskriterien nicht vollständig verloren. So hat im Oktober 2012 die Deutsche katholische Bischofskonferenz Katholiken, die keine Kirchensteuer bezahlen, vom Empfang der Sakramente und auch der Möglichkeit einer christlichen Beerdigung ausgeschlossen.[17] Dieser heftig diskutierten Regelung kommt nicht zuletzt deshalb singulärer Charakter zu, weil es ein dem deutschen entsprechendes Kirchensteuersystem in anderen Ländern nicht gibt. An den Zugangsregeln zu religiösen Ämtern, die an Geschlecht und Lebensform gebunden sind, halten neben der katholischen Kirche auch andere Konfessionen und Religionen strikt fest. Das religiös begründete Kastensystem des Hinduismus, das mit differenzierten Lebensregeln verbunden ist, hat bis heute auf die indische Gesellschaft erhebliche Auswirkungen.

(3) Nicht nur in Ritus und Lebensregeln, sondern auch in ihren grundlegenden Glaubenslehren, ihren Doktrinen unterscheiden sich die Religionen. Wer vor allem die christliche Kirchengeschichte vor Augen hat, wird diesen Aspekt der Religion – zumindest bezüglich der Zugehörigkeitsregeln – für den mit Abstand wichtigsten halten. Schon sehr früh hat die christliche Kirche in theologischer Reflexion dezidierte und differenzierte Aussagen über die Wirklichkeit und die Eigenschaften Gottes entwickelt. Aus der theologischen Reflexion der neutestamentlichen Texte und der frühen liturgischen Formen entwickelten sich hoch spekulative Lehren über die Dreieinigkeit Gottes sowie die Person und Bedeutung Jesu von Nazareth. Die mit dieser Entwicklung verbundenen Diskussionen ver-

17 Vgl. das diesbezügliche Dekret der Deutschen Bischofskonferenz unter http://www.dbk.de/fileadmin/redaktion/diverse_downloads/presse/2012-145a-Allgemeines-Dekret-Kirchenaustritt_Dekret.pdf (Abruf 13.02.2013).

liefen äußerst kontrovers – nicht nur auf den dafür eigens einberufenen Bischofstreffen, den sogenannten Konzilien. Sie führten immer wieder zum Ausschluss Andersdenkender aus der Kirche und zu Kirchenspaltungen. Ähnliche, oft von außen nicht mehr nachvollziehbare doktrinale Auseinandersetzungen gab es und gibt es in der Kirchengeschichte bis heute. Sie führten zu einer unüberschaubaren Vielzahl christlicher Kirchen und Konfessionen. Und auch wenn politische, kulturelle oder wirtschaftliche Konflikte häufig der eigentliche Motor solcher Ausdifferenzierungen waren: Begründet wurden Kirchenausschlüsse und Kirchenspaltungen fast immer mit dem (meist gegenseitigen) Vorwurf, vom wahren und richtigen Bekenntnis abgewichen zu sein. „Anathema sit" – „Der sei ausgeschlossen": Diese Formel schloss in großer Regelmäßigkeit die auf Konzilien zusammengestellten „Irrtümer" ab und bestrafte deren Vertreter, indem sie ihnen die weitere Kirchenzugehörigkeit absprach. Die so neu entstehenden, von anderen Kirchen ausgeschlossenen Gemeinschaften, entwickelten in der Regel ihrerseits vergleichbare Strukturen, mit denen sie die Zugehörigkeit ihrer Mitglieder an die Übernahme des eigenen Glaubensbekenntnisses banden.

Eine ähnlich ausdifferenzierte Theologie, eine vergleichbar breite Auffächerung verschiedener Bekenntnisgemeinschaften wie im Christentum gibt es wohl in keiner anderen Religion. Zwar kennen Islam und Judentum das Gebot des strikten Monotheismus. Dessen Leugnung führt in beiden Religionen zum Ausschluss. Doch die internen Gruppen und Strömungen, die es selbstverständlich auch dort gibt, sind in der Regel aus Reformgruppen entstanden, die den Koran bzw. die Thora als grundlegende Lebensregel anders auslegten, die eigene Geschichte anders deuteten und sich deshalb von anderen Mitgliedern ihrer Religion absetzten und unterschieden. Nicht selten sprechen sich auch diese Gruppen wechselseitig die Zugehörigkeit zum Islam bzw. zum Judentum ab. An theologischen Aussagen über Gott und seine Wirklichkeit aber schieden und scheiden sich die Geister weit seltener als an Fragen des rechten Gottesdienstes und der angemessenen Lebensform.

Die ostasiatischen Religionen sind in dieser Hinsicht mit den sogenannten Offenbarungsreligionen, die sich auf eine verbindliche, von Gott inspirierte oder selbst gegebene Schrift berufen, kaum vergleichbar. Die Götter-Erzählungen des Hinduismus, noch mehr des Shintoismus sind darauf angelegt, immer weiter ausgestaltet, der jeweiligen Zeit angepasst zu werden.[18] Sie gelten nicht als verbindliche Norm, sondern als Gestaltungsräume, in denen Synkretismus – also die Vermischung mit Elementen anderer Erzählungen oder gar Religionen – nicht verboten, sondern geradezu angelegt ist. Hier leben verschiedene Erzähl-, Kult- und Lebensformen nebeneinander. Sie sind unterscheidbar, aber nicht mit festen Grenzen versehen.

18 Vgl. dazu die sehr aufschlussreiche Studie von Inken Prohl, Religiöse Innovationen: die Shinto-Organisation World Mate in Japan, Berlin 2006.

Doktrinen spielen für die je eigene religiöse Identität eine untergeordnete, im Vergleich mit dem Christentum kaum mehr ins Gewicht fallende Rolle.

Regeln, so habe ich in der Einleitung zu meinem Vortrag betont, bedürfen derer, die sie mit Autorität festlegen. Und das Recht braucht zu seinem Schutz die Bevollmächtigten, die seine Befolgung überprüfen seine Übertretung ahnden können. Es ist an dieser Stelle nicht Raum und Zeit, die extrem unterschiedlichen Organisationsformen zu beschreiben, die Religionsgemeinschaften entwickelt haben, um ihr Recht zu setzen und ihm Geltung zu verschaffen. Sie reichen im Christentum von der streng hierarchischen Struktur der römisch-katholischen Kirche über die synodalen Ordnungen der Ostkirchen und vieler aus der Reformation hervorgegangenen Kirchen bis zu den ganz auf die einzelne Gemeinde beschränkten Ausformungen charismatischer Autorität, auf die die Freikirchen bauen. Die Organisation jüdischer Gemeinden mit ihrer hohen Autonomie ist vollkommen anders strukturiert als das System verschiedener Rechtsschulen und einzelner Rechtsgelehrter im Islam, denen aus sehr unterschiedlichen Gründen Autorität zugesprochen wird und die das fehlende Element organisierter Gemeinden substituieren. Charismatische Führergestalten haben in allen Religionen besonderen Einfluss. Noch einmal anders stellen sich Autoritätsverhältnisse in Staaten und Gesellschaften dar, in dem religiöses und staatliches Recht nicht oder nur teilweise voneinander getrennt sind – ganz gleich, welche Religion das geltende Recht geprägt hat. Diese Vielfalt aus Perspektive verschiedenster Religionsgemeinschaften vorzustellen, ist eines der zentralen Anliegen der geplanten Vorlesungsreihe, der hier nicht vorgegriffen werden muss.

Am Ende dieses Überblicks über das „Recht in der Religion“ komme ich noch einmal auf Frage zurück, welche Formen und Folgen der Ausschluss aus einer Religion annehmen kann. Denn davon hängt wesentlich ab, welches Gewicht er für die Ausgeschlossenen hat und welche Kraft das Recht hat, Menschen zur weiteren Zugehörigkeit zu bewegen oder gar zu zwingen.

Die – zumindest in „irdischer Perspektive“ – radikalste Form des Ausschlusses ist die Tötung der Apostaten, der Abtrünnigen. Im Alten Testament steht auf die Übertretung zentraler Gebote, die als Weisungen Gottes geglaubt werden, die Todesstrafe, die von Gott selbst oder von religiösen Gerichten vollstreckt wird. Der Islam sieht für das Vergehen der Apostasie und schwere Verbrechen die Todesstrafe vor. In der Kirchengeschichte endeten zahlreiche Ketzer-Prozesse mit der Todesstrafe. Ob es zu dieser äußersten Form des Ausschlusses überhaupt kommen kann, hängt nicht zuletzt davon ab, ob die religiösen Autoritäten das Recht haben, die Todesstrafe zu verhängen und zu vollstrecken.[19] Schon die

19 Zur Verbindung von kirchlicher und staatlicher Gewalt in Ketzerprozessen vgl. Arnold Angenendt, Toleranz und Gewalt. Das Christentum zwischen Bibel und Schwert, Münster 2007, 245-294.

neutestamentlichen Passionsberichte betonen, dass dem jüdischen Gericht unter römischer Herrschaft diese Vollmacht nicht mehr zukam.[20] In dem Maße, in dem sich das staatliche Gewaltmonopol herausbildet, ist es Religionsgemeinschaften verwehrt, Menschen zu töten, die die religionsinternen Regeln verletzt haben – es sei denn, sie sind so eng mit der staatlichen Gewalt verbunden, dass diese solche Urteile billigt und ausführt.[21]

Eine andere Sanktion hat eine spezifisch religiöse Form. Wo immer eine Religion ein göttliches Gericht über die Toten kennt, kann sie den Rechtsbruch mit der Drohung einer ewigen Verdammnis im Jenseits belegen. Diese Strafe wird von Gläubigen sicherlich noch mehr gefürchtet als die Todesstrafe, mit der nicht notwendig die endgültige Verlorenheit verbunden sein muss. Denn der Ausschluss aus einer Religionsgemeinschaft kann, aber muss nicht verbunden sein mit der Androhung eschatologischer Strafen. Selbst die Inquisitionsgerichte des Christentums nahmen das endzeitliche Gericht nicht vorweg, sondern überantworteten die Hingerichteten der Barmherzigkeit Gottes.

Doch auch „nur" der Ausschluss aus der konkreten, irdischen Glaubensgemeinschaft kann als beängstigend harte Strafe erlebt werden: Bedeutet sie doch für viele mit ihrer Religionsgemeinschaft eng verbundene Gläubige nicht nur das Verbot, an den gewohnten und für wichtig gehaltenen religiösen Ritualen weiterhin teilzuhaben; verbunden sein kann damit auch der Verlust eines erheblichen Teils der sozialen Kontakte, aller Anerkennung und Geborgenheit, die mit ihnen einhergehen. In sehr streng regulierten religiösen Gemeinschaften wird der Austritt oder Ausschluss aus ihnen erlebt als Vertrauensbruch gegenüber der Autoritätsperson, mit der die Mitglieder oft über viele Jahre persönlich verbunden waren. Je enger und intensiver die Einbindung in die jeweilige Religionsgemeinschaft ist, desto härter wird die Sanktion des Ausschlusses empfunden werden; das heißt aber auch: desto größer ist die Macht der Gemeinschaft, die Befolgung ihrer Regeln durchzusetzen.[22]

---

20 Vgl. Joh 18,31.

21 Weltweite Aufmerksamkeit fand 2006 die drohende Verurteilung zum Tode von Abdul Rahman, der als Muslim zum Christentum konvertiert war, durch ein afghanisches Gericht. Das Urteil wurde wegen Formfehlern nicht anerkannt. Vgl. den Artikel. „Gericht weist Klage gegen Rahman ab", in der Frankfurter Allgemeinen Zeitung vom 26.03.2006 unter http://www.faz.net/aktuell/politik/christen-prozess-in-afghanistan-gericht-weist-klage-gegen-rahman-ab-1302397.html (Abruf 13.05.2013).

22 Mittlerweile gibt es eine Vielzahl autobiographischer Publikationen von Menschen, die sich von einer Religion oder einer religiösen Gruppe abgewandt haben. Fast immer berichten sie, wie umfassend die soziale Isolation nach diesem Entschluss gewesen ist. Vgl. z.B. Mariella Lenzen, Fürchte dich nicht! Mein Weg aus dem Kloster, Köln 2012; Mina Ahadi mit Sina Vogt, Ich habe abgeschworen. Warum ich für die Freiheit und gegen den Islam kämpfe, München 2009.

Diese Überlegungen aber lassen auch erkennen, dass die Bindungskraft religiösen Rechts in erheblichem Maße von den Glaubensvorstellungen der Einzelnen und dem größeren Umfeld, in dem sie leben, abhängt.

In säkularen Staaten kann eine religiös begründete Todesstrafe nur noch illegal vollstreckt werden – sie ist deshalb in der Regel keine reale Bedrohung mehr. Für Menschen, die sich durchaus noch als Gläubige verstehen, zu deren Glauben aber nicht mehr die Erwartung eines sie persönlich beurteilenden Endgerichts gehört, die nicht mehr an eine „Hölle“ glauben, hat auch die Androhung ewiger Verdammnis kein Gewicht mehr. Anders als viele andere Regionen der Welt ist Westeuropa durch seine stark säkularisierten Gesellschaften geprägt. Der Ausschluss aus einer Religionsgemeinschaft bedeutet hier deshalb heute nicht mehr – wie noch vor wenigen Jahrzehnten in der Blütezeit der sogenannten konfessionellen Milieus – den Verlust jeglicher sozialen Einbindung. Für viele, ja die meisten konkreten Gesellschaftsbereiche, in denen sich auch Gläubige heute bewegen, ist der Austritt oder Ausschluss aus einer Religionsgemeinschaft belanglos, wenn er nicht sogar auf besondere Anerkennung stößt. Diese sinkende Bindungskraft religiöser Rechtssysteme kann – gerade im Vergleich zu Gesellschaften, in denen diese Kraft ungebrochen ist – als Befreiung erlebt werden. Sie geht aber auch mit weniger Unterscheidbarkeit der eigenen Glaubens- und Lebensgeschichte, mit weniger Identitätsunterstützung durch die Religionsgemeinschaft, mit weniger sozialer Einbindung einher. Mit der schwindenden Macht des Rechts in der Religion wird deshalb auch ein Verlust von dessen positiver Kraft verbunden sein, solange nicht statt ihrer die Stärke freiwilliger Zugehörigkeit gesucht und erlebt wird.[23]

## 3. Das Recht der Religion

Der zweite Fragenkomplex, den ich behandeln möchte, unterscheidet sich vom ersten grundlegend. Ging es bisher um die Regeln, die eine Religionsgemeinschaft ihren Mitgliedern setzt, soll nun das Recht betrachtet werden, das Religionsgemeinschaften für sich und ihre Mitglieder einfordern. Diese Forderung richtet sich in aller Regel an die politischen Herrscher bzw. an den Staat. Doch nicht die staatliche Seite soll hier im Vordergrund stehen, sondern erneut die religiöse. Wenn und insofern eine Religionsgemeinschaft für sich Rechte in Staat und Gesellschaft einfordert, muss sie sich selbst die Frage gefallen lassen, welche

23 Vgl. Walter Lesch, Die Vielfalt praktisch gelebter Überzeugungen als Voraussetzung und Gegenstand der Ethik, in: Andreas Lob-Hüdepohl (Hg.), Ethik im Konflikt der Überzeugungen, Fribourg 2004, 41-58, 46: „Das Ende der ideologischen Zwangsgemeinschaft von Überzeugten eröffnet befreiende Perspektiven für neue Identifikationen mit Überzeugungsgemeinschaften, die sich in einer liberalen Rahmenordnung entfalten können.“

dieser Rechte sie anderen Menschen und Gruppen zuzugestehen bereit ist. Die Grundfrage, um die es in diesem Abschnitt geht, lautet also: Wie hältst Du's mit den anderen?

Erneut lassen sich zu verschiedenen Zeiten und in verschiedenen Religionen darauf sehr unterschiedliche Antworten finden. Der Fokus dieses Abschnittes soll aber auf dem Kontext liegen, in den bereits die vorhergehenden Überlegungen mündeten: auf Religionsgemeinschaften in säkularen Staaten.

Religiöse Überzeugungen sind nicht individuelle Meinungen, sondern starke Überzeugungen.[24] Sie haben sich in der Regel über lange Zeit als Orientierungswissen bewährt, für religiöse Menschen sind sie Ausdruck einer grundlegenden Wahrheit. Religiösen Überzeugungen wohnt Bindungskraft und Durchsetzungsenergie inne: Gläubige Menschen lassen ihr eigenes Leben von ihrer Überzeugung prägen und bemühen sich in der Regel auch, andere zu überzeugen, ihre soziale Umwelt nach den eigenen, religiösen Maßstäben zu formen. Denn was sie für sich als Wahrheit erkannt haben und glauben, gilt ihnen mit einer gewissen Selbstverständlichkeit auch als Wahrheit für alle. Diese Überzeugungen und ihr Gestaltungswille sind relativ unproblematisch, solange Menschen in einer religiös weitestgehend homogenen Gesellschaft leben. Denn hier fallen Religionszugehörigkeit und Zugehörigkeit zum Gemeinwesen zusammen. Religiöses und weltliches Recht sind, soweit sie sich überhaupt unterscheiden lassen, mehr oder weniger deckungsgleich. Religiös begründete Sanktionen sind unmittelbar gesellschaftlich relevant, sie werden nicht selten mit staatlicher Gewalt durchgesetzt.

Eine solche Homogenität dürfte sich jedoch nicht nur in der Gegenwart, sondern auch beim Blick in die Geschichte rasch als eine Idee entlarven lassen, die mit der Realität wenig zu tun hat. Eine „splendid isolation“, in der eine Religionsgemeinschaft ohne jeden Kontakt mit Menschen anderer Überzeugungen lebte, wird es nie gegeben haben. Heute ist Pluralität der religiösen Überzeugungen, der verschiedenen Vorstellung vom guten Leben unübersehbar. Diese Pluralität muss gestaltet und auch von den Religionen und von religiösen Menschen bearbeitet werden.

Solange die religiöse Vielfalt unter Herrschaft einer demographisch und/ oder machtpolitisch überproportional starken Überzeugungsgemeinschaft lebt, kommt häufig zum Tragen, was Rainer Forst als „Erlaubniskonzeption der Toleranz“[25] bezeichnet: Die Herrschenden verzichten aus vorrangig pragmatischen Gründen auf die Vernichtung der anders Denkenden und Lebenden. Sie dulden diese Minderheiten – gewähren ihnen eine Toleranz, die selbst wieder Herr-

24 Vgl. zum Folgenden den o.g. Beitrag von Walter Lesch (Anm. 23).

25 Vgl. Rainer Forst, Toleranz im Konflikt. Geschichte, Gehalt und Gegenwart eines umstrittenen Begriffs, Frankfurt 2003, 42-44.

schaftsinstrument ist. Als gnädig geschenkte kann die Toleranz jederzeit zurückgezogen werden, wenn sie von den geduldeten Minderheiten nicht durch Wohlverhalten und Anerkennung der Herrschaftsverhältnisse beantwortet wird. Schon die bereits erwähnte „pax romana“ gründete auf dieser strategischen Überlegung. Ähnliches gilt wohl auch für den Status der „Schutzbefohlenen“ (d'himmi), den muslimische Herrscher den Juden und Christen in ihrem Herrschaftsgebiet zugestanden. Diese waren zwar keine in vollem Umfang gleichberechtigten Bürger, waren zu einer Sonderabgabe ebenso gezwungen wie zu einer Kleidung, die sie als Mitglieder einer geduldeten Religion auswies; im Gegenzug genossen sie aber den staatlichen Schutz vor Übergriffen und eine gewisse Freiheit in ihrer Religionsausübung.[26] Selbst im von einem christlichen Antijudaismus beherrschten Europa, in dem es immer wieder zu Pogromen kam, war eine solche „Erlaubnistoleranz“ gegenüber den Juden nicht ganz unbekannt.

Dieses Konzept ließ sich in Europa nach der inneren Spaltung der Kirche und den Jahrzehnte währenden Konfessionskriegen nicht mehr länger durchhalten. Philosophisch und theologisch wurden ab dem 18. Jahrhundert neue Konzeptionen von Toleranz entwickelt, politisch formte sich in einem langen Prozess die Idee des säkularen Staates: eines Staates, der weltanschaulich und religiös neutral ist und als Voraussetzung und Folge seiner Neutralität seinen Bürgern die Religionsfreiheit zuspricht.[27]

In einem solchen Staat können Menschen frei entscheiden, ob sie einer Religion angehören wollen und, wenn ja, welcher. Sie haben das Recht, religiöse Vereinigungen zu bilden, den Regeln ihrer Religion gemäß zu leben. Der Staat hat die Pflicht, die religiösen wie die nicht religiösen Bürger vor Übergriffen durch Menschen anderer Überzeugungen und vor jeder Art von Diskriminierung zu schützen. Damit ist den verschiedenen Religionsgemeinschaften eine Freiheit gewährt, die unter den Bedingungen der „Erlaubnistoleranz“ undenkbar war.[28]

Gleichwohl und sehr zu Recht hat Jürgen Habermas darauf hingewiesen, dass für die Religionen ihre rechtliche Stellung in säkularen Staaten nicht nur Gewinn, sondern auch Zumutung ist.[29] Denn sie müssen sich dem Recht des Staates

26 Vgl. Gudrun Krämer, Demokratie im Islam. Der Kampf für Toleranz und Freiheit in der arabischen Welt, München 2011, 125-146.

27 José Casanova, Europas Angst vor der Religion, Berlin 2009, 7-30, warnt zu Recht davor, die Überwindung der europäischen Konfessionskriege in der Etablierung eines säkularen Staates als einfache oder auch nur lineare Erfolgsgeschichte zu lesen. Gleichwohl kann die epochale Bedeutung dieser schwierigen Entwicklung kaum unterschätzt werden.

28 Vgl. zum für liberale Staaten grundlegenden Recht auf Religionsfreiheit: Heiner Bielefeldt, Streit um die Religionsfreiheit. Aktuelle Facetten der internationalen Debatte, Erlangen-Nürnberg 2012, abrufbar unter http://www.uni-erlangen.de/einrichtungen/presse/publikationen/erlanger-universitaetsreden/Unirede-77.pdf.

29 Vgl. Jürgen Habermas, Glauben und Wissen, Frankfurt 2001, 21ff.

unterordnen; sie haben darauf zu verzichten, ihre Wahrheitsansprüche und Lebensregeln anders als durch den Versuch, andere argumentativ zu überzeugen, durchzusetzen; in die Diskurse des säkularen Staates können sie sich nur einbringen, soweit sie bereit sind, ihre religiös begründeten Optionen in eine auch säkular verständliche Argumentation zu übersetzen; vor allem aber haben Sie die Freiheit und Anerkennung, die sie für sich fordern, auch Menschen anderer Religionen und Weltanschauungen zuzugestehen.

Damit ist die oben bereits formulierte Kernfrage an Religionen in säkularen Staaten erreicht:

Wie halten Sie es mit den anderen, mit der Religionsfreiheit? Ist es Religionsgemeinschaften möglich, nicht nur aus strategischen, sondern aus religiösen Gründen der staatlich gewährten Religionsfreiheit zuzustimmen? Können Sie dem Menschen die Freiheit zugestehen, sich für eine andere Religion – oder auch gegen jede Religion – zu entscheiden? Können, dürfen sie ihn entscheiden lassen, was sie selbst für falsch halten? Vermögen sie gar, andere Religionen positiv werten?

Es dürfte kaum eine Religion geben, die all diese Fragen vorbehaltlos bejahen würde. Doch in vielen Religionen gibt es gläubige Menschen, die der Religionsfreiheit aus religiösen Gründen zustimmen können. Diese Gründe sind vielfältig: Viele sind davon überzeugt, dass man Menschen nicht zum Glauben zwingen kann – sei es, weil sie den Glauben ohnehin als ein unverfügbares Geschenk Gottes ansehen, sei es, weil sie in der Freiheit der Menschen ein Geschenk Gottes sehen. Andere sehen in der Religionsfreiheit eine notwendige Voraussetzung, um in einen Dialog mit anderen treten und sie darin vom eigenen Glauben überzeugen zu können. Wieder andere verstehen die staatlich gewährte Freiheit als ein Mittel, ohne das der von Gott gewollte Friede nicht zu erreichen ist. Als individuelles Freiheitsrecht ist die Religionsfreiheit mittlerweile von vielen Religionsgemeinschaften anerkannt.

Weitergehend sind die Fragen nach dem positiven Wert anderer Religionen, der Religionspluralität überhaupt. Die darauf von religiösen Menschen gegebenen Antworten können hier nicht skizziert werden – doch sei darauf verwiesen, dass eine solche positive Wertung anderer Religionen, die vielleicht sogar der eigenen Religion als gleichwertig zur Seite gestellt werden, in der Regel nur von einer Minderheit innerhalb der je eigenen Religionsgemeinschaft vertreten wird.[30]

---

30 Gleichwohl ist die sogenannte Pluralistische Religionstheologie mittlerweile eine international starke theologische Bewegung geworden. Zum Stand der dort erreichten methodischen und kriteriologischen Diskussionen vgl. Reinhold Bernhardt, Perry Schmidt-Leukel (Hg.), Kriterien interreligiöser Urteilsbildung, Zürich 2005. Ein Grundlagen- und Standardwerk dieser theologischen Richtung ist nach wie vor John Hick, Religion. Die menschlichen Antworten auf die Frage nach Leben und Tod, München 1996.

Doch eine Zumutung für die Religionsgemeinschaften in säkularen Gesellschaften ist nicht nur die geforderte Zustimmung zum Grundrecht der Religionsfreiheit. Auch die Achtung der Gesetze des Staates kann zu erheblichen Schwierigkeiten führen: Denn wie sollen religiöse Menschen mit Gesetzen umgehen, deren Inhalt sie aus religiösen Gründen für falsch halten? Hier treten Konflikte auf verschiedenen Ebenen auf. *Zum Einen* gibt es staatliche Gesetze, die erlauben, was Gläubige einer oder mehrerer Religionen für falsch halten. Damit werden zwar die religiösen Menschen nicht gezwungen, etwas gegen ihre Überzeugung zu tun – aber sie müssen dulden, dass in ihrer Gesellschaft ungestraft geschieht, was sie selbst für ein Vergehen halten. Ein beredtes Beispiel dafür sind die Auseinandersetzungen um den Schwangerschaftsabbruch. Die kirchliche Gegnerschaft gegen die unter bestimmten Bedingungen geltende Straffreiheit bei Abtreibung reichte von Initiativen zur Verhinderung des Gesetzes über die Weigerung, in Form von verpflichtenden Krankenkassenbeiträgen Schwangerschaftsabbrüche zu finanzieren, bis zum – auch innerkirchlich sehr umstrittenen – Ausstieg aus der Schwangeren-Konfliktberatung. *Zum Anderen* können staatliche Gesetze verbieten, was in religiösen Traditionen geboten ist. Erinnert sei hier nur an zwei für Muslime und Juden hoch problematische Gesetze: Schon die Diskussion über das Verbot, Tiere durch Schächten zu töten, wie es die religiösen Vorschriften beider Religionen verlangen, führte zu heftigen öffentlichen Auseinandersetzungen. Noch kontroverser und breiter wurde im letzten Jahr für oder gegen ein Verbot der rituellen Beschneidung von Jungen gekämpft. *Schließlich* gibt es Gesetze, die von Gläubigen verlangen, etwas zu tun, was ihrer Überzeugung widerspricht.[31] Für Mitglieder der Zeugen Jehovas sind Bluttransfusionen aus religiösen Gründen nicht akzeptabel. Die ärztliche Pflicht, Leben zu erhalten, schließt dagegen in bestimmten Fällen die medizinisch indizierte Bluttransfusion ein. Ungeachtet aller Bemühungen, den Konflikt zu vermeiden, bricht er im Fall von Kindern, deren Leben es zu retten gilt, immer wieder auf.[32] Ein anderes Beispiel: Bis vor kurzem mussten etwa in der Schweiz junge Männer, die aus religiösen Gründen den verpflichtenden Armeedienst ablehnten, für diese Verweigerung mit einer Haftstrafe rechnen.

In säkularen, religiös und kulturell pluralen Gesellschaften, zu deren notwendiger Grundlage die positive wie negative Religionsfreiheit gehört, haben Religionsgemeinschaften selbstverständlich das Recht, für das Recht zu kämpfen, dem eigenen, religiösen Recht entsprechend zu leben. Dieser Einsatz hat sich an

---

31 Vgl. zur Komplexität dieser Diskussion Johannes Heil (Hg.), Beschneidung. Das Zeichen des Bundes in der Kritik, Berlin 2012.

32 Vgl. z.B. die entsprechende Ethik-Richtlinie der Asklepios-Klinik St. Augustin: http://www.ethikberatung.uni-goettingen.de/pdfs/leitlinie_sa_zj.pdf, die sich in vergleichbarer Form in vielen Krankenhäusern findet (Abruf 13.05.2013).

die Regeln demokratischer Rechtsentwicklung zu halten. Dazu gehört auch die Pflicht, das geltende Recht zu befolgen – sie kann, wie Habermas zutreffend feststellte, zur Zumutung für Gläubige werden.

Doch dies gilt nicht nur für sie. Auch den nicht religiösen Mitgliedern einer säkularen Gesellschaft wird einiges abverlangt: Sie sind, um die Religionsfreiheit zu schützen, aufgefordert, religiösen Menschen einen möglichst großen Raum zu öffnen, in dem diese ihrer Überzeugung entsprechend leben können. Habermas geht sogar noch einen Schritt weiter: Er verlangt von den nicht Gläubigen, zumindest mit der Möglichkeit zu rechnen, dass in den Religionen „verkapselte Bedeutungspotentiale"[33] überliefert sind, die auch für das Zusammenleben säkularer Gesellschaften Grundlage und Hilfe sein können. So stellen sich die Fragen, ob man Gläubigen die Freiheit einräumt, ihrer religiösen Zugehörigkeit auch in ihrer Kleidung Ausdruck zu verleihen – Stichwort: Kopftuchstreit; ob man zulässt, dass Religionsgemeinschaften entgegen dem sonst allgemein geltenden Diskriminierungsverbot nur Menschen eines Geschlechts und einer Lebensform Zugang zu Leitungspositionen gewährt – Stichwort: Zölibat für die nur männlichen Kleriker; ob man in engen Grenzen toleriert, dass Menschen aus religiösen Gründen die körperliche Unversehrtheit von Kindern verletzen – Stichwort: Beschneidung.

Es ist hoch interessant zu beobachten, wie Religionen sich unter diesen Bedingungen verhalten; wie sie sich zur Tatsache einer nicht religiös begründeten und gefüllten Rechtsordnung stellen; für welche Eigenrechte sie eintreten; zu welchem Verzicht auf eigene, traditionelle Rechtsverständnisse und Traditionen sie bereit sind – und bei all dem: wie sie sich verändern und durch solche Transformationen ihrer Tradition treu zu bleiben versuchen.

## 4. Gott und das Recht

Alle Religionen sind mit Ordnungsvorstellungen verbunden, in denen die natürliche, die menschliche und die göttliche Wirklichkeit in ihren internen Regeln und in ihrem Verhältnis zueinander beschrieben und gedacht werden. In monotheistischen Religionen herrscht das Verständnis vor, dass Gott die Welt samt ihrer Ordnung geschaffen und den Menschen diese Ordnung und die daraus resultierenden Lebensregeln geoffenbart hat. In anderen Religionen, für die die gesamte Wirklichkeit als Einheit von Gott, Welt und Mensch erscheint, ist die Ordnung ein Grundprinzip aller Wirklichkeit. Die Götter sind selbst dieser Ordnung unter-

33 Jürgen Habermas, Zwischen Naturalismus und Religion. Philosophische Aufsätze, Frankfurt 2005, 116.

worfen und repräsentieren sie. Die Lebensregeln, die in Religionsgemeinschaften entwickelt werden, erheben den Anspruch, auf der in der Religion erfassten Ordnung zu beruhen und das Verhalten der Menschen so zu regulieren, dass es dieser Ordnung entspricht.

Doch immer schon lebten religiöse Menschen auch in Gesellschaften, in denen andere, meist wiederum religiös geprägte Ordnungsvorstellungen vorherrschten und fremde Regeln galten. In den letzten drei Jahrhunderten haben sich mehr und mehr staatliche Rechtsauffassungen gebildet und durchgesetzt, die auf die Rückbindung an bestimmte religiöse Ordnungsvorstellungen, immer häufiger sogar auf jede religiöse Konnotation verzichten.

Damit steht für Religionsgemeinschaften die Frage im Raum, wie das Verhältnis zwischen dem geglaubten göttlichen und dem erlebten weltlich-säkularen Recht zu denken ist. Sie stellt sich nicht nur – wie im vorangegangenen Abschnitt dargestellt – hinsichtlich möglicher Normkonflikte, sondern auch ganz grundsätzlich: Ist ein von Menschen gesetztes Recht überhaupt notwendig, ja rechtens, wenn es doch ein grundlegendes Recht gibt, das aus der religiös erfassten Wirklichkeit hervorgeht?

Die Grundfrage, die sich hier stellt, lautet: Was will Gott von den Menschen?

Da es an dieser Stelle nur um einen Problemaufriss gehen kann, will ich versuchen, die möglichen Grundpositionen lediglich idealtypisch zu benennen und einander gegenüberzustellen.

Auf der einen Seite steht eine extrem kritische Betrachtung jedes von Menschen gesetzten Rechts: „Man muss Gott mehr gehorchen als den Menschen“ (Apg 5,29). Diesen Satz hält Petrus nach dem Bericht der Apostelgeschichte nicht einem weltlichen Gericht, sondern dem jüdischen Hohen Rat entgegen, der den Aposteln ihre Predigttätigkeit verbieten will. Doch dieser Satz wurde in der christlichen Tradition zur Legitimation jedes Widerstands gegen Gesetze und Rechtssysteme, die dem geglaubten Willen Gottes widersprechen. Ein legitimes Recht, das der christlichen Vorstellung eines gottgewollten Rechts widerspricht, kann es nicht geben. Dies gilt inhaltlich bezüglich der konkreten Rechtsnormen, aber auch formal: So begründete die Kirche ihren Widerstand gegen die Menschenrechtsdeklarationen des 18. und 19. Jahrhunderts, denen sie inhaltlich in vielen Punkten hätte zustimmen können, vor allem damit, dass diese mehr und mehr auf eine religiöse Begründung der Menschenrechte verzichteten.[34]

Der Islam kennt – einem in Europa verbreiteten Vorurteil zum Trotz – sehr wohl eine Unterscheidung von religiösem und staatlichem Recht. In der Geschichte islamischer Herrschaft gab es schon früh eine Differenzierung zwischen politischen und religiösen Ämtern. Gleichwohl wird von vielen Muslimen die

34 Vgl. dazu Hans Joas, Die Sakralität der Person. Eine neue Genealogie der Menschenrechte, Berlin 2011, 204-250.

Überzeugung vertreten, dass das staatliche Recht, auch wenn es mit der Rechtstradition der Scharia nicht übereinstimmt, dieser nicht widersprechen darf und auf ihr gegründet sein soll.[35]

Etwas anders stellt sich die Situation im Judentum dar: Nach jüdischer Auffassung ist die göttliche Weisung der Thora Gabe und Bundesbuch allein für das jüdische Volk. Dass andere Völker sich mit einem anderen Recht organisieren, ist deshalb auch in religiöser Hinsicht kein Problem. Doch in einer verbreiteten strengen Lesart gilt für das jüdische Volk, dass, sofern es sich politisch autonom organisieren kann, sein Recht den Weisungen der Thora zu folgen hat.[36]

Im fernöstlichen Raum mit seinen großen religiösen Traditionen gilt einerseits, dass vor dem Hintergrund eines eher monistischen Weltbildes die politische und die religiöse Sphäre weit schwieriger zu trennen sind als im Westen. Denn hier war über lange Zeit auf ganz andere Weise als in Europa das Politische immer auch religiös, das Religiöse immer auch politisch konnotiert. Gleichzeitig erweisen sich diese Traditionen in mancher Hinsicht beweglicher als die monotheistischen Religionen, wenn es angesichts veränderter gesellschaftlicher Kontexte um die Transformation des Überkommenen geht.

In sehr grundsätzlicher Perspektive wird – wiederum vor allem im Westen – die These vertreten, dass nur ein an Gott rückgebundenes Rechtssystem über die nötige Durchsetzungskraft verfügt. Denn, so die dahinter stehende Überzeugung, nur Gott allein vermag als gerechter Richter zu urteilen, aber auch nur er verfügt letztlich über die Macht, Gerechtigkeit wirksam durchzusetzen.

In abgewandelter – und auch abgeschwächter – Form findet sich diese Auffassung auch in dem so häufig zitierten „Böckenförde-Paradox“: „Der freiheitliche, säkularisierte Staat lebt von Voraussetzungen, die er selbst nicht garantieren kann.“[37]

Gegen diese – religiös ja durchaus naheliegende – Betonung der Letztgültigkeit der göttlichen Rechtsordnung gibt es aber auch eine Traditionslinie, auf der sich eine religiös begründete Legitimation menschlicher Rechtssetzung entwickelt.

„Jeder leiste den Trägern der staatlichen Gewalt den schuldigen Gehorsam. Denn es gibt keine staatliche Gewalt, die nicht von Gott stammt“ (Röm 13,1). Dieser Satz aus dem neutestamentlichen Römerbrief markiert die Gegenposition zur oben zitierten Rede des Petrus vor dem Hohen Rat. Zwar wird die Gehorsams-

35 Vgl. Gudrun Krämer, Demokratie (Anm. 26), 87-104.

36 Vgl. Shlomo Fischer, Intoleranz und Toleranz in der jüdischen Tradition und im Israel der Gegenwart, in: Schwöbel/Tippelskirch, Wurzeln (anm. 9), 183-211.

37 Ernst-Wolfgang Böckenförde, Die Entstehung des Staates als Vorgang der Säkularisation, in: ders., Recht, Staat, Freiheit. Studien zur Rechtsphilosophie, Staatstheorie und Verfassungsgeschichte, 2. Aufl., Frankfurt 1992, 92-114, 112.

forderung von Paulus nicht mit der staatlichen Gewalt als solcher begründet, sondern unter Verweis auf die göttliche Einsetzung. Da der Text aber diese formale Ermächtigung nicht an das konkrete Verhalten der Obrigkeit bindet, kann er als Freibrief für eine willkürliche Gesetzgebung bei gleichzeitiger Gehorsamspflicht der Untertanen gelesen werden. Die christlichen Widerstandskämpfer gegen das nationalsozialistische Regime sahen sich, wie vielfach bezeugt ist, durch dieses paulinische Gehorsamsgebot in erhebliche Gewissensnöte und Argumentationsanforderungen gestürzt.

Doch nicht diese problematische Linie willkürlicher Herrschaft, die dann zwangsläufig wieder zu der zitierten Maxime des Petrus zurückführt, soll hier weiter verfolgt werden. Für unseren Zusammenhang wichtiger ist die Grundaussage, dass politische, staatliche Herrschaft – der per definitionem legislative Gewalt zukommt – von Gott gewollt ist. Ihre Zuordnung zur geistlichen Gewalt (des Papstes) hat als politischer Konflikt die europäische Geschichte des Mittelalters durchzogen. Martin Luther hat mit seiner grundlegenden Definition des Glaubens als eines individuellen, von Gott ermöglichten und getragenen Gottesverhältnisses auch das Rechtsverständnis in neue Gleise gelenkt: Das Recht – für ihn sogar die Rechtsordnung der Kirche – ist ein „weltlich Ding", ohne Belang für das Heil des Menschen.[38]

Einer der führenden Denker der Gegenreformation, der Begründer eines neuzeitlichen Kirchenrechts denkt in dieser Hinsicht erstaunlich reformatorisch: Für Robert Bellarmin gilt der Grundsatz, dass jede Form menschlicher Vergesellschaftung von Gott die ihr notwendigen Voraussetzungen gegeben bekommt – und insofern eine „societas perfecta" ist. Für die Kirche sah Bellarmin – darin ganz anti-reformatorisch – diese göttliche Fürsorge im streng hierarchischen Gefüge der römisch-katholischen Kirche am Werk. Doch für den Staat definierte Bellarmin diese göttliche Ausstattung weit offener. Dem Staat werden von Gott ganz verschiedene Formen der Organisation und Gesetzgebung eröffnet – bis hin zur Demokratie.[39]

---

38 Vgl. Martin Luther, Von weltlicher Obrigkeit, wie weit man ihr Gehorsam schuldig sei, in: Kurt Aland (Hg.), Luther Deutsch. Die Werke Luthers in Auswahl, Bd. 6, Göttingen 1991, 9-51.

39 In seinem Bemühen, die hierarchische Verfassung der Kirche zu begründen, vergleicht Bellarmin ausführlich die Kirche mit staatlichen Gemeinwesen. Beide sind von Gott gewollt und von ihm mit allen Möglichkeiten ausgestattet, derer ihre Organisation bedarf. Während die Herrschaft des Papstes göttlichen Rechts und deshalb nicht veränderbar ist, werden weltliche Herrscher nach dem Recht der Völker eingesetzt und bleiben in ihrer Herrschaft an den Willen der Völker gebunden. Vgl. Robert Bellarmin, Controversiae Generales, III: De Summo Pontifice capite militantes Ecclesiae, Liber I, quis est de Romani Pontifices Ecclesiastica Monarchia, bes. Cap. VI + VII (= R. Bellarmin, Opera Omnia, hgg. v. Justinus Fèvre, Paris 1970, 470-476). Dazu ausführlich: Thomas Dietrich, Die Theologie der Kirche bei Robert Bellarmin, Paderborn 1999.

Der Blick auf andere Regionen zeigt: Nicht nur der Staat Israel, das nach vielen Jahrhunderten erste politisch autonome jüdische Gemeinwesen, hat sich als Demokratie etabliert. Auch in der muslimischen Welt, auch in Ostasien wurden liberale, demokratische Staaten nicht nur gegen religiöse Ansprüche erkämpft, sondern auch von religiösen Menschen aufgebaut und mitgetragen.

Im Hintergrund solchen religiös begründeten Eintretens für säkulare Staaten und Rechtssysteme steht der – wie immer sich im Einzelnen ausformende – Glaube, dass Menschen die Freiheit haben, ihr Zusammenzuleben zu organisieren und rechtlich zu gestalten. Religiöse Menschen können diese Freiheit als von Gott geschenkte und eröffnete Gabe deuten. Die religiös begründete Anerkennung dieser Freiheit kann sehr weit reichen: bis zu einem Verständnis echter Autonomiefreiheit, in der die Freiheit allein sich selbst Gesetz ist;[40] sogar bis zur Anerkennung der Freiheit jedes Menschen, sich für eine Religion oder auch gegen jede Religion zu entscheiden. Der schon erwähnte Status der „Schutzbefohlenen" in muslimisch geprägten Staaten war eine sehr frühe und noch begrenzte Form der Anerkennung von Religionsfreiheit. Ihr folgten in der Religionsgeschichte viele andere Konzepte von Toleranz und Anerkennung.

Nicht zuletzt kommt diese Freiheit darin zum Ausdruck, wie Menschen ihre Religionsgemeinschaft und ihr Gottesverhältnis verstehen und gestalten. Denn auch die Ausformung und Transformation des Rechts in den Religionen verdankt sich der Freiheit der Gläubigen, kraft derer sie die Verpflichtung, in der sie sich Gott gegenüber wissen, ins konkrete Leben übersetzen. Aus dieser Perspektive wäre die Frage nach dem Recht in den Religionen und dem Recht der Religionen noch einmal neu zu bedenken.

Genau dafür gibt die geplante Vorlesungsreihe breiten Raum.

Prof. Dr. theol. Michael Bongardt, geb. 1959, Studium der katholischen Theologie in Bonn und München, Promotion (1993) und Habilitation (1998) in Münster. Dekan des Ökumenischen Theologischen Studienjahrs an der Dormition Abbey in Jerusalem (1998-2000). Seit Dez. 2000 Professor an der Freien Universität Berlin, zunächst am Seminar für Katholische Theologie, seit Jan. 2006 am Institut für Vergleichende Ethik.

Forschungsschwerpunkte: Religions- und Kulturphilosophie (bes. Kierkegaard, Cassirer, Jonas), interkulturelle und interreligiöse Fragestellungen, Transformation von Religionen in säkularen Kontexten.

40 Vgl. dazu ausführlich Thomas Pröpper, Erlösungsglaube und Freiheitsgeschichte. Eine Skizze zur Soteriologie, 2. Aufl., München 1988.

# Neue Strategien für die Herstellung funktionaler Proteine

Christian P. R. Hackenberger

**Adresse:**

Prof. Dr. Christian P. R. Hackenberger
Leibniz-Humboldt Professor für Chemische Biologie
Leibniz-Institut für Molekulare Pharmakologie (FMP)
Campus Berlin-Buch Robert-Roessle-Str. 10
13125 Berlin, Germany

Humboldt Universität zu Berlin
Department Chemie
Brook-Taylor-Str. 2
12489 Berlin, Germany

## 1. Einleitung

Die Kontrolle der exakten chemischen Zusammensetzung von Proteinen und das damit verbundene Verstehen biologischer Zusammenhänge sind langgehegte Träume der Natur- und Lebenswissenschaft. Die Fähigkeit, die Aminosäuresequenz von Proteinen in definierter Art zu verändern, war für dieses Ziel ein Meilenstein. Aus dem Bereich der Molekularbiologie sind die entsprechenden Methoden, wie die ortsgerichtete Mutagenese, die bei ihrer Einführung eine wahre Revolution auslöste, nicht mehr wegzudenken. In jüngster Zeit treten jedoch mehr und mehr die Limitierungen dieser molekularbiologischen Methoden zum Vorschein, die in der begrenzten chemischen Diversität der 20 proteinogenen Aminosäuren liegen. Viele Fragen bezüglich der Funktionsanalyse von Proteinen als auch deren biotechnologische Instrumentalisierung bedürfen einer chemischen Vielfalt, die die der kanonischen Aminosäuren des ribosomalen Codes übersteigt. Die Natur selbst erweitert die chemische Vielfalt ihrer Proteine durch eine Vielzahl von posttranslationalen Proteinmodifikationen, was beispielsweise durch die Glycosylierung oder Phosphorylierung bestimmter Aminosäurereste erfolgt.[1] Solche Modifikationen sind für die Regulierung von biologischen Prozessen, wie z.B. der molekularen Steuerung von Signalketten und Protein-Protein Interaktionen, der Stabilisierung von Proteinen oder für die Ausbildung spezifischer Proteinstrukturen verantwortlich.[2] Störungen in der Biosynthese modifizierter Proteine werden mit verschiedenen Krankheiten wie z.B. Carcinogenese oder Diabetes assoziiert.

Genauere proteomische Funktionsstudien, die den Einfluss von Proteinmodifikationen auf Struktur und Funktion in biologischen Systemen erörtern, stellen jedoch eine große Herausforderung für die Lebenswissenschaften dar, da modifizierte Proteine durch rein molekularbiologische Methoden nicht oder nur sehr schwer zugänglich sind. Erschwerend für Forschungen in diesem Bereich ist auch die schwierige Isolierung und Reinigung modifizierter Proteine aus natürlichen Quellen, da diese Proteine oftmals als heterogene Mischung mit verschiedenen Proteinmodifikationen vorliegen. Ebenso hinderlich ist die Tatsache, dass die modifizierenden Enzyme bzw. mögliche Interaktionspartner, die diese Modifikationen erkennen, häufig selbst unbekannt sind und deren Identifikation ebenfalls Gegenstand umfangreicher Forschungsbemühungen ist.[3] Von daher wird die gezielte Herstellung von Proteinen, die **Proteinsynthese**, durch die modifizierte Proteine dargestellt werden können, als zentrales Werkzeug für die Lebenswissenschaften angesehen. Die Synthese von Proteinen ermöglicht Wissenschaftler/innen, das Gebiet der Proteomanalyse entscheidend voranzubringen, indem sie die Lokalisation und die Funktion von post- bzw. cotranslational modifizierten Proteinen studieren konnten.[4]

Dieser Artikel, der insbesondere die Bestrebungen eines kürzlich von der Deutschen Forschungsgemeinschaft (DFG) ins Leben gerufenen nationalen Forschungsverbundes, des Schwerpunktporgramms 1623 „*Chemoselektive Reaktionen für die Darstellung und Evaluation funktionaler Proteine*“ wiederspiegelt (siehe auch www.spp1623.de), soll einen kurzen Überblick über die verschiedenen Synthesemethoden geben, die in der Proteinsynthese verwendet werden und dabei sowohl auf chemische als auch auf biochemische Verfahren zurückgreift.

## 2. Verschiedene Synthesestrategien für die Darstellung funktionaler Proteine

Ein zentraler Bestandteil der Forschungsbemühungen auf dem Gebiet der Proteinsynthese richtet sich auf die Entwicklung von **chemoselektiven Ligations- und Modifikationsstrategien**, die entweder rein chemisch oder enzymatisch ablaufen können sowie auf der Entwicklung biochemischer Verfahren zur Darstellung von Proteinfragmenten, die in den Protein-Syntheserouten eingesetzt werden können.[3] Diese kombinierten chemischen und biochemischen Prozesse erlauben einen selektiven Einbau natürlicher, modifizierter (beispielsweise phosphorylierter oder glycosylierter) Aminosäuren oder die Einführung biophysikalischer Sonden in komplexe Biomoleküle.[5]

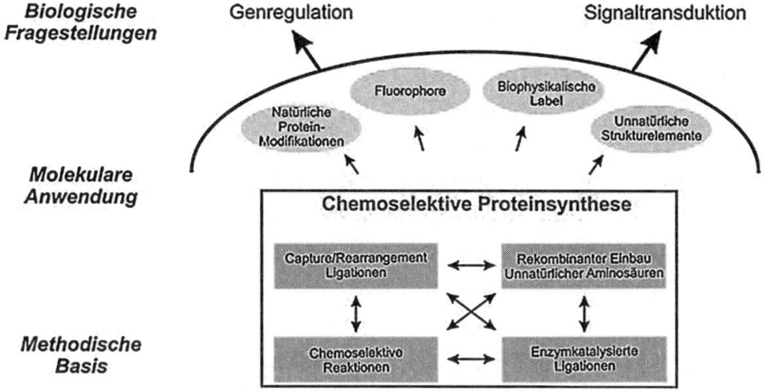


**Schema 1:** *Methodische Ansätze und Anwendungen der chemoselektiven Proteinsynthese*

Schema 1 verdeutlicht das methodische Fundament, auf dem das Gebiet der chemoselektiven Proteinsynthese aufbaut. Hierbei lassen sich die im Folgenden ausführlicher betrachteten vier methodischen Unterbereiche identifizieren, die miteinander kombiniert werden können und so zur Darstellung verschiedener komplexer Proteine beitragen.

## 2.1 Das Capture/Rearrangement-Konzept am Beispiel der Nativen Chemischen Ligation

Chemische Ligationsstrategien in der Proteinsynthese setzen sich meistens aus einem chemoselektiven „Einfangen“, dem sogenannten *capture*-Schritt, der zwei Peptidfragmente miteinander verknüpft, und einer sich daran anschließenden intramolekularen Umlagerung (*rearrangement*) zusammen. Dieses sogenannte *capture/rearrangement* Verfahren bildet auch die Grundlage für die am häufigsten in der Proteinsynthese verwendete Ligation, der Nativen Chemischen Ligation (NCL). Die NCL wurde, basierend auf ersten Beobachtungen von T. Wieland,[6] erstmals 1994 von Kent et al. als chemoselektives Verfahren für die Verknüpfung von einem ungeschützten Peptid-Thioester mit einem ungeschützten N-terminalen Cys-Peptid beschrieben, bei der eine native Amidbindung an einer Cys-haltigen Ligationsstelle entsteht (Schema 2).[7] Dabei bildet sich zunächst in einer reversiblen Transthioesterifizierung (*capture*) ein Thioester, der anschließend durch einen S→N Shift zum intermolekular verknüpften Peptid umlagert (*rearrangement*). In den letzten Jahren wurde die NCL besonders im Hinblick auf eine allgemeine Reaktionsführung optimiert, die auch Ligationen an anderen, nicht-Cys-haltigen Ligationsstellen erlaubt. Solche Verfahren greifen entweder auf Thiol-haltige Auxiliare zurück, die nach der Ligation entfernt werden, oder verwenden chemische Transformationen des Cysteins an der Ligationsstelle, wie beispielsweise in der Desulfurisierung zu Ala oder in Alkylierungsreaktionen. Alternativ wurden auch neue capture-Schritte durch chemoselektive Reaktionen beschrieben, wie anhand der spurlosen Staudinger Ligation demonstriert. Schließlich wurden auch verschiedene neue Syntheserouten zu Peptidthioestern sowie, basierend auf dem Zugang von Thioestern unterschiedlicher Elektrophilie, konvergente Strategien für die Ligation multipler Peptidfragmente entwickelt, wie sie beispielsweise in der kinetisch kontrollierten Ligation verwirklicht wurden.

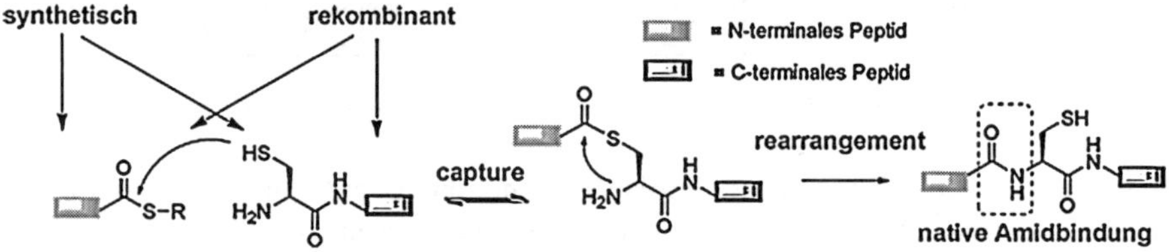


**Schema 2:** *Native Chemische Ligation und semisynthetische Varianten*

Die NCL findet nicht nur Anwendung in der Ligation synthetischer Peptide sondern auch in der Protein Semisynthese, bei der synthetische Peptide mit biotechnologisch produzierten, rekombinanten Proteinfragmenten verknüpft werden (Schema 2). In diesem Zusammenhang eignet sich die NCL besonders für den ortsspezifischen Einbau biophysikalischer Sonden oder modifizierter Aminosäuren, da der capture/rearrangement Prozess durch die natürliche Aminosäure Cystein vermittelt wird.[8] Um einen synthetischen Thioester mit einem rekombinanten Protein zu ligieren, benötigt letzteres ein N-terminales Cys, das üblicherweise durch eine Kombination ortsgerichteter Mutagenese und kontrollierter Hydrolyse mit Proteasen bewerkstelligt wird. Erfolgreiche Synthesen durch die NCL oder die verwandte exprimierte Protein Ligation (expressed protein ligation, EPL), bei der Protein-Thioester rekombinant erzeugt werden, schließen eine Vielzahl von Proteinen ein, beispielsweise Membranproteine, zyklische Proteine, Proteine mit unnatürlichen biophysikalischen Sonden oder photolabil-geschützten Funktionalitäten („caged proteins") sowie Proteine mit natürlichen posttranslationalen Modifikationen in phosphorylierten, lipidierten, ubiquitylierten, acetylierten, sulfatierten und glycosylierten Proteinen.[3] Besonders zwei kürzliche Synthesen von Glycoproteinen, der Synthese homogen glycosylierter RNAse[9] und eines Prion-Proteins mit GPI-Anker,[10] liefern eindrucksvolle Beispiele für erfolgreiche Semi-Synthesen deutscher Arbeitsgruppen.

## 2.2 Rekombinanter Einbau unnatürlicher Aminosäuren

Chemoselektive Reaktionen haben Forscher in die Lage versetzt, nicht nur homogene natürliche bzw. modifizierte Proteine durch Ligation von Peptidsträngen herzustellen (siehe 2.1.) sondern auch funktionale Module, wie natürliche Proteinmodifikationen oder Label, in Proteinarchitekturen einzubauen.[4,5] In diesem Verfahren werden Proteine oder andere biologisch relevante Biopolymere, die eine unnatürliche funktionelle Gruppe tragen, als Substrate für nachfolgende chemoselektive bzw. bioorthogonale Reaktionen[11] eingesetzt, die diese unnatürliche funktionelle Gruppe selektiv umsetzen (Schema 3; zur Diskussion chemoselektiver Reaktionen siehe 2.3).[12] Eine Anwendung dieses Verfahrens erlaubt beispielsweise die Lokalisation posttranslational modifizierter Proteine in lebenden Organismen. Dazu wird in der sogenannten "bioorthogonalen chemischen Reporterstrategie" eine biophysikalische Sonde an eine unnatürliche funktionelle Gruppe in einem Biopolymer konjugiert, die vorher durch den zellulären biosynthetischen Apparat eingeführt wurde.[4]

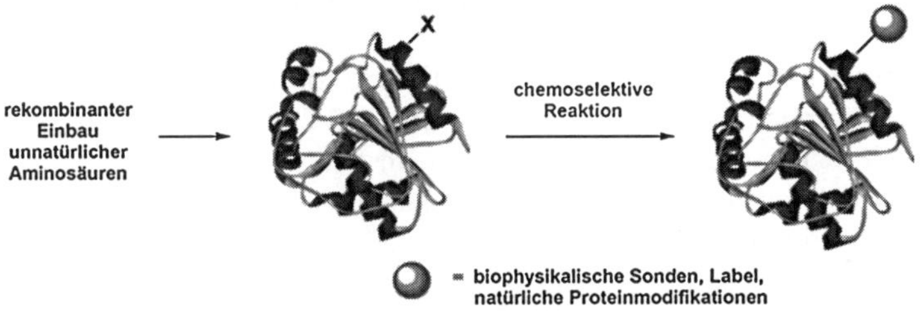


**Schema 3**: *Ortsspezifische Proteinmodifikation durch rekombinanten Einbau unnatürlicher Aminosäuren und anschließende chemoselektive Modifikation*

Für den Einbau unnatürlicher funktioneller Gruppen X (Schema 3) gibt es derzeit verschiedene rekombinante Methoden. Zu diesen zählt der Einbau unnatürlicher Gruppen über zelluläre Biosynthese, wie beispielsweise das metabolische Glycanengineering, durch den unnatürliche Kohlenhydrate in Glycoproteine eingebaut werden können.[4a,13]

Weitere Verfahren von besonderer Wichtigkeit für das SPP sind die Proteinexpression mittels Auxotroph-Expression (genetisches Codeengineering)[14] und die unnatürliche Proteintranslation (genetische Codeerweiterung) über das Amber-Suppressions-Verfahren.[15] Das genetische Codeengineering erlaubt den Aminosäurespezifischen Austausch einer bestimmten Aminosäure in der Proteinsequenz, ohne dass eine DNA-Mutagenese notwendig ist. Im Gegensatz dazu ermöglicht die Methode des „erweiterten genetischen Codes" den ortsspezifischen Einbau von synthetischen Aminosäuren in einzelne rekombinante Proteine mit Hilfe von gentechnisch veränderten Komponenten der translationalen Maschinerie.[16]

Bis jetzt waren beide Methoden auf eindimensionale Optimierungen beschränkt, da lediglich eine Art von synthetischen Aminosäuren pro Zielprotein eingebaut werden konnte. Dabei wurden entweder die biophysikalischen Eigenschaften eines bestimmten Proteins verändert, z.B. Fluoreszenz und Faltungsverhalten, oder, wie oben beschrieben, bio-orthogonale Gruppen chemisch modifiziert. Jüngst konnte bei beiden Verfahren (oder auch durch ihre Kombination) gezeigt werden, dass gleichzeitige Doppel- und Dreifachersetzungen durch chemisch unterschiedliche synthetische Aminosäuren möglich sind.[17] Ebenso können mit Suppressionsverfahren auch direkt biologisch relevante posttranslational modifizierte Aminosäuren, wie Acetyllysin, eingebaut werden.[18] Damit wird die Zusammenfassung vieler experimenteller Schritte in ein einziges Expressionsexperiment möglich.

## 2.3 Chemoselektive Reaktionen für die Proteinmodifizierung

Chemoselektive bzw. bioorthogonale Reaktionen können selektiv unnatürliche funktionelle Gruppen, die durch die in Abschnitt 2.2. beschriebenen Methoden ortsspezifisch in Proteine eingebaut wurden, in einem Biomolekül adressieren, während die anderen natürlich vorkommenden funktionellen Gruppen unangetastet bleiben.[11] Eine neben der Chemoselektivität wichtige Anforderung an solche Transformationen ist die Notwendigkeit einer schnellen Reaktion, die unter physiologischen Bedingungen (Wasser, hohe Salzkonzentrationen, reduzierende Bedingungen, keine Verwendung toxischer Additive) ablaufen soll. Neben Ketonen, die in die entsprechenden Oxim- oder Hydrazon-konjugate überführt werden können,[19] haben sich besonders Azide als beliebte unnatürliche funktionelle Gruppe etabliert, die in verschiedenen chemoselektiven Reaktionen eingesetzt werden kann. Azide sind biologisch inert und es existieren viele biochemische Verfahren für den Einbau in Biomoleküle. Derzeit sind vier Verfahren für bioorthogonale Azid-Transformationen bekannt, wobei jeweils dipolare Cycloadditionen oder Staudinger-Reaktionen Verwendung finden.[20]

Die am häufigsten eingesetzte chemoselektive Azid-Reaktion ist die [3+2]-dipolare Cycloaddition mit Alkinen.[21] Durch die Verwendung eines Cu(I)-Katalysators ("Click-Kupplung", Schema 4A)[22] oder den Einsatz von energiereichen Cyclooktin-Substraten in der "Spannungs-induzierten" Cycloaddition (Schema 4B)[23] führt diese Reaktion zu einem effizienten und schnellen Umsatz von Aziden zu Triazolen bei Raumtemperatur. Eine weitere Reaktion von Aziden stellt die sogenannte Staudinger Ligation dar (Schema 4C). Diese Reaktion beruht auf der chemoselektiven Bildung eines Iminophosphorans aus einem Phosphin, welches durch eine anschließende intramolekulare Acylierung mit einem Ester das Aza-Ylid elektrophil abfängt und somit eine konkurrierende Hydrolyse und P-N Spaltung (Staudinger-Reduktion) unterbindet.[24] Kürzlich wurde eine Staudinger-Phosphit Reaktion für die Funktionalisierung von Proteinen angewandt, bei der Azide durch Umsetzung mit wasserlöslichen Phosphiten in Phosphoramidate überführt werden können (Schema 4D).[25]

Obwohl diese Transformationen weitreichende Applikationen in der chemischen Biologie ermöglicht haben,[26] beispielsweise, einhergehend mit der Weiterentwicklung von Imaging-Verfahren, die Visualisierung aktiver Proteine in zellulären Systemen,[27] so können dennoch individuelle Nachteile der Reaktionen eine generelle Einsetzbarkeit einschränken,[20] die in zukünftigen Forschungsprojekten adressiert werden sollten. Diese Limitierungen entstehen beispielsweise durch die Toxizität der Cu(I)-Katalysatoren der sehr populären Click-Kupplung, die den Einsatz in vivo problematisieren, und durch die Komplexierung von Proteinen durch den Metallkatalysator, wodurch die Struktureigenschaften der Proteine verändert werden können. Cyclooktine für die metallfreie spannungsinduzierte Cycloaddition sind oftmals aufwendiger herzustellen und führen zu einer großen hydrophoben Modifikationseinheit zwischen der Sonde und dem Protein.[28,29] Die Staudinger Ligation ist durch Oxidation des Phosphins und durch eine generell langsamere Reaktionsgeschwindigkeit im Vergleich zu Cycloadditionen eingeschränkt. Die Staudinger-Phosphit Reaktion kann nur bei pH Werten > 7 eingesetzt werden, da ansonsten die Hydrolyse der Phosphite zu Phosphonaten einen hohen Überschuss an Phosphitreagenz verlangt.

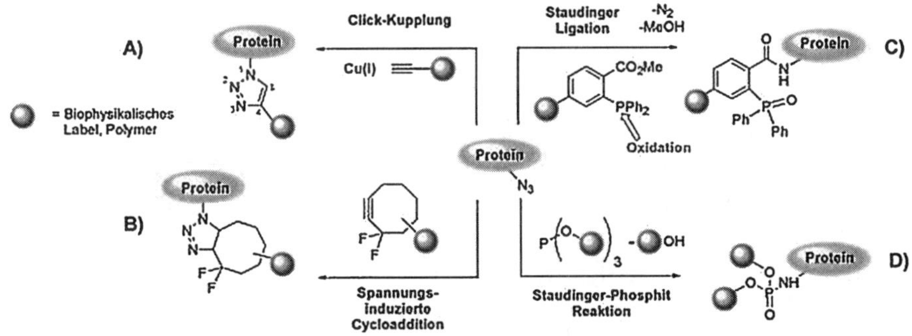


**Schema 4:** *Chemoselektive Reaktionen von Aziden: A) Click-Kupplung; B) Spannungs-induzierte Cycloaddition; C) Staudinger Ligation; D) Staudinger-Phosphit Reaktion*

Chemoselektive Reaktionen konnten kürzlich von verschiedenen Arbeitsgruppen für die Modifizierung von Proteinen verwendet werden. Beispiele schließen eine chemische Glycosylierung in Form von Disulfid- oder Triazol-verbrückten Glycoproteinen,[17b,30] eine chemische Phosphorylierung durch eine Staudinger-Phosphit Reaktion,[25a] eine Ubiquitylierung oder SUMOylierung von Proteinen[31] und schließlich eine Lipidierung durch Michael-Addition eines Cys an eine Maleimidocaproyl-Einheit (MIC) ein.[32] Besonders die letzte Studie ist in Ihrer Bedeutung für das Gebiet der Synthese funktionaler Proteine hervorzuheben, da es einem interdisziplinären Forschungskonsortium am MPI Dortmund durch Anwendung chemoselektiver Verfahren gelungen ist, die Rolle von Protein-Lipidierungen der Ras-Proteinfamilie in Signalprozessen nachzuweisen.[33]

## 2.4 Enzymkatalysierte Ligationen

Anstelle von rein chemischen Ligationsverfahren (siehe 2.1) gibt es auch effiziente enzymatische Alternativen, die wichtige Startmaterialien für Ligationen liefern oder die inhärente Chemoselektivität von Enzymen für die Verknüpfung von Peptiden ausnutzen.

Die bekanntesten Methoden nutzen Inteine für das Protein-trans-Spleißen (protein trans splicing). Teile des Spleiß-Prozesses bilden die Grundlage für die in 2.1 besprochene exprimierte Protein Ligation (EPL) und liefern die benötigten rekombinanten Thioester. Protein-Spleißen ist ein natürlich vorkommender Prozess, bei dem sich eine als Intein bezeichnete Proteindomäne aus einem Vorläuferpolypeptid "herausschneidet" und die flankierenden N- und C-terminalen Fragmente (Exteine) mit einer nativen Peptidbindung verknüpft.[34] Dabei katalysiert das Intein selbst alle enzymatischen Reaktionen, die an diesem Prozess beteiligt sind. Interessanterweise findet man in der Natur neben den normalen Intein-Domänen auch solche, die in zwei Fragmente geteilt vorliegen. Diese Split-Inteine assoziieren zu einem funktionalen Komplex, der die Spleiß-Reaktion zwischen den flankierenden Polypeptiden katalysiert (Schema 5).

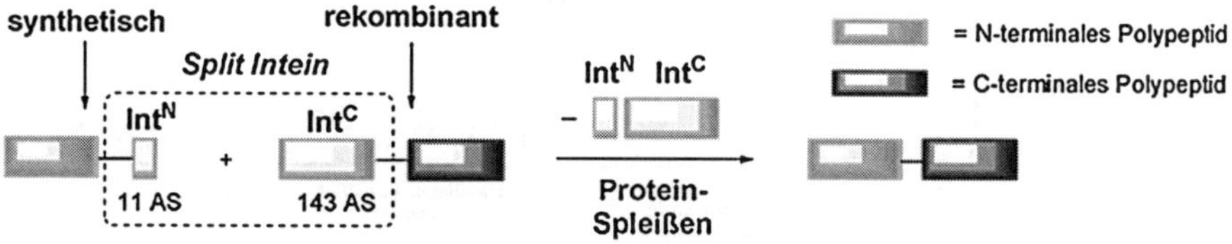


**Schema 5:** *Protein-Spleißen für die Ligation von Peptiden*

Ein weiteres wichtiges enzymatisches Verfahren beruht auf der Umkehr der Protease-katalysierten Peptidbindungsspaltung. Bei diesem als reverse Proteolyse bezeichneten Prozess werden die Proteasen selbst, die Reaktionsbedingungen oder die in der Ligation eingesetzten Edukte so manipuliert, dass die jeweiligen Proteasen als Protein-Ligasen fungieren. Dies lässt sich im einfachsten Fall dadurch verwirklichen, dass man die Reaktionen in organischen Lösungsmitteln ablaufen lässt, wodurch das Gleichgewicht zwischen Proteolyse und reverser Proteolyse zu Gunsten der reversen Proteolyse verschoben wird (thermodynamisch kontrollierte reverse Proteolyse). Die, bedingt durch hohe Konzentrationen an organischen Lösungsmitteln drastisch verringerten Enzymaktivitäten, setzten der praktischen Anwendung dieser thermodynamischen Reaktionsführung allerdings enge Grenzen. Bei der sogenannten kinetisch kontrollierten reversen Proteolyse, die sich insbesondere für die Semisynthese oder auch die selektive Modifizierung von Proteinen eignet, wird durch Verwendung aktivierter Peptidsubstrate künstlich eine Peptid-Protease Intermediat erzeugt, das bevorzugt unter Ligation mit einem anderen Peptid oder Protein abreagiert.[35]

Neben zuvor diskutierten Anwendungen in der Ligation von Peptiden werden enzymatische Verfahren auch für die Modifikation von Proteinen, insbesondere für eine selektive Markierung mit Fluorophoren, sowie für die Proteinimmobilisierung verwendet. Eindrucksvolle Beispiele solcher enzymatischer Verfahren schließen den Snap-tag, bei dem ein Benzylguanin-Derivat durch die fusionierte O6-Alkylguanin-DNA-alkyltransferase (hAGT) kovalent mit dem Protein verknüpft wird,[36] sowie den Halo-Tag mit ein, bei dem Chlorhexane durch Haloalkan-Dehalogenasen konjugiert werden.[37]

## 3. Zusammenfassung

Die in dieser kurzen Übersicht dargestellten Methoden haben es erlaubt in den letzten Jahren eine Vielzahl an funktionalen Proteinen für biologische, pharmazeutische und materialwissenschaftliche Anwendungen zu gewinnen. Einen entscheidenden Anteil an dieser Entwicklung hatte dabei das Gebiet der Chemischen Biologie, da es Wissenschaftlerinnen und Wissenschaftlern gelungen ist, neue milde chemische Transformationen zu entwickeln, die in Kombination mit neueren biochemischen Verfahren standardmäßig ortsspezifisch funktionalisierte Proteine zugänglich machen. Nichtsdestotrotz steht das Gebiet der Chemischen Biologie im Allgemeinen und der Proteinsynthese im Besonderen noch vor vielen Herausforderungen in Zukunft, wobei an erster Stelle neue intrazelluläre Anwendungen modifizierter Proteine genannt werden sollten.

## 4. Autor

Christian Hackenberger studierte an den Universitäten Freiburg und Madison/ Wisconsin (USA) und schloss 1999 mit dem Master of Science ab. Vier Jahre später promovierte er im Jahr 2003 an der Rheinisch-Westfälischen Technischen Hochschule (RWTH) Aachen. Als Postdoktorand forschte er am Massachusetts Institute of Technology (MIT) in Cambridge (USA) und wechselte 2005 an die Freie Universität (FU) Berlin. Dort leitete er eine Arbeitsgruppe im Emmy-Noether-Programm der Deutschen Forschungsgemeinschaft (DFG). Nach seiner Habilitation im Jahr 2011 wurde er an der FU auf eine Professur für Bioorganische Chemie berufen. Seine Arbeiten werden darüber hinaus auch als erste Forschungsgruppe überhaupt von der Boehringer-Ingelheim-Stiftung im Perspektiven-Programm „Plus 3“ gefördert.

Seit 2008 ist Hackenberger Sprecher und damit Koordinator des integrierten Graduiertenkollegs „Multivalenz in Chemie und Biochemie“ im Sonderforschungsbereich 765 der Freien Universität Berlin und seit 2012 Sprecher des DFG Schwerpunktprogramms 1623 „Chemoselektive Reaktionen für die Synthese und Anwendung funktionaler Proteine“. Im vergangenen Jahr wurde Hackenberger mit dem Dozentenstipendium des Fonds der Chemischen Industrie geehrt. In diesem Jahr erhielt er den ORCHEM-Preis der Liebig Vereinigung für Organische Chemie. Zudem ist er mit dem wichtigsten Preis für den wissenschaftlichen Nachwuchs der Deutschen Forschungsgemeinschaft, dem Heinz-Maier-Leibnitz-Preis, ausgezeichnet worden.

## 5. Referenzen


1a) F. Wold, *Annu. Rev. Biochem.* **1981**, *50*, 783; b) C. T. Walsh, S. Garneau-Tsodikova, G. J. Gatto, Jr., *Angew. Chem. Int. Ed.* **2005**, *44*, 7342; c) J.-P. Pellois, T. W. Muir, *Curr. Opin. Chem. Biol.* **2006**, *10*, 487.

2) G. Krauss, *Biochemistry of SignalTransduction and Regulation*, Wiley-VCH, Weinheim, **2008**.

3a) C. P. R. Hackenberger, D. Schwarzer, *Angew. Chem. Int. Ed.* **2008**, *47*, 10030; b) T. Durek, C. F. W. Becker, *Biomol. Eng.* **2005**, *22*, 153; c) D. Rauh, H. Waldmann, *Angew. Chem. Int. Ed.* **2007**, *46*, 826.

4) J. A. Prescher, C. R. Bertozzi, *Nat. Chem. Biol.* **2005**, *1*, 13.

5) H. C. Hang, C. R. Bertozzi, *Acc. Chem. Res.* **2001**, *34*, 727.

6) T. Wieland, E. Bokelmann, L. Bauer, H. U. Lang, H. Lau, *Liebigs Ann. Chem.* **1953**, *583*, 129.

7) P. E. Dawson, T. W. Muir, I. Clark-Lewis, S. B. Kent, *Science* **1994**, *266*, 776.

8a) D. A. Erlanson, M. Chytil, G. L. Verdine, *Chem. Biol.* **1996**, *3*, 981; b) W. Zheng, Z. Zhang, S. Ganguly, J. L. Weller, D. C. Klein, P. A. Cole, *Nat. Struct. Biol.* **2003**, *10*, 1054; c) A. Romanelli, A. Shekhtman, D. Cowburn, T. W. Muir, *Proc. Natl. Acad. Sci.* **2004**, *101*, 6397.
9a) C. Piontek, P. Ring, O. Harjes, C. Heinlein, S. Mezzato, N. Lombana, C. Pöhner, Markus Püttner, D. Varón Silva, A. Martin, F. X. Schmid, C. Unverzagt, *Angew. Chem. Int. Ed.* **2009**, *48*, 1936; b) C. Piontek, D. Varón Silva, C. Heinlein,C. Pöhner, S. Mezzato, P. Ring, A. Martin, F. X. Schmid, C. Unverzagt, *Angew. Chem. Int. Ed.* **2009**, *48*, 1941.
10) C.F. Becker, X. Liu, D. Olschewski, R. Castelli, R. Seidel, P. H. Seeberger, *Angew. Chem. Int. Ed.* **2008**, *47*, 8215.
11) G. A. Lemieux, C. L. de Graffenried, C. R. Bertozzi, *J. Am. Chem. Soc.* **2003**, *125*, 4708.
12) K. L. Kiick, E. Saxon, D. A. Tirrell, C. R. Bertozzi, *Proc. Natl. Acad. Sci.* **2002**, *99*, 19.
13a) C. P. R. Hackenberger, S. Hinderlich, *ChemBioChem* **2007**, *8*, 1763; b) C. T. Campbell, S. G. Sampathkumar, K. J. Yarema, *Mol. BioSyst.* **2007**, *3*, 187.
14) A. J. Link, M. L. Mock, D. A. Tirell, *Curr. Opin. Biotech.* **2003**, *14*, 603.
15a) L. Wang, P. G. Schultz, *Angew. Chem. Int. Ed.* **2005**, *44*, 34; b) D. A. Dougherty, *Curr. Opin. Chem. Biol.* **2000**, *4*, 645.
16) N. Budisa, *Angew. Chem. Int. Ed.* **2004**, *43*, 6426.
17a) E. Kaya, K. Gutsmiedl, M. Vrabel, M. Müller, P. Thumbs, T. Carell, *ChemBioChem*, **2009**, *10*, 2858; b) S. Lepthien, L. Merkel, N. Budisa, *Angew. Chem. Int. Ed.* **2010**, *49*, 5446; c) H. Neumann, K. H. Wang, L. Davis, M. Garcia-Alai, J. W. Chin, *Nature* **2010**, *464*, 441; d) W. Wan, Y. Huang, Z. Y. Wang, W. K. Russell, P. J. Pai, D. H. Russell, W. R. Liu, *Angew. Chem. Int. Ed.* **2010**, *49*, 3211.
18) H. Neumann, S. Y. Peak-Chew, J. W Chin, *Nat. Chem. Biol.* **2008**, *4*, 232.
19a) A. Dirksen, T. M. Hackeng, P. E. Dawson, *Angew. Chem. Int. Ed.* **2006**, *45*, 7581; b) A. Dirksen, S. Dirksen, T. M. Hackeng, P. E. Dawson, *J. Am. Chem. Soc.* **2006**, *128*, 15602.
20) N. J. Agard, J. M. Baskin, J. A. Prescher, A. Lo, C. R. Bertozzi *ACS Chem. Biol.* **2006**, *1*, 644.
21a) R. Breinbauer, M. Köhn, *ChemBioChem* **2003**, *4*, 1147; b) S. Bräse, C. Gil, K. Knepper, V. Zimmermann, *Angew. Chem. Int. Ed.* **2005**, *44*, 5188.
22a) V. V. Rostovtsev, L. G. Green, V. V. Fokin, K. B. Sharpless, *Angew. Chem. Int. Ed.* **2002**, *41*, 2596. b) C.W. Tornøe, C. Christensen, M. Meldal, *J. Org. Chem.* **2002**, *67*, 3057.
23a) N. J. Agard, J. A. Prescher, C. R. Bertozzi, *J. Am. Chem. Soc.* **2004**, *126*, 15046; b) S. T. Laughlin, J. M. Baskin, S. L. Amacher, C. R. Bertozzi, *Science* **2008**, *320*, 664.

24) E. Saxon, C. R. Bertozzi, *Science* **2000**, *287*, 2007.

25a) R. Serwa, I. Wilkening, G. del Signore, M. Mühlberg, I. Claußnitzer, C. Weise, M. Gerrits, C. P. R. Hackenberger, *Angew. Chem. Int. Ed.* **2009**, *47*, 8234; b) R. Serwa, P. Majkut, B. Horstman, J.-M. Swiecicki, M. Gerrits, E. Krause, C. P. R. Hackenberger, *Chem. Sci.* **2010**, *1*, 596.

26) J. A. Prescher, D. H. Dube, A. R. Bertozzi, *Nature* **2004**, *430*, 873.

27) H. M. O'Hare, K. Johnsson, A. Gautier, *Curr. Opin. Struct. Biol.* **2007**, *17*, 488.

28) X. Ning, J. Guo, M. A. Wolfert, G.-J. Boons, *Angew. Chem. Int. Ed.* **2008**, *47*, 2253.

29) J. M. Baskin, J. A. Prescher, S. T. Laughlin, N. J. Agard, P. V. Chang, I. A. Miller, A. Lo, J. A. Codelli, C. R. Bertozzi, *Proc. Natl. Acad. Sci.* **2007**, *104*, 16793.

30) S. I. van Kasteren, H. B. Kramer, H. H. Jensen, S. J. Campbell, J. Kirkpatrick, N. J. Oldham, D. C. Anthony, B. G. Davis, *Nature* **2007**, *446*, 1105.

31a) K. S. Ajish Kumar, M. Haj-Yahya, D. Olschewski, H. A. Lashuel, A. Brik, *Angew. Chem. Int. Ed.* **2009**, *48*, 8090; b) N. D. Weikart, H. D. Mootz, *ChemBioChem* **2010**, *11*, 774.

32) B. Bader, K. Kuhn, D. J. Owen, H. Waldmann, A. Wittinghofer, J. Kuhlmann, *Nature* **2000**, *403*, 223.

33a) O. Rocks, A. Peyker, M. Kahms, P. J. Verveer, C. Koerner, M. Lumbierres, J. Kuhlmann, H. Waldmann, A. Wittinghofer, P. I. Bastiaens, *Science* **2005**, *307*, 1746; b) F. J. Dekker, O. Rocks, N. Vartak, S. Menninger, C. Hedberg, R. Balamurugan, S. Wetzel, S. Renner, M. Gerauer, B. Schölermann, M. Rusch, J. W. Kramer, D. Rauh, G. W. Coates, L. Brunsveld, P. I. H Bastiaens, H. Waldmann, *Nat. Chem. Biol.* **2010**, *6*, 449; c) O. Rocks, M. Gerauer, N. Vartak, S. Koch, Z.-P- Huang, M. Pechlivanis, J. Kuhlmann, L. Brunsveld, A. Chandra, B. Ellinger, H. Waldmann, P. I. H. Bastiaens, *Cell* **2010**, *141*, 458.

34a) T. C. Jr Evans, J. Benner, M. Q. Xu, *Protein Sci.* **1998**, *7*, 2256; b) T. W. Muir, *Annu. Rev. Biochem.* **2003**, *72*, 249.

35) F. Bordusa, *Chem. Rev.* **2002**, *102*, 4817.

*36) A. Keppler, S. Gendreizig, T. Gronemeyer, H. Pick, H. Vogel, K. Johnsson, Nat. Biotechnol.* ***2003**, 21*, 86.

37) G. V. Los, K. Wood, *Methods Mol. Biol.* **2007**, *356*, 195.

# The Development of Episodic Memory Across the Lifespan

Yee Lee Shing

## The Development of Episodic Memory Across the Lifespan

Episodic memory (EM) refers to the conscious remembering of events and situations relating the past, present, and future (e.g., Tulving, 2002). Researchers in the fields of cognitive child development and cognitive aging have been working on understanding how EM develops and changes within confined age periods. However, remarkably little effort has been invested into comparing the mechanisms that underlie memory changes in childhood and old age. In my work, I take a lifespan perspective on EM to delineate the differences, commonalities, and dependencies among mechanisms that regulate memory functions and development (cf. Craik & Bialystok, 2006). Together with my colleagues at the Max Planck Institute for Human Development (Center for Lifespan Psychology), we have proposed a two-component model of EM development that attempts to provide a framework for capturing behavioral and neural differences in EM development in childhood and adulthood (Shing et al., 2008; 2010; Werkle-Bergner et al., 2006). Below, I provide a summary of this framework.

## The Lifespan Dissociation between Strategic and Associative Components of EM

The two-component model of EM development posits two evolving components of EM, one strategic and the other associative, and portrays the ontogeny of EM as the interaction between the two. The *strategic* component refers to cognitive control processes that aid and regulate memory functions at both encoding and retrieval. These processes include elaborating and organizing memory content at encoding, as well as specifying, verifying, monitoring, and evaluating relevant information at retrieval (cf. Simons & Spiers, 2003). The *associative* component refers to binding mechanisms that integrate features of the memory content into coherent representations (Treisman, 1996; Zimmer et al., 2006).

Neurocognitive models of EM postulate that the strategic component depends primarily on the prefrontal cortex (PFC), whereas the associative component mostly relies on the medial temporal lobes (MTL), especially the hippocampus (e.g., Simons & Spiers, 2003). Anatomical studies show that the PFC, its dorsolateral regions in particular, undergo profound maturational changes well into adolescence (e.g., Gogtay et al., 2004, 2006; Sowell et al., 2003). With respect to brain aging, prefrontal regions show linear declines in cortical volume beginning in the mid-20s (e.g., Raz et al., 2010). The MTL, on the other hand, mature at a relatively faster rate than the PFC, with some evidence pointing to protracted development of some MTL regions (e.g., Gogtay et al., 2006). At the other end of the lifespan, accelerated patterns of decline are observed in MTL regions, with a marked shrinkage observed in the hippocampus and the entorhinal cortex (Raz et al., 2004; 2005; see also Shing et al., 2011, for age patterns in hippocampal subfields).

Based on behavioral and neural evidence, the core propositions of the framework are that (1) the associative component of EM matures in middle childhood, and undergoes senescent decline in late adulthood and old age; (2) the strategic component of EM matures later, in approaching adolescence and young adulthood, and undergoes senescent decline in late adulthood and old age. The distinction between strategic and associative components is meant to provide a productive platform for understanding the lifespan development of EM.

To empirically test the developmental predictions emanating from the two-component model, my colleagues and I (Shing et al., 2008) conducted a lifespan study in which we manipulated the demands on associative and strategic components with a recognition memory task. Participants in the study encoded a list of word pairs. At retrieval, participants received some originally intact pairs, which appeared as pairs at the study phase; some new pairs not studied before; and some rearranged pairs, which included items that were presented at study but paired differently. Participants were supposed to accept the intact pairs and reject the new and rearranged pairs.

The study manipulated demands on the associative component by using word pairs with (a) low and (b) high associative demand (i.e., German-German "GG" vs. German-Malay "GM" words pairs). At the same time, instructions manipulated the demands on the strategic component by emphasizing (a) incidental item encoding, (b) intentional pair encoding, and (c) elaborative strategic encoding. A practice-based follow-up study for the GM condition sought to induce further improvements in participants' performance in this condition.

The results are shown in Figure 1. In comparison to children, older adults showed slightly higher initial performance in item- and pair-instruction sessions, presumably reflecting older adults' ability to make use of their larger repertoire of semantic knowledge to help with encoding new information. At the same time, children showed higher performance gains from strategy instructions for the GG condition and from practice for the GM condition than older adults. Thus, children improved more than older adults in forming associations between memory features when provided with a combination of strategy instruction and task-relevant practice. Older adults' performance gain was especially low in the high-associative-demand GM condition, supporting the hypothesis that the associative component is impaired among older adults. Age differences in false-alarm rates for rearranged pairs were especially pronounced in the high-associative-demand GM condition, showing older adults' great difficulties in rejecting rearranged pairs that presumably elicited a strong familiarity response. In sum, these data are consistent with a model that posits divergent lifespan trajectories for strategic and associative components of EM.

## Future Directions in the Lifespan Study of Episodic Memory

Available behavioral, neuroanatomical, and neurofunctional evidence supports the premise that EM functioning requires the interactive operation of associative and strategic components, and that the two components memory follow different lifespan trajectories, leading to predictable patterns of age-related differences in EM performance. However, the exact nature in which the components of the MTL-PFC network develop throughout the lifespan and how they interact to support memory functioning remains unclear. A major task for my future research will be to comprehensively chart the ontogeny of the two components, testing and refining the guiding propositions of the framework.

Furthermore, studies motivated by the two-component model of EM development across the lifespan thus far have not included children under the age of eight years (e.g., Brehmer et al., 2007; Shing et al., 2008). Clearly, the model's implications extend into earlier childhood and require further specification. Binding mechanisms, in particular, are fundamentally important for the functioning of EM from early age on (Mitchell & Johnson, 2009) with significant progress around five to six years of age (Sluzenski et al., 2006). The neural changes that underlie this behavioral improvement remain to be identified. Therefore, I am planning for a new study that involves investigating the cognitive development of children around five to six years of age. We are continuously recruiting participants for the study. Interested parents are welcomed to directly contact my team (for more details, see www.mpib-berlin.mpg.de/hippokid).

In sum, the two-component model of EM development portrays the dissociation between associative and strategic aspects of EM across the lifespan. The exact way in which these two components, and the corresponding MTL-PFC neural network, interact and develop throughout the lifespan remains to be elucidated, and offer exciting venues for future research. Conducting lifespan research poses great methodological challenges, but the conceptual insights emanating from lifespan comparisons are well worth the effort.

## References


Brehmer, Y., Li, S.-C., Müller, V., von Oertzen, T., & Lindenberger, U. (2007). Memory plasticity across the lifespan: Uncovering children's latent potential. *Developmental Psychology, 43*(2), 465-478. doi: 10.1037/0012-1649.43.2.465

Craik, F. I. M. & Bialystok, E. (2006). Cognition through the lifespan: Mechanisms of change. *Trends in Cognitive Sciences, 10*(3), 131-139. doi: 10.1016/j.tics.2006.01.007

Gogtay, N., Giedd, J. N., Lusk, L., Hayashi, K. M., Greenstein, D., Vaituzis, A. D., . . . Toga, A. W. (2004). Dynamic mapping of human cortical development during childhood through early adulthood. *Proceedings of the National Academy of Sciences of the USA, 101*, 8174-8179. doi: 10.1073/pnas.0402680101

Gogtay, N., Nugent, T. F. I., Herman, D. H., Ordonez, A., Greenstein, D., Hayashi, K. M., . . . Thompson, P. M. (2006). Dynamic mapping of normal human hippocampal development. *Hippocampus, 16*, 664-672. doi: 10.1002/hipo.20193

Raz, N., Ghisletta, P., Rodrigue, K. M., Kennedy, K. M., & Lindenberger, U. (2010). Trajectories of brain aging in middle-aged and older adults: regional and individual differences. *Neuroimage, 51*(2), 501-511. doi: 10.1016/j.neuroimage.2010.03.020

Raz, N., Lindenberger, U., Rodrigue, K. M., Kennedy, K. M., Head, D., Williamson, A., . . . Acker, J. D. (2005). Regional brain changes in aging healthy adults: General trends, individual differences, and modifiers. *Cerebral Cortex, 15*(11), 1676-1689. doi: 10.1093/cercor/bhi044

Raz, N., Rodrigue, K. M., Head, D., Kennedy, K. M., & Acker, J. D. (2004). Differential aging of the medial temporal lobe: A study of a five-year change. *Neurology, 62*(3), 433-438. doi: 10.1212/01.WNL.0000106466.09835.46

Shing, Y. L., Rodrigue, K. M., Kennedy, K. M., Fandakova, Y., Bodammer, N., Werkle-Bergner, M., et al. (2011). Hippocampal subfield volumes: Age, vascular risk, and correlation with associative memory. Frontiers in Aging Neuroscience, 3(2), 1–8.

Shing, Y. L., Werkle-Bergner, M., Brehmer, Y., Müller, V., Li, S.-C., & Lindenberger, U. (2010). Episodic memory across the lifespan: The contributions of associative and strategic components. *Neuroscience and Biobehavioral Reviews, 34*, 1080-1091. doi: 10.1016/j.neubiorev.2009.11.002

Shing, Y. L., Werkle-Bergner, M., Li, S.-C., & Lindenberger, U. (2008). Associative and strategic components of episodic memory: A lifespan dissociation. *Journal of Experimental Psychology: General, 137*(3), 495-513. doi: 10.1037/0096-3445.137.3.495

Simons, J. S. & Spiers, H. J. (2003). Prefrontal and medial temporal lobe interactions in long-term memory. *Nature Reviews Neuroscience, 4*, 637-648. doi: 10.1038/nrn1178

Sluzenski, J., Newcombe, N., & Kovacs, S. L. (2006). Binding, relational memory, and recall of naturalistic events: A developmental perspective. *Journal of Experimental Psychology: Learning, Memory, and Cognition, 32*(1), 89-100. doi: 10.1037/0278-7393.32.1.89

Sowell, E. R., Peterson, B. S., Thompson, P. M., Welcome, S. E., Henkenius, A. L., & Toga, A. W. (2003). Mapping cortical change across the human life span. *Nature Neuroscience, 6*(3), 309-314. doi: 10.1038/nn1008

Treisman, A. (1996). The binding problem. *Current Opinions in Neurobiology, 6*, 171-178. doi: 10.1016/S0959-4388(96)80070-5

Tulving, E. (2002). Episodic memory: From mind to brain. *Annual Review of Psychology, 53*, 1-25. doi: 10.1146/annurev.psych.53.100901.135114

Werkle-Bergner, M., Müller, V., Li, S.-C., & Lindenberger, U. (2006). Cortical EEG correlates of successful memory encoding: Implications for lifespan comparisons. *Neuroscience and Biobehavioral Reviews, 30*, 839-854. doi: 10.1016/j.neubiorev.2006.06.009

Zimmer, H. D., Mecklinger, A., & Lindenberger, U. (Eds.). (2006). *Handbook of binding and memory: Perspectives from cognitive neuroscience*. Oxford, UK: Oxford University Press.

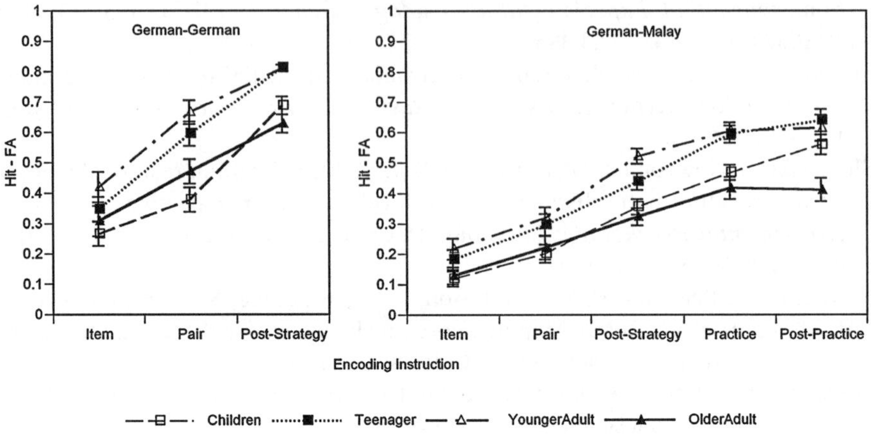


*Figure 1. The lifespan dissociation between strategic and associative components of episodic memory. Memory performance refers to correctly recognized pairs (hits) minus erroneously recognized lure pairs (false alarms). Here, the lure pairs consist of words that had been separately presented during encoding. As predicted, children (aged 10–12) overcame their initial strategy deficit through strategic instruction and subsequent practice, and eventually surpassed older adults, demonstrating the efficacy of their associative component. Adapted from Shing et al. (2008).*

Address correspondence regarding this manuscript:
Yee Lee Shing, Max Planck Institute for Human Development, Lentzeallee 94, 14195 Berlin, Germany
Phone: +49-30-82406-436
Fax: +49-30-8249939
Email: yshing@mpib-berlin.mpg.de

# Pathologischer Mediengebrauch

Oliver Bilke-Hentsch


## Zusammenfassung

Moderne elektronische Medien, die seit etwa der Jahrtausendwende in steigender Zahl von Kindern und Jugendlichen genutzt werden, stellen neben interessanten Entwicklungsmöglichkeiten auch eine Gefahr dar. Ähnlich wie bei stoffgebundenen Süchten gibt es vulnerable Jugendliche mit prämorbiden Störungen, die bei sorgfältiger multiaxialer Diagnostik klassische Suchtverhaltensweisen zeigen.

Für diese Untergruppe sind Therapieformen auf dem Boden adäquater Klassifikationssysteme zu entwickeln, so dass das praktische Problem bei noch unzureichender Forschungslage weder verharmlost noch dramatisiert wird. Ein enger interdisziplinärer Austausch zwischen Kinder- und Jugendärzten, Schulen, Kinder- und Jugendpsychiatern und Eltern sichert die Früherkennung und Intervention bei besonders schweren Fällen.


## 1. Einführung in die Thematik:

Die steigende Ausstattung von Haushalten und Kinderzimmern durch moderne interaktive Medienträger, sowie die Verfügbarkeit von mobilen Kommunikationsmitteln hat in den letzten 10 Jahren zu einer deutlichen Veränderung des Medienverhaltens bei Kindern und Jugendlichen geführt. Das Fernsehen und Videospiele prägen mittlerweile die mediale Wirklichkeit von Kindern bereits ab dem zweiten Lebensjahr. Weder eine empirisch nicht fundierte Aufregung über eine neue Suchtgefahr, noch eine Verharmlosung ist zu befürworten. Auf dem Boden der bestehenden Klassifikationssysteme und Handlungsansätze sind weiterentwickelnde Diagnostik und Therapie einzelner Betroffener sowie eine kritische Begleitung des öffentlichen Diskurses angezeigt.

## 2. Klinische Epidemiologie und Klassifikationsentwicklung:

Die Problematik des pathologischen Mediengebrauchs liegt in der Unschärfe der Gesamtbegrifflichkeit. Begriffe wie Internetsucht (Griffith, 1996), pathologische Internetbenutzung, multiple Medienabhängigkeit, Online-Rollenspielsucht, Internetsucht (Young, 1996) oder Computersucht benennen jeweils einen Aspekt der individuellen und gesellschaftlichen Thematik (Palfrey u. Gasser, 2008).

In diesem Kontext ist der Suchtbegriff kritisch zu sehen, da die Selbstbezeichnung „süchtig“ auch unter jugendsprachlichem und sozialem Aspekt differenziert zu werten ist. Das Wort „süchtig“ steht häufig in der Jugendsprache für eine intensive Benutzung oder intensive Faszination in einem bestimmten Lebensbereich und kann daher nur in operationalisierter Form als hilfreich gelten.

Untersuchungen im Bereich von Intensivbenutzern einzelner Spiele zeigen ebenfalls das Problem der Repräsentativität, da es sich um eine besonders selektierte Gruppe von zeitlich stark eingebundenen Spielern handelt. Die klinische Terminologie hat sich in diesem Bereich mit praktischer Entwicklungspsychologie der jeweiligen Altersphasen unter eindeutiger Berücksichtigung des Genderaspekts zu beschäftigen, damit nicht Verzerrungen entstehen (siehe umfassend v. Salisch et al., 2007).

## 3. Komorbidität: und Konsummuster

Sowohl in den Praxen niedergelassener Kinder- und Jugendpsychiater als auch in den Versorgungskliniken zeigen sich seit etwa 2003 regelmäßig Patienten, bei denen im Rahmen der allgemeinen kinder- und jugendpsychiatrischen Diagnostik eine hochgradig intensive bis abhängige Beschäftigung mit verschiedenen elektronischen Medien im Vordergrund steht.

Darüber hinaus gibt es einzelne Fälle, die explizit wegen dieser Fragestellung vorgestellt werden.

Die Orientierung an der ICD-10 bzw. dem multiaxialen Klassifikationsschema für psychische Störung im Kindes- und Jugendalter (MAS) ist eine wichtige Basis und kann die Einheitlichkeit in klinisch praktischem Bereich voran bringen, ist aber letztlich vom Expertenurteil des einzelnen Klinikers und seiner persönlichen Kenntnis des Themenbereichs des pathologischen Mediengebrauchs beeinflusst.

Besonderes Augenmerk im entwicklungspädiatrischen Kontext ist auch Patienten mit Teilleistungsstörungen (2. Achse MAS) und diskrepantem Intelligenzprofil (3. Achse MAS) zu schenken, die ggf. ohne psychiatrische Diagnose auf der 1. Achse MAS ein komplexes entwicklungsretardierendes Störungsbild bieten, das multiple schulische, soziale und familiäre Probleme bedingt.

Sowohl die Teilleistungsstörungen als auch diskrepante Intelligenzprofile lassen sich bei intensiver Beschäftigung mit Computerspielen weitgehend ausblenden. Schwierigkeitsgrade werden dahingehend eingestellt, dass die individuellen

Einschränkungen nicht relevant werden und damit ein Gesamtproblem „spielerisch“ verschleiert wird.

## 4. Welche Jugendliche sind aus klinischer Sicht gefährdet?

Der hohe Motivations- und Belohnungscharakter moderner interaktiver Computerspiele und insbesondere der Online-Rollenspiele stellt für depressive, sozialphobische, generell ängstliche oder auch autistische Patienten eine Möglichkeit dar, sich in einer virtuellen sozialen Situation darzustellen, zu bewähren und Belohnung zu erlangen.

Bei diesen den internalisierenden Störungen zuzuordnenden Patientengruppen ist es weniger der spezifische „Kick“ des Suchtmittels als modernes Medium, sondern die Möglichkeit, im Alltag als einschränkend und kränkend erlebte Verhaltensweisen durch Mediengebrauch kompensieren zu können und eine virtuelle Identität aufzubauen (Bergmann und Hüther, 2006, Bergmann, 2007) .

Bei einer zweiten Gruppe von Patienten, die eher dem Bereich der Störung des Sozialverhaltens und der Aufmerksamkeits- und Aktivitätsstörungen sowie unter Umständen der Borderline-Störung zuzuordnen sind, geht es stärker um eine schnelle Gratifikation, zügige Belohnung bei hohem direkten Einsatz und vor allem Belohnung für Schnelligkeit und Reagibilität.

Hier finden sich Patienten, die im Rahmen ihrer Primärerkrankung vor allem in den Bereichen Hyperaktivität und Impulsivität (sog. „novelty seeking“) auch in anderen Kontexten auffällig sind oder primär wegen anderer Störungen in der Ambulanz vorgestellt werden.

Eine dritte, bisher kaum beachtete Gruppe besteht aus Patienten, die im Rahmen einer langfristigen familiendynamischen Entwicklung gemeinsam mit ihren Eltern und Geschwistern in komplexe Rollenspiele (z.B. Familie Sims etc.) eingebunden sind, die neben ihrer sonstigen Realität eine auch familiär unterstützte Nebenrealität entwickelt haben, um ggf. als unerträglich empfundenen sozialen Einschränkungen und Konflikten auszuweichen. Nicht so sehr die in Studien beobachtete familiäre Sprachlosigkeit, sondern eine neue virtuelle Kommunikationsebene mit unklarer Bedeutung für die kindliche Entwicklung spielt hier eine Rolle.

## 5. Entwicklungsorientierte Klassifikation und Differentialdiagnostik:

Überträgt man streng die klassischen Kriterien des schädlichen Gebrauchs bzw. der Abhängigkeit bei Kindern und Jugendlichen auf pathologischen Mediengebrauch, so wird man diejenigen schweren Fälle identifizieren, die einer spezifischen Beratung und Therapie zuzuführen sind.

Entwicklungspsychiatrisch und technologisch gesehen ist moderne Mediennutzung bei Jugendlichen im Jahre 2009 derartig vielfältig, dass unter Missbrauchs- oder im Einzelfall Suchtaspekt eine differenzierte Betrachtungsweise für breitere und jüngere Gruppen von Nöten ist. Während Befunde bei Erwachsenen häufiger auf die intensive Nutzung von „Cybersex" (sexuell getönte oder pornographische Aktivitäten im Internet, Übersichten hierzu bei Seikowski, 2005) hinweisen, stehen im Kinder- und Jugendbereich das exzessive vielstündige pathologische Rollenspiel wie z.B. „world of warcraft" mit extern angeregter Phantasie und multiplen Rollenangeboten sowie sog. „Ego-shooter"-Spiele im Vordergrund, bei denen aus der Perspektive eines bewaffneten Schützen potentielle Gegner möglichst schnell zu erschießen sind. Inwieweit latent dissoziale und ich-strukturell instabile Klienten bis hin zum potentiellen Amokläufern von diesen ursprünglich für das Militär konzipierten Spielen angesprochen werden, ist zu diskutieren (te Wildt, 2007).

Unterschiedliche Komponenten dieses Geschehens haben differentielles Suchtpotential, wobei die bereits 1996 entwickelte Klassifikation nach Young in einer modernisierten und adaptierten Form deutlich macht, welche praktisch-klinisch relevanten Untertypen es gibt. Da die hier referierten Störungsbilder nicht nur Merkmale von Suchterkrankungen aufweisen, sondern auch Merkmale von Impulskontrollstörungen und Zwangsstörungen, erscheint der Terminus „Pathologisch" umfassender als der Terminus „Sucht".

## 6. Therapieansätze und Interventionen

Zum jetzigen Zeitpunkt erscheint bei schweren Fällen aus klinisch-praktischer Sicht eine multimodale kinder- und jugendpsychiatrische Behandlung auf dem Boden des multiaxialen Klassifikationsschema sinnvoll. Dies ist das aktuelle Vorgehen der meisten niedergelassenen und klinisch tätigen Kinder- und Jugendpsychiater.

Wie die klinischen Fälle zeigen, sind die individuellen Entwicklungen unterschiedlich, weswegen eine weitere Kenntnis der Potentiale technologischer

Veränderungen von Nöten ist: Ähnlich wie der Therapeut bei stoffgebundenen Suchtformen ebenfalls über neue Stoffformen, Darreichungsformen, Toxizität, Pharmakokinetik etc. Bescheid wissen sollte, um adäquate Therapie zu planen, ist es auch im Bereich der modernen elektronischen interaktiven Medien sinnvoll, die einzelnen „Darreichungsformen" sowie die Gefahrenpotentiale genauer zu kennen. Hierzu ist es unvermeidbar, sich mit den einzelnen Anwendungen sowie den Spielen und ihren Inhalten auseinander zusetzen.

Dabei geht es weniger um eine detaillierte Kenntnis und persönliche Erfahrung, sondern um ein prinzipielles Verstehen der Mechanismen, der Psychodynamik und der Belohnungsdynamik derartiger Spiele.

Insbesondere unter Genderaspekt sind die technische oder die interaktionelle Faszination der einzelnen Spiele bzw. ihrer Sequenzen zu erfassen, um für Jungen und Mädchen unterschiedliche Therapieprogramme zu entwickeln.

Für die individuelle Behandlungsplanung ist die Analyse der funktionalen Zusammenhänge wichtig: Zeigt sich im Problemverhalten, dass es durch Störungen in anderen Lebensbereichen (z.B. Ängste, Depressionen, Familienkonflikte, Lebenskrisen) ausgelöst und im Sinne eines Vermeidungsverhaltens negativ verstärkt wird, muss die Therapie bei der Änderung dieser Verhaltenskette ansetzen: Der Aufbau alternativer Copingstrategien ist die Therapiestrategie. Zeigt sich dagegen, dass das symptomatische Verhalten nicht (bzw. nicht mehr) operant gesteuert wird, sondern quasi automatisch im Sinne einer autonomen Handlungskontrollstörung erfolgt, sind therapeutische Strategien aus dem Bereich substanzbezogener Störungen indiziert, z. B. cue exposure und/oder Rückfallprävention zum Aufbau von Selbstkontrolle.

Ob als Therapieziel Abstinenz oder Reduzierung auf kontrolliertes Verhalten anzustreben ist, wird im Einzelfall anhand folgender Kriterien entschieden:

1. Ausmaß körperlicher Schädigung bei Fortführung des Verhaltens,
2. soziale Unerwünschtheit bzw. Strafbewehrung des Verhaltens (z.B. bei pädophilen Aspekten im Rahmen eines Pathologischen Online-Sexverhaltens),
3. soziale Notwendigkeit einer normalen Verhaltensausübung (z.B. bei pathologischem E-Mail schicken),
4. Fähigkeit, das Verhalten in einer quantitativ und qualitativ unproblematischen Form in Selbstkontrolle zu überführen, und
5. motivationale Aspekte des Patienten (modifiziert nach Bühringer, 2004).

## 7. Ressourcen und Chancen moderner Medien

Unbestritten stellt die Verfügbarkeit moderner Medien- und Computertechnologie für Kinder und Jugendliche auch aus sozial schwachen Schichten und aus

Entwicklungsländern eine enorme Chance dar. Dies gilt sicher für die soziologisch und demographisch zu definierende Generation der „digital natives“ (Palfrey u. Gasser, 2008) sowohl im schulischen wie im sozialen Bereich und nicht zuletzt im therapeutischen Bereich.

Der Einsatz moderner Medien bei Kindern und Jugendlichen zu therapeutischen Zwecken stieß vor 15 Jahren noch überwiegend auf Ablehnung, hat sich mittlerweile aber zunehmend etabliert.

Es darf allerdings nicht der Trugschluss erfolgen, dass die reine Verfügbarkeit und Einsetzbarkeit von Ressourcen bereits für das Individuum, vor allem für bestimmte Risikogruppen einen Vorteil bringt, wie Medienkritiker seit langem darstellen.

Erst die gezielte Hinführung, die persönliche Begleitung, die indizierte Prävention von Problemverhaltensweisen sowie die nachhaltige Führung durch unterschiedliche Lebensphasen lassen derartige technologisch vorhandene und gesellschaftlich akzeptierte Ressourcen im Sinne der Medienmündigkeit auch für den Einzelnen wirksam werden.

Interessenskonflikt: Es besteht kein Interessenskonflikt.

## Literatur


Bergmann, W., Hüther, G. (2006) Computersüchtig. Kinder im Sog der Medien. Düsseldorf.

Bergmann, W. : Computerspiele – im Bann des Phantasmas, erfahrungsarm und sehr allein. In. Möller, C. (2007) (Hrsg.) Sucht im Jugendalter, Göttingen: Vandenhoeck und Ruprecht, 132-148.

Bühringer G. Wenn Arbeiten, Einkaufen oder Glücksspielen pathologisch eskalieren: Impulskontrollstörung, Sucht oder Zwangshandlung? Verhaltenstherapie 2004; 14: 86–8.

Griffith, M.D., (1999) Internet addiction: fact or fiction? The Psychologist 12 (5), 246-250.

Seikowski , K. (Hrsg.) Sexualität und Neue Medien, Pabst, Lengerich, 2005.

Palfrey,J., Gasser, U.: Born Digital, Basic Books, New York, 2008.

Von Salisch, M., Kristen, A., Oppl, C.: Computerspiel mit und ohne Gewalt, Kohlhammer, Stuttgart, 2007.

Wildt te, B., Emrich, H.: (2007) Computerspiele und Amoklauf: Die Verzweiflung hinter der Wut. Dt. Ärzteblatt 6, 163-165.

Young, K.S. (1996) Internet addiction: the emergence of a new clinical disorder. CyberPsychology and behaviour 3 (1) 237-244.

Der hier vorliegende Text ist eine gekürzte und aktualisierte Fassung eines Artikels des Autors zusammen mit Dr. Spitzcok von Brisinski, Viersen aus der Monatsschrift für Kinderheilkunde 157 (2009).

# Der 300. Geburtstag Friedrichs des Großen. Ein Rückblick auf das historische und aktuelle Erscheinungsbild des preußischen Monarchen

Bernd Sösemann

## Jubiläen in der Geschichte

Jahrestage fordern Verehrer und Kritiker zum Bilanzieren, Bekräftigen oder zum Revidieren heraus.[1] Dabei kann der Eindruck entstehen, die Öffentlichkeit nehme „die Geschichte“ und ihre Darstellung nur als eine Aneinanderreihung von Jubiläen wahr, die Print- und audiovisuellen Medien suchten lediglich das Sensationelle oder das Feuilleton überbiete sich in Denkmalstürzen. Jubiläen bieten allerdings der Wissenschaft einen willkommenen Anlass, Fragestellungen und Motive, Methoden und Forschungsergebnisse, (selbst-)kritisch zu reflektieren.

Friedrich der Große oder Friedrich II. von Preußen, wie er außerhalb Italiens, Frankreichs oder Englands zumeist genannt wird, erregte bereits zu seinen Lebzeiten eine außerordentliche Aufmerksamkeit. Er wusste sie gezielt zu erhöhen und ins Positive zu rücken, indem er sich bewährter und damals neuer Medien wie der Zeitung und vertraulicher Journale bediente. Außerdem beachtete er das Publikumsinteresse und versuchte es zu steuern. Er legte keinen Wert darauf, sich von Malern porträtieren zu lassen, nahm sich dazu überhaupt nur drei-, viermal Zeit, genoss es aber, dass sein Konterfei im ganzen Land verbreitet war – bis in die Bauernkaten Westfalens und Ostpreußens hinein: **Abb. 1**. Den Monarchen zum ersten „Medien-König“ der Neuzeit zu stilisieren, dürfte in der Eventkultur unserer Tage willkommen sein, doch kann es inhaltlich nicht überzeugen. Diese publikumswirksame Bezeichnung steht es auf einer ähnlich unsicheren Basis wie „Weltkrieg“ für den dritten Waffengang zwischen Friedrich und Maria Theresia im Österreichischen Erbfolgekrieg, dem sog. Siebenjährigen Krieg. Derartigen Zuschreibungen haftet etwas Anachronistisches und damit Irritierendes an.[2] Sie stehen einer Geschichtsbetrachtung nahe, die vergangene Ereignisse mit Blick auf die Gegenwart selektiert und historischen Realitäten dem aktuellen Zeitgeist unterwirft.

---

1 Erweiterte Fassung meines Vortrags in der „Berliner Wissenschaftlichen Gesellschaft“ am 7. Februar 2013.

2 Vgl. dazu die gedankenreiche Darstellung von Sven Externbrink (Hg.), Der Siebenjährige Krieg (1756-1763). Ein europäischer Weltkrieg im Zeitalter der Aufklärung. Berlin 2011.

Bis heute ist die Friedrich-Historiographie und damit auch sein Bild in der Öffentlichkeit uneinheitlich. Zum 200. Geburtstag des Preußenkönigs überwog im Deutschen Reich noch die nationale Begeisterung. In der Beilage der „Tilsiter Nachrichten“ hieß es 1912:

> „Unter den vaterländischen Heroen ragen besonders jene hervor, die das Feuer der kriegerischen Begeisterung nährten und zu kühnen Taten entflammten. (...) Wer hat die Widersprüche, die sein Geschlecht im tiefsten Innersten durchzuckten, klarer durchschaut und siegreicher überwunden? So wurde der kämpfende, sehnsüchtig nach Recht und vielen anderen Dingen ringende König das Ideal aller Vaterlandsfreunde. König Friedrich des Großen eminente politische Begabung, seine ungemeine strategische Klugheit und nicht zuletzt seine Liebe und Förderung von Kunst und Wissenschaft trugen dazu bei, daß Preußen nicht nur bereits nach dem siebenjährigen Kriege zu hohem Ansehen gelangte. Auch die preußische Nation gewann ein hohes Selbstgefühl und wirkte mit ihrem großen König darauf ein, daß das deutsche Nationalbewußtsein gekräftigt wurde und die Bildung des deutschen Volkes einen höheren Aufschwung nahm.“[3]

Friedrich der Große wurde häufiger als andere Persönlichkeiten der deutschen Geschichte instrumentalisiert. Um ihn rankten sich zahlreiche Mythen; er stellt bis heute Preußens wirkungsmächtigste Verkörperung dar. Eine kritiklose Glorifizierung oder auch Verdammung des bedeutendsten Monarchen aus dem Haus Hohenzollern führte dazu, dass an die Stelle von differenzierten Darstellungen und Bewertungen zunehmend Verzerrungen, Legenden und Stereotypen traten. Heftige Kontroversen trugen weniger zur Klärung der historischen Ereignisse bei als die Beteiligten annahmen.[4]

## Friedrich der Große als Repräsentant Preußens

Preußen wurde in den vergangenen Jahrhunderten im öffentlichen Bewusstsein nahezu durchgehend kontrovers verortet. Es war entweder ein reiner Machtstaat, effizient arbeitend, perfekt organisiert. Dazu gehörten negative Epitheta wie: Preußen sei kultur- und geistesarm, habe im zivilen und militärischen Leben Recht und Menschenwürde missachtet, sei von einem kujonierenden Borussentum durchweg militaristisch geprägt gewesen. Dagegen stehen Beschreibungen, in denen hervorgehoben wird, wie der König unter den unzähligen Toten und den grauenvollen Folgen seiner Kriegszüge gelitten habe, wie er sich auf seinen jährlichen Inspektionsreisen den Nöten des kleinen Landmannes ebenso gewid-

3 Tilsiter Nachrichten, Nr. 19, 24.1.1912 („Fridericus Rex, unser König und Herr!“).

4 Die ältere Literatur erfassen in einem beeindruckenden Umfang Herzeleide Henning und Eckart Henning (Hg.), Bibliographie Friedrich der Große 1786-1986. Das Schrifttum des deutschen Sprachraums und der Übersetzungen aus Fremdsprachen. Berlin 1988.

met habe wie dem um sein Recht betrogenen Kaufmann oder der Soldatenwitwe. In den ersten beiden Jahrzehnten des 19. Jahrhunderts gestaltete sich die öffentliche Auseinandersetzung noch auffallend moderat. Das Publikum in Preußen maß Friedrich Wilhelm IV. an Friedrich dem Großen – und jener schnitt dabei schlecht ab. In dieser Zeit erschien die Erstausgabe der Biographie des promovierten Kunsthistorikers Franz Kugler.[5] Der Verfasser erklärt in seinem Vorwort:

> „Wir legen euch in diesem Buche die Geschichte eines Mannes vor, bei dessen Name das Herz eines jeden Bürgers (...) höher schlägt, eines Mannes, welcher zu denjenigen gezählt werden muß, die zu Trägern der Weltgeschichte berufen waren und hellen Geistes, scharfen Auges, starken Armes ihren Beruf zu erfüllen vermochten. (...) Möge es denn diesem Buche beschieden sein, (...) der Liebe zum Vaterlande neue Nahrung zu gewähren."

Doch erst von der dritten Auflage, von 1846 an, wurde das Werk zum Bestseller. Dazu trugen die Holzstiche des bis dato unbekannten Adolf Menzel entscheidend bei: **Abb. 2**. Seine kongenialen Illustrationen ließen den König zur nationalen Ikone werden.[6] Lange vor 1871 schrieben Publizisten und Politiker die nationale Aufgabe einer Einigung aller Deutschen Preußen zu. Friedrich der Große erschien ihnen dafür die stärkste Symbolfigur zu sein. Diese Ansicht fand 1851 ihre glanzvolle Umsetzung in dem Denkmal von Christian Daniel Rauch. Dem bürgerlichen Verständnis der Zeit entsprechend, wurde der König als Feldherr in triumphierender Pose auf dem Pferd dargestellt: **Abb. 3**. Nach 1871 wollten nicht wenige der Friedrich-Verehrer dem durch die regierenden Fürsten, also von oben geschaffenen Deutschen Reich eine historisch legitimierte Position nationaler Gemeinsamkeit von unten entgegenstellen. Keiner anderen deutschen Dynastie kam zumindest bis zum Ende des Ersten Weltkriegs ein ähnlich hoher nationaler Symbolwert wie Preußen zu. Dementsprechend zogen sich die Feiern zum 200. Geburtstag am 24. Januar 1912 über mehrere Tage hin. Für etliche Militärparaden verlangte Kaiser Wilhelm II. ausdrücklich friderizianische Uniformen. Hatten doch zur Begründung von Friedrichs Ruhm in ganz Europa und auf dem nordamerikanischen Kontinent hauptsächlich die Schlachtensiege seines Vorfahren beigetragen. Selbst schwerste Niederlagen hatten Friedrichs Nimbus letztlich ge-

---

5 Franz Kugler, Geschichte Friedrichs des Großen, Leipzig o.J. (1936), S. 7 und 9; Erstausgabe: 1840.

6 Hierzu Wolfgang Hardtwig, Kugler, Menzel und das Bild Friedrichs des Großen. In: Ders. (Hg.), Hochkultur des bürgerlichen Zeitalters. Göttingen 2005, 303-322; Hubertus Kohle, Adolph Menzels Friedrich-Bilder. Theorie und Praxis der Geschichtsmalerei im Berlin der 1850er Jahre. München 2000. Jetzt liegen in vorzüglichen Ausgaben vor: Adolph Menzel, Briefe, hg. von Claude Keisch / Marie Ursula Riemann-Reyher (Deutscher Verein für Kunstwissenschaft. Quellen 6). 4 Bde. Berlin 2009, und Adolph Menzel, Die Armee Friedrichs des Großen in ihrer Uniformierung, Berlin 1851-57, Faksimile-Farbreproduktionen aller Tafeln. 3 Kassetten. Buchholz in der Nordheide 1995-1997.

stärkt, weil sie als moralische Siege eines mutigen Strategen in aussichtslosen Situationen interpretiert wurden.

Zu Beginn des Ersten Weltkrieges strebte die politische und militärische Führung des Deutschen Reiches danach, die in den August-Tagen gezeigte öffentliche Begeisterung dauerhaft zu sichern. Der Preußen-Historiker Otto Hintze legte anlässlich des Hohenzollern-Jubiläums mit seinem Buch „Die Hohenzollern und ihr Werk“ zwar keinen Panegyrikos vor, doch rühmte er, mit dem Regierungsantritt Friedrichs des Großen sei in Preußen

> „ein Geist kühner Initiative, rücksichtsloser Interessenpolitik (eingezogen), voll von kraftbewußtem Tatendrang, zugleich temperamentvoll und kühl abwägend, schneidig und besonnen. (...) Wie einst das Preußen Friedrichs des Großen im Siebenjährigen Kriege, so kämpft in diesen Tagen das Deutsche Reich unter seinem Hohenzollernkaiser um seine Existenz gegen eine Welt von Feinden.“[7]

Die im Sommer 1917 von der Dritten Obersten Heeresleitung etablierten Regierungen nutzten in den letzten Kriegsjahren die Popularität Friedrichs des Großen in der Bevölkerung weitaus intensiver als die vorangegangenen. Wanderredner hatten den Monarchen als frühen Kämpfer für das Vaterland zu preisen. Sie stellten Friedrich anderen „Großen“ wie Kant und Lessing, Goethe und Bismarck an die Seite. Die Beschwörung der friderizianischen Unbeugsamkeit im Siebenjährigen Krieg sollte den Widerstand stärken und die öffentliche Stimmung aufhellen.

Nach Zusammenbruch des Kaiserreichs und der Revolution von 1918/19 verlangten alle Parteien die Revision der den Deutschen zudiktierten Versailler Vertragsbedingungen. Ebenso setzten sie gemeinsam, jedoch mit Ausnahme der KPD,[8] in ihren Wahlkämpfen Friedrich den Großen als positive historische Persönlichkeit ein. Erstmals im Winter 1919/20 verkörperte der Schauspieler Otto Gebühr, Schüler von Max Reinhardt, in dem Stummfilm „Die Tänzerin Barberina“ den Monarchen in einem Verständnis, zu dem eine relativ schlichte, aber längst populär gewordene Rezeption von Adolph Menzels Illustration die Grundlage geschaffen hatte. Gebühr sollte in den folgenden beiden Jahrzehnten in sechzehn der neunzehn deutschen Friedrich-Filme die Hauptrolle übernehmen: **Abb. 4**. Er spielte den König so volksnah, entschieden und in ausweglos dargestellten Situationen so unerschütterlich, dass für das Publikum von nun an die historische Figur in Gebührs Person und Darstellung aufging: ein konsequent verbürgerlichter Souverän. Das Publikum sah in dem opulent inszenierten „Flötenkonzert“ das Gegenbild zu der Verfilmung von Remarques Roman „Im Westen nichts Neues“ mit seinen „pazifistischen Verzerrungen“. Der Friedrich-Film propagierte die These von der Einkreisung des Reiches, rechtfertigte den Kriegsbeginn und bau-

---

7 Berlin 1915, S. 685.

8 Diese Zurückhaltung zeigte Stalin nicht. Im Zweiten Weltkrieg ließ er z.B. ein ganz außergewöhnliches Flugblatt gestalten: **Abb. 5**.

te das emotionsgeladene Signalwort „Versailles" so geschickt ein, dass der damalige Zuschauer an die aktuelle „Niederlage", „Schmach" und „Unterdrückung" gedacht haben dürfte. Der „Choral von Leuthen" und noch stärker die von Goebbels betreuten Filme „Fridericus" und „Der Große König" verzichteten selbst auf das Minimum an Differenzierungen. Sie unterschlugen den nachdenklichen und zweifelnden König und Aufklärer, den frankophilen Literaten und Freidenker. Da in der NS-Zeit alle Historienfilme Analogien zur Gegenwart herzustellen hatten, mussten im „Fridericus" und „Großen König" die Apotheose des Führers, eines Siegers und Standhaften, gezeigt und die völkische Vorstellung von einem jungen, aufblühenden Staat propagiert werden, der eine deutsche und europäische Mission zu erfüllen habe:

> „Deutschland ist in einer furchtbaren Krisis. Wir leben in einer Epoche, die alles entscheiden und das Gesicht von Europa verändern wird. Vor ihrer Entscheidung muß man furchtbare Zufälle bestehen. Aber nach ihrer Entscheidung klärt sich der Himmel auf und wird heiter. Und wie groß auch die Zahl meiner Feinde ist, ich vertraue auf meine gute Sache und auf die bewährte Tapferkeit der Truppen, vom Marschall bis zum jüngsten Soldaten. Die Armee greift an! (...) Nur bei Preußen liegt die materielle und sittliche Forderung der Berufung. (...) Ich glaube, daß Preußen eine Berufung hat in Europa. Und ein sicherer Instinkt sagt mir, daß es Glück haben wird",

hieß es im „Fridericus" von 1936/37. Goebbels feierte Friedrich als „Nationalsozialisten" und „Sozialisten auf königlichem Thron", schenkte Hitler in der Schlussphase des Krieges Thomas Carlyles „gut fritzisch" gesinnte Biographie und las ihm daraus vor. Die Wertschätzung des Patriotismus, der zu einem aggressiven Nationalismus gesteigert wurde, die Verherrlichung des Heroismus, der Preisgesang auf Standhaftigkeit und Opfersinn sowie die Mythisierung des Heldentods fanden ihre filmische Darstellung bis in die letzte Stunde der NS-Diktatur hinein:

> „Und wenn wir uns mit unseren Nägeln in unseren Boden einkrallen", sagt in Veit Harlans Film „Kolberg" Joachim Christian Nettelbeck, der Anführer der Bürgerwehr, „unsere Stadt, wir lassen nicht los. Nein, nein. Da muß man uns schon die Hände einzeln abhacken oder uns erschlagen, einen nach dem anderen (...). Lieber unter den Trümmern begraben als kapitulieren." Und der Kommandant August Neidhardt von Gneisenau antwortet ihm: „So wollt' ich's von Ihnen hören, Nettelbeck. Jetzt können wir zusammen sterben."

Goebbels pries in nahezu allen seinen Reden des letzten Kriegsjahres das Pflichtbewusstsein Friedrichs und beschwor mit Zitaten des Königs auf millionenfach verbreiteten „Wochensprüchen" Härte, Siegeswillen, Führungsstärke, Opferbereitschaft, Willenskraft, Risikobereitschaft, Asketentum, Stoizismus und Ehrbewusstsein: **Abb. 6**. Der Propagandaminister verstand darunter

> „jene Gesinnung, die sich durch *kein* Unglück entmutigen läßt, die einem übermächtig scheinenden Schicksal *kühn* und *trotzig* entgegentritt, die vor *keiner* Gefahr zurückschreckt, son-

dern sie *klar* ins Auge faßt und dadurch auch schon die Voraussetzung zu ihrer Überwindung schafft. (...) – Wenn wir früher in unseren glücklichen Zeiten häufiger davon sprachen, daß wir ein friderizianisches Geschlecht seien, – nun müssen wir es *beweisen* (Hörfunk-Ansprache, 28.2.1945)."

Das öffentliche Bild Friedrichs des Großen wandelte sich in Deutschland nach 1945 und seit der Vereinigung von 1990 deutlich. In den Jahren der sog. Nachkriegszeit war das öffentliche Bild Preußens und damit auch Friedrichs durch den Kalten Krieg und später durch die Rivalität der Supermächte ideologisch geprägt. Nicht nur in der sich antifaschistisch verstehenden Deutschen Demokratischen Republik, sondern auch in der Bundesrepublik tat sich ein Großteil der Bevölkerung mit dem „preußischen Erbe" schwer. Doch schon vor der Wiedervereinigung zeigte sich in beiden deutschen Staaten eine erste, wenn auch umstrittene Teilaneignung „preußischer Werte". Den Höhepunkt stellten in der Bundesrepublik die Ausstellungen von 1981[9] und 1986[10], anlässlich des 200. Todestags, dar. Doch flaute das öffentliche Interesse bald wieder ab. Diese bundesrepublikanische Entwicklung fand in der DDR keine direkte Parallele. Dort wurde Friedrich zuerst ausschließlich unter den Stichworten „Preußentum und Militarismus" und „Preußentum und Imperialismus" oder „Junkertum und Ausbeutung" propagandistisch negativ instrumentalisiert. Erste Modifikationen kündigten sich mit den Unruhen und Bürgerrechtsinitiativen der siebziger Jahre an. Die Führung versuchte mit dem Rekurs auf „progressive" Persönlichkeiten der deutschen Geschichte eine „nationale" Tradition ihrer Herrschaft zu begründen. Die marxistischen Historiker hatten mit Hilfe dieser „Vorläufer" den „Arbeiter- und Bauernstaat" historisch und wissenschaftlich zu legitimieren. Friedrich avancierte auf diese Weise zu einem der progressivsten Vertreter unter den feudalen Ausbeutern. Die Wiedererrichtung von Rauchs Reiterdenkmal Unter den Linden (1980/81) demonstrierte die neue DDR-Interpretation weltweit.

Nach 1991 stellte sich die Frage, ob die Vereinigung der beiden deutschen Staaten auch dazu führen könne, dass Friedrich erneut zu einer nationalen Leitfigur aufstiege. Das Ausland verfolgte dieses Thema mit hoher Sensibilität, denn es befürchtete die Wiederbelebung eines „preußisch-deutschen Militarismus". Der Bielefelder Historiker Hans-Ulrich Wehler kommentierte in der „Frankfurter Allgemeinen":

„Die Zweideutigkeit des Phänomens Preußen bleibt bestehen, doch die Entscheidung fällt in der Arena der politischen Herrschaft. Unfähig zur Demokratisierung, liegt Preußen als Hege-

9 Preußen. Versuch einer Bilanz. Eine Ausstellung der Berliner Festspiele, hg. von Gottfried Korff u.a. 5 Bde. Hamburg 1981.

10 Friedrich der Große. Ausstellung des Geheimen Staatsarchivs Preußischer Kulturbesitz anlässlich des 200. Todestages König Friedrichs II. von Preußen, hg. von Friedrich Benninghoven u.a. Berlin 1986.

monialstaat des Kaiserreichs bis 1918 wie erstarrt da. Erst Niederlage und Revolution durchbrechen die preußische Verkrustung. Aber um die verhasste Republik in einen autoritären Staat zurückzuverwandeln, intrigieren die preußischen Machteliten 1932/1933 erfolgreich, um das Charisma des ‚Großen Trommlers' für sich auszunutzen (23.2.2002)."

## 2012 – Das sog. Friedrich-Jahr

Für die breite Öffentlichkeit war Friedrich der Große 2012 eine mediale Attraktion. Von dem dreihundertsten Geburtstag blieben aber auch Historiker, die Kunst-, Sozial- und Kulturwissenschaftler nicht unberührt, wie im Rückblick eine Fülle von Tagungen, Vorträgen und Podiumsveranstaltungen belegen. Der Jahrestag wurde von Verlegern und Buchhändlern eingeplant, von Sachbuch- und Zeitschriftenautoren ebenso intensiv genutzt wie von Feuilletonchefs, Zeitungs- und Bildjournalisten, von Musikproduzenten, Ausstellungs- und Kalendermachern sowie von Theater-, Film- und Fernsehregisseuren. Allerorten nahm man den Geburtstag Friedrichs zum Anlass, ausgiebig zu feiern – im nördlichen Deutschland deutlich häufiger als im südlichen, im Ausland, besonders in Russland, Frankreich und England, zumeist unbefangener und von vorbehaltloser Bewunderung als in Deutschland, Polen oder Österreich.[11] Klischees, Fehleinschätzungen und Legenden feierten dabei zwar wieder Urstände, aber es geschah doch weniger aufdringlich und verbissen als in den Jahren zuvor. Das „Feierjahr" konterkarierte den Kalender. Es begann mit Beiträgen im Internet, in Wochenzeitungen wie der „Zeit", Illustrierten und Magazinen wie dem „Spiegel", „Geschichte"[12] oder „damals" bereits 2011, mehrere Monate vor dem 24. Januar 2012. Das Jahr endete nicht nach elf oder zwölf Monaten, sondern reichte mit Ausstellungen wie der Präsentation des Preußen-Museums NRW in Wesel[13] und mit

11 Diese Erfahrungen ließen sich auf Konferenzen und Vortragsveranstaltungen sammeln, die 2012 zu Friedrich dem Großen in Rom, Menaggio / Como und Turin, Paris und London, Wien und Moskau stattgefunden haben.

12 Mit einem reich illustrierten Sonderheft „Friedrich der Große. Philosoph, Staatsmann, Hasardeur" (Augsburg, Januar 2012).

13 Die Ausstellung „Preußen und sein Überkönig: Friedrich der Große. Mensch und Monarch" wurde bis zum 27. Januar 2013 in Minden und Wesel gezeigt. Statt eines traditionellen Katalogs wählte der verantwortliche Herausgeber, Veit Veltzke, einen „Kalender ‚Friedrich 2013'" (Berlin 2012). Er präsentiert die bedeutendsten Exponate, einige Dokumente und zahlreiche Zeichnungen von Rolf Escher. Eine besondere Mühe hat sich die Redaktion mit den Friedrich-Zitaten gegeben, die den Abschluss jedes Tages –zwei Tage pro Katalogseite – bilden. Es ist eine inspirierende Fundgrube entstanden, die aus Briefen, Schriften und Instruktionen besteht, aus Kabinettsordres, Marginalverfügungen oder den Testamenten des Königs. Das Wechselverhältnis zwischen Zentrale und Provinz trat in der Ausstellung mit seinen vielfältigen Fassetten plastisch hervor. – Zu den Testamenten s. Richard Dietrich (Hg.), Die politischen

einigen verspäteten Monographien oder Sammelbänden über den 31. Dezember 2012 hinaus bis weit ins nachfolgende Jahr hinein.[14] So genannte Medienpartnerschaften führten in einigen Tageszeitungen zu Einseitigkeiten und Verzerrungen. Sogar Journalisten großer überregionaler Blätter kamen als „Medienpartner" einer kritischen Berichtspflicht in so unbefriedigender Weise nach, dass sich die Texte wie eine Potsdamer Hofberichterstattung redivivus ausnahmen. Auf der Suche nach Sensationen, mit denen sich die Konkurrenz würde überbieten lassen, unterblieb im Extremfall die dringend notwendige Recherche, so dass bekannte Texte oder Ereignisse als „Entdeckungen" gefeierten wurden.[15] Ein systematischer und Vollständigkeit beanspruchender Rückblick kann hier nicht gegeben werden. Dafür ist die Gesamtheit des in den letzten drei Jahren Veröffentlichten viel zu groß. Aber eine derartige Bemühung wäre auch nicht überzeugend, denn die Qualität alles Vorgelegten und Gesendeten rechtfertigt nicht den Versuch einer Vollständigkeit. Im Folgenden sollen vielmehr Publikationen ausgewählt und thematische Schwerpunkte dort gesetzt werden, wo sich das „Friedrich-Jahr" in originellen Formen widerspiegelt.

Es dürfte auch dem historisch weniger Informierten unschwer aufgefallen sein, dass 2012 keine Friedrich-Biographie großen Formats publiziert worden ist. Damit ist ein Werk gemeint, dem eine originelle Fragestellung und überzeugende Konzeption zu Grunde liegen, das die bisherige Forschung überschaut und souverän verarbeitet sowie die Ergebnisse anschaulich und prägnant darzustellen weiß. Auf ältere biographische Veröffentlichungen wie die von Johannes Kunisch[16] sei

---

Testamente der Hohenzollern (Veröffentlichungen aus den Archiven preußischer Kulturbesitz 20). Köln 1986.

14 Zu Beginn des Jahres publizierte Peter-Michael Hahn, Friedrich II. von Preußen. Feldherr, Autokrat und Selbstdarsteller. Stuttgart 2013. Diese Biographie ist übersichtlich gegliedert, knapp und gut lesbar geschrieben; der Verfasser neigt zu apodiktischen Urteilen, doch sein Werk hebt sich von vielen anderen Veröffentlichungen allein schon dadurch positiv ab, dass es die rezeptionsgeschichtliche Thematik mit berücksichtigt. Vgl. auch vom selben Verfasser: Friedrich der Große und die deutsche Nation. Geschichte als politisches Argument. Stuttgart 2007. – Soeben, im Frühsommer, erschien noch: Ursula Pia Jauch, Friedrichs Tafelrunde & Kants Tischgesellschaft. Ein Versuch über Preußen zwischen Eros, Philosophie und Propaganda. Berlin 2013.

15 Vgl. exemplarisch die Sensationshascherei mit Friedrichs Gedicht „La Jouissance" in der „Zeit" und im „Zeit-Magazin"; dazu Näheres in: Bernd Sösemann (Hg.), Friedrich der Große in Europa – gefeiert und umstritten. Stuttgart 2012, S. 5-7 und 69f.

16 Friedrich der Große. Der König und seine Zeit. München 2004. – Von den älteren Darstellungen seien noch genannt: Karl Otmar Frhr. von Aretin, Friedrich der Große. Größe und Grenzen des Preußenkönigs. Freiburg 1985; Rudolf Augstein, Preußens Friedrich und die Deutschen. Frankfurt 1968; Nachdruck 1986; Arnold Berney, Friedrich der Große. Entwicklungsgeschichte eines Staatsmannes. Tübingen 1934; Wilhelm Bringmann, Friedrich der Große. Ein Portrait. München 2006; Pierre Gaxotte, Friedrich der Große. 4. Auflage. Berlin 1974; Peter Paret (Hg.), Frederick the Great. A Profile. London 1972; Mittenzwei, Ingrid: Friedrich II. von Preußen.

hingewiesen, weil sie keineswegs als überholt anzusehen sind. Sie erschienen in Neu- oder Sonderausgaben. Verlage legten in den Jahren zuvor verfasste Aufsätze nunmehr gesammelt vor. Dazu gehört auch das von Gerd Heinrich[17] vorgelegte, sorgfältig gestaltete und unter ästhetischen Gesichtspunkten gelungene Buch, das aber mit wenig Neuem aufwartet.[18] Weitere Darstellungen erschienen zwar zum rechten Zeitpunkt, waren jedoch von älteren, von der Geschichtswissenschaft nicht mehr vertretenen Auffassungen bestimmt.[19] Die biographisch ausgerichteten Veröffentlichungen von Tillmann Bendikowski,[20] Wolfgang Burgdorf,[21] Ute Frevert,[22] Ewald Frie[23] und Tom Goeller[24] oder Jürgen Overhoffs[25] Doppelbiographie – er rückt Friedrich den amerikanischen Präsidenten George Washington an die Seite – reduzieren Leben und Werk des Monarchen zwar auf interessante, aber letztlich doch zu wenige Aspekte, als dass diese Darstellungen rundum zufriedenstellen könnten – besonders auffallend in der thematischen Engführung bei Jürgen Luh.[26]

Die zweite Überraschung besteht darin, dass die Berlin-Brandenburgische Akademie der Wissenschaften zwar eine Ringvorlesung, aber trotz der von ihr intensiv gepflegten Preußen-Thematik weder einen internationalen Kongress veranstaltet hat noch mit einer entsprechend konzipierten Publikation hervorgetreten ist. Das gleiche Defizit offenbart die an der Humboldt-Universität eingerichtete und von der Akademie mit unterstützte Oppenheim-Professur für die Geschichte Preußens. Die Antrittsvorlesung ihres Inhabers fragt „Wozu preußische Geschichte im 21. Jahrhundert?". Das Thema ist zentral; Antworten könnten anregend und forschungsleitend ausfallen. Doch das Ergebnis enttäuscht. Es sind keine originellen Problemstellungen zu entdecken, denn die Hinweise auf kultur- und

---

Eine Biographie. Berlin (Ost) 1979; überarbeiteter Nachdruck (5. Auflage). Köln 1990; Herman von Petersdorff, Friedrich der Große. Ein Bildnis seines Lebens und seiner Zeit. Berlin 1911; erweiterte Neuauflage: Fridericus Rex. Ein Heldenleben. Nordhausen 1925; Johann David Erdmann Preuß, Friedrich der Große. Eine Lebensgeschichte. 4 Bde. und ein Urkundenbuch. Berlin 1832-1834; Gerhard Ritter, Friedrich der Große. Ein historisches Profil. Leipzig 1936; überarbeitete Neuauflage. München 1954.

17 Friedrich II. von Preußen. Leistung und Leben eines großen Königs. Berlin 2009.

18 Bereits zehn Jahre vor dem Jubiläum publizierte der Propyläen Verlag eine Neuauflage von Theodor Schieders erstmals 1983 erschienener gedankenreicher Biographie „Friedrich der Große. Ein Königtum der Widersprüche".

19 Hierzu zählt u.a. Uwe Oster, Sein Leben war das traurigste der Welt. Friedrich II. und der Kampf mit seinem Vater. München 2011.

20 Friedrich der Große. München 2011.

21 Friedrich der Große. Ein biografisches Porträt. Freiburg 2011.

22 Gefühlspolitik. Friedrich II. als Herr über die Herzen, Göttingen: Wallstein 2012.

23 Friedrich II. Reinbek 2012.

24 Der Alte Fritz. Mensch, Monarch, Mythos. Hamburg 2011.

25 Friedrich der Große und George Washington. Zwei Wege der Aufklärung. Stuttgart 2011.

26 Der Große. Friedrich II. von Preußen. München 2011.

beziehungsgeschichtliche Ansätze folgen dem *mainstream* und sind einer *common-sense*-Historiographie verpflichtet, die hier das pompöse Etikett „Globalisierungsimplikationen für die preußische Geschichte“ tragen.[27] Dass auch Preußen in europäischen, respektive in internationalen, weltumspannenden Kontexten gesehen werden sollte, ist weder neu noch umstritten. Seit mehr als anderthalb Jahrzehnten werden auch die lange Zeit vernachlässigten Wechselbeziehungen Preußens mit den Staaten im ostmitteleuropäischen Raum erforscht. Letztlich hängt die Ergiebigkeit eines geographisch noch weiter ausgedehnten Konzepts von der jeweiligen speziellen Fragestellung ab. Eine Einordnung der Biographie, der Gedanken und der Handlungen Friedrichs in dem europäischen Kontext des 18. Jahrhunderts – mit Ausblicken auf die globalen Herausforderungen der Zeit – bietet bereits die zweibändige Darstellung „Friedrich der Große in Europa – Geschichte einer wechselvollen Beziehung“.[28] Das über eintausend Seiten umfassende, interdisziplinär konzipierte Werk wurde von 48 Historikern aus sieben Staaten Europas verfasst. Der Verlag legte es bereits nach einem Jahr in einer ungekürzten, gleich ausgestatteten und reich bebilderten zweiter Auflage vor.

## Ausstellungen rund um Potsdam und Berlin

Ebenso wie die Neuerscheinungen zum Jubiläum ist auch die Fülle der Ausstellungen in Berlin, Brandenburg, im übrigen Deutschland und Ausland nicht zu überblicken – geschweige denn, einen ersten Eindruck von ihnen zu vermitteln. Damit nimmt man bedauerlicherweise in Kauf, dass kleine, aber so gelungene Veranstaltungen wie der in den Räumen des Deutschen Historischen Instituts London ausgestellte Fotowettbewerb zu „Friedrich II. von Preußen – heute“ unerwähnt bleiben. Die teuerste und in jeder Hinsicht opulent gestaltete Friedrich-Ausstellung wurde in Potsdam eröffnet. Eine zweibändige Darstellung der verantwortlichen „Stiftung Preußische Schlösser und Gärten Berlin-Brandenburg“ gehörte dazu. Das Werk trägt die Untertitel „Die Ausstellung“ und „Die Essays“.[29] Die Bände beeindrucken durch ihre buchtechnisch und ästhetisch gelungene Gestaltung. Zu ihrer ersten Eigentümlichkeit gehört der bizarre Titel „Friederisiko“ – wunderlich in seiner närrischen Banalität und bemühten Dis-

27 In der oktavformatigen Schriftenreihe *Lectiones Inaugurales* 2. Berlin 2012, S. 49. – Die schmale Schrift dominiert ein großer Fußnotenapparat, der in weiten Partien lediglich aus dem Nachweis zahlreicher, auch der schmalsten Veröffentlichungen des Verfassers besteht.

28 Bernd Sösemann / Gregor Vogt-Spira (Hgg.), Friedrich der Große in Europa. Geschichte einer wechselvollen Beziehung. 2 Bde. Stuttgart 2012; unveränderte 2. Auflage, ebd. 2013.

29 Generaldirektion der Stiftung Preußische Schlösser und Gärten Berlin-Brandenburg (Hg.), Friederisiko. Friedrich der Große. 2 Bde.: Die Essays / Die Ausstellung. München 2012.

tanzierung. Die Auswahl der zahlreichen Abbildungen ist eher konventionell, die Qualität der mehrheitlich farbigen Bildwerke ist hoch, die Erläuterung zu den jeweiligen Exponaten in ihrer Knappheit und Präzision gleichermaßen gelungen. Die Herausgeber verorten ihre Präsentation selbstgefällig als „die" Ausstellung und testieren sich „Unvoreingenommenheit", obwohl sie lediglich auf die Darbietung „verschiedener Facetten" und die Einladung „ausländischer Experten" rekurrieren. Das selbstkritische „Geleitwort" zu den „Essays" und die Wertungen in der Mehrzahl aller Beiträge enthüllen, dass diese Ziele nicht erreicht wurden: „Auffällig und nicht zu beschönigen ist allerdings, dass erstaunlich wenig Kolleginnen und Kollegen aus dem europäischen Ausland vertreten sind", lautet somit auch das Urteil des Potsdamer wissenschaftlichen Beirats. Aber sogleich wird besänftigend hinzugefügt, dass man „nirgends eine Diffamierung dieses Königs erkennen" könne. Ja, Diffamierungen fehlen, stattdessen fällt die Neigung etlicher Autoren auf, bei der Beurteilung des Charakters, der Entscheidungen und Handlungen Friedrichs zu moralisieren, den zeitgenössischen Kontext zu vernachlässigen und den König nicht ausreichend in die Geschichte Europas einzubeziehen.

Die ästhetisch gelungene, aber mit Details und durch umfangreichen Lesestoff überladene Ausstellung musste irritieren, weil die Kuratoren keine Empfehlung gegeben haben, in welcher Folge die Flucht der Räume am besten zu durchschreiten sei. Auch die Ausgangsfrage eines jeden interessierten Besuchers blieb unbeachtet, wie die überbordende Anzahl von Objekten in den meisten Räumen bewältigt werden könne. Die Beliebigkeit war gewollt. Mit einer noch zusätzlich gefertigten Broschüre versuchten die Kuratoren, dem Besucher wenigstens nachträglich eine gewisse Orientierungshilfe zu geben. Aber der Text dieses Aushilfsheftchens folgt mit zumeist aussageschwachen Stichworten lediglich denen des Katalogs: Blütezeit – Dynastie – Entwicklungspolitik – Europa und die Welt – Horizonte– Königsbilder – Körper und Seele – Der Modeaffe – Risiko und Ruhm – Tagesgeschäft – Verhältnisse – Im Wettstreit.

Die 39 Einführungen zu den zwölf Abschnitten im Katalogband sind auf die Sache konzentriert und instruktiv. Im Folgenden geht es mir um die Frage, ob die begleitenden Texte und Erläuterungen in dem engen Zusammenhang mit den Exponaten stehen, die man bei einem derartigen Unterfangen erwarten darf. Ein Beitrag zur „Aufklärung" hat in jeder Auseinandersetzung mit Friedrich eine zentrale Position einzunehmen, doch erreicht er hier ebenso wenig wie auch in der Ausstellung das von seinem Bearbeiter verkündete Ziel, die „Netzwerke der europäischen Aufklärung" und den „gesamteuropäischen Kommunikationszusammenhang" darzustellen. Dieser Umstand dürfte Vorgaben der Herausgeber geschuldet sein, denn der Autor, Andreas Pečar, zählt zu dem Kreis bestens ausgewiesener Fachkenner. Die Ausstellung vermochte bestenfalls punktuell und nur in schwachen Ansätzen zu vermitteln, in welchem Umfang Friedrichs

Herrschaftspraxis von aufklärerischen Ideen und Sachelementen mit bestimmt war, obwohl schon die ältere Forschung das Politik- und Rechtsverständnis des Monarchen häufig thematisiert hat. Ähnliches gilt für die Themen Moral und Ethik. Das Aufklärerische im Denken und Handeln des Königs zeigte sich in der politischen Praxis bei mehreren Gelegenheiten deutlich. Es sei hier auf die weitgehende Abschaffung des Folterns erinnert oder auf die sogleich nach der Thronbesteigung erfolgte Zurückholung des Philosophen Christian Wolff, den Friedrich Wilhelm I. ins Exil getrieben hatte. Dazu gehören die Ankündigung, Toleranz gegen jedermann üben zu wollen, die Kodifikation und Sicherung der Rechtsprechung sowie die entschiedenen Versuche, Herrschaft und Geist unter dem Dach aufklärerischer Ideen miteinander zu verknüpfen.[30] Die Initiativen im öffentlichen Bildungswesen sind zu den Anstößen zu zählen, die sich erst im Lauf des folgenden Jahrhunderts deutlicher auswirken sollten. Bildung wurde im letzten Drittel des 18. Jahrhunderts zur Aufgabe des Staates. Das Revolutionäre und Nachhaltige des Gedankens und der Tat bestanden somit darin, dass der Monarch damals der Kirche die Suprematie über die Ausbildung der Kinder endgültig entzog. Allein in der Hand der Verwaltung lag seitdem die Verantwortung für Elementarschulen und Lehrerausbildung sowie – hier zeigt sich ein besonderes Interesse Friedrichs – die musikalische Bildung[31] auf dem Lande.

Dem Thema „Europa“ wurde zwar der Abschnitt „Großbritannien, Amerika und die atlantische Welt“ des Katalogs in Grenzen gerecht, in den entsprechenden Ausstellungsräumen stieß man jedoch auf eine unzulängliche Addition viel zu weniger Zeugnisse, als dass sich ein nachhaltiger Eindruck hätte ergeben können. Über die Sexualität des Königs wird kenntnisreich geschrieben, aber über seine zahlreichen Freundschaften erfährt man eher Oberflächliches, sehr viel mehr und Anschauliches jedoch über Schreibtische und die Porzellanmanufaktur. Die 21 umfangreicheren Abhandlungen des zweiten Bandes widmen sich Friedrich als Schriftsteller, seinen Vorlieben für Architektur, Oper und Skulpturen, seiner medialen Selbstdarstellung sowie speziellen Themen wie seiner Rolle als Ehestifter – doch Kindheit, Jugend und die Rheinsberger Zeit verbleiben im Dunkel. Aus den Quellen gearbeitet ist der Essay zu Friedrichs Judenpolitik und seiner persönlichen tiefen Aversion gegenüber Juden. Es wäre von hohem Nutzen gewesen, wenn der Verfasser das Thema zu einer umfassenderen Untersuchung über Toleranz in der Politik genutzt und es vermieden hätte, den „König nur noch (als) ein deutsches Thema“ zu behandeln, wie das Geleitwort dieses durchgehende Defizit selbstkritisch benennt. Die Beiträge zum „roi philosoph“ (Andreas Pečar), zum

30 Detlef Merten, Rechtsstaatliche Anfänge im Zeitalter Friedrichs des Großen. Berlin 2012.

31 Zu Friedrichs Interesse an der Musik, sein Komponieren und Musizieren ordnet in die Zeit in überzeugender Weise ein: Sabine Henze-Döhring, Friedrich der Große. Musiker und Monarch. München 2012.

Feldherrn (Marian Füssel) und zu dem höfischen Zeremoniell (Thomas Biskup) informieren ungleich differenzierter und gehören damit zu den besten Essays. Unvermittelt tauchen am Schluss noch Wilhelm II. und seine Ahnen auf, so dass sich der Leser fragt, weshalb wilhelminische Absonderlichkeiten vorgetragen werden müssen, wenn doch die ungleich wirkungsmächtigeren europäischen Rezeptionen übergangen werden. Nach der Berechtigung des ehrenden Beinamens „der Große“ wird gefragt, doch das Ergebnis, der Monarch könne „weiterhin ‚der Große‘ genannt“ werden, wird allein auf die Selbstzuschreibung gegründet und in einem Duktus vorgetragen, der vermuten lässt, dem Verfasser sei dabei äußerst unwohl.[32] Eine ähnliche Vermutung entsteht häufiger, weil die Autoren des zweiten Bandes bemüht zu sein scheinen, charakterliche Schwächen oder politische Unterlassungen, vermeintliche Defizite oder Versäumnisse ungleich akribischer anzuführen als Auffassungskraft und Begabung, Fähigkeiten oder Verdienste, respektive Leistungen. Und auf diesem Pfad folgt ihnen auch die Ausstellung.

Auf drei Ausstellungen sei noch aufmerksam gemacht. In Schloss Köpenick bearbeiteten das Geheime Staatsarchiv–preußischer Kulturbesitz, Berlin, und das Kunstgewerbemuseum der Staatlichen Museen zu Berlin die Vorgeschichte, den Ablauf und die Folgen des Katte- und Kronprinzen-Prozesses von 1730 unter dem Titel „Kriegsgericht in Köpenick“. Katalog und Ausstellung zeigen die Erfahrung und Sachkenntnis erprobter Kuratoren.[33] Das größte Verdienst liegt darin, dass die Legenden und Mythen, die sich um den Prozess, um Friedrich und Katte in rund zweieinhalb Jahrhunderten gebildet hatten, auf der Basis von aktenorientiert, mit großer Akribie und systematisch vorgenommenen Quelleninterpretationen zerstört werden. Die Ausstellung „Die Bücher des Königs. Friedrich der Große. Schrift-

32 „Historische Größe“ zu attestieren, schließt nicht ein uneingeschränktes Lob mit ein. Ein derartig ausgezeichneter Mensch taugt in der Regel keineswegs zum Vorbild. Für Jacob Burckhardt etwa gehörte zum „großen Individuum“ eine „abnorme Willenskraft, welche magischen Zwang um sich verbreitet und alle Elemente der Macht und Herrschaft an sich zieht und unterwirft“. Man kann derlei für bewundernswert oder verabscheuungswürdig halten – einem modernen Gesellschaftsbild entspricht es auf keinen Fall. Gleichzeitig steht die persönliche Brillanz Friedrichs außer Frage. Zumindest waren etliche seiner Fähigkeiten überdurchschnittlich und fielen so unmittelbar ins Auge, dass er auch außerhalb der Hofkreise als neugieriger, eigenständiger Denker, ein die Musik liebender Mensch, der selbst komponierte, und als literarisch ambitionierter Briefschreiber bewundert wurde. Ein virtuoser Könner auf allen Feldern der Kunst und Wissenschaft musste er dagegen gar nicht sein, um in der Abfolge der Preußenkönige und unter den Herrschern des 18. Jahrhunderts als mit etlichen Talenten begabt aufzufallen.

33 Jürgen Kloosterhuis / Lothar Lambacher (Hg.), Kriegsgericht in Köpenick! Anno 1730: Kronprinz – Katte – Königswort. Berlin 2011; vgl. zum Thema auch: Jürgen Kloosterhuis, Katte. Ordre und Kriegsartikel. Aktenanalytische und militärhistorische Aspekte einer „facheusen“ Geschichte. Berlin 2011.

steller und Liebhaber von Büchern und Bibliotheken"[34] gehört zu den kleinen, mit großer Kennerschaft und Umsicht gestalteten Präsentationen. Sie rief ungeteilte Begeisterung hervor. Der beigegebene Katalog trug denselben Titel wie die gezeigte Sammlung. Beide hat Wolfgang J. Kaiser verantwortet. Sein reich illustrierter, mit großer Sorgfalt verfasster Band ergänzt die Beschriftungen zu den Exponaten so umfassend, dass vor dem geistigen Auge des Lesers ein wirklichkeitsnahes Bild der Ausstellung entsteht. Das Deutsche Historische Museum, Berlin, stellte unter dem Titel „Friedrich der Große – verehrt, verklärt und verdammt..." die jahrhundertlange Rezeptionsgeschichte dar, also die vielfältigen Instrumentalisierungen des Monarchen, seine Popularisierung als „Alter Fritz", die Heroisierung des Staatsmanns und Feldherren, die Verehrung des „Philosophen auf dem Thron" oder des „Ersten Dieners" seines Staates.[35] Die Ausstellung setzt mit der zeitgenössischen Rezeption ein und beweist mit einer Vielzahl unterschiedlicher Exponate, dass der größte Teil des friderizianischen Ruhms sich in der Öffentlichkeit nahezu zwei Jahrhunderte lang auf sein Charisma und die militärischen Erfolge gründete. Die großen Schlachten des Siebenjährigen Krieges wie Hochkirch, Kolin, Kunersdorf, Leuthen, Roßbach oder Sohr zählten bereits die Schulkinder begeistert auf, Patrioten stellten mit Zinnfiguren die Siege enthusiastisch nach.

Doch die Bewunderung der Nachwelt galt auch den Niederlagen und dem unterlegenen König, der sich geschickt zu verteidigen oder auf neue Koalitionen zu stützen wusste. Schon deutlich vor der englisch-preußischen Koalition von 1756 beherrschte ein überwiegend positives Bild des Preußenkönigs auch die britische Öffentlichkeit. Sie feierte ihn als Verteidiger der Freiheit und der protestantischen Sache. Nach dem Siebenjährigen Krieg erreichte die Friedrich-Begeisterung in England ihren Höhepunkt. Sie spiegelte sich auf Tabakdosen, Porzellan und Wirtshausschildern. Schließlich erreichte sie die unteren Bevölkerungsschichten, so dass Friedrichs Ehrenname „der Große" in Pubs und auf der Gasse präsent war als „world's great Chief in Council and in arms, the Caesar of his age". Auf große Sympathien stoßen wir auch in zeitgenössischen Korrespondenzen, Memoiren und Tagebüchern. Ein Ladenbesitzer aus Sussex sieht in Preußen und seinem König ein Vorbild für das reformbedürftige England. Er schreibt nach dem Sieg Friedrichs bei Roßbach:

> „Als ich die Gazette vom 22. las, stieß ich sofort auf den König von Preussen, der mit etwa 20.000 Männern die vereinigten Truppen des Reiches und Frankreichs geschlagen hat, die 60.000 Mann zählten; er, der sie in die Flucht geschlagen hat und fast all ihre Kanonen, Ausrüstung etc. erbeutet hatte, auf dem Schlachtfeld vordringend und tötend die übrigen 10.000 verfolgte. Oh, könnte sich doch England mit solch kriegerischen Taten brüsten und eine solch

34 Eine Ausstellung mit der Staatsbibliothek zu Berlin – Preußischer Kulturbesitz. Berlin 2012.

35 Der vom Museum herausgegebene gleichnamige Katalog (Stuttgart 2012) enthält auch einführende Texte.

wahre heroische Tapferkeit über all seine kriegerischen Männer ausgebreitet finden. Aber wie können wir erwarten, solche Tapferkeit im armen und degenerierten Volk von England zu finden, wenn es doch Tugend ist, und die allein, die den wahren Helden macht und die Tapferkeit in der Brust des Kriegers weckt."[36]

## Forschung: Überlieferungen, Quellen und Dokumente

Hat das „Friedrich-Jahr" der Forschung Impulse gegeben? Eine vollständige Antwort ist noch nicht möglich, denn diese kann in den kommenden Jahren allein die praktische Arbeit der Editoren und Autoren geben. An den veröffentlichten Ergebnissen wird abzulesen sein, ob sich die Quellenbasis und unsere Kenntnisse über die friderizianische Politik im Kontext des 18. Jahrhunderts entscheidend verbessert haben. Trotz intensiver Forschung gibt es noch keine historisch-kritische Ausgabe der persönlichen und amtlichen Schriften des Monarchen, ja nicht einmal seiner politischen Korrespondenz. In den Beiträgen zur Philosophie, Religion und Literatur sind etliche Passagen und sogar ganze Texte, die man bisher als frivol, blasphemisch oder obszön einschätzte, nie publiziert worden. Einige der religionskritischen Texte, darunter das „Totengespräch zwischen Madame de Pompadour und der Jungfrau Maria" sind erst 1999 erschienen. Weitere inhaltliche Verschiebungen oder sogar erhebliche Verzerrungen ergeben sich bis heute durch die Übersetzungen aus dem Französischen. Es ist nicht übertrieben, wenn man von einem Schleier spricht, der über den Texten liegt und ihr Verständnis erschwert. Doch nicht erst seit dem „Friedrich-Jahr" gibt es Hoffnung. Seit mehreren Jahren laufen an der Universität Potsdam die Arbeiten an einer zweisprachigen Ausgabe der Werke Friedrichs des Großen. Das Unternehmen schreitet bedauerlicherweise nur langsam voran; bislang ist nur eine Veröffentlichung erschienen, der sechste Band mit einer Auswahl aus den „Philosophischen Schriften".[37] Drei weitere Bände stehen vor dem Abschluss. Den Herausgebern ist Erfolg und eine angemessene finanzielle Ausstattung ihrer Arbeitsstätte zu wünschen. In der umfangreichen literarischen Hinterlassenschaft Friedrichs stecken wichtige Auskünfte über die zentralen Themen seiner Herrschaft, finden sich Hinweise zu Motivation und Intention, zu Methoden und Handlungen sowie zu Friedrichs Reflexionen über Erreichtes und Versäumtes, das Walten des Schicksals, über Ruhm, Bescheidenheit und irdisches Glück.[38] Die älteren Veröffent-

36 David Vaisey (Hg.), Thomas Turner, Diary 1754-65. CTR Publishing 1994, S. 99 und S. 124f.

37 Anne Baillot / Brunhilde Wehinger (Hg.), Friedrich der Große – Potsdamer Ausgabe / Frédéric le Grand – Edition de Potsdam, Französisch-Deutsch, Bd. VI: Philosophische Schriften / Œuvres philosophiques, übersetzt von Brunhilde Wehinger. Berlin 2007.

38 Die Werke Friedrichs des Großen stehen seit kurzem im Netz: OEuvres de Frédéric le Grand – Werke Friedrichs des Großen. Digitale Ausgabe der Universitätsbibliothek Trier, in: http://

lichungen sind wegen ihrer oftmals perspektivischen und thematischen Verkürzung auf Bipolaritäten ergänzungsbedürftig: Absolutismus versus Aufklärung, Machiavellismus versus Antimachiavellismus, Macht versus Recht, Staatsräson versus Humanität, Skrupellosigkeit versus Gewissen. Sogar neuere Biographien resümieren ihren Versuch, Friedrichs „Gesetz des Handelns" zu enthüllen, auf Begriffe wie „Doppelgesichtigkeit", „Königtum der Widersprüche" (Th. Schieder), „Doppelzüngigkeit" oder Metaphern wie das „Rätsel" seines Charakters und verweisen auf den „inneren Widerspruch Friedrichs".

Friedrichs Kriegszüge und seine militärhistorischen Schriften werden in den letzten Jahrzehnten seltener untersucht als in den beiden Jahrhunderten zuvor. Nur wenige Historiker begnügen sich noch damit, Friedrich den Großen als militärisches Genie und das Charisma eines an der Spitze seines Heeres kämpfenden Königs und Feldherrn zu feiern. Seit dem Kaiserreich hat sich international das Bild von einem „Preußischen Militarismus" verfestigt. Hätte Friedrich der Große ähnlich wie sein Vater keine großen Kriege geführt, wäre das Entsetzen über den Verfasser des „Anti-Machiavel" und seine militärischen Eskapaden ausgeblieben. Das Manuskript war zu Lebzeiten Friedrichs in 38 Ausgaben verbreitet; bis 1803 waren es 63, zur Hälfte französische, 15 deutsche und Ausgaben in Englisch, Italienisch, Holländisch, Russisch, Schwedisch und eine auf Latein: **Abb. 7**. Der Präventivkrieg gegen Österreich wurde deshalb nicht nur ein politisches, sondern auch ein literarisch und moralisch anhaltendes Debakel. Der Militärhistoriker Bernhard R. Kroener wendet sich gegen diese auch heute noch zumeist in moralisierender Absicht formulierten Überspitzungen. Er verweist auf die Tatsachen, dass die Heeresetats überall in Europa ähnlich hoch gewesen seien und Frankreich und England länger als Preußen Krieg geführt hätten:

> „Es gehört geradezu zu den Kennzeichen einer frühneuzeitlichen Militärmonarchie, dass in ihr das Militär einen konstitutiven Bestandteil von Herrschaft und ihren sichtbaren Ausdruck darstellte. (...) Mit dem Beginn der Französischen Revolution (...) wurde der Begriff (...) ‚Militärstaat' auf die Verhältnisse in Frankreich bis 1815 angewendet. (...) Preußen war eine Militärmonarchie, deren Erscheinungsbild jedoch nicht den Rahmen der europäischen Verhältnisse sprengte. Das Bild von einem militarisierten Sozialsystem als Ausdruck eines preußisch-deutschen Sonderweges überträgt dagegen unkritisch die Herrschaftsinstrumente und Wertvorstellungen des 19. Jahrhunderts auf die Lebenswelt der frühmodernen Gesellschaft."[39]

---

www.friedrich.uni-trier.de/. Die älteren deutschen Übersetzungen stammen von: Gustav Berthold Volz (Hg.), Die Werke Friedrichs des Großen. 10 Bde. Berlin 1912-1914; ders., Friedrich der Große im Spiegel seiner Zeit. 3 Bde. Berlin 1926-1927; ders., Ungedruckte Briefe und Dichtungen Friedrichs des Großen. In: Forschungen zur brandenburgischen und preußischen Geschichte 45 (1933), S. 368-371.

39 „Eine Armee, die sich den Staat geschaffen hat"? Militärmonarchie und Militarismus. In: Bernd Sösemann / Gregor Vogt-Spira, Friedrich der Große – Geschichte einer wechselvollen Beziehung, Bd. 2, S. 233-248; s. auch: Bernhard R. Kroener (Hg.): Europa im Zeitalter

Im „Friedrichjahr“ ist nur eine gründliche Darstellung zur preußisch-osteuropäischen Geschichte erschienen. Das Werk „Friedrich II. zwischen Deutschland und Polen – Ereignis- und Erinnerungsgeschichte“ von Hans-Jürgen Bömelburg[40] berücksichtigt in fünf seiner dreizehn Kapitel die politisch-ideologischen Instrumentalisierungen von Friedrich in Polen und Deutschland. Einen zentralen Platz nehmen die russisch-preußische Entente ein, die erste Teilung Polens und ihre Auswirkungen auf die spätere Geschichte. Diese Monographie ist hervorzuheben, weil rezeptionsgeschichtliche Abschnitte selbst in neueren Friedrich-Biographien fehlen. Dagegen erhält die Wirkungsgeschichte in dem von Gregor Vogt-Spira und mir herausgegebenen zweibändigen Sammelwerk ein eigenes, abschließendes Kapitel. Die Mehrzahl der Autoren hat darüber hinaus die europäische Kontextualisierung und Rezeptionsgeschichte thematisiert. Dieser Schwerpunkt schien nicht nur den Herausgebern und ihren Kollegen lohnend zu sein, wie der Rezension des besten Kenners des 18. Jahrhunderts, Heinz Duchhardt, zu entnehmen ist.[41]

Friedrichs Verständnis von Staat, Politik und Herrschaft bewahrte Preußen nicht vor den tiefgreifenden transnationalen Erschütterungen, die ein gutes Jahrzehnt nach seinem Tod von der großen Revolution in Frankreich aus gingen. Der preußische Monarch sah sich ähnlich wie Katharina die Große als herausgehobener Repräsentant eines „philosophischen Jahrhunderts“. Beide verstanden sich

---

Friedrichs des Großen. Wirtschaft, Gesellschaft, Kriege (Beiträge zur Militärgeschichte 26). München 1989.

40 (Kröners Taschenausgaben 331). Stuttgart 2011.

41 „Unter den geradezu tsunamiähnlich sich im Januar 2012 über den Markt ergießenden Büchern zum Friedrich-Jubiläum – Monographien, Ausstellungskatalogen, Begleitbänden usw. –, die in manchen Fällen wohl relativ rasch wieder der Vergessenheit anheimfallen werden, nimmt das anzuzeigende zweibändige Werk eine Sonderstellung ein – die Prognose wird nicht zu kühn sein, dass es für längere Zeit als eine Wegmarke der Friedrich-Historiographie gelten wird. Für ein Sammelwerk ist das etwas Ungewöhnliches. – Diese Bewertung gründet zum einen darin, dass es ein durchdachtes, ‚komponiertes‘ Werk ist – was Wiederholungen und auch differente Ansichten der Beiträger nicht ausschließt – und dass eine Reihe von Autoren mit sehr originellen und unkonventionellen Fragestellungen aufwartet und keine Scheu hat, die Quellen auch einmal gegen den Strich zu lesen und mehr oder weniger heftig an Positionen der borussischen Geschichtsschreibung zu rütteln, die das Einmalige und ganz Exzeptionelle preußischer Entwicklungen und Phänomene herauszuarbeiten versucht hatte. Zum anderen hat man Autoren und Autorinnen eine Chance gegeben, die unbelastet von den Traditionen der Friedrich-Geschichtsschreibung die Herausforderung angenommen haben, sich an einem modifizierten Friedrich-Bild zu versuchen – das *muss* nicht zwingend ein Vorteil sein, *kann* es aber. (…) Und zum dritten ist die europäische Einbettung des Monarchen noch längst nicht die Regel und wird hier in der Regel konsequent befolgt. (…) Friedrich ist hier nicht nur ‚europäisiert‘, sondern auch zu einem guten Stück auch ‚normalisiert‘ worden – manche borussischen Historiker des 19. Jahrhunderts werden sich im Grab umdrehen ...“ (Heinz Duchhardt, in: Sehepunkte, Ausgabe 12 [2012], Nr. 9).

als souveräne Potentaten und „aufgeklärte Herrscher". Bei strenger Betrachtung, die sie selbst favorisierten, waren ihre Standpunkte schwerlich gleichzeitig zu vertreten. Katharina und Friedrich ging es vorrangig um die Sicherung, Rationalisierung und Ethisierung ihrer Macht, die Rechtfertigung von Vertragsbrüchen und (Angriffs-)Kriegen sowie um die Präzisierung von Herrscherinteressen einerseits und des Wohls und Glücks der Untertanen andererseits. Sie beherrschten den Ausnahmezustand; sie bestimmten, ob eine Notlage für den Staat und die Bevölkerung bestand. Friedrichs Bemühungen um eine friedliche Dauerordnung richteten sich hauptsächlich auf die Außenpolitik und weniger auf die inneren Verhältnisse Preußens. Innerhalb der preußischen Territorien begnügte er sich mit der weitgehenden Befriedung sozialer und wirtschaftlicher Bedürfnisse, mit dem Kompromiss zwischen der Privilegierung des Adels und einem begrenzten Entgegenkommen bei dem Mitwirkungsverlangen der Stände.[42] Das deutlichste selbstkritische Eingeständnis eines partiellen Scheiterns findet sich erst ein Vierteljahrhundert später in Friedrichs „Histoire de mon temps". Dort heißt es in einer um Nachsicht heischenden Vorbemerkung: Der Leser werde vermutlich zwischen dem Philosophen und Herrscher, dem Moralisten und Politiker zu trennen wissen. In seinen „Réflexions sur Charles XII." fügt Friedrich selbstkritisch hinzu: „Avez vous pris pour vous même, grand critique, les leçons que vous leur prodiguez si libéralement? Hélas! Non, j'ai à faire à ceci qu'une reponse: Nous sommes frappés des fautes d'autrui, tandis que nos propre défautes nous échappent."[43]

Die Preußen- und Friedrich-Forschung der letzten Jahrzehnte hat zumindest erreicht, dass die Öffentlichkeit dieser Epoche und den damit verbundenen Themen der deutschen Geschichte entspannter, vielleicht aber auch mit einem eher oberflächlichen Interesse begegnet. Es dürfte nicht nur für die betroffenen Autoren und ihre Verleger aufschlussreich sein, ob die Hundertschaft der Neuerscheinungen nur ein Strohfeuer darstellt oder ob sie ein nachhaltiges Echo hervorgerufen hat. Selbst die einstmals Gräben aufreißende Frage, ob Friedrich den Zusatz „der Große" zu Recht trage, wird heute gelassener denn je beantwortet.[44] Alle Reflexionen über den ehrenden Zusatz „der Große" haben erbracht, dass es keine strengen Kriterien gibt, nach denen dieser Titel verliehen wird. Die Historiker beanspruchen eine Deutungskompetenz, doch keinesfalls kommt ihnen eine Ent-

42 Jörn Garber, Spätabsolutismus und bürgerliche Gesellschaft. Studien zur deutschen Staats- und Gesellschaftstheorie im Übergang zur Moderne, Frankfurt am Main 1992, S. 119-126.

43 Friedrich der Große, Réflexions sur les talents militaires et sur le caractère de Charles XII, roi de Suède. In: Johannes Kunisch (Hg.), Aufklärung und Kriegserfahrung. Klassische Zeitzeugen zum Siebenjährigen Krieg. Frankfurt am Main 1996, S. 547-586; hier: S. 586.

44 Vgl. dazu: Theodor Schieder, Über den Beinamen „der Große" – Reflexionen über historische Größe (Rheinisch-Westfälische Akademie der Wissenschaften. Geisteswissenschaften, Vorträge G 271). Opladen 1984, 11-33.

scheidungsmacht zu, denn Zuschreibungen von solcher öffentlichen Tragweite sind auch sozial konstituiert. Wer auch immer den Ehrentitel „erfindet", sollte bei seiner Initiative bedenken, dass letztlich die Öffentlichkeit ihn akzeptieren muss, wenn er Gültigkeit haben soll. Selbst eine Persönlichkeit, die in der zeitgenössischen Öffentlichkeit über ein starkes Renommee verfügte, wie Kaiser Wilhelm II., vermochte seinen Vorschlag, seinen Großvater, Wilhelm I., zu einem „Großen" zu erheben, mangels öffentlicher Begeisterung nicht durchzusetzen. Wer heute das Epitheton „der Große" verwendet, setzt es kaum noch zur Heroisierung ein, sondern zumeist zur Individualisierung des Namens und zur würdigenden Hervorhebung herausragender Einstellungen und Leistungen wie Breite der Interessen und Fähigkeiten, Toleranz, literarisches Werk und Abschaffung der Folter. Der Rechtshistoriker Mathias Schmoeckel stellt als Resümee seiner Untersuchungen zu den Kabinettsordren vom 3. Juni 1740 und 4. August 1754 fest, die starke Intention des Monarchen, die Folter abzuschaffen, sei unzweifelhaft gegeben gewesen. Dafür und für die konsequente Ahndung von Umgehungsversuchen gebühre ihm die Kennzeichnung „der Große".[45]

## Nachtrag

Soeben ist erschienen: Volker Böning, 300 Jahre Friedrich II. Ein Literaturbericht zum Jubiläumsjahr 2012 – eingeschlossen einige Gedanken zum Verhältnis des großen Königs zu seinen kleinen Untertanen, zu Volksaufklärung und Volkstäuschung sowie zur Publizistik (Presse und Geschichte – Neue Beiträge 75). Bremen 2013. Auf dieses umfassende Werk (385 S.) soll noch hingewiesen werden, weil es die Neuerscheinungen des Jubiläumsjahrs in einer bislang nicht erfolgten Ausführlichkeit erfasst (S. 357-360) und sie in knappen Übersichten rezensiert (S. 17-146). In den folgenden vier Kapiteln finden sich Reflexionen des Autors zu ausgewählten Themen: „Kindheit, Jugend, und Kronprinzenzeit" (147-186), „Der König und seine gemeinen Soldaten" (S. 187-216), „Der große König und seine Untertanen – das durch die populäre Aufklärung vermittelte Friedrichbild" (S. 217-262) sowie „Friedrich II. und die Publizistik: Meinungs- und Pressefreiheit" (S. 263-304). „Ein kleines Fazit oder Friedrich II. und unsere Dichter" (S. 305-322) schließt den reichlich illustrierten, von Wiederholungen nicht freien, aber keineswegs ermüdenden, sondern in einem leichten, ironisch-distanzierten Stil geschriebenen Überblick ab.

45 Schmoeckel, Mathias: Humanität und Staatsräson. Die Abschaffung der Folter in Europa und die Entwicklung des gemeinen Strafprozeß- und Beweisrechts seit dem hohen Mittelalter (Norm und Struktur. Studien zum sozialen Wandel in Mittelalter und Früher Neuzeit 14). Köln 2000, S. 19-49.

## Die Abbildungen

*Abb. 1: Porträt (100x120 cm) in der Art von Antoine Pesne (1783-1837); vermutlich von Anna Dorothea Lisiewski, verehelichte Therbusch (1721-1782) in der zweiten Hälfte des 18. Jahrhunderts gemalt (Privatbesitz).*

*Abb. 2: Adolph Menzel (1815-1905), Fotografie von Johannes Lüpke (?): „Bildnis Adolf Menzel".*

*Abb. 3: Reiterdenkmal von Christian Daniel Rauch (1777-1857).*

*Abb. 4: Otto Gebühr (1877-1954), Fotografie von Karl Schenker (?-1935): „Otto Gebühr als Alter Fritz“.*

*Abb. 5: Das sowjetische Flugblatt (20.7.1941) sollte deutsche Soldaten zum Überlaufen animieren. In ihm heißt es u.a.: „Deutscher Soldat! Du bist stolz auf Friedrich den Grossen, und Dein Stolz ist vollberechtigt. Der begabte Feldherr hat seinen Ruhm in vielen Schlachten würdig verdient." – Weitere Einzelheiten in: Bernd Sösemann / Gregor Vogt-Spira (Hgg.), Friedrich der Große in Europa. Geschichte einer wechselvollen Beziehung. 2 Bde.; unveränderte 2. Auflage, Stuttgart 2013; hier: Bd. 2, S. 382f.*

*Abb. 6: Wochenspruch der NSDAP, hg. von der Reichspropagandaleitung der NSDAP (24.-30. August 1941). Die knapp DIN A3-formatigen Plakate hingen in Rathäusern, Unternehmen, Arztpraxen, Wirtshäusern und Schulen aus. Die Propagandisten kombinierten Zitate der ihnen genehmen deutschen Klassiker (von Goethe bis Beethoven, von Wagner bis Schiller) mit Hitler-, Goebbels-, Göring- und Himmler-Zitaten.*

Nummer 360

ANTI - MACHIAVEL,

OU

ESSAI DE CRITIQUE

SUR LE

PRINCE

DE

MACHIAVEL,

PUBLIE' PAR

MR. DE VOLTAIRE.

A LA HAYE,

Aux dépens de L' EDITEUR

M. DCC. XL.

*Abb. 7: Titelblatt der Erstausgabe des Buches „Anti-Machiavel", das im September 1740 von Voltaire gegen den Willen Friedrichs anonym in Den Haag herausgegeben wurde.*

**Abbildungsnachweis**

Falls nichts anderes vermerkt: Forschungsstelle AKiP des Friedrich-Meinecke-Instituts für Geschichtswissenschaft an der Freien Universität Berlin.

# Exzellenz

Martin Rennert

Es ist in keinem Zusammenhang möglich, „gut“ für jeden befriedigend zu definieren, da Qualität je nach Kontext und dann auch noch je nach Perspektive etwas völlig anderes sein kann. Ich werde mich, wenn ich nun versuche, in kurzen Worten etwas über die Exzellenz einer künstlerischen Hochschule zu sagen, nicht mit Wettbewerben und Preisen, nicht mit Katalogen und Ausstellungen, nicht mit tosendem Applaus oder auch der um sich greifenden Freude am „Ranking“ beschäftigen. Klar: Wettbewerbserfolge sind wichtig, Ausstellungen notwendig, Applaus mehr als willkommen, will man doch auf jeden Fall den jungen Studentinnen und Studenten all das mitgeben, was zu einem Leben in der gewählten Disziplin befähigt und sie wie auch die Lehrenden in ihrer Arbeit bestätigt und erfüllt. Um dies zu erreichen sucht man die bestmöglichen Professorinnen und Professoren, berät und wählt seine Studierenden sorgfältig, betreut sie intensiv und schafft ein Umfeld, das dies alles ermöglicht. So entsteht eine Akademie, für den Außenstehenden geheimnisvoll und oft begehrt, bewundert und geachtet und im besten Fall ohne Murren finanziert.

Aber das Thema ist nicht die Exzellenz der Lehrenden, Studierenden und Verwaltung, so zentral genau diese für alle weiteren ernstzunehmenden Ansprüche ist, das Thema ist vielmehr der Gedanke, der einer so ausbildenden Institution zu Grunde liegt, die Aufgaben, die aus diesem Gedanken erwachsen, die Rolle, die so der Hochschule zuwächst und die sie in ihrer Kommune und ihrem Land übernehmen muss. So gesehen ist Exzellenz etwas Unerwartetes: zwar begründet auf herausragender Qualität, aber kein Ergebnis derselben, sondern ein offensiver, dringender und virulenter Anspruch auf Mitsprache und substantielle Mitgestaltung.

## These 1: Künste sind wichtig

Weil sie weit unterhalb jeder Meisterschaft schon differenzierteste Lebenswelten eröffnen, weil sie Augen und Ohren, Fingern und Stimmbändern möglich machen, sich komplexeste Visten zu erschließen. Konfrontation mit den Künsten überwindet bereits im frühesten Stadium die Kluft zwischen Körper und Intellekt. Wir wissen das, aber wer weiß es noch? Wenn die Anwaltschaft für kulturelle Bildung in Kindergärten, Schulen und an allen denkbaren Stellen nicht unsere Aufgabe ist, wessen dann? Wieso meinen manche noch immer, es würden auch in Zukunft weiterhin fraglos teure Hochschulen erhalten, wenn wir versäumen, die geradezu existentielle Qualität unserer Themen all jenen zu vermitteln und plausibel zu machen, die sich – und ihre Kinder – immer weiter von den Künsten in eine „real" genannte Welt verabschieden, deren Fragwürdigkeit auf Grund ihrer selbstbezüglichen Logik immer deutlicher wird?

Exzellenz ist Verantwortlichkeit. Natürlich muss unser Vivaldi auf höchstem Niveau sein, aber er ist kein Selbstzweck, denn wir spielen vor Menschen, die es zu erreichen gilt, deren Ohren wir öffnen müssen. Und auch hier lohnt sich eine exzellente Aufgabe zu benennen: Kunst lebt, und sie hat auch eine Zukunft und Gegenwart. Wenn wir keine Museen sein wollen, werden wir uns der künstlerisch und intellektuell großen Herausforderung besser als bisher stellen müssen, unsere Disziplinen zu entwickeln, sie nicht nur zu verwalten, und wir werden das im Lichte einer sicherlich kritischen Öffentlichkeit auch begründen müssen. Bildende Kunst, Darstellende Kunst, Musik sind sinnstiftend, deutend, kontrovers und dennoch für alle erkennbar zuspitzend subjektiv. Eingepasst in eine Freizeitlücke einer konsumierenden Gesellschaft sind wir fehl am Platz – doch genau dorthin hat man zugelassen, gedrängt zu werden. Lärm oder Trotz werden einem nicht aus der Ecke als Toleranz getarnter Gleichgültigkeit heraushelfen, sondern ausschließlich Klugheit und unerbittliche, penetrante Insistenz auf Augenhöhe und tägliche Relevanz.

## These 2: Künste sind wichtig

Ihre wesentlichste Eigenschaft, die nonverbale, hochpräzise Kommunikation, ist auch ihre potentiell größte Schwäche. Sprachlosigkeit zwischen Ethnien herrscht nur so lange, als man sich nicht darauf besinnt, dass die komplexeste, differenzierteste Form der Verständigung, die Kunst, allen offen steht. Mit Tönen kann man zwar schwerlich Butter kaufen, dafür kann man seine Liebe gestehen oder das tote Kind des fremden Nachbarn mit ihm betrauern. Mit Künsten wird man nicht alle Probleme der Fremdheit und Xenophobie lösen, warum aber sollte es nicht möglich sein, mit ihnen die Basis zu schaffen, auf der eine Lösung immer drängender werdender Probleme etwas leichter möglich wird? Gerade wir, die wissen, wovon wir in und mit den Künsten sprechen, sind verpflichtet hier alles anzubieten, was wir haben.

## These 3: Künste sind wichtig

Keiner wird uns zuhören, keiner wird uns ernst nehmen, wenn wir es nicht selber tun. Es ist ein fataler Fehler, ständig zu vergessen, dass wir seit Jahrtausenden zumindest auf Augenhöhe mit allen anderen Unternehmungen des menschlichen Geistes sind. Umso schlimmer ist die leichtfertige Aufgabe disziplinspezifischer Aspekte der Ausbildung; im besten Fall als Anbiederung, im schlimmsten als Unterwerfung empfinde ich die zu beobachtende Tendenz, sich in die Qualifikationsterminologie der Wissenschaften zu schleichen. Schlimm genug, dass Bologna keinen klaren Gedanken zu den Künsten gefasst hat, will mancher nun den künstlerischen Doktor verleihen.

Sicherlich äquivalent, sicher aber auch vollkommen andersartig sind Künste und Wissenschaften – und gerade darauf ist offensiv und selbstbewusst zu bestehen, will man am Ende nicht neben den Termini auch die Systematik wissenschaftlicher Ausbildung in künstlerischen Hochschulen wiederfinden. Wer glaubt denn im Ernst, dass etwa künstlerischer Einzelunterricht, immerhin die teuerste aller Ausbildungen, vor den Augen kunstferner Haushaltswirtschafter lange bestehen kann, wenn auch nur Zweifel an der vollkommenen Eigengesetzlichkeit, aber auch vollkommenen Ebenbürtigkeit künstlerischer Ausbildung aufkommt? Und intensive persönliche Unterweisung ist keine Flause, um an Geld zu kommen, sondern die wichtigste Voraussetzung für jede künstlerische Entwicklung.

So könnte ich fortfahren; wie These 4 hieße, können Sie sich denken. Mir fiele noch manches ein. Doch ziehen wir lieber ein Fazit: Hochschulen, die sich exzellent nennen wollen, müssen kämpfen; für ihre Studierenden, für ihre Disziplinen, aber auch für all das, was diese in der Welt bewirken können und müssen.

Martin Rennert, geb. 1954 in New York,
ist Präsident der Universität der Künste, Berlin

# Auszeichnungen

# Erhard Höpfner-Studienpreis

## Ausschreibung für das Jahr 2013 – Verleihung des Preises 2012

Bernd Sösemann

Im vergangenen Jahr wurde der „Erhard Höpfner-Studienpreis" zum zwölften Mal ausgeschrieben. Es geschah zum zweiten Mal für die Fächer Rechts- und Wirtschaftswissenschaften. Da die „Erhard Höpfner Stiftung" bzw. der „Stifterverband für die Deutsche Wissenschaft" unserer Gesellschaft wiederum 5.000 Euro als Preisgeld zuweisen konnte, ist es uns möglich, in jedem Bereich die herausragendste Leistung mit einem ersten Preis in Höhe von 2.500 Euro auszuzeichnen. Wir werden in diesem Jahr den dritten Durchlauf unseres Verfahrens beginnen und somit im Mai 2013 den „Studienpreis 2013" im Bereich der „Ingenieur- und Technikwissenschaften, inklusive Umweltforschung" ausschreiben. Die einschlägigen Institute werden wir informieren und die Aufforderung, sich zu bewerben, auch plakatieren. Den Ausschreibungstext finden Sie – zusammen mit den Bedingungen und Formalia – wie immer zusätzlich noch im Internet. Aus meiner kurzen Rede zur Verleihung in der Mitgliederversammlung am 22. Februar 2013 zitiere ich die folgenden Passagen:

Der Preis trägt den Namen seines Stifters. Erhard Höpfner wurde 1904 in Gahlens in Sachsen geboren. Seine Lehre schloss er in Berlin ab. Hier gründete er als 26-Jähriger ein eigenes Unternehmen für den Vertrieb von Industriebedarfsartikeln. In den fünfziger Jahren übernahm er die Vertretung zweier Weltfirmen. Er dehnte damit seinen Unternehmensbereich auf die Produktion von Laborutensilien, Vakuumpumpen und physikalischen Geräten aus. Vor seinem Tod im Jahr 1999 war es Erhard Höpfner noch vergönnt, die inhaltlichen, rechtlichen und finanziellen Grundlagen seiner Stiftung entscheidend mitzugestalten. Ich konnte damals erleben, mit welchem Engagement und mit welcher Freude er über dieses Vermächtnis nachdachte. Im zweiten Paragraph der Satzung legte er den Zweck der Stiftung fest: „(…) die Förderung und Unterstützung benachteiligter Kinder und Jugendlicher und die Förderung des wissenschaftlichen Nachwuchses an Hochschulen und Fachhochschulen Berlins." Die Stiftung ist seit ihrer Gründung dem „Stifterverband für die Deutsche Wissenschaft" angeschlossen; ihren Vorstand leitet Frau Diplom-Psychologin Gabriele von Thienen.

Die „Erhard Höpfner Stiftung" zeichnet zusammen mit der „Berliner Wissenschaftlichen Gesellschaft" diejenigen unter den ersten Abschlussarbeiten der

Universitäten und Fachhochschulen Berlins aus, die Spitzenleistungen darstellen. Beide Institutionen wollen damit bewusst in einem frühen Stadium auf angehende Wissenschaftlerinnen und Wissenschaftler in unserer Stadt aufmerksam machen. Es wird Sie nicht verwundern, wenn ich Ihnen sage, dass in den vergangenen Jahren nahezu alle der von uns Ausgezeichneten zur Promotion aufgefordert wurden.

Die Vorsitzende der Stiftung, Frau von Thienen, hat jedes Mal, in den ersten Jahren noch zusammen mit der Ehefrau des Stifters, unserem jährlichen Festakt beigewohnt, doch heute ist sie leider verhindert. Sie hat mich gebeten, Sie herzlich zu grüßen, und bei dieser Gelegenheit noch die Worte hinzuzufügen, die Sie am liebsten selbst an Sie gerichtet hätte. Der Vorstand der Stiftung möchte unsere Gesellschaft auch in den folgenden Jahren finanziell wieder in die Lage versetzen, den Studienpreis möglichst in dem gewohnten Umfang zu vergeben. Dazu ist es dringend nötig, das Stiftungskapital, also den in der Banken- und Finanzkrise geschrumpften Grundstock sukzessive wieder aufzufüllen. Ich bitte Sie daher alle herzlich, einmal darüber nachzudenken, ob Sie nicht einen Betrag hinzustiften könnten, damit uns der notwendige Ertrag aus den Zinsen erhalten bleibt. Frau von Thienen wird Ihnen gern weitere Auskünfte erteilen, wenn Sie sich an dem schönen Vorhaben zu beteiligen wünschen.

Dieses Werk stellte sich in diesem Jahr wie folgt dar. Auch 2012 wurden uns Kandidatinnen und Kandidaten von ihren Betreuern an den Universitäten und Fachhochschulen vorgeschlagen. Seit zwei Jahren haben wir übrigens einen alternativen Zugang geschaffen. Wenn ein Absolvent es vorzieht, sich direkt an uns zu wenden, kann er nunmehr Eigeninitiative entwickeln – selbstverständlich nicht nur mit seiner Arbeit und dem verliehenen Zeugnis, sondern auch mit mindestens einem Gutachten.

Auch in diesem Jahr lag die wissenschaftliche Beratungs- und Entscheidungskompetenz wieder bei den Mitgliedern einer Fachjury aus dem Kreis unserer Gesellschaft, begleitet von unserem Vorsitzenden und mir, organisatorisch unterstützt von Frau Roloff und Frau Kisseler im Büro sowie von Herrn Gaida an meiner Forschungsstelle. Ihnen allen danke ich für ihre Mitarbeit herzlich.

In diesem Jahr gehörten der Jury die folgenden Kollegen an:

- Herr Michael Kloepfer, Prof. und Direktor des Instituts für Öffentliches Recht und Völkerrecht in der Juristischen Fakultät der Humboldt-Universität Berlin,
- Herr Hans Lechner, Prof. für Volkswirtschaftslehre, insbesondere für Internationale Wirtschaftsbeziehungen an der Technischen Universität Berlin, und
- Herr Jens Petersen, Prof. für Bürgerliches Recht, Deutsches und Internationales Wirtschaftsrecht in der Juristischen Fakultät der Universität Potsdam.

Diese fachwissenschaftliche Zusammensetzung der Jury stellte sich als eine glückliche Fügung heraus. Denn den Mitgliedern musste bei der ausgezeichneten Bewerberlage die Entscheidung wieder einmal sehr schwer fallen. Galt es doch, aus Einsendungen von durchweg hervorragendem Niveau die Preisträger zu ermitteln. Drei kurze Bemerkungen sind zum diesjährigen Verfahren nötig. Es war angesichts der Heterogenität der zur Prämierung vorgeschlagenen Arbeiten zu bedenken, dass es wohl kaum einen Wissenschaftler geben dürfte, der alle überzeugend begründeten Vorschläge der Betreuer gleichermaßen kompetent würde beurteilen können. Die vorgelegten Gutachten der Betreuer stellen zwar Orientierungspunkte für die Jury dar, doch da es durchweg um sehr gute Bearbeitungen geht, relativieren sie sich in diesem Punkt. Es müssen daher weitere Kriterien hinzukommen. Neben der Begutachtung des wissenschaftlichen Niveaus der eingereichten Untersuchungen befassten sich die Juroren mit der Frage nach der praktischen Brauchbarkeit der Analysen. Die gut verteilten juristischen und gleichermaßen volks- und wirtschaftswissenschaftlichen Kompetenzen ermöglichten schließlich ein einstimmiges Votum.

Es sind heute zwei erste Preise zu verleihen, so dass wir Ihnen eröffnen: Den Erhard Höpfner-Studienpreis 2012, verliehen von der „Berliner Wissenschaftlichen Gesellschaft“ und der „Erhard Höpfner Stiftung“, erhalten zu gleichen Teilen Frau Lisa Geißler und Frau Ann-Kathrin Schaube.

Die Jury lobt die Gründlichkeit der von Frau Geißler vorgenommenen Recherchen und die „treffsichere Gestaltung der Präsentation der Ergebnisse. [...] Die angewandten Methoden ihrer Untersuchung von 5.664 Anzeigen in den beiden deutschen Zeitschriften ‚Der Spiegel‘ und ‚Wirtschaftswoche‘ sind klar und transparent beschrieben, die Ergebnisse überzeugend. Die Präsentation entspricht hohen Anforderungen. Besonders angenehm fällt die kritische Distanz auf, die die Verfasserin zu den Ergebnissen ihrer Studien an den Tag legt und die damit sowohl von fortgeschrittener wissenschaftlicher Souveränität der Autorin Zeugnis ablegt als auch viele Anregungen für die weitere wissenschaftliche Bearbeitung der hier angesprochenen Problemfelder liefert.“

Die Jury war sich bei der Arbeit von Frau Schaube darin einig, dass sie „ein anspruchsvolles und vielbeschriebenes Thema“ so bearbeitet hat, dass die Darstellung „einerseits von jedem interessierten Zeitgenossen mit Gewinn gelesen werden kann, andererseits aber auch die nötige dogmatische Tiefe nicht vermissen lässt.“ – „Die Thematik der Arbeit – des Europarechts und Grundgesetzkonformität des Fiskalpakts – ist außerordentlich aktuell und hat eine sehr große politische und wissenschaftliche Bedeutung. Frau Schaube durchdringt die außerordentlich komplizierte Problematik durchweg verständig und souverän.“ – „Gerade in ihrem Fazit verrät die Bearbeitung Eigenständigkeit, scheut sich aber andererseits auch nicht, das beim Namen zu nennen, was derzeit noch nicht abzusehen ist. Die Kritik, der die Verfasserin den Fiskalpakt unterzieht, verrät etwas, das juristische Arbeiten in besonderer Weise auszeichnet, nämlich Urteilskraft." – „Frau Schaube kommt im klaren Stil durchweg zu überzeugenden, jedenfalls stets gut vertretbaren Ergebnissen."

Im Namen der „Erhard Höpfner Stiftung" und der „Berliner Wissenschaftlichen Gesellschaft" überreiche ich unseren diesjährigen beiden Preisträgerinnen je eine Urkunde und einen Scheck in Höhe von 2.500 Euro. Herzlichen Glückwunsch!

Ich gratuliere auch im Namen aller hier Anwesenden den Betreuern. Es sind Herr Prof. Dr. Hans Hofmann, Ministerialdirektor im Bundesministerium des Innern und Honorarprofessor in der Juristischen Fakultät der Humboldt Universität Berlin, sowie Herr Prof. Dr. Alfred Kuss vom Marketing Departement im Fachbereich Wirtschaftswissenschaften der Freien Universität Berlin.

Anschließend stellten die Preisträgerinnen sich selbst, ihr Thema und ihre Arbeitsergebnisse in einem konzis und anschaulich formulierten Bericht vor.

# Vergleichende Werbung in Deutschland

Lisa Geißler

## Einleitung

Vergleichende Werbung war in Deutschland lange Zeit verboten[1] und wurde erst 1997 durch die Richtlinie 97/55/EG der Europäischen Kommission in der Europäischen Union zulässig.[2] Durch Urteile des Bundesgerichtshofs und eine Änderung des Gesetzes gegen den unlauteren Wettbewerb im Jahr 2000 wurde diese Richtlinie in deutsches Recht umgesetzt. Dennoch blieb vergleichende Werbung in der Europäischen Union und speziell in Deutschland weitestgehend unerforscht. Wissen über ihre Einsatzmöglichkeiten und Wirkung ist jedoch unerlässlich, um auch in Zukunft rechtliche Regelungen festlegen zu können. Zusätzlich können Werbetreibende nur so fundierte Entscheidungen hinsichtlich des Einsatzes und der Art der Gestaltung dieses Werbemittels treffen. Aus diesem Grund setzt sich der vorliegende Beitrag mit der vergleichenden Werbung in Deutschland auseinander. Vergleichende Werbung ist in diesem Zusammenhang jede Form von Werbung, die

1. ein Unternehmen oder das Angebot eines Unternehmens mit einem oder mehreren anderen Unternehmen, deren Angeboten oder einer oder mehreren Produktkategorien direkt oder indirekt vergleicht und
2. diese Gegenüberstellung generell oder auf der Basis von Attributen oder Nutzendimensionen vornimmt.

## Zur Wirkung vergleichender Werbung

Da vergleichende Werbung nun auch in Deutschland zulässig ist, stellt sich die Frage, inwiefern ihr Einsatz für Werbetreibende überhaupt von Vorteil ist. Bereits seit den 1970er Jahren findet in den USA eine entsprechende Diskussion statt, so dass dort heute eine Vielzahl an Forschungsergebnissen vorhanden ist. Um diese auszuwerten, muss zunächst festgelegt werden, was unter der Effektivität von Werbung zu verstehen ist. Ein Großteil der bisher veröffentlichten Stu-

1 Rennhak (2001, S. 1); Schwaiger et al. (2007, S. 2); Varlam (2000, S. 9).
2 Bennett (1997, S. 85); Wiltinger/Fischer (2006, S. 293).

dien bezieht sich auf das Hierarchie-der-Effekte-Modell,[3] welches auch hier zur Klassifizierung der Forschungsergebnisse herangezogen wird. Dieses sieht die drei wichtigsten Funktionen von Werbung in einer kognitiven, einer affektiven und einer konativen Wirkung. Dabei umfasst der kognitive Einfluss insbesondere die Wahrnehmung und die gedankliche Verarbeitung der Werbung. Die affektive Wirkung betrifft Einstellungen bezüglich der spezifischen Werbung und der beworbenen Marke. Zu dem konativen Bereich zählen letztendlich die Kaufabsicht und der Kauf.

In einigen Untersuchungen wurde eine Überlegenheit des vergleichenden Werbeformats im Hinblick auf die erzeugte Aufmerksamkeit,[4] den wahrgenommenen Informationsgehalt der Werbung,[5] die Einstellung zur beworbenen Marke[6] und die Kaufabsicht[7] festgestellt. Eine Unterlegenheit trat hingegen im Zusammenhang mit dem Verständnis der Werbung[8], negativen Gedanken der Werbung gegenüber,[9] der Glaubwürdigkeit der Werbeaussage[10] und der Einstellung zur Werbung[11] auf. Insgesamt existieren jedoch bisher nur wenig eindeutige und viele widersprüchliche Ergebnisse bezüglich der Über- oder Unterlegenheit der vergleichenden Werbeform gegenüber nichtvergleichender Werbung. Als Reaktion auf diese Erkenntnis haben einige Forscher begonnen, nach Faktoren zu suchen, die den Erfolg vergleichender Werbung beeinflussen. Dieser Schritt ist für Werbetreibende von besonderem Interesse, da nun die Frage gestellt wird, unter welchen Umständen vergleichende Werbung effektiver ist als nichtvergleichende. Die bisher untersuchten Aspekte zu dieser Problematik sollen im Folgenden mithilfe eines Kontingenzmodells (Abbildung 1) dargestellt werden.

Das Modell postuliert, dass die Wirkung vergleichender Werbung durch die konkrete Ausgestaltung der Anzeigen beeinflusst wird. Hierzu zählt beispielsweise die Intensität des Werbevergleichs, die ausdrückt, in welchem Maß die Wettbewerber in der Werbung erkennbar sind.[12] Darüber hinaus kann die Art der Darstellung der Konkurrenten einen Einfluss auf die Effektivität vergleichender Werbung haben. Hierbei werden die namentliche Nennung des Wettbewerbers,

---

3 Lavidge/Steiner (1961).

4 Vgl. Muehling et al. (1990).

5 Vgl. Earl/Pride (1980); Harmon et al. (1983); Muehling et al. (1990); Sujan/Dekleva (1987).

6 Vgl. Ang/Leong (1994); Gorn/Weinberg (1983, 1984); Jeon/Beatty (2002); Miniard et al. (1994); Neese/Taylor (1994).

7 Vgl. Jeon/Beatty (2002); Miniard et al. (1994); Neese/Taylor (1994).

8 Vgl. Etgar/Goodwin (1978); Levine (1976); Snyder (1989); Wyckham (1987).

9 Vgl. Belch (1981); Gorn/Weinberg (1984); Jain et al. (2000); Swinyard (1981); Wison/Muderrisoglu (1980).

10 Vgl. Jain et al. (2000); Levine (1976); Muphy/Amundsen (1981); Shimp/Dyer (1978); Snyder (1989), Swinyard (1981).

11 Vgl. Donthu (1998); Levine (1976); Shao et al. (2004).

12 James/Hensel (1991, S. 54).

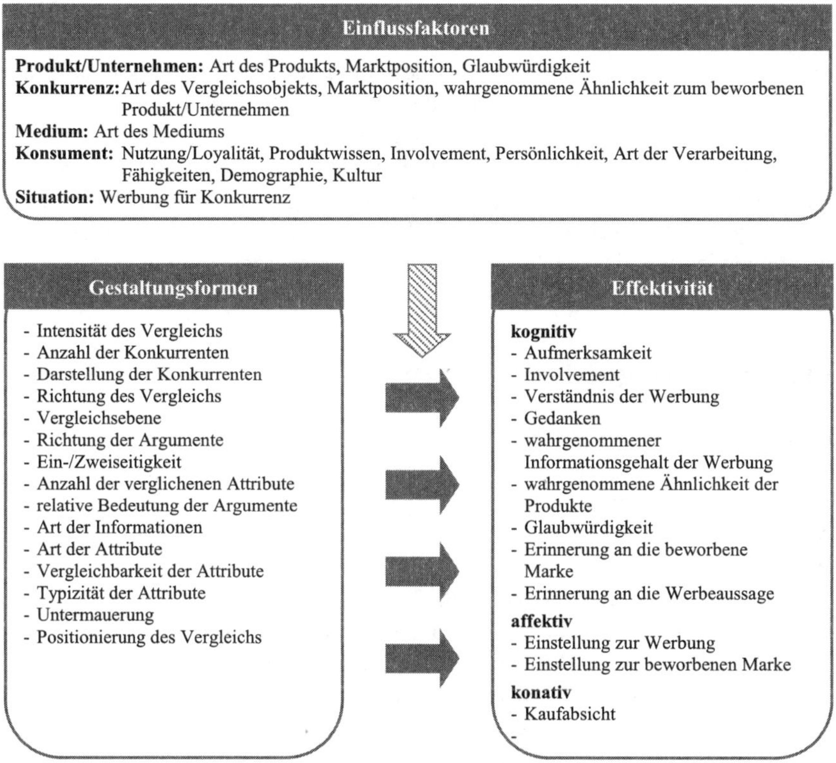


*Abbildung 1: Kontingenzmodell der vergleichenden Werbung*

die visuelle Darstellung und eine Kombination der beiden unterschieden.[13] Eine weitere Gestaltungsmöglichkeit ist die Untermauerung der Vergleichsaussage. Dabei kann versucht werden, durch die Erwähnung von Warentests, Studien, Umfragen und ähnlichen Mitteln oder die Nutzung von Zahlen die Glaubwürdigkeit der Anzeige zu erhöhen.[14]

Darüber hinaus existieren weitere Einflussfaktoren, die nicht mit der konkreten Werbung zusammenhängen und dennoch auf ihren Erfolg einwirken. Die bereits erforschten Variablen lassen sich in die fünf Gruppen Produkt/Unternehmen, Konkurrenz, Medium, Konsument und Situation unterteilen. Besondere

13 Barry (1993, S. 27); Brown/Jackson (1977, S. 16); Grossbart et al. (1986, S. 11).

14 Ash/Wee (1983); Etgar/Goodwin (1979); Gierl/Praxmarer (1998); McDougall (1978).

Aufmerksamkeit verdienen in diesem Zusammenhang die Studien zur Marktposition des Anbieters.[15]

Es sollte jedoch auch betrachtet werden, inwiefern die Ergebnisse US-amerikanischer Studien überhaupt auf den deutschen Markt übertragen werden können. Kulturelle Differenzen,[16] die Neuartigkeit dieses Werbeformats für deutsche Rezipienten[17] und die weitaus strikteren rechtlichen Rahmenbedingungen in Deutschland[18] lassen eine unterschiedliche Wirkungsweise plausibel erscheinen. Die wenigen in Deutschland zu dieser Thematik durchgeführten Untersuchungen[19] zeigen jedoch, dass viele Resultate repliziert werden können.

## Zum Einsatz vergleichender Werbung

Neben den Studien zur Effektivität vergleichender Werbung existiert ein zweiter Forschungsbereich, der sich mit dieser Werbeform auseinandersetzt. Diese überwiegend deskriptiven Untersuchungen versuchen, den tatsächlichen Einsatz vergleichender Werbung in der Praxis abzuschätzen. Durch Inhaltsanalysen von Werbeanzeigen werden dabei insbesondere die Häufigkeit ihres Einsatzes und ihre Gestaltungsweisen ermittelt. Doch auch in diesem Bereich besteht in Deutschland noch starker Forschungsbedarf. Bisher existiert noch keine einzige deutsche Studie, die den aktuellen Einsatz vergleichender Werbung in Deutschland einschätzt. Aus diesem Grund wird in diesem Beitrag eine erste empirische Untersuchung vorgestellt. Die grundlegende Fragestellung, die in diesem Zusammenhang beantwortet werden soll, lautet: In welchem Ausmaß und in welcher Form wird vergleichende Werbung in Deutschland eingesetzt? Um dies zu beantworten, wurden fünfzehn Forschungsfragen entwickelt. Eine Auswahl ihrer Ergebnisse ist im Folgenden dargestellt. Hierfür wurden 11.969 Werbeanzeigen aus den Zeitschriften Der Spiegel und Wirtschaftswoche der Jahre 2001 und 2011 ausgewertet.

---

15 Vgl. z.B. del Barrio-García/Luque-Martínez (2003); Chattopadhyay (1998); Dröge/Darmon (1987); Etgar/Goodwin (1979); Grewal et al. (1997); Iyer (1988); Pechmann/Stewart (1990); Walker et al. (1986).

16 Dianoux/Herrmann (2000, S. 10ff.); Munzinger (1998); Rennhak (1999, S. 6); Schwaiger et al. (2007).

17 Gierl (2002, S. 14); Munzinger (1998); Rennhak (1999, S. 5).

18 Rennhak (1999, S. 5).

19 Vgl. z.B. Gierl (2002); Gierl/Praxmarer (1998); Munzinger (1998); Rennhak (2001); Rennhak/Schwaiger (2004); Schwaiger et al. (2007); Tscheulin/Helmig (1999); Wiltinger (2002); Wiltinger/Fischer (2006).

*Wie verbreitet ist vergleichende Werbung in Deutschland?*

Im Rahmen dieser Fragestellung sollte ermittelt werden, inwiefern die vergleichende Werbeform durch Werbetreibende eingesetzt wird. Dabei wird betrachtet, wie groß der Anteil der vergleichenden Anzeigen an der Gesamtheit der Werbeanzeigen ist.

Von den untersuchten Anzeigen waren 14,4% vergleichend. Dieser Wert liegt im unteren Bereich der in US-amerikanischen Studien ermittelten Zahlen und über den in Japan und Indien beobachteten Anteilen.[20] Somit ist vergleichende Werbung in Deutschland eine zu beachtende, aber nicht auffallend stark genutzte Werbeform.

*Welche Intensität hat die vergleichende Werbung?*

Lediglich 3,7% der betrachteten vergleichenden Werbeanzeigen nehmen direkt Bezug auf konkrete, erkennbare Wettbewerber. Dies entspricht nur 0,5% aller Anzeigen. Somit hat der Großteil der Werbetreibenden eine weniger aggressive Form wie den Vergleich mit „herkömmlichen" Produkten oder eine Alleinstellung durch die Verwendung von Superlativen gewählt.

*Wie unterscheidet sich der Einsatz vergleichender Werbung zwischen den Branchen?*

Es wurde bereits in US-amerikanischen Studien festgestellt, dass nicht alle Branchen einen gleich starken Gebrauch der vergleichenden Werbeform machen.[21] Im Rahmen dieser Frage sollte deshalb festgestellt werden, in welchen Bereichen vergleichende Werbung am häufigsten eingesetzt wird.

Es besteht ein höchst signifikanter Unterschied in der Nutzung vergleichender Werbung zwischen den Branchen ($p = 0{,}000$). Den höchsten Anteil an dieser Werbeform weisen Transport (26,4%), Logistik (26,2%), Materialien (25%), Finanzen, Versicherungen und Beratung (21,4%) sowie der Handel (21,1%) auf. Besonders wenig vergleichend geworben wird in den Bereichen Büromaterial (0%), Einrichtung (0,5%), Mode (1,2%), Bildung (1,9%), Medien (3,9%), Freizeit (4,3%) und Bau (5,8%).

*Wie werden die Wettbewerber dargestellt?*

War die Konkurrenz eindeutig identifizierbar, wurde sie in 87,5% der Fälle beim Namen genannt. Eine visuelle Darstellung durch Bilder oder Logos spielt hier

20 Vgl. Brown/Jackson (1977); Harmon et al. (1983); Hong et al. (1987); Jackson et al. (1979); James et al. (2004); Kalro et al. (2010); Stevenson/Swayne (1984, 1995); Swayne/Stevenson (1987).

21 Vgl. Brown/Jackson (1977); Gnepa (1993); Harmon et al. (1983).

also nur eine untergeordnete Rolle. In lediglich zwei Anzeigen wurden beide Methoden gleichzeitig verwendet.

Sind keine konkreten Wettbewerber erkennbar, erfolgt ein Vergleich meist durch die Alleinstellung des beworbenen Produkts (87,1%), beispielsweise durch die Verwendung von Superlativen und ähnlichen Ausdrucksformen. Andere beachtenswerte Darstellungsarten sind die Verwendung von Bildern und der Begriffe „andere", „manche", „kein", „herkömmliche" und „Ihr". Insgesamt kann jedoch geschlussfolgert werden, dass die Werbetreibenden Gebrauch vielfältiger Ausdrucksweisen machen.

*Anhand welcher Produktattribute wird der Vergleich vorgenommen?*

Qualitätsbezogene Produktattribute machen 53,1% der Vergleiche aus, der Anteil der Vergleiche mittels der Marktposition liegt bei 36,5%. Es folgt der Preis mit nur 4,3%. Als Gründe für die geringe Nutzung des Preises als Vergleichsattribut wurden bereits dessen mögliche regionale Unterschiede und seine leichte Veränder- und Imitierbarkeit diskutiert.[22] Beachtenswert ist, dass die Dominanz qualitätsbezogener Merkmale mit 79,3% signifikant höher ist ($p = 0{,}001$), wenn eindeutige Konkurrenten dargestellt werden. Weitere beobachtete, aber nur selten verglichene Produktmerkmale sind umweltschutzbezogene Attribute, das Produktdesign, die Kundenzufriedenheit, das Unternehmenswachstum und der Vertrieb.

*Wird die vergleichende Werbeaussage untermauert?*

Weiterhin können Werbetreibende versuchen, die Glaubwürdigkeit der vergleichenden Werbeaussage durch den Einsatz von Warentestergebnissen, Studien- und Umfragewerten und ähnlichen Mitteln sowie generell durch die Verwendung von Zahlen zu erhöhen. Dies kann auch einen positiven Einfluss auf andere Effektivitätskriterien wie Einstellungen haben.

Die erhobenen Daten ergeben, dass insgesamt etwa die Hälfte der vergleichenden Aussagen untermauert wurde. Während bei Vergleichen mit eindeutig erkennbaren Konkurrenten 82,8% der Anzeigen eine Art der Untermauerung einsetzen, liegt dieser Wert für indirekt vergleichende Werbung bei lediglich 48,3%. Dies kann daran liegen, dass bei direkten Vergleichen die Gefahr einer juristischen Anfechtung durch die Wettbewerber höher ist als bei indirekt vergleichender Werbung und hierdurch ein Beleg umso wichtiger wird. Eine Untermauerung erfolgte insbesondere mithilfe von Warentests, Auszeichnungen und Graphiken sowie durch die Verwendung von Zahlen und Studienergebnissen.

---

22 Vgl. Jackson et al. (1979, S. 25); Stevenson/Swayne (1984, S. 137).

## Fazit

Diese deskriptive Untersuchung hat gezeigt, dass vergleichende Werbung in Deutschland zwar eine Rolle spielt, der Einsatz aber, insbesondere in einer offensiven Form, trotz allem noch recht zögerlich erfolgt. Ein Grund für diese Zurückhaltung kann darin liegen, dass diese Werbeform von der Öffentlichkeit und der Industrie häufig als unfaires Mittel angesehen wird.[23] Dies kann außerdem ungewünschte Reaktionen der Wettbewerber wie entgegen gerichtete Werbekampagnen[24] oder juristische Streitigkeiten[25] hervorrufen. Ein weiterer Grund für einen geringen Einsatz vergleichender Werbung kann sein, dass bisher in Deutschland noch zu wenig Wissen über die Wirkungsweise dieser Werbeform besteht.

## Literaturverzeichnis


Ang, Swee-Hoon / Leong, Siew-Meng (1994), Comparative Advertising: Superiority Despite Interference?, *Asia Pacific Journal of Management* 11(1), S. 33-46.

Ash, Stephen B. / Wee, Chow-Hou (1983), Comparative Advertising: A Review with Implications for Further Research, *Advances in Consumer Research* 10(1), S. 370-376.

Barigozzi, Francesca / Garella, Paolo G. / Peitz, Martin (2009), With a Little Help from my Enemy: Comparative Advertising as a Signal of Quality, *Journal of Economics & Management Strategy* 18(4), S. 1071-1094.

Barigozzi, Francesca / Peitz, Martin (2004), *Comparative Advertising and Competition Policy*, [Online], Verfügbar: http://amsacta.unibo.it/1563/1/524.pdf [16.08.2012].

del Barrio-García, Salvador / Luque-Martínez, Teodoro (2003), Modelling Consumer Response to Differing Levels of Comparative Advertising, *European Journal of Marketing* 37(1/2), S. 256-274.

Barry, Thomas E. (1993), Comparative Advertising: What Have We Learned in Two Decades?, *Journal of Advertising Research* 33(2), S. 19-29.

Barry, Thomas E. / Tremblay, Roger L. (1975), Comparative Advertising: Perspectives and Issues, *Journal of Advertising* 4(4), S. 15-20.

Belch, George E. (1981), An Examination of Comparative and Noncomparative Television Commercials: The Effects of Claim Variation and Repetition on


23 Wiltinger/Fischer (2006).

24 Barigozzi/Peitz (2004, S. 5); Barry/Tremblay (1975, S. 19); Buchanan (1985, S. 106); Dianoux (2002, S. 34); Shaffer/Zettelmeyer (2009, S. 1145).

25 Barigozzi et al. (2009, S. 1072).

Cognitive Response and Message Acceptance, *Journal of Marketing Research* 18(3), S. 333-349.

Bennett, Roger (1997), Communicator Credibility, Personality Factors and Customer Responses to Comparative Advertising Claims, *Marketing Intelligence & Planning* 15(2), S. 85-96.

Brown, Stephen W. / Jackson, Donald W. (1977), Comparative Television Advertising: Examining its Nature and Frequency, *Journal of Advertising* 6(4), S. 15-18.

Buchanan, Bruce (1985), Can You Pass the Comparative Ad Challenge?, *Harvard Business Review* 63(4), S. 106-113.

Chattopadhyay, Amitava (1998), When Does Comparative Advertising Influence Brand Attitude? The Role of Delay and Market Position, *Psychology & Marketing* 15(5), S. 461-475.

Dianoux, Christian (2002), La Publicité Comparative en France, Quelles Perspectives?, *Décisions Marketing* 25(1), S. 29-36.

Dianoux, Christian / Herrmann, Jean-Luc (2000), *La Publicité Comparative en Europe: Bilan et Perspectives*, [Online], Verfügbar: http://www.escp-eap.net/conferences/marketing/pdf/dianoux.pdf [16.08.2012].

Donthu, Naveen (1998), A Cross-Country Investigation of Recall of and Attitude toward Comparative Advertising, *Journal of Advertising* 27(2), S. 111-121.

Dröge, Cornelia / Darmon, René Y. (1987), Associative Positioning Strategies through Comparative Advertising: Attribute versus Overall Similarity Approaches, *Journal of Marketing Research* 24(4), S. 377-388.

Earl, Ronald L. / Pride, William M. (1980), The Effects of Advertisement Structure, Message Sidedness, and Performance Test Results on Print Advertisement Informativeness, *Journal of Advertising* 9(3), S. 36-46.

Etgar, Michael / Goodwin, Stephen A. (1978), Comparative Advertising: Issues and Problems, *Advances in Consumer Research* 5(1), S. 63-71.

Etgar, Michael / Goodwin, Stephen A. (1979), Planning for Comparative Advertising Requires Special Attention, *Journal of Advertising* 8(1), S. 26-32.

Gierl, Heribert (2002), Einige Befunde zur Wirkung Vergleichender Werbung, *der markt* 41(1), S. 13-19.

Gierl, Heribert / Praxmarer, Sandra (1998), Die Werbewirkung von Konventioneller und Vergleichender Werbung, *Werbeforschung & Praxis* 43(5/6), S. 23-27.

Gnepa, Tahi J. (1993), Observations: Comparative Advertising in Magazines: Nature, Frequency, and a Test of the 'Underdog' Hypothesis, *Journal of Advertising Research* 33(5), S. 70-75.

Gorn, Gerald J. / Weinberg, Charles B. (1983), Comparative Advertising: Some Positive Results, *Advances in Consumer Research* 10(6), S. 377-380.

Gorn, Gerald J. / Weinberg, Charles B. (1984), The Impact of Comparative Advertising on Perception and Attitude: Some Positive Findings, *Journal of Consumer Research* 11(2), S. 719-727.
Grewal, Dhruv / Kavanoor, Sukumar / Fern, Edward F. / Costley, Carolyn / Barnes, James (1997), Comparative versus Noncomparative Advertising: A Meta-Analysis, *Journal of Marketing* 61(4), S. 1-15.
Grossbart, Sanford / Muehling, Darrel D. / Kangun, Norman (1986), Verbal and Visual References to Competition in Comparative Advertising, *Journal of Advertising* 15(1), S. 10-23.
Harmon, Robert R. / Razzouk, Nabil Y. / Stern, Bruce L. (1983), The Information Content of Comparative Magazine Advertisements, *Journal of Advertising* 12(4), S. 10-19.
Hong, Jae W. / Muderrisoglu, Aydin / Zinkhan, George M. (1987), Cultural Differences and Advertising Expression: A Comparative Content Analysis of Japanese and U.S. Magazine Advertising, *Journal of Advertising* 16(1), S. 55-68.
Iyer, Easwar S. (1988), The Influence of Verbal Content and Relative Newness on the Effectiveness of Comparative Advertising, *Journal of Advertising* 17(3), S. 15-21.
Jackson, Donald W. / Brown, Stephen W. / Harmon, Robert R. (1979), Comparative Magazine Advertisements, *Journal of Advertising Research* 19(6), S. 21-26.
Jain, Shailendra P. / Buchanan, Bruce / Maheswaran, Durairaj (2000), Comparative versus Noncomparative Advertising: The Moderating Impact of Prepurchase Attribute Verifiability, *Journal of Consumer Psychology* 9(4), S. 201-211.
James, Karen E. / Fraedrich, John / Hensel, Paul J. (2004), *Comparative Magazine Advertisements Revisited: A Content Analysis*, [Online], Verfügbar: http://sbaer.uca.edu/research/sma/1995/pdf/22.pdf [16.08.2012].
James, Karen E. / Hensel, Paul J. (1991), Negative Advertising: The Malicious Strain of Comparative Advertising, *Journal of Advertising* 20(2), S. 53-69.
Jeon, Jung O. / Beatty, Sharon E. (2002), Comparative Advertising Effectiveness in Different National Cultures, *Journal of Business Research* 55(12), S. 907-913.
Kalro, Arti D. / Sivakumaran, Bharadhwaj / Marathe, Rahul R. (2010), Comparative Advertising in India: A Content Analysis of English Print Advertisements.
Lavidge, Robert J. / Steiner, Gary A. (1961), A Model for Predictive Measurements of Advertising Effectiveness, *Journal of Marketing* 25(6), S. 59-62.
Levine, Philip (1976), Commercials That Name Competing Brands, *Journal of Advertising Research* 16(6), S. 7-14.
McDougall, Gordon H. G. (1978), Comparative Advertising: The Effect of Claim Type and Brand Loyalty, *Current Issues and Research in Advertising* 1(1), S. 39-52.

Miniard, Paul W. / Barone, Michael J. / Rose, Randall L. / Manning, Kenneth C. (1994), A Re-Examination of the Relative Persuasiveness of Comparative and Noncomparative Advertising, *Advances in Consumer Research* 21(1), S. 299-303.

Muehling, Darrel D. / Stoltman, Jeffrey J. / Grossbart, Sanford (1990), The Impact of Comparative Advertising on Levels of Message Involvement, *Journal of Advertising* 19(4), S. 41-50.

Munzinger, Uwe (1998), Vergleichende Werbung – Eine Pilotstudie zur Wirkung Vergleichender TV-Werbung in Deutschland, *Planung & Analyse* 2, S. 64-66.

Murphy, John H. / Amundsen, Mary S. (1981), The Communications-Effectiveness of Comparative Advertising for a New Brand on Users of the Dominant Brand, *Journal of Advertising* 10(1), S. 14-20, 48.

Neese, William T. / Taylor, Ronald D. (1994), Verbal Strategies for Indirect Comparative Advertising, *Journal of Advertising Research* 34(2), S. 56-69.

Pechmann, Cornelia / Stewart, David W. (1990), The Effects of Comparative Advertising on Attention, Memory, and Purchase Intentions, *Journal of Consumer Research* 17(2), S. 180-191.

Rennhak, Carsten H. (1999), Die Wirkungsweise Vergleichender Werbung unter Besonderer Berücksichtigung der Rechtlichen Rahmenbedingungen in Deutschland, *Schriften zur Empirischen Forschung und Quantitativen Unternehmensplanung* 1, LMU München.

Rennhak, Carsten H. (2001), *Die Wirkung Vergleichender Werbung*, Wiesbaden: Deutscher Universitäts-Verlag.

Rennhak, Carsten H. / Schwaiger, Manfred (2004), Die Einsatzmöglichkeiten Vergleichender Werbung – Eine Empirische Analyse zur Wirkung des Neuen Instruments, *Die Betriebswirtschaft* 64(5), S. 591-620.

Schwaiger, Manfred / Rennhak, Carsten H. / Taylor, Charles R. / Cannon, Hugh M. (2007), Can Comparative Advertising Be Effective in Germany? A Tale of Two Campaigns, *Journal of Advertising Research* 47(1), S. 2-13.

Shaffer, Greg / Zettelmeyer, Florian (2009), Comparative Advertising and In-Store Displays, *Marketing Science* 28(6), S. 1144-1156.

Shao, Alan T. / Bao, Yeqing / Gray, Elizabeth (2004), Comparative Advertising Effectiveness: A Cross-Cultural Study, *Current Issues and Research in Advertising* 26(2), S. 67-80.

Shimp, Terence A. / Dyer, David C. (1978), The Effects of Comparative Advertising Mediated by Market Position of Sponsoring Brand, *Journal of Advertising* 7(3), S. 13-19.

Snyder, Rita (1989), Misleading Characteristics of Implied-Superiority Claims, *Journal of Advertising* 18(4), S. 54-61.

Stevenson, Thomas H. / Swayne, Linda E. (1984), Comparative Industrial Advertising: The Content and Frequency, *Industrial Marketing Management* 13(2), S. 133-138.

Stevenson, Thomas H. / Swayne, Linda E. (1995), The Use of Comparative Advertising in Business-to-Business Direct Mail, *Industrial Marketing Management* 24(1), S. 53-59.

Sujan, Mita / Dekleva, Christine (1987), Product Categorization and Inference Making: Some Implications for Comparative Advertising, *Journal of Consumer Research* 14(3), S. 372-378.

Swayne, Linda E. / Stevenson, Thomas H. (1987), Comparative Advertising in Horizontal Business Publications, *Industrial Marketing Management* 16(1), S. 71-76.

Swinyard, William R. (1981), The Interaction Between Comparative Advertising and Copy Claim Variation, *Journal of Marketing Research* 18(2), S. 175-186.

Tscheulin, Dieter K. / Helmig, Bernd (1999), Zur Effizienz Verschiedener Ausgestaltungsformen Vergleichender Werbung – Internationale Rechtslage, ‚State-of-the-Art' und Ergebnisse einer Empirischen Studie, *Zeitschrift für Betriebswirtschaftliche Forschung* 51(6), S. 550-578.

Varlam, Dorothea (2000), *Die Liberalisierung Vergleichender Werbung in Deutschland – Erste Empirische Befunde und Wettbewerbspolitische Beurteilung*, Frankfurt am Main: Peter Lang.

Walker, Beth A. / Swasy, John L. / Rethans, Arno J. (1986), The Impact of Comparative Advertising on Perception Formation in New Product Introductions, *Advances in Consumer Research* 13(1), S. 121-125.

Wilson, R. Dale / Muderrisoglu, Aydin (1980), An Analysis of Cognitive Responses to Comparative Advertising, *Advances in Consumer Research* 7(1), S.566-571.

Wiltinger, Angelika (2002), *Vergleichende Werbung – Theoretischer Bezugsrahmen und Empirische Untersuchung zur Werbewirkung*, Wiesbaden: Deutscher Universitäts-Verlag.

Wiltinger, Angelika / Fischer, Bettina (2006), Die Unterschätzte Werbewirkung Vergleichender Werbung, *Jahrbuch der Absatz- und Verbrauchsforschung* 52(3), S. 288-305.

Wyckham, Robert G. (1987), Implied Superiority Claims, *Journal of Advertising Research* 27(1), S. 54-63.

# Zum Verhältnis des europäischen Fiskalpakts und der Schuldenregel im Grundgesetz

Ann-Kathrin Schaube

Der folgende Beitrag basiert auf der im Sommer 2012 verfassten Studienarbeit mit dem Thema „Zur Vereinbarkeit des europäischen Fiskalpakts mit dem europäischen Recht und sein Verhältnis zur Schuldenregel im Grundgesetz." Im Folgenden soll vor allem auf letzteres eingegangen werden.

## I. Einleitung

Die Finanzkrise im Euro-Währungsgebiet stellte und stellt die Mitgliedsstaaten der Europäischen Union vor große Herausforderungen. Die Schwächen der europäischen Wirtschafts- und Währungsunion wurden praktisch sichtbar. So setzte bisher das Europarecht einen primärrechtlichen Rahmen für eine gemeinsame Währungspolitik (Art. 127 ff. AEUV) und eine koordinierte, jedoch in Verantwortung der Nationalstaaten verbleibenden Wirtschaftspolitik (Art. 120 ff. AEUV). Das Bundesverfassungsgericht charakterisierte die Wirtschafts- und Währungsunion bislang als eine „Stabilitätsgemeinschaft".[1] Dennoch befindet sich der Euro in seiner schwersten Krise. Weder die Finanzmärkte noch die Mitgliedsstaaten selbst konnten den Erwartungen aus dem Primärrecht gerecht werden.[2] So konnte beispielsweise die in Art. 126 AEUV festgelegte gegenseitige Überwachung im Defizitverfahren ihre Funktion genauso wenig erfüllen wie die in Art. 125 AEUV angelegte Überwachung der Finanzmärkte eine Überschuldung der Eurostaaten verhindern konnte.[3]

Auch der seit 1997 geltende sekundärrechtliche Stabilitäts- und Wachstumspakt (SWP) änderte hieran nichts Wesentliches: Seit seinem Inkrafttreten waren bis heute mehr als 60 Defizitverfahren anhängig, zu einer wie im Vertrag vorgesehenen Verhängung einer Geldbuße oder Einlage kam es jedoch nicht ein einziges Mal.[4] In der Folge sieht sich die Wirtschafts- und Währungsunion nun vor der Aufgabe, neue Wege zu finden, um die Krise bewältigen zu können.[5]

1 BVerfGE 89, 155 (204).
2 *Calliess*, VVDStL 2012, 113, 129.
3 *Caliess/ Schoenfleisch*, JZ 2012, S. 713.
4 *Weber*, DVBl Juli 2012, S. 801.
5 *Enderlein*, ApuZ 43/2010, S. 7.

## 1. Entstehung des Fiskalpaktes

Maßgebliche Akteure bei der Entstehung des Fiskalpaktes waren die Staats-und Regierungschefs der EU-Mitgliedsstaaten. Am 2. März 2012 unterzeichneten 25 von ihnen (mit Ausnahme von Großbritannien und der Tschechischen Republik) einen neuen zwischenstaatlichen Vertrag, welcher zum Ziel hat, die wirtschafts- und haushaltspolitische Zusammenarbeit zu intensivieren und Schwächen der Wirtschafts- und Währungsunion auszugleichen: den Vertrag über Stabilität, Koordinierung und Steuerung in der Wirtschafts- und Währungsunion (VSKS, im Folgenden: Fiskalpakt).[6] Dieser soll nach Expertenmeinung die Mängel des bislang geltenden SWP korrigieren.[7] Der Unterzeichnung war eine knapp zweimonatige Verhandlungsführung vorausgegangen. Am 9. Dezember 2011 einigten sich die Staats- und Regierungschefs auf die Erarbeitung eines ersten Entwurfs, welcher am 16. Dezember 2011 vorlag. In den folgenden Wochen wurde diese Fassung überarbeitet, ehe am 31. Januar 2012 die dann am 2. März 2012 beschlossene Fassung feststand.[8]

Der Fiskalpakt flankiert den von den Mitgliedsstaaten am 2. Februar 2012 beschlossenen Europäischen Stabilitätsmechanismus (ESM-Vertrag), welcher zur Bewältigung der gegenwärtigen Finanzkrise im Euro-Raum beitragen soll. Der ESM verfügt über ein Stammkapital von 700 Mrd. €. Diese „Finanzmittel zu mobilisieren und ESM-Mitgliedern, die schwerwiegende Finanzierungsprobleme haben oder denen solche Probleme drohen, unter strikten, dem gewählten Finanzinstrument angemessenen Auflagen eine Stabilitätshilfe bereitzustellen, wenn dies zur Wahrung der Finanzstabilität des Euro-Währungsgebiets insgesamt und seiner Mitgliedsstaaten unabdingbar ist (Art. 3 S.1 ESM-Vertrag)“, ist Ziel dieses Rettungsinstruments. Tatsächlich sollen jedoch nur jene Staaten Hilfe erhalten, welche gleichzeitig auch den Fiskalpakt unterzeichnet haben.[9]

## 2. Inhalt des Fiskalpaktes

Kern des Fiskalpaktes stellen die Verpflichtung der unterzeichnenden Staaten, nationale Schuldenregelungen nach bestimmten Vorgaben zu erlassen (Art. 3), die Einrichtung eines automatischen Korrekturmechanismus‘ (Art. 3 Abs. 2 VSKS),

6 Siehe dazu: Bundestags-Drucksache DS 17/9046.

7 So *Stefan Mair*, Stellungnahme in der öffentlichen Anhörung vor dem Haushaltsausschuss des Deutschen Bundestages am 7.5.2012, abrufbar unter http://www.bundestag.de/bundestag/ausschuesse17/a08/anhoerungen/Fiskalpakt_und_ESM/index.html (zuletzt eingesehen am 23.8.2012).

8 *Oberndorfer*, infobrief eu und international 1/ 2012, S. 8.

9 *Wollenschläger,* NvwZ 2012, S. 713.

die Entscheidungsbefugnis des EuGH bezüglich der Einhaltung des Vertrages samt Sanktionsbefugnis (Art. 8 VSKS), eine Verschärfung des Defizitverfahrens sowie institutionell die Schaffung eines Euro-Gipfels (Art. 12 VSKS) dar.[10]

Der Fiskalpakt ist (ebenso wie der ESM) ein völkerrechtlicher Vertrag. Diese Form des Vertragsschlusses war nötig geworden, nachdem Großbritannien mit seinem Veto eine entsprechende Änderung des europäischen Primärrechts nach Art. 48 EUV unmöglich gemacht hatte.[11] Somit steht der Fiskalpakt außerhalb des europäischen Primärrechts.[12] Die rasante Vorgehensweise bei der Entstehung des Vertrages, die auch als „stark verdichtete Verhandlungsführung und Beschlussfassung (mit) wenig Raum für öffentliche Auseinandersetzung"[13] kritisiert wurde, sorgte auch dafür, dass (rechtliche) Konsequenzen des Fiskalpakts für viele EU-Bürger_innen in keiner Weise ersichtlich gemacht wurden. Auf diese rechtlichen Konsequenzen bezogen auf das Grundgesetz soll nun eingegangen werden.

## II. Zulässigkeit des Abschlusses eines völkerrechtlichen Vertrages durch die Mitgliedsstaaten der EU

Wie eingangs bereits erläutert, stellt der Fiskalpakt einen völkerrechtlichen Vertrag dar. Dieser wurde allerdings nur zwischen Mitgliedsstaaten der Europäischen Union geschlossen. Daher stellt sich die Frage, inwieweit dies zulässig ist. Können völkerrechtliche Verträge, welche Angelegenheiten der EU betreffen, zwischen den Mitgliedsstaaten geschlossen werden?

Hier ist zunächst auf den Grundsatz der begrenzten Einzelermächtigung einzugehen. Nach Art. 4 Abs. 1 i.V.m. Art. 5 EUV sind den Mitgliedsstaaten der EU diejenigen Zuständigkeiten verblieben, die sie nicht nach Art. 48 EUV auf die EU übertragen haben.[14] Folglich ist ein nationalstaatliches, rechtsverbindliches Handeln dann nicht zulässig, wenn es sich um einen Bereich handelt, der der Kompetenz der EU unterliegt bzw. hier keine Rückermächtigung nach Art. 2 Abs. 1 EUV vorliegt. Die Mitgliedsstaaten sollen die Träger der Union bleiben.[15] Ebenso verhält es sich mit der geteilten Zuständigkeit, sobald die EU hiervon nach Art. 2 Abs. 2 EUV Gebrauch gemacht hat. Ob die Mitgliedsstaaten also völkerrechtlich tätig werden durften, hängt davon ab, ob sie in diesem Gebiet überhaupt die Zuständigkeit haben. Hierbei stellt sich nun das in der Einleitung erwähnte

10 Ebenda.

11 Darauffolgend auch Nichtzustimmung der Tschechischen Republik.

12 *Calliess/ Schoenfleisch*, JZ 2012, S. 477.

13 *Oberndorfer* (Fn.8), S. 8.

14 Vgl. *Hatje* in Schwarze, EU-Kommentar, Art. 4 Rn. 2.

15 *Streinz* in Streinz, EUV/ AUEV, Art. 4 Rn. 10.

Phänomen der Trennung von Währungspolitik (Art. 3 Abs. lit. c AEUV) und Wirtschaftspolitik (Art. 121 Abs. 1 AEUV) dar, das asymmetrische Konzept der Wirtschafts- und Währungsunion.[16]

### 1. Die Systematik der Wirtschafts- und Währungsunion

Es ist zu untersuchen, ob der Fiskalpakt kompetenziell der Währungs- oder der Wirtschaftspolitik zuzuordnen ist, da hier die Kompetenzen auseinander fallen. Die Währungspolitik ist Art. 3 Abs. 1 lit. c AEUV zufolge vergemeinschaftlicht, die Kompetenz liegt allein bei der EU auf supranationaler Ebene. Die Wirtschaftspolitik dagegen ist zwar gem. Art. 121 Abs. 1 AEUV von gemeinsamem Interesse und soll koordiniert sein. Die Kompetenz verbleibt hier jedoch bei den Mitgliedsstaaten. Auch sind die Vorgaben in Art. 126 Abs. 2 AEUV lediglich Referenzwerte und keine festen Grenzen. Auch der seit 1997 geltende SWP stellt „nur" europäisches Sekundärrecht dar.[17] Diese Asymmetrie in der Wirtschafts- und Währungsunion war jedoch Ergebnis eines politischen Kompromisses, nicht etwa ein „Versehen". Eingriffe in die nationale Haushaltspolitik durch die EU waren nicht konsensfähig gewesen.[18]

### 2. Der Fiskalpakt im Lichte der Asymmetrie der Wirtschafts- und Währungsunion

Inhaltlich regelt der Fiskalpakt nicht den Euro, also die Währung, auch wenn er im Zusammenhang mit der Finanzkrise zur Rettung desselben und in enger Verbindung zum Europäischen Stabilitätsmechanismus (ESM) entstanden ist. Er bezieht sich vielmehr auf Fragen der Wirtschaft, etwa das Defizitverfahren oder auch die Einführung nationaler Schuldenregelungen. Dies sind Sachverhalte, die dem „Kapitel 1. Die Wirtschaftspolitik." des AEUV unterliegen. Somit liegt die Kompetenz auch nicht ausschließlich bei der EU, die Gesetzgebung soll hier lediglich koordiniert werden. Dies ist dahingehend zu verstehen, dass die entsprechenden Normen (Art. 120 ff. AEUV) erst dann eine Sperrwirkung entfalten, wenn das außereuropäische Recht dem Gedanken der Koordination zuwiderliefe.[19] Dies berücksichtigend, beinhaltet der Fiskalpakt auch selbst in Art. 2 Abs. 1 eine Homogenitäts- und Konformitätsklausel. Danach ist der Vertrag im

---

16 *Herdegen*, § 23 Rn. 1.

17 *Hattenberger* in Schwarze, EU-Kommentar, Art. 126 Rn. 10.

18 *Kempen* in Streinz, EUV/AUEV, Art. 126 Rn. 9.

19 Vgl. *Helmut Siekmann*, Stellungnahme vom 7.5.2012 (Fn.7).

Einklang mit dem europäischen Recht anzuwenden und dahingehend auszulegen. Diese Klausel wird von Gegnern des Paktes in der Literatur jedoch auch als lediglich salvatorische Klausel verstanden.[20] In Art. 2 Abs. 2 enthält der Fiskalpakt darüber hinaus eine Subordinationsklausel: Er soll nur Anwendung finden, solange und soweit er mit dem Unionsrecht vereinbar ist.

Damit ist zunächst geklärt, dass die Mitgliedsstaaten nach europäischem Recht die rechtliche Kompetenz hatten, diesen Vertrag untereinander abzuschließen. Der Inhalt des Vertrages steht jedoch in engem sachlichen Zusammenhang mit dem Recht der EU. Unionsmitgliedsstaaten schließen einen völkerrechtlichen Vertrag mit Blick auf die Ziele der EU. Diese Erscheinung nennt sich in der Rechtswissenschaft „Komplementärrecht".[21] Der Fiskalpakt wird deshalb auch zum Teil als „Sonder-Unionsrecht" betitelt.[22]

## III. „Der Fiskalpakt" – Titel III VSKS

### 1. Die Schuldenbremse im Fiskalpakt, Art 3 VSKS

Das Herzstück des Fiskalpaktes ist dessen Titel III, der mit „Fiskalpolitischer Pakt" überschrieben ist. Er umfasst die Art. 3 bis 8 VSKS. Art. 3 stellt hier den Kern des Vertragswerkes dar, die Verpflichtung zur Einrichtung eines individuellen numerischen Haushaltsziels („Schuldenbremse").[23] In Art. 3 Abs. 1 lit. a VSKS ist vorgesehen, dass der gesamtstaatliche Haushalt der Vertragsparteien ausgeglichen sein oder einen Überschuss aufweisen soll. Diese Vorgabe ist nach Art. 3 Abs. 1 lit. b VSKS eingehalten, wenn das strukturelle Defizit einer Vertragspartei 0,5 % des BIP nicht überschreitet.[24] Zudem muss der strukturelle Saldo dem im SWP vorgesehenen mittelfristigen Haushaltsziel entsprechen.[25] Bei erheblichen Abweichungen ist ein automatischer Korrekturmechanismus vorgesehen, Art. 3 Abs. 1 lit. e VSKS. Dieser umfasst auch eine Verpflichtung der betreffenden Vertragspartei, zur Korrektur erheblicher Abweichungen entsprechende Maßnahmen innerhalb eines bestimmten Zeitraumes zu treffen, Art. 3 Abs. 1 lit. e S. 2 VSKS.

Diese Regeln sollen die Vertragsparteien innerhalb eines Jahres nach Inkrafttreten des Fiskalpaktes, also bis zum 1.1.2014, in nationales Recht überführt ha-

20 So *Andreas Fisahn*, Stellungnahme vom 7.5.2012 (Fn.7).
21 *Thym*, EuZW, 2011, 168.
22 So *Herdegen*, „Das belastbare Grundgesetz", FAZ vom 5.4.2012, S. 7.
23 *Oberndorfer,* (Fn. 8) S. 8.
24 *Antpöhler*, ZaöRV 2012, S. 383.
25 *Calliess/ Schoenfleisch*, JZ 2012, S. 481.

ben, vorzugsweise mit Verfassungsrang, Art 3 Abs. 2 S. 1 und 2 VSKS. Damit ist eine Vereinbarung im Fiskalpakt getroffen worden, die wesentlich vom ursprünglichen Vertragsentwurf abweicht. In jenem Entwurf sollte die Bestimmung in jedem Fall „mit Verfassungs- oder äquivalentem Rang" umgesetzt werden.[26]

Wie der Verweis auf den SWP in Art. 3 Abs. 1 lit. b VSKS bereits erahnen lässt, ist auch im Sekundärrecht eine Art Schuldenbremse bereits zu finden. Das 2011 zur Reform des SWP beschlossene sogenannte „Sixpack",[27] bestehend aus fünf Verordnungen und einer Richtlinie, enthält die Verpflichtung der Mitgliedsstaaten, die Einhaltung der primärrechtlichen Referenzwerte aus Art. 126 AEUV durch Einrichtung individueller numerischer Haushaltsziele sicherzustellen.[28] Der Fiskalpakt greift zudem auf die länderspezifischen mittelfristigen Haushaltsziele aus Art. 2a, 5 VO (EU) Nr. 1175/ 2011 zurück.[29] Art. 5 und 6 der Richtlinie 2011/85/EU, die ebenso Teil des Sixpack ist, fordern die Umsetzung dieser Regelungen zur Einhaltung des numerischen Haushaltsziels sowie der Folgen im Falle eines Nichtbefolgens in nationales Recht.[30] Noch weiter als die Regelungen aus dem Sixpack reicht unterdessen ein Vorschlag der Kommission. Er soll das Sixpack noch einmal verschärfen, wurde bislang aber nicht beschlossen. Auch dieser Entwurf spricht davon, die Haushaltsregel „vorzugsweise mit Verfassungsrang" umzusetzen.[31] Diese Rückgriffe auf den SWP, das Sixpack sowie die Parallele zum Kommissionsvorschlag veranlassten mitunter zu der Schlussfolgerung, der einzige Unterschied, den der neue Fiskalpakt mit sich bringe, liege in der Höhe des zulässigen Defizits, welches nun nur noch bei 0,5% anstatt 1% vom BIP liegt.[32] Mit dem Unionsrecht ist die Regelung aus Art. 3 VSKS also vereinbar, größtenteils wird nur das Sekundärrecht wiederholt. Es bleibt jedoch die Frage, wie viel sich dann durch den Fiskalpakt tatsächlich ändert bzw. wie die dort vorgesehene Schuldenbremse sich nicht nur zum europäischen Recht, sondern auch zu der bereits im Grundgesetz verankerten Schuldenregelung verhält.

---

26 Vgl. Treaty on Stability, Coordination and Governance in the economic and monetary union v. 9.12.2011.

27 ABlEU Nr. L 306 vom 23. 11. 2011.

28 Vgl. Art. 5 ff. RL 2011/ 85 (EU) vom 8. 11. 2011; vgl. auch *Häde* in Callies/ Ruffert, Art. 126 Rn. 25 ff.

29 *Callies/ Schoenfleisch*, JZ 2012, S. 481 f.

30 *Antpöhler*, ZaöRV 2012, S. 384.

31 Vorschlag der Kommission für eine Verordnung des Europäischen Parlaments und des Rates über gemeinsame Bestimmungen für die Überwachung und Bewertung der Übersichten über die gesamtstaatliche Haushaltsplanung und für die Gewährleistung der Korrektur übermäßiger Defizite der Mitgliedsstaaten im Euro-Währungsgebiet, 23. 11. 2011, KOM (2011), 821.

32 Vgl. *René Repasi*, Studie zur Vereinbarkeit der Fiskalunion mit Völker- und Europarecht sowie zur rechtlichen Umsetzung des Diskussionspapiers „Europäische Wirtschaftsregierung – oder was?", 2012, S. 12, 19.

## 2. Die bisherige Lage in der Bundesrepublik Deutschland nach der grundgesetzlichen Schuldenregelung

Um beurteilen zu können, inwieweit der völkerrechtliche Fiskalpakt tatsächlich Wirkung auf das Grundgesetz entfaltet, ist zunächst die sich bereits im Grundgesetz befindende Schuldenregelung zu analysieren.

Art. 109 Abs. 3 GG enthält seit 2009 als ein Ergebnis der Föderalismusreform II eine Begrenzung für die Staatsverschuldung von Bund und Ländern.[33] Für den Bund konkretisiert Art. 115 Abs. 2 GG diese Vorschrift zudem.[34] Art. 143 d GG regelt den zeitlichen Anwendungsbereich.[35]

Die im Grundgesetz verankerte Schuldenbremse ist als „Regel-Ausnahme-System" gestaltet.[36] Nach Art. 109 Abs. 3 S.1, Art. 115 Abs. 2 S. 1 GG soll der Bund seine Ausgaben grundsätzlich ohne die Aufnahme neuer Kredite ausgleichen, es gilt der Grundsatz der „Nullverschuldung".[37] Eine solche Regelung gab es vor der Föderalismusreform II nicht.[38] Dieser Grundsatz gilt als eingehalten, wenn die Verschuldung 0,35 % des nominalen BIP nicht übersteigt, Art. 109 Abs. 3 S. 4, Art. 115 Abs. 2 S. 2 GG (strukturelle Verschuldenskomponente).[39] Daneben ist auch eine konjunkturelle Verschuldensgrenze vorgesehen. Sollte die konjunkturelle Entwicklung von der Normallage abweichen, kann der Bund die Auswirkungen auf den Haushalt im Auf- und Abschwung symmetrisch berücksichtigen.[40] Damit wird eine antizyklische Haushaltspolitik ermöglicht: In Krisenzeiten kann sich der Staat verschulden, in Zeiten des Aufschwungs muss er diese Schulden jedoch dann wieder tilgen.[41]

Ausnahmen sind auch in bestimmten Notsituationen zulässig. Diese bestimmen Art. 109 Abs. 3 S. 2 und Art. 115 Abs. 2 S. 6 GG: Naturkatastrophen und außergewöhnliche Notsituationen. Zu diesen Notsituationen zählen etwa auch Beeinträchtigungen der Wirtschaftsabläufe durch exogene Schocks wie die gegenwärtige Finanzkrise.[42]

Abweichend von diesen Vorgaben ist zu beachten, dass den Ländern kein Spielraum für strukturelle Neuverschuldungen gegeben wird, die Kommunen

33 Vgl. Gesetz vom 29. 7. 2009, BGBl. I, 2248.
34 *Kube* in Maunz/ Dürig, Art. 109 Rn. 6.
35 Vgl. *Heintzen* in von Münch/ Kunig, Art. 109 Rn. 3.
36 *Ryczewski*, S. 139.
37 Ebenda.
38 Vgl. *Seiler*, JZ 2009, S. 723.
39 *Ryczewski*, S. 140.
40 Ebenda; beachte: bei Art. 115 Abs. 2 S. 3 GG „muss".
41 *Heintzen in* von Münch/ Kunig, Art. 109 Rn. 33.
42 Vgl. Beschlüsse der Kommission aus Bundestag und Bundesrat zur Modernisierung der Bund-Länder-Finanzbeziehungen, Kommissionsdrucksache 174 FöKo II, S.9.

bleiben vollständig unberücksichtigt.[43] Die Länder haben die entsprechenden Regelungen ab 2020 einzuhalten, der Bund ab 2016.

### 3. Konstitutive Wirkung des Fiskalpaktes

a. Rechtsvergleich – ist eine Verfassungsänderung nötig?

Sehr ungewöhnlich ist an dem Fiskalpakt als ein völkerrechtlicher Vertrag, dass er von den nationalen (Verfassungs-)Gesetzgebern verlangt, ihre innerstaatliche Verfassung zu ändern oder aber, falls es noch keine vergleichbare Regelung gibt,[44] etwas gänzlich Neues hineinzuschreiben. Dies stellt in dieser Form eine Neuheit dar.[45] Wie gesehen, hat die Bundesrepublik bereits eine Schuldenbremse in ihrer Verfassung verankert. Im Folgenden soll nun geklärt werden, inwieweit diese mit dem Fiskalpakt vereinbar ist bzw. welche wesentlichen Unterschiede zu beachten sind. Müsste die Schuldenregelung im Grundgesetz geändert werden, so ist zu beachten, dass diese Änderung unmittelbar durch einen völkerrechtlichen Vertrag vorgeschrieben ist und damit der künftige Verfassungstext aus dem Völkerrecht und von der Gubernative stammt.[46]

Grundsätzlich gilt es, erst einmal die Normenhierarchie zu beachten. Nach Art. 25 i.V.m. Art. 59 Abs. 2 GG sind völkerrechtliche Verträge Teil des Bundesrechts und stehen damit unterhalb der Verfassung. Diese Ordnung unterliegt der Binnenperspektive, die hier beschriebene Ordnung gilt also für die innerstaatliche Rechtsanwendung.[47] Dennoch bedeutet dies nicht, dass der Bruch bzw. die Nichteinhaltung eines völkerrechtlichen Vertrags deshalb keine Konsequenzen hätte – im Gegenteil. Die völkerrechtlichen Sanktionen bleiben unberührt. Dies folgt aus dem völkerrechtlichen Grundsatz *pacta sunt servanda* – Verträge müssen erfüllt werden.[48] Dies gilt nur dann nicht mehr, wenn eine einseitige Aufhebung gerechtfertigt ist (siehe hierzu unten).

Völkerrechtliche Sanktionen können etwa der Abbruch diplomatischer Beziehungen, Embargomaßnahmen oder auch Repressalien sein.[49] Auch wenn dies den Kritikern der Durchsetzbarkeit von Völkerrecht als schwach vorkommen mag, so

---

43 *Lenz/ Burgbacher*, NJW 2009, S. 2561.

44 So zum Beispiel in Frankreich.

45 So auch *Ingolf Pernice*, Stellungnahme bei der öffentlichen Anhörung vor dem Ausschuss für Fragen der europäischen Union des Bundesrates v. 25.4.2012.

46 *Nettesheim* in Maunz-Dürig, Art. 59 Rn. 154.

47 *Herdegen* in Maunz-Dürig, Art. 25 Rn. 3.

48 Vgl. *Stein/ von Buttlar*, § 4 Rn. 46.

49 *Schröder* in Graf Vizthum, VII Rn. 108 f.

ist die unmittelbar verhaltenslenkende und legitimationsstiftende Wirkung völkerrechtlicher Verträge nicht zu unterschätzen.[50]

Im vorliegenden Fall ist vor allem davon auszugehen, dass die politischen Folgen die schwerwiegendsten wären. Ein Bruch des Fiskalpaktes hätte für den betreffenden Mitgliedsstaat nicht nur die Folge eines Verfahrens vor dem EuGH nach Art. 8 VSKS, sondern zöge auch ernsthafte politische Konsequenzen nach sich. Auch sprechen die Durchsetzungsmechanismen, die der Fiskalpakt etwa in Art. 8 VSKS enthält, ernsthaft dafür, ihn nicht als eine einfache völkerrechtliche Verpflichtung zu betrachten, die man bei Bedarf wieder brechen kann, ohne dass die Folgen zu schwerwiegend wären. Kommission und EuGH sind zur Überwachung eingeschaltet, Zwangsgelder können verhängt werden.[51] Deshalb erscheint es umso wichtiger, von vornherein das Verhältnis der beiden Schuldenregelungen zueinander zu klären und nicht etwa mit einer gewissen „Mentalreservation"[52] den Fiskalpakt zu unterzeichnen, in dem Bewusstsein, zur Not eben die völkerrechtlichen Sanktionen in Kauf zu nehmen.

*aa. Der Korrekturmechanismus*

Nach Art. 3 Abs. 1 lit. e VSKS löst ein erhebliches Abweichen vom mittelfristigen Haushaltsziel oder dem Anpassungspfad einen automatischen Korrekturmechanismus aus. Nach Art. 3 Abs. 2 VSKS werden die Grundsätze dafür, wie dieser Korrekturmechanismus in den nationalen Rechtsordnungen auszusehen hat, von der Kommission festgelegt. Dies gilt für Umfang, Art und zeitlichen Rahmen sowie darüber hinaus auch für die Rolle und Unabhängigkeit der auf nationaler Ebene für die Überwachung der Einhaltung der in Abs. 1 genannten Regelungen zuständigen Institutionen. Dieser Korrekturmechanismus geht über das bisherige Sekundärrecht aus dem SWP und dem Sixpack hinaus, weshalb an dieser Stelle bereits der erste Punkt festgehalten werden kann, der der oben angeführten Behauptung widerspricht, der einzige Unterschied des neuen Fiskalpaktes im Vergleich zum bestehenden Sekundärrecht sei die Höhe des zulässigen Defizits.[53]

Bislang hat die Kommission allerdings noch keinen Grundsatz bestimmt. Dies ist einerseits deshalb logisch, da der Fiskalpakt noch nicht in Kraft getreten ist, andererseits liegt hier auch eine Gefahr: Die Vertragsstaaten ratifizieren einen völkerrechtlich bindenden Vertrag, dessen Details sie noch gar nicht kennen. Ob

50 *Herdegen*, Völkerrecht, § 1 Rn. 15.

51 Zitiert nach *Ferdinand Wollenschläger*, Stellungnahme im Rahmen der öffentlichen Anhörung von Sachverständigen vor dem Ausschuss für Fragen der Europäischen Union im Bundesrat v. 25.4.2012.

52 Ebenda.

53 So auch *Antpöhler*, ZaöRV 2012, 384.

und inwieweit Änderungsbedarf auf nationaler Ebene besteht, um nicht gegen den Pakt zu verstoßen, hängt auch wesentlich davon ab, wie der Korrekturmechanismus konkretisiert wird.[54] Dies bleibt abzuwarten, birgt allerdings die Gefahr der Beeinträchtigung der Haushaltsautonomie der nationalen Parlamente.[55] Allerdings stellt die völkerrechtliche Verpflichtung zur Einführung eines solchen Mechanismus‘, den das Grundgesetz derzeit noch überhaupt nicht kennt, hier schon eine zumindest materielle Verfassungsänderung dar.[56]

*bb. Fristen*

Ähnlich wie mit dem Korrekturmechanismus verhält es sich auch mit etwaigen Anpassungsfristen. Nach Art. 3 Abs. 2 VSKS sollen die Vertragsstaaten die Regelungen aus Art. 3 Abs. 1 VSKS spätestens ein Jahr nach Inkrafttreten des Fiskalpaktes in innerstaatliches Recht überführt haben – also spätestens bis zum 1.1.2014.

Das Grundgesetz normiert demgegenüber in Art. 143 d feste Übergangsfristen zur Einhaltung der Schuldenbremse aus Art. 109 Abs. 3, 115 Abs. 2 GG. Danach muss der Bundeshaushalt 2016 ausgeglichen sein, die Länder dagegen können in ihrer bis 2020 andauernden Übergangsphase nach Maßgabe des bisher geltenden Rechts von den Vorgaben des Art. 109 GG abweichen, sie müssen ihre Haushalte während dieser Zeit so aufstellen, dass ihr Haushalt 2020 strukturell ausgeglichen ist.[57] An dieser Stelle führen Kritiker des Fiskalpaktes das Argument ins Feld, dass noch gar nicht sicher ist, ab wann die Schuldenbremse aus dem Fiskalpakt eingehalten werden muss.[58] Tatsächlich ist darauf zu verweisen, dass Art. 3 Abs. 2 VSKS zwar festschreibt, wann die Schuldenbremse in die nationalen Rechtsordnungen eingeführt worden sein muss, zur tatsächlichen Einhaltung findet sich allerdings kein Wort. Es ist lediglich von einer „raschen Annäherung“ die Rede, Art. 3 Abs. 1 lit. B VSKS. Aufgrund dieser Formulierung gehen auch einige Sachverständige davon aus, dass für die Einhaltung der Schuldenbremse, also den ausgeglichenen Haushalt, die im Einklang mit dem Sixpack festzulegenden Anpassungspfade an das mittelfristige Haushaltsziel ausschlaggebend sind.[59] Hierbei kommen der Kommission Konkretisierungsbefugnisse zu, Art. 3 Abs. 1 lit. b VSKS.

54 Vgl. *Ferdinand Wollenschläger*, Stellungnahme (Fn. 51).

55 BVerfG, 2 BvR 987/10 vom 7.9.2011.

56 Vgl. *Christoph Degenhart* und *Herta Däubler-Gmelin*, Klageschrift zur derzeit vor dem BVerfG anhängigen Verfassungsbeschwerde (eingereicht am 29.6.2012; voraussichtliches Urteil am 12.9.2012), S. 81.

57 *Henneke* in Schmidt-Bleibtreu/ Hofmann/ Hopfauf, Art. 143d Rn.11 ff.

58 So etwa *Andreas Fisahn*, Stellungnahme am 7.5.2012 (Fn. 7).

59 Vgl. *Helmut Siekmann*, Stellungnahme v. 7.5.2012 (Fn. 19).

Welche Anpassungsfristen die Kommission hier schließlich formulieren wird, bleibt abzuwarten, es ist jedoch möglich, dass sich hier Abweichungen zur grundgesetzlichen Schuldenregelung ergeben. Andererseits ist diese Befugnis der Kommission auch juristisch sehr sorgfältig zu betrachten: Die Fristen, die die Kommission formuliert, haben selbst nicht den Rang, den der Fiskalpakt als solcher innehat – aus diesem Vertrag lässt sich eben nur die Befugnis entnehmen, nicht die Fristen selbst.[60] In letzter Konsequenz kann hieraus geschlussfolgert werden, dass bei einer Umsetzung des Fiskalpaktes in die Verfassung die Fristsetzung der Kommission keinen Bestandteil dieser darstellt und damit nicht diesen hohen Rang genießt – folglich auch nicht verfassungsrechtlich bindend ist.

Dennoch erscheint es auf Grundlage der hier angeführten Problematiken gerechtfertigt, diesen Punkt des Fiskalpaktes zu kritisieren – denn wie schon im Rahmen des Korrekturmechanismus‘ ist der neue Fiskalpakt auch im Rahmen der Übergangsfristen unpräzise und birgt mögliche Gefahren für das Verhältnis zum Grundgesetz im Detail. Das Ausmaß dieser Gefahren bleibt abzuwarten – sicher ist jedoch, dass durch einen (wenn auch nur völkerrechtlichen) Vorschlag der Kommission politischer Druck entstehen wird. Mit Blick auf die Schuldenstände aller Vertragsstaaten ist aber die Prognose gerechtfertigt, dass die Vorschläge der Kommission die deutsche Fristenregelung wohl nicht wesentlich unterschreiten wird.[61]

*cc. Gesamtstaatlicher Saldo*

Darüber hinaus besteht ein wesentlicher Unterschied der beiden Schuldenregelungen in ihrer jeweiligen Art der Abrechnung des Defizits. Die deutsche Schuldenregelung aus Art. 109 Abs. 3, 115 Abs. 2, 143d GG bezieht sich auf den Bund und die Länder.[62] Die grundgesetzliche Schuldenregelung folgt also einer Abgrenzung der Finanzstatistik (kassenmäßige Orientierung). Der Fiskalpakt dagegen sieht eine Berechnung des strukturellen Defizits in der Abgrenzung zur volkswirtschaftlichen Gesamtrechnung vor, hier gilt allerdings das 0,5 %-Kriterium für die jährliche Neuverschuldung.[63] Dies bedeutet, dass auch die Kommunen und Sozialversicherungsträger in der Abrechnung berücksichtigt werden. Liegt bei Berechnung der Gesamtverschuldung unter Berücksichtigung des Bundes, der Länder, der Kommunen und der Sozialversicherungsträger ein Defizit von über 60 % des BIP vor, muss der entsprechende Vertragsstaat, hier

60 So auch *Christoph Möllers*, Stellungnahme vom 25.4.2012 (Fn. 45).

61 *Rudolf Wendt*, Stellungnahme v. 25.4 2012 (Fn. 45).

62 *Lenz/ Burgbacher*, NJW 2009, S. 2561.

63 Wissenschaftlicher Dienst des Deutschen Bundestages: Verschiedene Fragen zum Fiskalvertrag, Gutachten im Auftrag von *A. Ulrich* v. 15.3.2012.

die Bundesrepublik Deutschland, dieses Defizit jährlich um ein Zwanzigstel verringern, Art. 4 VSKS.

Eine solche Berechnungsmethode ist für das Grundgesetz neu. In der Bundesrepublik gibt es zwar eine Verschränkung der Finanzen von Ländern und Kommunen.[64] In Art. 109 GG finden die Kommunen aber ebenso wie die Sozialversicherungsträger keine Erwähnung.[65] An dieser Stelle besteht klarer Änderungsbedarf, sobald der Fiskalpakt in Kraft getreten ist, wenn es nicht zu einem Verstoß gegen diesen kommen soll. Als Folge der gesamtstaatlichen Abrechnung im Rahmen des Fiskalpaktes besteht also letztlich auch eine Verpflichtung zur Einführung der Schuldenbremse bis hin zur kommunalen Ebene.[66]

### b. Ewigkeitsgarantie für die Schuldenbremse?

Der Fiskalpakt enthält keine Kündigungsklausel und ist damit auf Dauer angelegt. Völkerrechtliche Verträge wie dieser Pakt lassen sich in einem solchen Fall nur unter sehr engen Voraussetzungen nach dem Wiener Vertragsrecht kündigen: Nach Art. 54, 56, 62 WVK.[67] Grundsätzlich gilt jedoch das Prinzip *pacta sunt servanda* aus Art. 56 Abs. 1 WVK.[68]

Art. 54 WVK bestimmt, dass ein völkerrechtlicher Vertrag aber einvernehmlich aufgehoben werden kann. Dies ist vorliegend allerdings höchst unwahrscheinlich. Es ist nicht davon auszugehen, dass sich die 25 Vertragsstaaten in näherer Zukunft auf eine Aufhebung des Fiskalpaktes verständigen.

Ist keine Kündigung im Vertrag selbst vorgesehen, so ist diese bzw. ein Rücktritt nach Art. 56 Abs. 1 lit. a WVK dann zulässig, wenn die Vertragsparteien bei Vertragsschluss auch ohne ausdrückliche Formulierung eine solche Möglichkeit zuzulassen beabsichtigten oder sich ein Recht zur Kündigung bzw. zum Rücktritt aus der Natur des Vertrags ergibt, Art. 56 Abs. 1 lit.b WVK.[69] Aus der Entstehungsgeschichte des Fiskalpaktes sind keinerlei Umstände bekannt, die auf eine beabsichtigte, einseitige Kündigungsmöglichkeit schließen lassen würden. Insbesondere spricht hiergegen auch die in Art. 16 VSKS festgeschriebene Absicht der Vertragsparteien, den Fiskalpakt innerhalb von fünf Jahren in europäisches Primärrecht überführen zu wollen.[70]

Wann sich eine Rücktrittsmöglichkeit aus der „Natur des Vertrages“ ergibt, ist umstritten. Bei den Beratungen zur WVK hatte man hier etwa Handels- und

---

64 Vgl. VerfGH Bayern, Entscheidung v.28.11.2007 – Vf. 15-VII-05, Vf. 15-VII/05.

65 Vgl. *Heintzen* in von Münch/ Kunig, Art. 109 Rn. 26.

66 So auch *Ferdinand Wollenschläger*, Stellungnahme v. 25.4.2012 (Fn. 51).

67 *Stein/ von Buttlar*, §8 Rn. 97 ff.

68 *Hölscheidt/ Rohleder*, DVBl, Juli 2012, S. 810.

69 *Stein/ von Buttlar*, § 8 Rn. 101.

70 Hölscheidt/ Rohleder, DVBl, Juli 2012, S. 810.

Bündnisverträge vor Augen, die zwar auf Dauer geschlossen werden, ihrem Sinn und Zweck nach jedoch nur befristet gelten sollen.[71] Bei dem hier diskutierten fiskalpolitischen Pakt ist davon jedoch wohl eher nicht auszugehen.[72]

Art. 60 WVK gestattet eine Beendigung im Falle erheblicher Vertragsverletzungen durch eine andere Vertragspartei. Problematisch ist allerdings, dass der Fiskalpakt ein multilateraler Völkerrechtsvertrag ist. Wann bei solchen Verträgen eine Kündigung wegen erheblicher Vertragsverletzungen zulässig ist, ist stark umstritten.[73] Auch hierbei handelt es sich wohl eher um eine nur theoretische Austrittsmöglichkeit.

Darüber hinaus lässt Art. 62 Abs. 1 WVK eine Beendigung eines völkerrechtlichen Vertrags dann zu, wenn sich die bei Vertragsschluss gegebenen Umstände grundlegend geändert haben *(clausula rebus sic stantibus)*. Diese Umstände müssen jedoch wesentliche Grundlage für den Abschluss gewesen sein.[74]

Zuweilen wird angeführt, dass eine solche Beendigung auch für den Fiskalpakt nicht unwahrscheinlich sein muss. So sei zu beachten, dass Deutschland dem Fiskalpakt in der Annahme beitrete, die anderen Vertragsstaaten wahrten eine ausreichende Haushaltspolitik.[75] Diese Annahme kann als berechtigt angesehen werden, wenn man sich die rückläufigen Haushaltsdefizite der Vertragsstaaten ansieht.[76] Der Wegfall der Geschäftsgrundlage könne nach dieser Ansicht dann angenommen werden, wenn sich mehrere Vertragsstaaten faktisch von den Verpflichtungen aus dem Fiskalpakt lossagten.[77]

Diese Ansicht kann jedoch nicht vollständig überzeugen. Die Auslegung des Art. 62 WVK ist sehr streng.[78] Demonstrationen wie etwa in Griechenland lassen es als naiv erscheinen, derzeit davon auszugehen, dass die Bürger_innen die möglichen Sparmaßnahmen zum Ausgleich der Defizite widerstandslos hinnehmen werden. Auch kann es durchaus zu anderen wirtschaftspolitischen Ausrichtungen in einzelnen Vertragsstaaten kommen – dies sind Entwicklungen, die bei Vertragsunterzeichnung durchaus für möglich gehalten werden mussten bzw. bereits, wie im Fall Griechenland, sogar der Realität entsprachen.

---

71 *Stein/ von Buttlar*, § 8 Rn. 101.

72 Ebenso: *Hölscheidt/ Rohleder*, DVBl, Juli 2012, S. 801.

73 Vgl. *Feist*, S. 199.

74 *Kempen/ Hillgruber*, § 13 Rn. 93.

75 So *Rudoplf Wendt*, Stellungnahme vom 25.4.2012 (Fn. 45).

76 Vgl. Statistiken von eurostat, euroindikatoren, „Bereitstellung der Daten zu Defizit und Verschuldung 2011“, 62/2012 v. 23.4.2012, abrufbar unter http://epp.eurostat.ec.europa.eu/cache (zuletzt eingesehen am 21.8.2012).

77 Vgl. *Rudolf Wendt,* Stellungnahme v. 25.4.2012 (Fn. 45).

78 Vgl. *Kaufmann*-Bühler in Grabitz/ Hilf/ Nettesheim, Art. 37 Rn. 38: etwa im Falle der andauernden schweren Verletzung von Menschenrechten in einem EU-Staat.

Im Kontext des komplementärrechtlichen Fiskalpaktes ist im Rahmen des Art. 62 WVK noch an die Möglichkeit eines Austritts aus der EU nach Art. 50 EUV zu denken.[79] Dann jedenfalls entfiele für den betreffenden Staat die Grundlage für den Fiskalvertrag.[80] Dies ist jedoch nur eine hypothetische Möglichkeit.[81]

Unter diesen Voraussetzungen ist davon auszugehen, dass eine Aktivierung der Kündigungsklausel aus Art. 62 WVK sich sehr schwierig gestalten würde.

Allerdings könnte möglicherweise Art. 16 VSKS einen „Ausweg" aus dem Fiskalpakt darstellen. Dieser Artikel bekundet das Vorhaben der Vertragsstaaten, den Fiskalpakt binnen fünf Jahren nach Inkrafttreten in das europäische Primärrecht zu überführen. Dies soll auf Grundlage einer Bewertung geschehen. Somit erscheint es möglich, im Rahmen eines weiten Verständnisses diesen Artikel so zu verstehen, dass der Fiskalpakt bzw. dessen Überführung in europäisches Primärrecht und damit seine Fortdauer unter einer Art Bewertungsvorbehalt geschlossen wurde.[82]

Es ist also zu erkennen, dass eine Kündigung oder Beendigung des Fiskalpaktes sich als sehr schwierig erweist. Folglich bleibt im Rahmen der Diskussion um eine etwaige Ewigkeitsgarantie festzuhalten: Auswege sind theoretisch nach der WVK möglich, in der Praxis aber eher unwahrscheinlich. Art. 16 VSKS bietet einen möglichen Ausweg nur im Rahmen eines sehr weiten Verständnisses.

## IV. Fazit

Im Allgemeinen konnte gezeigt werden, dass die grundgesetzliche Schuldenregelung bereits sehr ambitioniert ist. Inwieweit sie dem Fiskalpakt angepasst werden müsste, hängt wesentlich von der Ausgestaltung des automatischen Korrekturmechanismus‘ und den Vorgaben für Übergangsfristen ab. Darüber hinaus besteht auch ein Anpassungsbedarf bezüglich der Einbeziehung der Kommunen und Sozialversicherungsträger. Letztlich allerdings ist wohl davon auszugehen, dass die deutsche Schuldenregelung dem Fiskalpakt genügen dürfte.

Problematisch ist jedoch der Punkt der „Ewigkeitsklausel". Wie gezeigt, ist der Fiskalpakt insofern eine Neuheit, als dass er die Vertragsstaaten ausdrücklich zur Änderung ihrer Rechtsordnung bzw. sogar Verfassung verpflichtet. Dies hat zur Folge, dass die Schuldenregelung aus Art. 109 III, 115 II GG nicht mehr wie

---

79 Auf das Austrittsrecht aus Art. 50 EUV weist das BVerfG in seinem Lissabon-Urteil hin: BVerfG, 2 BvE 2/08 vom 30.6.2009, Rn. 330.

80 *Hölscheidt/ Rohleder*, DVBl Juli 2012, . 810.

81 Ebenda; für die übrigen Vertragsstaaten wäre dies dann der Fall, wenn die Mindestzahl der Vertragsparteien aus Art. 15 Abs. 2 VSKS dadurch unterschritten würde.

82 *Ferdinand Wollenschläger*, Stellungnahme (Fn 51).

zuvor mit verfassungsändernder Mehrheit abgeschafft werden kann[83] – dies würde nun einen Bruch von Völkerrecht bedeuten und entsprechende Konsequenzen nach sich ziehen. Grundsätzlich stellt es keine Neuheit dar, wenn das Grundgesetz aufgrund völkerrechtlicher Verpflichtungen geändert wird. So wurde etwa Art. 16 GG geändert und Art. 16 a GG eingeführt, um den Verpflichtungen aus internationalen Vereinbarungen und Unionsrechtsfestlegungen im Rahmen der Schengen-Gesetzgebung u.a. über Drittlandsregelungen und sichere Herkunftsstaaten nachzukommen.[84] Bisher unbekannt ist jedoch, wie oben erwähnt, die Verpflichtung im Vertrag selbst zur Verfassungsänderung. Es würde jedoch zu weit führen, hier davon zu sprechen, der Verfassungsgesetzgeber gäbe seine Souveränität ab. Diese verbleibt ihm trotz des Vertragsschlusses. Anders wäre es etwa im Europarecht, da dort Kompetenzen übertragen werden.[85] Dies ist hier nicht der Fall. Dennoch bedeutet diese Pflicht zur Festschreibung der Schuldenbremse, dass diese im Grundgesetz verankert bleibt, zumindest solange der Fiskalpakt in dieser Form Geltung hat. Andernfalls beginge Deutschland Völkerrechtsbruch.

Auch deshalb wäre es demokratiepolitisch angebracht gewesen, vor einer Ratifizierung die oben dargestellten, unklaren Punkte im Sinne der Rechtssicherheit zu klären.

83 *Herdegen* in Maunz-Dürig, Art. 79 Rn. 7f.

84 Gesetz vom 28.6.1993, verkündet am 29.6.1993, BGBl. I S. 1002.

85 Vgl. *Ralph A. Lorz*, Stellungnahme vom 25.4.2012 (Fn. 45).

# Wie kleine Substanzen die Bildung schädlicher Alzheimer-Peptide verhindern

Luise Richter

Wer an der Alzheimer-Krankheit leidet, verliert unaufhaltsam die eigene Lebensvergangenheit und vergisst nach und nach alles, was er in seinem Leben gelernt und kennengelernt hat: Namen vertrauter Personen, bedeutende Ereignisse und Momente des Lebens – selbst die eigenen Familienangehörigen oder gewohnte Orte sind plötzlich fremd. Neben solchen Gedächtnis- und Orientierungsstörungen kennzeichnen auch Störungen des Denk- und Urteilsvermögens das Krankheitsbild. Häufig sind zudem die Sprache und weitere höhere Hirnleistungen beeinträchtigt, so dass zunehmend eine Wesensveränderung sowie allgemeine Auffälligkeiten im Verhalten in den Vordergrund treten. Im fortgeschrittenen Stadium besteht ein hochgradiger geistiger Abbau; die Patienten sind bettlägerig, inkontinent und auf permanente Betreuung angewiesen. Die Alzheimer-Krankheit ist damit nicht nur ein schwerwiegendes persönliches Schicksal, sondern hat auch in sozialer und sozioökonomischer Hinsicht weitreichende Folgen.

Die Alzheimer-Krankheit, auch Morbus Alzheimer genannt, ist eine langsam voranschreitende Erkrankung des Nervensystems und stellt die häufigste Ursache der Demenz dar. Gegenwärtig sind über 35 Millionen Menschen weltweit von einer Demenz betroffen. In Deutschland allein leben derzeit etwa 1,2 Millionen Demenzkranke; die überwiegende Mehrheit von ihnen leidet an der Alzheimer-Krankheit. Aufgrund der durchschnittlich stark ansteigenden Lebenserwartung und der damit verbundenen immer größer werdenden Zahl älterer Menschen, wird die Zahl der Demenzkranken in den nächsten Jahren dramatisch zunehmen, sofern kein Durchbruch in der Prävention und Therapie gelingt. Experten schätzen die weltweite Zahl auf über 65 Millionen Betroffene im Jahr 2030 und 115 Millionen im Jahr 2050.

Trotz intensiver Bemühungen um die Erforschung der zu Grunde liegenden molekularen Mechanismen der Alzheimer-Krankheit fehlt jedoch bislang eine wirksame Therapie. Bisherige therapeutische Ansätze verzögern lediglich den Krankheitsverlauf und erhalten die geistige Leistungsfähigkeit der Betroffenen möglichst lange aufrecht; sie lindern also Symptome, ohne dabei die tatsächlichen Ursachen anzugehen.

Der Psychiater und Neuropathologe Alois Alzheimer beschrieb im Jahre 1906 erstmals die später nach ihm benannte Erkrankung und entdeckte, dass die Demenz vom Alzheimer-Typ zu einem massiven Untergang von Nervenzellen und

Nervenzellkontakten (Synapsen) führt. Damit verbunden weist das Gehirn eine diffuse Atrophie auf, d.h. eine Verschmälerung der Hirnwindungen sowie eine Erweiterung der Furchen und Hirnkammern. Als histologische Veränderung lassen sich bei der Alzheimer-Krankheit extrazelluläre Ablagerungen im Hirngewebe nachweisen – sogenannte amyloide Plaques. Die Hauptkomponente dieser Plaques stellen Amyloid-β-Peptide (**Aβ-Peptide**) dar, ungleich große Eiweiß-Fragmente, die durch das Zusammenwirken zweier Enzyme (β- und γ-Sekretase) aus einem größeren Vorläufermolekül mit dem Namen **APP** (Amyloid-Vorläuferprotein) herausgeschnitten werden.

Heute weiß man, dass kurze Aβ-Peptide wie Aβ38 oder Aβ40 eher harmlos sind, wohingegen das nur wenig längere **Aβ42** hochgradig giftig für Nervenzellen ist. Aβ42 wird deutlich schlechter abgebaut und neigt besonders stark zur Aggregation, also zur Zusammenballung. Dabei werden zunächst kleinere Aggregate aus nur wenigen Aβ-Einheiten gebildet, die Biochemiker als Oligomere bezeichnen. Diese wiederum lagern sich im weiteren Verlauf zu Fibrillen und schließlich zu amyloiden Plaques zusammen, die sich dann im Denkorgan ablagern können. Nach derzeitigem Stand der Forschung wird davon ausgegangen, dass weder einzeln auftretende Aβ42-Peptide noch fibrilläre Aggregate oder amyloide Plaques die schädliche Wirkung im Gehirn bedingen. Vielmehr werden lösliche Oligomere, wie Dimere (zwei Aβ-Einheiten) oder Tetramere (vier Aβ-Einheiten), für den Funktionsverlust und das vorzeitige Absterben von Nervenzellen verantwortlich gemacht. Fibrillen und Plaques hingegen greifen die Zellen nicht mehr an und stellen vermutlich eher eine Art Speicher solcher giftigen Zwischenstufen dar.

Mit den Fragen, wie und warum das krankmachende Aβ42 entsteht und auf welche Weise dieser Vorgang gezielt verhindert werden kann, habe ich mich in meiner Doktorarbeit am Institut für Chemie und Biochemie der Freien Universität Berlin intensiv befasst.

Jüngste Untersuchungen aus der Arbeitsgruppe Multhaup haben gezeigt, dass sich zwei Moleküle des Vorläuferproteins APP paarweise in der Zellmembran zusammenlagern können. Bei diesem Vorgang, der auch als APP-Dimerisierung bezeichnet wird, spielt ein Aminosäure-Motiv im APP eine besondere Rolle und bildet eine Art Kontaktstelle – das **GxxxG-Motiv**. Faszinierend an dieser Tatsache ist, dass die APP-Dimerisierung in engem Zusammenhang mit der Bildung des Schlüsselmoleküls Aβ42 steht. Je schwächer die Dimerisierung zweier APP-Moleküle ist, desto weniger Aβ42 entsteht. Stattdessen werden vermehrt Aβ38 und andere, noch kürzere Aβ-Peptide gebildet. Mit anderen Worten: Die APP-Dimerisierung begünstigt die Bildung des schädlichen Aβ42-Peptids und stellt daher einen Risikofaktor für die Entstehung der Alzheimer-Krankheit dar.

In meiner Doktorarbeit stellte sich nun für mich die zentrale Frage, ob und inwiefern sich diese Erkenntnisse therapeutisch nutzen lassen. Mittels verschiedener biochemischer und zellbiologischer Methoden konnte ich zeigen, dass das GxxxG-Motiv im APP in der Tat einen Angriffspunkt für kleine Substanzen darstellt und dass sich auch die Stabilität der GxxxG-vermittelten APP-Dimerisierung gezielt beeinflussen lässt. Auf diese Weise ließ sich die Bildung des gefährlichen Aβ42 effektiv verhindern. Folglich ergibt sich aus diesem völlig neuartigen Wirkmechanismus eine vielversprechende Strategie zur Vorbeugung und zur Heilung der Alzheimer-Krankheit. Auf diesen Erkenntnissen aufbauend dürften sich neue, hochaffine und selektive Substanzen identifizieren und entwickeln lassen, die besonders effizient ins menschliche Gehirn eintreten und dort mit der APP-Dimerisierung wechselwirken können.

# Beiträge

# Melchior Schildt und die *Paduana Lachrymae*

Klaus Mylius

## I. Über Melchior Schildt

Wie ein Archäologe in immer tiefere Schichten vordringt und dabei ständig neue Erkenntnisse sammelt, so erschließen sich beim Eintritt in die Wunderwelt der Orgel- und Kirchenmusik des 17. Jahrhunderts immer neue Aspekte.[1] Diese musikgeschichtliche Forschung ist aber keine *l'art pour l'art*, sondern soll neuen musikalischen Gewinn vermitteln, aber auch große Organisten und Komponisten der Vergessenheit entreißen und ihre Werke wieder ins Bewusstsein der Menschen von heute zurückbringen. Die vorliegende Studie ist einem immer noch von manchen Rätseln umgebenen Komponisten gewidmet: Melchior Schildt.[2] Rätselhaft waren lange Zeit sogar seine Lebensdaten. Als Geburtsjahr konnte man sich zwischen 1592 und 1593 lange nicht entscheiden und ließ die Wahl offen. Als Resultat einer scharfsinnigen Überlegung hat Klaus Beckmann den Zeitraum zwischen Juni und August (wahrscheinlich Juli) 1502 als Geburtszeit Schildts ermittelt.[3] Damit hat das Schwanken zwischen 1592 und 1593 ein Ende.

Musikgeschichtlich verblieb Schildt im Schatten von Heinrich Scheidemann und Samuel Scheidt. Seine Kompositionen waren bis 1955 fast unbekannt, als der Musikwissenschaftler Gustav Fock zwei Manuskriptsammlungen in Clausthal-Zellerfeld entdeckte, darunter das *Magnificat*. Selbst Gotthold Frotscher behandelt nur den Choral *Hertzlich lieb hab ich dich, o mein Herr* und die Bearbeitung von *Allein Gott in der Höh sey Ehr*.[4] Das Kompendium *Handbuch Orgelmusik*

1 Zu dieser Thematik sind vom Verf. in den *Jahrbüchern der Berliner Wissenschaftlichen Gesellschaft* bisher erschienen:
Johann Pachelbel und seine Ciacona in d; *Jahrbuch 2008*, S. 181-191;
Samuel Scheidt: Toccata super „In te Domine speravi"; *Jahrbuch 2009*, S. 231-242;
Samuel Scheidt: Fantasia super „Ich ruffe zu dir, Herr Jesu Christ"; *Jahrbuch 2010/2011*, S. 199-210;
Samuel Scheidt: Cantio sacra „Warum betrübst du dich, mein Herz"; *Jahrbuch 2010/2011*; S. 213-228.

2 Ich danke meiner Enkelin, Frau Miriam Kaulbarsch, B. A., für die Unterstützung bei der diesmal besonders mühsamen Beschaffung der Sekundärliteratur.
Ganz besonders danke ich meinem Freund und Kollegen Prof. Dr. Dieter B. Kapp (Köln) für die Erstellung der elektronischen Version dieses Textes.

3 Melchior Schildt: *Sämtliche Orgelwerke* (herausgegeben von Klaus Beckmann). Edition Schott 9585 (Mainz 1999), S. 4.

4 Gotthold Frotscher: *Geschichte des Orgelspiels und der Orgelkomposition*. 2. Aufl. (Berlin 1959).

erwähnt wiederum nur das *Magnificat*.[5] Hermann Keller, der u.a. die wichtigsten norddeutschen Orgelkomponisten aufzählt, erwähnt Schildt überhaupt nicht.[6] Mit Recht verweist Joseph Kelemen darauf, dass Schildt „...von heutigen Organisten zu Unrecht vernachlässigt (wird).“[7]

Schildt entstammte einer alten niedersächsischen Organistenfamilie. Diese war seit dem 15. Jahrhundert in Hannover ansässig.[8] Ein Ludeke Schildt, gestorben 1470, wurde von Th. W. Werner nachgewiesen.[9] Der Organistenberuf lässt sich bis zum Großvater Gerd Schildt zurückverfolgen (gest. 1569). Dieser war von 1547 bis 1569 Organist an der Ägidienkirche; sein Sohn Antonius (gest. 1629), war von 1586 bis 1593 Organist an der Kreuzkirche und von diesem Jahr bis zu seinem Tode 1629 an der Marktkirche. Sein Sohn Melchior erhielt von ihm den Einführungsunterricht in die Kunst des Orgelspiels; auch der langjährige Kantor Andreas Grappius unterwies ihn. Melchiors Bruder Ludolf wurde ebenfalls Organist und vertrat den Vater zeitweilig an der Marktkirche.

Damals strebten die jungen Organisten nach einer Weiterbildung bei dem berühmtesten Meister der Orgelkunst, Jan Pieterszoon Sweelinck (1562-1621) an der Oude Kerk in Amsterdam. Auch Schildt gelang dies, wahrscheinlich mit finanzieller Unterstützung durch den Stadtrat von Hannover. Schildt ist entweder Ende 1609 oder zu Beginn des Jahres 1610 in Amsterdam eingetroffen. Wie man aus Vergleichen ersieht, währte das Studium bei Sweelinck gewöhnlich drei Jahre. Schildt könnte sich also bis Anfang 1613 in Amsterdam aufgehalten haben. Hier beginnt nun eine große *lacuna vitae*. Denn erst mindestens zehn Jahre später, 1623, begann Schildt nachgewiesenermaßen den Organistendienst an der Hauptkirche Beatae Mariae Virginis in Wolfenbüttel. Für diesen langen Zwischenzeitraum gibt es keine Belege – wieder ein Rätsel im Leben dieses Mannes. Es soll später in einem anderen Zusammenhang versucht werden, der Lösung dieses Rätsels etwas näher zu kommen. Doch zurück zu den Lehrjahren bei Sweelinck. Dieser hatte – und das war für die weitere musikalische Entwicklung von Schildt wesentlich – geistige *und* weltliche Musik geschrieben; ja, die beiden Orgeln in der Oude Kerk wurden vorwiegend für weltliche Zwecke gebraucht, hatte doch der Calvinismus Musik beim Gottesdienst verpönt. Hier ist nun ein

---

5 *Handbuch Orgelmusik. Komponisten, Werke, Interpretation* (herausgegeben von Rudolf Faber und Philip Hartmann). Bärenreiter: Kassel, Basel, London, New York, Praha 2002. 2., ergänzte Aufl. 2010.

6 Hermann Keller: *Die Kunst des Orgelspiels* (Leipzig 1953).

7 Im Beiheft zu Oehms Classics OC 641: *Norddeutsche Orgelmeister*, vol. 3, S. 5.

8 Angaben hierzu finden sich in dem Aufsatz von Cynthia Turner: Melchior Schildt: Toward a Reassessment. In: *The Organ Yearbook*, vol. XVII (Durham, N. C. 1986), S. 67-80.

9 Th. W. Werner: Melchior Schildt und seine Familie. In: *Archiv für Musikwissenschaft* II, 3 (1920), S. 356-367. Ich danke der Archivarin Frau Christine Peters vom Stadtarchiv Hannover, die mir diesen Aufsatz in Kopie zugänglich machte.

kleiner Exkurs am Platze. Beckmann polemisiert gegen die Begriffe „Sweelinck-Schüler“ und „Sweelinck-Schule“,[10] wobei er sich auf eine ungedruckte Dissertation von Gisela Gerdes (Freiburg 1956) beruft. Diese hatte (S. 252) geschrieben, man dürfe „(...) den Einfluss Sweelincks auf dem Gebiet der Choralbearbeitung nicht unter-, aber auch nicht überschätzen.“ Nun ist es ein genereller Grundsatz, dass man nichts unter- oder überschätzen soll; die Aussage von Gerdes bleibt also etwas vage. Andererseits kann nicht übersehen werden, was Sweelinck für die Entwicklung der Fugen- und der Variationstechnik geleistet und was er davon an seine Schüler weitergegeben hat. Werner Breig spricht daher mit Recht von der „(...) Schule Jan P. Sweelincks, der die mittel- und norddeutsche Orgelmusik der Schützzeit die entscheidenden Impulse verdankt (...)“,[11] und zu ähnlichen Aussagen kommt eine Studie von M. Seifert.[12] Freilich ist die lange Zeit *en vogue* gewesene und auch jetzt noch[13] gebrauchte Bezeichnung Sweelincks als „Organistenmacher“ in ihrer Einseitigkeit etwas übertrieben.

Seine endgültige Lebensstellung fand Schildt in Hannover als Organist der Marktkirche St. Georgii et Jacobi. Bald war er so berühmt, dass ihn 1626 der dänische König Christian IV. als Hoforganisten und Prinzenlehrer nach Kopenhagen berief, wo er drei Jahre blieb. Er wäre sicher noch länger in dieser angenehmen Position geblieben, hätte er nicht die Verpflichtung gefühlt, nach dem 1629 erfolgten Tode seines Vaters dessen Stelle als Organist an der Marktkirche zu Hannover zu übernehmen. Das war eigentlich bedauerlich, denn das Musikleben am Hofe Christians IV. stand in Europa an der Spitze. Damals entstand dort die Tabulatur von Gabriel Voigtländer (1596-1643), die 1642 erschien und sechs Auflagen erlebte, als Sammlung von Kompositionen für Tastenmusik, u.a. mit Werken von Schildt und Heinrich Scheidemann. Im Entlassungszeugnis vom 2. Mai 1629 wird Schildt vom König als fleißig, redlich und für sein Amt qualifiziert gelobt. Übrigens kehrte Schildt anlässlich der Hochzeit eines Prinzen im Oktober 1634 nach Kopenhagen zurück, allerdings nur für kurze Zeit. Nach der Rückkehr aus Dänemark übernahm er das Organistenamt an der Marktkirche bis zu seinem Tode im Jahre 1667.

Schildt war zweimal verheiratet. Die erste Ehe schloss er 1646 mit Margarethe Cassel; die Ehe war glücklich, blieb aber kinderlos, zumal die Ehefrau schon 1653 verstarb. Für sie war es bereits die dritte Ehe. Die zweite Ehe schloss er am 12. Juli 1655 mit Ilse Margarethe Scheer. Diese Ehe soll weniger glücklich als

10 S. Anm. 3, S. 5.

11 Werner Breig: Melchior Schildt zum 300. Todestag. In: *Musik und Kirche* 37 (Kassel 1967), S. 152.

12 M. Seiffert: J. P. Sweelinck und seine direkten deutschen Schüler. In: *Vierteljahresschrift für Musikwissenschaft* VII (1891), S. 221 ff.

13 So in der Edition Raumklang Musikproduktion RK 2205 (Schloss Goseck 2003).

die erste gewesen sein; immerhin schenkte ihm die Frau drei Töchter (geboren 1656, 1662 und 1664) und einen Sohn (geboren 1658). Nur dieser und die jüngste Tochter überlebten den Vater.

Hier sieht man sich mit einem weiteren Rätsel, das Schildt umgibt, konfrontiert. Sein Jahresgehalt in Hannover belief sich auf 100 Reichstaler. Das war auch nach damaligem Geldeswert ziemlich schäbig. Wie war es ihm und seiner ersten Ehefrau dann möglich, mehrere Stiftungen, darunter eine über 12.000 Taler, ins Leben zu rufen? Die entscheidende Rolle spielte gewiss die erste Ehefrau, die aus ihren beiden vorangegangenen Ehen eine wohlhabende Erbin geworden sein mochte. Übrigens wurden die Stiftungen im 19. Jahrhundert erneuert und noch 1941 wurden aus ihnen Zahlungen geleistet. Sie erloschen erst mit der Währungsreform 1948! Im *Musikalischen Lexikon* von 1732 berichtet J. G. Walther, Schildt habe Sohn und Tochter 12.000 Taler hinterlassen (S. 552). Auch Mattheson nennt ihn einen reichen Organisten. Ob er wirklich Gewinn bringend Geld verliehen hat,[14] muss dahingestellt bleiben. Eine große Rolle gespielt haben gewiss auch die Honorare und Geschenke, die ihm sein Gönner Herzog Christian Ludwig bei Auftritten am Hof zukommen ließ. Dennoch muss Schildt sparsam gewesen sein und ein bescheidenes Leben geführt haben. Bei der vorgesetzten Behörde wurde er aus finanziellen Gründen mehrfach vorstellig. So beklagt er in einem Brief vom 27. März 1639, dass ihm die Rückkehr aus Dänemark nicht angemessen honoriert worden sei. 1643 und 1649 folgten weitere Beschwerdebriefe wegen unregelmäßiger oder verspäteter Gehaltszahlung, auch wegen des schlechten Zustandes der Marktkirchenorgel.

In der Literatur boulevardesk überhöht wird eine Auseinandersetzung geschildert, die zwischen Schildt und dem Orgelbauer Gottfried Fritzsche stattgefunden haben soll. Fritzsche begann 1620 in Wolfenbüttel den Bau einer in Zusammenarbeit mit Michael Praetorius konzipierten neuen Orgel mit 40 Registern. Fritzsche berichtet in einem Brief von 1624, dass Schildt die Arbeit zu langsam voranging, er (Fritzsche) sei auf der Orgelempore von Schildt angegriffen und zu Boden geworfen worden. Beide hätten sich auf dem Boden gewälzt, bis er sich habe befreien können. Gar so schlimm muss das Zerwürfnis aber nicht gewesen sein; wir wissen von dem Vorfall nur durch den Brief von Fritzsche; der Grundsatz *audiatur et altera pars* kann hier also nicht befolgt werden. Und als Fritzsche 1624 die Orgel fertiggestellt hatte, war es Schildt, der sie eingeweiht hat. Schließlich darf man auch bei musikwissenschaftlichen Untersuchungen das historische Umfeld nicht vernachlässigen. Man befand sich mitten im 30-jährigen Krieg; eine allgemeine Verrohung der Sitten hatte eingesetzt. Sollte Schildt damals wirklich handgreiflich geworden sein, stand er damit jedenfalls nicht allein. Von einem anderen Schüler Sweelincks, Paul Siefert (1586-1666), wurde gesagt,

14 S. Anm. 8, S. 72.

er hätte „sehr zu Hader und Zank geneigt.“[15] Obwohl als roher Geselle bekannt, wurde er später dennoch Organist an der Danziger Marienkirche.

Schildts zweite Ehe, die er mit Ilse Margarethe Scheer geschlossen hatte, war, wie bereits erwähnt, längst nicht so glücklich wie die Erstehe. Daher versuchte er, seinen Sohn Melchior Cordt dem Einfluss seiner Mutter zu entziehen. In diesem Zusammenhang spielt das von Schildt am 12. Dezember 1666 aufgesetzte Testament[16] eine bis heute diskutierte Rolle – wieder ein Rätsel im Leben von Schildt! Er, der angesehene Organist und Komponist, verbot darin seinem damals neunjährigen Sohn kategorisch, sich an irgendeinem Musikinstrument einzuüben, denn er würde dadurch von Universitätsstudien abgehalten, geriete in ein wildes und wüstes Leben und könnte die Studien ganz aufgeben. So verblüffend diese Bestimmung sein mag – der Verf. sieht hierin einen Schlüssel für die oben erwähnte biographische Lücke zwischen 1613 und 1623. Diese Lücke vermindert sich übrigens schon durch die Überlegung, dass die Anstellung in Wolfenbüttel nicht spontan erfolgt sein kann, denn sie hat jedenfalls ein Probespiel – möglicherweise im Wettbewerb mit anderen Kandidaten – vorausgesetzt. Immerhin bleiben die vorangegangenen acht bis neun Jahre ungeklärt. Der Verf. hat den Eindruck, dass Schildt in seinem Testament seinen Sohn gerade vor dem Leben warnt, das er selbst damals geführt hat. Man kann den Gedankengang gut nachvollziehen: ein Studium der Rechte oder der Theologie gewährleistet ein besseres und sichereres Einkommen als das Leben eines (umherziehenden) Musikers, das Schildt nach seiner Rückkehr aus Amsterdam zweifellos zunächst geführt hatte. Übrigens hat Schildt nach eigener Bekundung seit dem Beginn seines siebenten Lebensjahrzehnts an der Fußgicht gelitten; das Pedalspiel muss also für ihn eine wahre Qual gewesen sein. Auf diese Weise findet die im Testament so harsch erklärte Absage an die Musik eine ebenso einleuchtende Erklärung wie die oben erwähnte biographische Lücke. Streitigkeiten mit den übergeordneten Behörden haben sicherlich auch zu Schildts Haltung beigetragen.

Angesichts eines von so vielen Rätseln umgebenen Lebens verwundert es kaum, dass auch das Datum seines Todes umstritten ist. Wirklich sicher ist nur der Sterbemonat: der Mai 1667. Der 18. wird von Breig[17] angegeben; im Stadtarchiv von Hannover ist der 22. Mai vermerkt; das Marktkirchenbuch nennt als Todestag den 28. Mai; es dürfte sich bei diesem Datum, das mit allen sonstigen im Widerspruch steht, um den Tag der Beerdigung handeln.

Schildt wurde auf dem (alten) Nikolai-Friedhof begraben. Dieser wurde schon seit dem 19. Jahrhundert nicht mehr belegt. Im 20. Jahrhundert wurde er ein Op-

---

15 S. Anm. 4, Band I, S. 411.

16 Vgl. dazu die Studie von Th. W. Werner: Melchior Schildts Testament. In: *Archiv für Musikforschung*, Jahrg. 2 (Leipzig 1937), S. 90.

17 S. Anm. 11, S. 155.

fer der modernen Verkehrsführung und von mehreren Straßen zerschnitten. Ein Grabstein ist nicht erhalten, nur eine Inschrift auf einer Grabplatte, die aber schon 1952 sehr stark beschädigt war. Die Inschrift lautet: „Dem Andenken des weyl. Organisten zu St. Jacobi und Georgii Melchior Schild, gest. 22ten May 1667, und dessen Ehefrau Margarethe geb. Cassel.“[18] Es wird hier also nicht der „aktuellen“, sondern der früheren Ehefrau gedacht – sicherlich wegen der Stiftung, an der jene maßgeblich beteiligt war. – Noch 1933 befand sich in der unweit von Schildts Grabstätte gelegenen (dann kriegsbeschädigten) Nikolai-Kapelle ein Epitaph, auf dem Schildt als Wohltäter der Armen gewürdigt wurde.[19] Leider ist kein Porträt von Schildt überliefert. Doch sein Werk, seine Musik lebt weiter.

Eine Gesamteinschätzung von Schildts Charakter ist wegen dessen Widersprüchlichkeit sehr schwer. Er war gewiss willensstark und wohl auch etwas exzentrisch. Typisch ist, was Johann Gottfried Walther 1732 im *Musicalischen Lexikon* über ihn geschrieben hat. Schildt, heißt es da, sei in der Lage, die Hörer zum Lachen oder auch zum Weinen zu bringen. Der Verf. hat allerdings kein Opus gefunden, das ihn hätte lachen lassen; wohl aber können die im nächsten Kapitel ausführlich zu besprechenden *Paduana Lachrymae* zu Tränen rühren. Wenn Annette Richards ihn als „(...) slightly mad“ bezeichnet,[20] so ist dieses Urteil verfehlt. In Schildts Musik findet es ebenso wenig eine Begründung wie in seinem Leben, das durchaus von rationalem Denken und Vernunft geprägt war. Auch wenn dies auf den ersten Blick nicht immer erkennbar war (z.B. im Zusammenhang mit seinem Testament), zeigten sich bei genauerem Hinsehen immer nachvollziehbare Gründe für sein Handeln. Und dass seine Stiftung für wohltätige Zwecke gedacht war, spricht für sein gutes Herz.

## II. Die *Paduana Lachrymae*

Schildt hatte die Gattung „weltliche Liedvariation“ bei Sweelinck kennen gelernt und hinterließ selbst zwei Werke dieses Genres: die *Paduana Lachrymae* (künftig mit *P.L.* abgekürzt) und *Gleichwie das Feuer*. Damals war das Variationswerk eines Chorals oder Liedes in weiten Teilen Europas eine beliebte Kompositionsform – man denke nur an die betreffenden Werke von Samuel Scheidt! So waren auch die *P.L.* des berühmten Lautenisten und Liedermachers John Dowland

18 Hans Mahrenholtz: Die Grabsteininschriften des hannoverschen Nikolai-Friedhofes. In: *Hannoversche Geschichtsblätter*, Neue Folge, Bd. 9 (Hannover 1956), S. 96. Frau Peters hat mir freundlicherweise auch diese sonst schwer erreichbare Quelle zugänglich gemacht (vgl. Anm. 9).

19 S. Anm. 8, S. 73 und 79.

20 Im Beiheft zu LOFT Recordings LLC 2008: *Organ Works of Melchior Schildt*; S. 4.

(1562-1626) weithin bekannt und geläufig.[21] Die Melodie von John Dowland hatte schon Sweelinck, Giles Barnaby und William Byrd als Vorlage zu Klavierkompositionen gedient. Die Bearbeitung durch Schildt darf aber als die ergreifendste der *P.L.*-Kolorierungen gelten.

John Dowland schuf das typische englische Lautenlied („ayre"). Während seiner Anwesenheit in Dänemark entstand das *Second Book of Songs and Ayres*. Darin befindet sich das Lied *Flow of Tears*. Dowland war damals Hoflautenist unter König Christian IV. Schildt, der sich, wie oben erwähnt, zeitweilig in Kopenhagen aufhielt, dürfte dort die Melodie kennen gelernt haben. Enthalten ist das Lied auch in der Voigtländer-Tabulatur. Schildt hat Dowlands Melodie stark verändert und das Stück[22] erst zu dem gemacht, was es jetzt ist.[23] Die Stimmung erinnert von fern an den portugiesischen Fado.

Zur W i e d e r g a b e der *P.L.* sind Cembalo und Spinett nicht geeignet; es kommt auch nicht eine jede Orgel in Betracht. Hierüber herrscht bei Editoren und Interpreten noch große Unklarheit. So hat Friedhelm Flamme in seine CD *Melchior Schildt Complete Organ Works* die *P.L.* ebenso wenig aufgenommen wie das im Genre verwandte Stück *Gleichwie das Feuer*. Die kritische Ausgabe der *P.L.* erschien bezeichnenderweise nicht in Schildts Orgelwerken, sondern in den von Werner Breig herausgegebenen *Lied- und Tanzvariationen der Sweelinck-Schule*.[24] Johan Brouwer spielt die *P.L.* auf einem Cembalo.[25] Gerade diese viel zu kräftig intonierte Aufnahme macht die Untauglichkeit des Cembalos für die adäquate Wiedergabe der *P.L.* evident. Gleiches gilt für Lars Ulrik Mortensen.[26]

Im Folgenden sollen einige besonders bemerkenswerte Interpretationen der *P.L.* auf der Orgel besprochen werden.

Die Orgel der deutschen St. Gertruds-Kirche war im 17. Jahrhundert die bedeutendste in Stockholm. Sie wurde 1609 mit 21 Registern gebaut, 1684 auf 35 Register erweitert. 1997 wurde sie ungefähr nach dem Stand von 1684 rekonstruiert (drei Manuale und Pedal) und steht jetzt in Norrfjärden an der Nordostküste Schwedens. Hans-Ola Ericsson berücksichtigt bei seiner 6'27 währenden Einspielung,[27] dass die *P.L.* in sechs Abschnitte gegliedert sind, die unterschiedlich

---

21 John Dowland: *Lachrymae or seven Tears* (London 1604); Neuausgabe in *Nagels Musikarchiv*, Heft 13 (Kassel 1964); die *P. L.* bilden darin die Nr. 1.

22 Den Gesang des Liedes kann man hören auf den BIS Recordings CD 391, Djursholm (Schweden), dargeboten von Rogers Covey-Crump mit Lautenbegleitung von Jakob Lindberg.

23 Annette Richards nennt Schildts Bearbeitung der *P. L.* "one of the finest of the many keyboard settings of the song (...)" Das Stück widerspiegelt „deepest melancholy" und ist „a brilliant expression of lament." S. Anm. 20, S. 5.

24 Edition Schott ED 6030 (Mainz 1970).

25 Aliud Records ACD HN 018-2.

26 S. Anm. 22.

27 BIS Recordings CD 1103, Djursholm (Schweden).

registriert werden: T. (= Takt) 1-16 Prinzipal 8'; T. 17-32 Flöte 8' und Tremulant; T. 33-48 Prinzipal 8'; T. 49-64 Quintadena 8'; T. 65-81 Flöte 8' und Tremulant; T. 82-98 Prinzipal 8'; T. 98 zusätzlich Pedalbass 16'. Diesem *Modus procedendi* kann man nur teilweise zustimmen. Schon der Beginn mit einem prolongierten Arpeggio widerspricht der dem Stück innewohnenden Schlichtheit. Der vielfach verwendete Prinzipal 8' ist zwar eng mensuriert, aber dennoch zu wuchtig. Dagegen entspricht die ebenfalls vielfach verwendete Flöte 8' in Verbindung mit dem Tremulanten genau dem Charakter des Werkes. Die T. 49-64 sind mit der Quintadena 8' nicht schlecht besetzt, wirken aber dennoch etwas zu hell. Der Schluss (T. 82-98) entlässt mit Prinzipal 8' den Hörer in einer ganz unpassenden Stimmung, die durch die Zugabe von Pedalbass 16' in T. 98 noch mehr irritiert wird.

Robert Bates hat die *P.L.* auf der 1995 erbauten Potter-Brinegar-Orgel in der Stanford University Memorial Church (USA) in 6'41 eingespielt. Diese Orgel hat zwar nur sechs klingende Register auf einem Manual, doch kommt es bei den *P.L.* nicht auf die Zahl der Register, sondern auf ihre Beschaffenheit an, und diese ist auf der genannten Orgel so vorzüglich, dass Bates die einmal gegebene Registrierung über das ganze Stück hinweg beibehält, was hier durchaus vertretbar ist.[28] Mit Gedackt 8', Rohrflöte 4' und einer Schwebung ist Bates eine vorzügliche Registrierung gelungen, die dem mystischen und zugleich wehmütigen Grundton des Stückes voll gerecht wird.

Joseph Kelemen hat die *P.L.* in der Ludgerikirche in Norden, die eine besondere, räumlich differenzierte Akustik aufweist, eingespielt.[29] Kelemen hatte eine 1692 von dem berühmten Arp Schnitger (1648-1719) erbaute Orgel zur Verfügung, spielt aber das Stück mit nur 4'55 viel zu schnell. Mit Gedackt 8' gelingt ihm ein guter Einstieg, doch wirkt die später eingesetzte Rohrflöte 4' zu hell und in Kombination mit dem Gedackt 8' zu voll; gegenüber der Rohrflöte besser geeignet ist die Spitzflöte 4'. Insgesamt wird Kelemen dem Grundton der *P.L.* nicht ganz gerecht.

Auch Annette Richards zeigt sich bei der Wiedergabe der *P.L.*[30] (in 5'32) nicht ganz so einfühlsam wie Bates. Sie hat das Stück 1999 auf der Orgel der Kathedrale im dänischen Roskilde eingespielt. Die Orgel wurde 1554/55 von Hermann Raphaelis gebaut, ein Jahrhundert später aber überholt und teilweise umgebaut. 1991 wurde das Instrument erneuert und dabei der Status des 17. Jahrhunderts wiederhergestellt. Die Orgel hat jetzt auf drei Manualen 25 und im Pedal acht Register. Nach einem verheißungsvollen Beginn (Angaben zur Registrierung lie-

28 Die Einspielung findet sich in den LOFT Recordings LRCD 1008: „... *in Dialogue*", vol. I (Seattle 2001).

29 Oehms Classics: *Norddeutsche Orgelmeister*, vol. 3, OC 641: *Organ Works of Melchior Schildt*.

30 LOFT Recordings LLC 2008: *Organ Works of Melchior Schildt*.

gen nicht vor) wechselt Richards ab T. 49 in zu helle und zu kräftige Register und beendet ab T. 81 das Stück in zu stark forciertem Tempo.

Schließlich sei noch auf eine Einspielung hingewiesen, die Léon Berben auf der Orgel der Kirche St. Jaques zu Lüttich vorgenommen hat.[31] Die zwischen 1600 und 1624 erbaute Orgel wurde mehrfach rekonstruiert und der seinerzeit von Sweelinck in Amsterdam gespielten Orgel tunlichst angeglichen. Leider fehlen in der in Anm. 31 erwähnten CD Angaben zur Disposition und Registrierung, so dass man die von Berben verwendeten Register gewissermaßen „heraushören" muss. Die Spieldauer beläuft sich auf 6'28, und Berben beginnt relativ hell mit einer Flöte 4', wobei er auf eine Schwebung verzichtet. Mit T. 16 beginnt die Registrierung mit dem Charakter des Stücks besser zu harmonieren: ein Gedackt 8' gibt dem Ton eine dunklere Färbung; eventuell wird hier auch eine Vox humana 8' eingesetzt. Ab T. 32 wird der Klang maßvoll aufgehellt. Nach T. 65 wird er allerdings zu hell; die hier möglicherweise eingesetzte Viola da Gamba passt ebenfalls nicht. Berben hat dies wohl selbst gespürt, denn ab T. 82 ändert er die Registrierung und lässt den Klang wieder dunkler werden, offenbar durch ein Gedackt; zudem bleibt er jetzt im 8'-Bereich, was der gesamten Wiedergabe gut getan hätte.

Wie lässt sich die schwierige Frage der Wiedergabe zusammenfassend lösen? Zunächst ist zu bemerken, dass die Schwierigkeiten durchaus nicht technischer Natur sind; ein geübter Organist kann das Stück weitgehend vom Blatt spielen; allenfalls erfordern die Sextolen in T. 52 einige Übung. Umso wichtiger ist – entsprechend dem Charakter des Stücks – eine adäquate Registrierung, die ihrerseits natürlich von der Disposition der zur Verfügung stehenden Orgel abhängt und daher von Orgel zu Orgel wechselt. Generell gilt, dass mit bescheidenen Mitteln die größte Wirkung erzielt wird. Das zeigt besonders eindrucksvoll das oben besprochene Spiel von Robert Bates, das auch verdeutlicht, dass die Registrierung von Abschnitt zu Abschnitt nicht unbedingt gewechselt werden muss (und wenn, dann nur äußerst zurückhaltend). Als unverzichtbar dürfte ein Tremulant oder eine vergleichbare Schwebung gelten. Während die Viola da Gamba meist zu eng mensuriert ist und daher kaum in Betracht kommt, gilt Gleiches für die kräftigen Register der Prinzipalpyramide (etwa Oktave 4' und Superoktave 2') sowie für Mixturen und starke Zungen. Man bedarf also keiner großen Orgel, sondern geeigneter Register. Das ideale Register ist die Unda maris, identisch mit der Vox celestis; das sind zwei gegeneinander in Schwebung gestimmte zarte 8'-Streicher. Auch die Vox humana, eine zarte 8'-Zungenstimme, könnte Berücksichtigung finden.[32]

---

31 Edition Raumklang Musikproduktion RK 2205: *Sweelinck – Der Organistenmacher* (Schloss Goseck, 2003).

32 Den Hinweis auf die Vox humana verdanke ich dem Leiter der Kirchenmusik an St. Sebald zu Nürnberg, Kirchenmusikdirektor Bernhard Buttmann.

Wie bereits bemerkt, kommt also für die Wiedergabe der *P.L.* nicht jede Orgel in Betracht, aber man sollte auf klangliche Experimente nicht verzichten, und vielleicht gibt die vorhandene Orgel bei rechter Tonmischung mehr her, als der Organist ahnt.

## III. Weitere Kompositionen von Schildt

Neben Werken für Tasteninstrumente hat Schildt auch zehn Vokalwerke geschaffen, von denen jedoch nur ein einziges erhalten ist. Wenn auch die vorliegende Betrachtung die *P.L.* zum Mittelpunkt hat, soll doch auf einige weitere Werke des zu Unrecht fast in Vergessenheit geratenen Komponisten wenigstens kurz eingegangen werden. In Anbetracht seines relativ langen Lebens wirkt Schildts Hinterlassenschaft etwas schmal, doch muss man bedenken, dass seine Zeit auch die Epoche der Improvisationen war, die natürlich kaum aufgezeichnet wurden.

Den wichtigsten Teil seiner Kompositionen für Tasteninstrumente bilden Choralbearbeitungen. Zwei von ihnen sind nur dem Titel nach bekannt (außer den vier vorliegenden), nämlich *Christ, der du bist der helle Tag* und *0 Vater, allmächtiger Gott.*

Das *Magnificat primi Modi* war wohl Teil einer verloren gegangenen Magnificat-Serie und gilt nach Qualität und Umfang als Schildts Spitzenleistung. Das Werk ist überliefert in der Tabulatur „Zellerfeld 2" von 1668.[33] Es ist in fünf Verse gegliedert. Vers 1, erhaben in der Wirkung, bringt den cantus firmus (c.f.) im Tenor und ist bemerkenswert durch manche kühne Dissonanzen, die Schildt bei Sweelinck nicht gehört haben kann, die also wohl auf ihn selbst zurückgehen. Annette Richards spielt diesen Vers *In organo pleno* mit Doppelpedal; Kelemen registriert mit 16'-, 8'- und 4'-Zungen. – Vers 2 ist eine über 183 Takte ausgedehnte Choralfantasie. Der Einsatz von Echos weist auf das Vorbild Sweelincks. Besonders bemerkenswert sind die Chromatik und eine gegenüber Scheidemanns Choralfantasien gesteigerte Virtuosität. – Vers 3 greift auf die Ricercare des 16. Jahrhunderts zurück und offenbart eine reiche Chromatik. – Vers 4 hat den c.f. wieder im Tenor; er wird durch filigranes Stimmenwerk in Sechzehnteln umspielt, wobei Triolen – die Schildt gern einsetzt – eine besondere Rolle spielen. – Vers 5 hat die Melodie wieder im Sopran.

33 Eingespielt wurde das Stück von Annette Richards (s. Anm. 20); von Elizabeth Harrison auf der Fisk-Nanney-Orgel der Stanford University Memorial Church unter dem Titel „The Sweelinck School of German Organists" (RAVEN OAR 540); von Friedhelm Flamme auf der Gerhard-von Holy-Orgel der Bartholomäuskirche zu Dornum (cpo 777 343-2, Georgsmarienhütte 2008); von Joseph Kelemen (s. Anm. 29).

Das Werk *Hertzlich lieb hab ich dich, o Herr* bearbeitet den Kantionalsatz eines unbekannten Verfassers von 1575 und könnte um 1610 entstanden sein.[34] Hier kommt die bei Sweelinck erlernte Echotechnik neben dem Einsatz von Triolen voll zur Geltung. Ein Charakteristikum ist ferner eine chromatische Abwärtsbewegung über anderthalb Oktaven. Das Stück atmet eine friedliche, innige Stimmung.[35]

Die Variationenfolge *Herr Christ, der einig Gottessohn* beruht auf den fünf Strophen des Epiphanias-Liedes. Im ersten Vers bleibt die Choralmelodie unkoloriert. Hervorzuheben ist der majestätische dritte Vers, der im Pedal Zungenregister verlangt. Im zweiten und im vierten Vers spielen wieder Triolen eine große Rolle. Der vierte Vers hat den c.f. im Bass, der tonlich gegenüber dem dritten Vers zurückhaltend ist.[36]

Die Choralbearbeitung *Allein Gott in der Höh sey Ehr* ist vielleicht die anonyme Parodie eines Originalsatzes von Schildt; die T. 48-51 sind mit Sicherheit spätere Zusätze. Die Choralmelodie steht im Sopran.[37]

Schließlich gibt es noch zwei kurze, im MS. Lüneburg KN 207/15 aufgefundene Präambula. Das Präambulum in *g* ist eine Ausschmückung einfacher Akkorde; hier ist die Autorschaft von Schildt nicht ganz sicher. Etwas anspruchsvoller ist das Präambulum in *G*.[38]

Neben diesem kurzen Einblick in das kompositorische Schaffen Melchior Schildts auf der Orgel dürfen die hier in den Mittelpunkt gestellten *Paduana Lachrymae* nicht in den Hintergrund treten. Vielmehr sollten sich die Organisten, die über eine geeignete Orgel verfügen, bei Trauerfeiern, an Karfreitag und Totensonntag gerade an die „Tränen von Padua", dieses in seiner Art einmalige Werk, erinnern.

---

34 Zur Geschichte der Kantionalien vgl. Breig (s. Anm. 11), S. 158.

35 Eingespielt wurde das Werk von Annette Richards (s. Anm. 20) und Friedhelm Flamme (s. Anm. 33).

36 Eingespielt wurde das Stück von Annette Richards (s. Anm. 20) und Friedhelm Flamme (s. Anm. 33).

37 Eingespielt wurde das Stück von Annette Richards (s. Anm. 20), von Friedhelm Flamme (s. Anm. 33) und von Joseph Kelemen (s. Anm. 29).

38 Beide Präambula wurden eingespielt von Annette Richards (s. Anm. 20) und Friedhelm Flamme (s. Anm. 33).

# Kommentar zur Vernissage anlässlich des Vortrags „Vom Quellenwert der Bilder“ von Eckart Henning mit Karikaturen von Jean-Pierre Bernimoulin

Jean-Pierre Bernimoulin

Anlässlich einer Veranstaltung der BWG in Dahlem am Max-Plank-Institut für Geschichte der Wissenschaft wurde mir freundlicherweise Gelegenheit gegeben, einige meiner Zeichnungen und Karikaturen in einer kleinen Ausstellung zu zeigen und zu kommentieren. Während der Hochschullehrer und Wissenschaftler streng objektiv methodisch (Experimente, Statistiken) nach dem Verständnis von Problemstellungen, nach der „Wahrheit“ sucht, kann der Zeichner, als Autodidakt, subjektiv ein intellektuelles Spiel durch Beobachtungsschärfe und zeichnerische Handfertigkeiten in phantastisch-grotesk-spielerischer Form aufnehmen. Dabei kann es durch belustigende Einfälle zu grafischen Variationen, mit Formassoziationen, Übertreibungen, Verzerrungen und Mehrdeutigkeiten, zum Zusammentreffen von Nichtzusammengehörigem, zu einem Widerspruch zum Gewohnten und zur Logik kommen. Der zündende Funke für den Bildwitz mag geboren sein.

Auf Bild 1 ist Prof. Dr. Eckart Henning mit Gundi Bernimoulin zu sehen. Im Hintergrund 7 Zeichnungen. Oben links: Der „verliebte Intellektuelle“, der seiner Geliebten das Kostbarste, was er besitzt, nämlich sein Gehirn, auf einem Tablett als Geschenk darbietet. Unten rechts sieht man eine Fruchtfliege auf einem Stuhl sitzend, aus einem Becher trinkend. Neben ihr, maskiert, sitzt ein junger Mann, ebenfalls trinkend, der überrascht auf die Fruchtfliege blickt, denn gerade hat er gelesen, dass das Genom der Fruchtfliege entschlüsselt wurde, und wir nun wissen, dass die Mehrheit unserer Gene übereinstimmen. Oben rechts sitzt ein lesender Wissenschaftler auf einem Berg von Zeitschriften, daneben eine Leiter, Zeichnung für Literaturrevue. Daneben ein Mediziner, der uriniert. Der Strahl geht jedoch in die andere Richtung, in das Urinoir mit der Aufschrift „Standard“. Ideal Standard ist in den USA eine bekannte Marke für derartige Produkte, die Zeichnung steht für „Standard Deviation“. Unten links sieht man den Wartesaal eines Zahnarztes. Dort sitzen 2 Patienten, ein Mensch und ein Hund. Auch Hunde können unter Zahnfleisch-Erkrankungen leiden. Prophylaxe und Therapie verbessern ihren allgemeinen Gesundheitszustand.

Auf Bild 2 sehen Sie den Autor und einige Zeichnungen aus einer Serie von 12 Variationen über das gleiche Thema: das Modell einer Hüftprothese, gewidmet Herrn Prof. Dr. Haas (Charité). Kombinatorisch phantastische Stilisierungen einer Grundform, das Spiel mit der Wiederentdeckung von Bekanntem in einem neuen Zusammenhang. Zum Beispiel: der Chirurg den Prothesenkopf haltend, der Eiffelturm auf dem Kopf stehend, mit einem Franzosenkopf an der Spitze, Lucie, keusch und züchtig, ein Schweizer Klappmesser, ein Colt, eine griechische Säule, ein Heiliger mit Heiligenschein, ein Astronom, eine romanische Klostersäule, ein Legoobjekt, ein ägyptischer Obelisk.

# Vorstand und Beirat

(Stand 31.03.2013)

## Vorstand

Prof. Dr. rer. nat. Franz Theuring (Vorsitzender)
Prof. Dr. phil. Gertrud Pickhan (Stellvertretende Vorsitzende)

Prof. Dr. iur. Martin Heger (Stellvertretender Vorsitzender)

## Erweiterter Vorstand

Prof. Dr. rer. nat. Hans-Jörg Buhk
Prof. Dr. rer. pol. Klaus-Dirk Henke
Prof. Dr. med. Roland Hetzer
Prof. Dr. iur. Michael Klöpfer
Prof. Dr. rer. nat. PhD. Eckehard Schöll
Prof. (em.) Dr. phil. Bernd Sösemann

## Stellvertretender Vorstand

Prof. Dr. med. Dietrich Arndt
Prof. Dr. phil. Dipl.-Kff. Claudia Kemfert
Prof. Dr. Dipl.-Ing. Regine Leibinger
Prof. Dr. rer. nat. Bernd Mahr
Prof. a.D. Dr.-Ing. Helmut Pucher
Prof. Dr. med. Walter Reisinger

## Beirat

Prof. Dr. med. Hans-Peter Berlien
Dr. Aljoscha Burchhardt
Dr. jur. Mathias Hellriegel
Dr. Helmut Kunze
Prof. Dr. iur. Cosima Möller
Prof. Dr. rer. nat. Karin Mölling
Dr. rer. nat. Brigitte Pötter
Prof. (em.) Dr.-Ing. Dietrich Severin
Prof. Dr.-Ing. Günter Spur
Dipl.-Ing. Hans-Jochen Tewes
Prof. Dr. Harald Wiedmann

# Mitgliederverzeichnis

(Stand 30.03.2013)

## Ordentliche Mitglieder

**Arndt**, Dietrich, Prof. Dr. sc. med., Medizin, Berlin

**Baar**, Lothar, Prof. a.D. Dr. rer. oec. habil., HU Berlin, Institut für Wirtschaftsgeschichte, Wirtschaftswissenschaften, Berlin

**Baerns**,Barbara, Prof. (em.) Dr. phil., FU Berlin, Institut für Publizistik und Kommunikationswissenschaft, Publizistik und Kommunikation, Berlin

**Bauerkämper**, Arnd, Prof. Dr. phil., FU Berlin, Berliner Kolleg für Vergleichende Geschichte, Geschichts- und Kulturwissenschaften, Berlin

**Baumann**, Horst, Prof. Dr. jur., Jura, Berlin

**Berger**, Felix, Prof. Dr. med., Charité – Universitätsmedizin Berlin, Campus Virchow-Klinikum, Otto-Heubner-Centrum für Kinder- und Jugendmedizin, Berlin

**Bergmann**, Volker, Prof. Dr. med. vet., FU Berlin, Institut für Tierpathologie, Veterinärmedizin, Berlin

**Berlien**, Hans-Peter, Prof. Dr. med., Ev. Elisabeth Klinik, Abt. Lasermedizin, Medizin, Berlin

**Bernimoulin**, Jean-Pierre, Prof. Dr. Dr., Charité – Universitätsmedizin Berlin, Campus Virchow-Klinikum, Zentrum für Zahnmedizin, Abt. Parodontologie, Medizin, Berlin

**Bimberg**, Dieter, Prof. Dr. phil. nat., TU Berlin, Institut für Festkörperphysik, Physik, Berlin

**Blankart**, Charles Beat, Prof. (em.) Dr. rer. pol., HU Berlin, Wirtschaftswissenschaften, Berlin

**Bock**, Henning, Prof. i.R. Dr. phil., ehem. Direktor der Gemäldegalerie Staatliche Museen zu Berlin, Kunstgeschichte, Berlin

**Bonacic-Koutecky**, Vlasta, Prof. Dr. rer. nat., HU Berlin, Institut für Chemie, Berlin

**Bongardt**, Michael, Prof. Dr., Vizepräsident der FU Berlin, Institut für Vergleichende Ethik, Theologie und Ethik, Berlin

**Bonte-Friedheim**, Christian, Prof. h.c. Dr. agr., HU Berlin, Agrarwissenschaften, Berlin

**Bösel**, Rainer, Prof. Dr., IPU Berlin, Allgemeine und neurokognitive Psychologie, Berlin

**Bradshaw**, Alexander, Prof. Dr. rer. nat., Max-Planck-Institut für Plasmaphysik, Physik
**Bräutigam**, Matthias, Prof. Dr. med., Pharma R&D Consult, Medizin und Pharmakologie
**Brüning**, Jochen, Prof. Dr., HU Berlin, Institut für Mathematik, Berlin
**Brunnberg**, Leo, Prof. Dr. med. vet., FU Berlin, Klinik für kleine Haustiere, Veterinärmedizin, Berlin
**Bruns**, Wolfgang, Univ.- Prof. a.D. Dr. rer. nat., TU Berlin, Chemie, Berlin
**Buhk**, Hans-Jörg, Prof. Dr. rer. nat., Abteilungsleiter des Bundesamts für Verbraucherschutz und Lebensmittelsicherheit, Abt. Gentechnik, Berlin
**Burger,** Reinhard, Prof. Dr. med., Präsident des Robert-Koch-Instituts, Immunologie/Infektionskrankheiten, Berlin
**Busch**, Andreas, Prof. Dr., Bayer Pharma AG
**Collier**, Irwin, Prof. Dr., FU Berlin, John-F.-Kennedy-Institut, Theoretische Sozialpolitik, Berlin
**Dierkes**, Meinolf, Prof. i.R. Dr. rer. pol., Wissenschaftszentrum Berlin, Berlin
**Dierks**, Klaus, Prof. em. Dr.- Ing. Dr.-Ing. E. h., TU Berlin, Fakultät Planen, Bauen, Umwelt, Bauingenieurwesen, Berlin
**Dierks**, Christian, Prof. Dr. med. Dr. jur., Dierks & Bohle, Rae, Berlin
**Dietel**, Manfred, Prof. Dr. med. Dr. h.c., Charité – Universitätsmedizin Berlin, Institut für Pathologie, Berlin
**Dietz**, Klaus, Prof. (em.) Dr. phil., FU Berlin, Institut für englische Philologie, Berlin
**Dietze**, Ulrich, PD Dr. med. habil., Augenklinik Berlin-Marzahn, Medizin, Berlin
**Dlugos**, Günter, Prof. (em.) Dr. rer. pol., Wirtschaftswissenschaften
**Dudenhausen**, Joachim Wolfram, Prof. (em.) Dr. med., Charité – Universitätsmedizin Berlin, Campus Virchow-Klinikum, Klinik für Geburtsmedizin, Berlin
**Ehlich**, Konrad, Prof. i.R. Dr. Dr. h.c., FU Berlin, Institut für deutsche und niederländische Philologie, Sprachwissenschaften, Berlin
**Einhäupl**, Karl, Prof. Dr. med., Vorstandsvorsitzender der Charité – Universitätsmedizin Berlin, Berlin
**Einspanier**, Ralf, Univ.-Prof. Dr. Dr. rer. nat., FU Berlin, Institut für Veterinär-Biochemie
**Elsässer**, Thomas, Prof. Dr., Max-Born-Institut für nichtlineare Optik und Kurzzeitspektroskopie, Berlin
**Erdmann**, Volker A., Prof. Dr. rer. nat., FU Berlin, Institut für Chemie, Berlin
**Erhardt**, Manfred, Prof. Dr. jur. Dres. h.c., Jura/Wissenschaftspolitik
**Esders**, Stefan, Univ.- Prof. Dr. phil., FU Berlin, Friedrich-Meinecke-Institut, Geschichte, Berlin

**Finkelnburg**, Klaus, Prof. Dr. jur., Rechtsanwaltskanzlei White & Case LLP, Berlin

**Fischer**, Wolfram, Prof. Dr. phil. Dr. rer. pol. Dr. rer. pol. h.c., FU Berlin, Wirtschaftswissenschaften, Berlin

**Fischer-Lichte**, Erika, Prof. Dr. Dr. h.c., FU Berlin, Institut für Theaterwissenschaft, Berlin

**Foerster**, Michael, Prof. Dr. med., Charité – Universitätsmedizin Berlin, Campus Benjamin Franklin, Augenklinik, Berlin

**Fortak**, Heinz G., Prof. (em.) Dr. rer. nat., Meteorologie

**Freytag**, Johann-Christoph, Prof. Dr., HU Berlin, Institut für Informatik, Berlin

**Frohberg**, Martin Georg, Prof. Dr.-Ing., Metallurgie

**Gaehtgens**, Peter, Prof. (em.) Dr. med., European University Association (EUA), Bruxelles

**Ganten**, Detlev, Prof. Dr. med., Vorsitzender des Stiftungsrates, Stiftung Charité, Medizin, Berlin

**Gellert**, Klaus, Prof. Dr. med. habil., Oskar-Ziethen-Krankenhaus Berlin-Lichtenberg, Sana-Klinikum, Klinik für Allgemein- und Viszeralchirurgie, Berlin

**Geserick**, Gunther, Univ.-Prof. i.R. Dr. med., Rechtsmedizin

**Greuter**, Werner, Prof. (em.) Dr. phil. Dr. h.c., Leitender Direktor a.D., FU Berlin, Botanik, Berlin

**Griewank**, Andreas, Prof. Dr., HU Berlin, Institut für Mathematik, Berlin

**Grimm**, Dieter, Prof. Dr. jur., Wissenschaftskolleg zu Berlin, Jura, Berlin

**Großklaus**, Dieter, Prof. Dr. med. vet. Dr. h.c. mult., Präsident des Bundesgesundheitsamtes i.R.

**Großklaus**, Rolf, Prof. Dr. med., Bundesinstitut für Risikobewertung, Ernährungsrisiken, Allergien und neuartige Lebensmittel, Berlin

**Grundmann**, Stefan, Prof. Dr. iur. Dr., HU Berlin, Juristische Fakultät, Jura, Berlin

**Grüters-Kieslich**, Annette, Prof. Dr., Dekanin der Charité-Universitätsmedizin, Pädiatrie/Endokrinologie, Berlin

**Günther**, Oliver, Prof. PhD, Präsident der Universität Potsdam, Potsdam

**Hahn**, Helmut, Prof. Dr. med., Berliner Medizinische Gesellschaft, Langenbeck-Virchow-Haus, Medizinische Mikrobiologie, Berlin

**Hamm**, Bernd, Prof. Dr. med., Charité-Universitätsmedizin Berlin, Campus Mitte, Institut für Radiologie, Medizin, Berlin

**Hammerstein**, Jürgen, Prof. Dr. med., Kurator, Kaiserin-Friedrich-Stiftung für das ärztliche Fortbildungswesen, Berlin

**Hartmann**, Susanne, Univ.-Prof. Dr. med. vet., FU Berlin, Institutsleiterin des Instituts für Immonologie, Berlin

**Haße**, Wolfgang, Prof. Dr. med., Chefarzt i.R., Arbeitskreis Deutsche Sprache in der Chirurgie, Medizin

**Heger**, Martin, Prof. Dr. jur., HU Berlin, Juristische Fakultät, Jura, Berlin

**Heinemann**, Uwe, Prof. Dr. med., Charité-Universitätsmedizin Berlin, Institut für Neurophysiologie, Berlin

**Helmchen**, Hanfried, Prof. (em.) Dr. med., Charité-Universitätsmedizin Berlin, Campus Benjamin Franklin, Psychiatrische Klinik, Berlin

**Hempfer**, Klaus, Prof. Dr. phil., FU Berlin, FB Philosophie und Geisteswissenschaften, Institut für Romanische Philologie, Berlin

**Henke**, Klaus-Dirk, Prof. Dr. rer. pol., TU Berlin, Institut für Volkswirtschaftslehre und Wirtschaftsrecht, Volkswirtschaftslehre/Finanzwissenschaft/Gesundheitsökonomie, Berlin

**Henneke**, Manfred, Prof. Dr. rer. nat., Präsident der Bundesanstalt für Materialforschung und –prüfung, physikalische Chemie

**Herrmann**, Dieter B., Prof. Dr. rer. nat. et sc. phil., Präsident der Leibniz-Sozietät der Wissenschaften zu Berlin e.V., Astronomie/Physik/Astronomiegeschichte

**Hesse**, Volker, Prof. Dr. med. habil., Leiter des Deutschen Zentrums für Wachstum, Entwicklung und Gesundheitsförderung, Medizin

**Hetzer**, Roland, Prof. Dr. med., Ärztlicher Direktor des Deutschen Herzzentrums Berlin (DHZB), Medizin, Berlin

**Hinkelbein**, Wolfgang, Prof. Dr. med., Charité-Universitätsmedizin Berlin, Campus Benjamin-Franklin, Klinik für Radioonkologie und Strahlentherapie, Medizin, Berlin

**Hinrichsen**, Georg, Prof. (em.) Dr. rer. nat., TU Berlin, Physik, Berlin

**Hoffmann**, Axel, PD Dr., TU Berlin, Institut für Festkörperphysik, Berlin

**Holtfrerich**, Carl-Ludwig, Prof. i.R. Dr. pol., FU Berlin, John F. Kennedy-Institut, Wirtschaftswissenschaft, Berlin

**Holzgreve**, Alfred, Prof. Dr. med. Dr. phil., Direktor der Vivantes GmbH, Klinische Forschung und Akademische Lehre, Medizin

**Horn**, Hannelore, Prof. (em.) Dr. phil., Politische Wissenschaft

**Huber**, Gerhard, Prof. (em.) Dr. oec. publ., Volkswirtschaftslehre

**Jahnke**, Volker, Prof. (em.) Dr. med., Medizin

**Kaul**, Alexander, Prof. (em.) Dr., Physik/Biophysik/Strahlenschutz

**Kemfert**, Claudia, Prof. Dr., Abteilungsleiterin des Deutschen Instituts für Wirtschaftsforschung (DIW) Berlin, Umweltökonomie, Berlin

**Kempfle**, Baldur, Prof. a.D. Dr. med., MKG-Chirurgie

**Kentenich**, Heribert, Prof. Dr. med., Chefarzt der DRK-Kliniken Westend, Frauen- und Kinderklinik, Medizin, Berlin

**Kloepfer**, Michael, Prof. Dr. jur., HU Berlin, Juristische Fakultät, Institut für Öffentliches Recht und Völkerrecht, Berlin

**Köckert**, Matthias, Prof. Dr. theol. habil., HU Berlin, Theologische Fakultät, Berlin

**Kohn**, Barbara, Prof. Dr. med. vet., FU Berlin, stellv. geschäftsführende Direktorin der Klinik und Poliklinik für Kleine Haustiere, Veterinärmedizin/Innere Medizin, Berlin

**Kolb**, Raimund Th., Prof. Dr. phil., Universität Würzburg, Institut für Kulturwissenschaften Ost- und Südasiens, Sinologie, Würzburg

**König**, Eberhard, Prof. Dr. phil., FU Berlin, Kunsthistorisches Institut, Kunstgeschichte, Berlin

**Körber**, Esther-Beate, Prof. Dr. phil., FU Berlin, FB Geschichts- und Kulturwissenschaften, Friedrich-Meinecke-Institut, Berlin

**Koßmehl**, Gerhard, Prof. i.R. Dr. rer. nat., Chemie

**Kraft**, Marc, Prof. Dr.-Ing., Leiter des Fachgebiets Medizintechnik, TU Berlin, Institut für Konstruktion, Mikro- und Medizintechnik, Berlin

**Kromphardt**, Jürgen, Prof. (em.) Dr. rer. pol., TU Berlin, Fak. VIII, Wirtschaft und Management, Wirtschaftswissenschaften, Berlin

**Kurth**, Reinhard, Prof. Dr. med., Robert-Koch-Fellow, Robert-Koch-Institut, Medizin

**Kutzler**, Kurt, Prof. Dr. rer. nat. Dr. h.c., Präsident a.D. der TU Berlin, Institut für Mathematik, Berlin

**Lange**, Jürgen, Dr. rer. nat., Direktor des Zoologischen Gartens Berlin a. D., Berlin

**Lechner**, Hans H., Prof. Dr. rer. pol., Wirtschaftswissenschaften

**Leibinger**, Regine, Prof. Dipl.-Ing., TU Berlin, Fak.VI, Planen, Bauen, Umwelt, Baukonstruktion und Entwerfen, Berlin

**Lendlein**, Andreas, Prof. Dr. rer. nat., Zentrum für Biomaterialentwicklung, Institut für Polymerforschung, GKSS – Forschungszentrum Geesthacht GmbH, Chemie

**Leptin**, Gert F. W., Univ.-Prof. a.D. Dr. rer. pol., FU Berlin, Institut für Wirtschaftswissenschaft, Berlin

**Lindemann**, Bernd Wolfgang, Prof. Dr., Direktor der Gemäldegalerie, Staatliche Museen zu Berlin, Berlin

**Mahr**, Bernd, Prof. Dr. rer. nat., TU Berlin, Institut für Telekommunikationssysteme, Informatik, Berlin

**Mair**, Johanna, Prof. PhD, Professor for Organization, Management and Leadership, Hertie School of Governance, Berlin

**Markschies**, Christoph, Prof. Dr. Dr. h.c., HU Berlin, Theologische Fakultät Lehrstuhl für Ältere Kirchengeschichte, Theologie, Berlin

**Martens**, Holger, Prof. Dr. med. vet., FU Berlin, Institut für Verterinär-Physiologie, Berlin

**Merkens**, Hans, Prof. (em.) Dr., FU Berlin, Arbeitsbereich Empirische Erziehungswissenshaft, Berlin

**Meuser**, Friedrich, Prof. (em.) Dr.-Ing. Dr.-Ing. e.h., TU Berlin, FB Prozesswissenschaften, Institut für Lebensmitteltechnologie und Lebensmittelchemie, Berlin

**Milde**, Gerald, Hon.- Prof. i.R. Dr. rer. nat. habil., Universität Bonn, Mathematisch-Naturwissenschaftliche Fakultät, Geologisches Institut, Bonn

**Mindt**, Dieter, Prof. Dr. phil., FU Berlin, Institut für englische Philologie, Anglistik und Didaktik, Berlin

**Möller**, Cosima, Prof. Dr. iur., FU Berlin, FB Rechtswissenschaft, Jura, Berlin

**Mölling**, Karin, Prof. Dr. rer. nat., Max-Planck-Institut für Molekulare Genetik, Biologie/Physik

**Monreal**, Gerhard, Prof. (em.) Dr. med. vet., FU Berlin, FB Veterinärmedizin, Institut für Geflügelkrankheiten, Berlin

**Morgenstern**, Rudolf, Prof. Dr. sc. med., stellv. gf. Direktor Charité – Universitätsmedizin Berlin, Campus Mitte, Institut für Pharmakologie, Medizin, Berlin

**Müller**, Jörn, Prof. (em.) Dr. rer. nat., TU Berlin, Institut für Chemie, Berlin

**Müller-Röber**, Bernd, Prof. Dr., Universität Potsdam, Institut für Biochemie und Biologie, Golm

**Neumeister**, Sebastian, Prof. (em.) Dr. phil., FU Berlin, Institut für Romanische Philologie, Literaturwissenschaft, Berlin

**Oeters**, Franz, Prof. (em.) Dr. phil., TU Berlin, Institut für Metallische Werkstoffe, Werkstoffwissenschaften, Berlin

**Paulus**, Christoph G., Prof. Dr. jur. LLM, HU Berlin, Juristische Fakultät, Berlin

**Pepper**, Peter, Prof. Dr., TU Berlin, Fakultät IV, Informatik, Berlin

**Peters**, Kurt J., Univ.-Prof. Dr., HU Berlin, Landwirtschaftlich-Gärtnerische Fakultät, Berlin

**Petersen**, Jens, Prof. Dr. jur., Universität Potsdam, Juristische Fakultät, Potsdam

**Pham**, Duy-Thoai, Prof. Dr. med., Vivantes Klinikum Neukölln, Abt. für Augenheilkunde, Medizin, Berlin

**Pickhan**, Gertrud, Prof. Dr. phil., FU Berlin, Osteuropa-Institut, Osteuropäische Geschichte, Berlin

**Plendl**, Johanna, Prof. Dr. med. vet., FU Berlin, FB Veterinärmedizin, Berlin

**Plinke**, Wulff, Prof. Dr. rer. oec., European School of Management and Technology Berlin, Betriebswirtschaftslehre, Berlin

**Poser**, Hans, Prof. (em.) Dr. phil., TU Berlin, Institut für Philosophie, Berlin

**Presber**, Hans-Wolfgang, Prof. Dr. sc. med., Charité-Universitätsmedizin Berlin, Campus Mitte, Institut für Mikrobiologie und Hygiene, Medizin, Berlin

**Prochnow**, Annette, PD Dr. rer. agr., Leibniz-Institut für Agrartechnik Potsdam-Bornim, Agrarwissenschaften, Potsdam

**Pucher**, Helmut, Univ.-Prof. a.D. Dr.-Ing., TU Berlin, Institut für Verbrennungskraftmaschinen, Berlin

**Radke,** Michael, Prof. Dr. med., Chefarzt der Kinder- und Jugendmedizin Ernst-von-Bergmann-Klinikum, Kinderheilkunde/Gastroenterologie, Potsdam

**Rahmanzadeh**, Rahim, Prof. Dr. med., Gelenkzentrum Berlin, Medizin, Berlin

**Raiser**, Thomas, Prof. (em.) Dr. jur., HU Berlin, Juristische Fakultät, Jura, Berlin

**Reichart**, Peter A., Prof. i.R. Dr. med. dent., Medizin

**Reisinger**, Ingrid, Prof. Dr., Medizin

**Reisinger**, Walter, Prof. Dr. med., Charité-Universitätsmedizin Berlin, Campus Mitte, Institut für Radiologie, Medizin, Berlin

**Rennert**, Martin, Prof., Präsident der UdK, Fachbereich Musik, Berlin

**Reutter**, Werner, Univ.- Prof. (em.) Dr. med., Charité-Universitätsmedizin Berlin, Campus Benjamin Franklin, Institut für Biochemie und Molekularbiologie, Berlin

**Riethmüller**, Albrecht, Prof. Dr. phil., FU Berlin, Seminar für Musikwissenschaft, Berlin

**Ritter**, Gerhard A., Prof. (em.) Dr. Dr. h. c. mult., Universität München, Historisches Seminar, Geschichte, München

**Röcke**, Werner, Prof. Dr. phil., HU Berlin, Philosophische Fakultät II Institut für deutsche Literatur, Germanistik, Berlin

**Roots**, Ivar, Prof. Dr. med., Institutsdirektor des Universitätsklinikums Charité, Institut für Klinische Pharmakologie, Medizin, Berlin

**Rossi**, Rainer, Prof. Dr. med., Chefarzt Vivantes-Klinikum Neukölln, Klinik für Kinder- und Jugendmedizin, Medizin, Berlin

**Rothe**, Karin, Prof. Dr. med., Klinikdirektorin Charité – Campus Virchow-Klinikum, Klinik für Kinderchirurgie, Medizin, Berlin

**Sandner,** Barbara, Prof. em. Dr. habil., Universität Halle-Wittenberg, Institut für Chemie, Makromolekulare Chemie/Polymerchemie,

**Schieferdecker**, Ina, Prof. Dr.-Ing., Fraunhofer FOKUS

**Schneider**, Volkmar, Univ.-Prof. a.D. Dr. med. Dr. h. c., Rechtsmedizin/Medizingeschichte

**Schneider**, Wolfram Dietmar, Prof. a.D. Dr. med., Bundesanstalt für Arbeitsschutz und Arbeitsmedizin

**Schöll**, Eckehard, Prof. Dr. rer. nat. PhD., TU Berlin, Institut für Theoretische Physik, Berlin

**Schulz**, Hans-Joachim, Prof. Dr. sc. med., Krankenhaus Lichtenberg, Klinik für Innere Medizin, Berlin

**Schweigert**, Florian Johannes, Prof. Dr. med. vet., Institut für Ernährungswissenschaften, Universität Potsdam, Ernährungswissenschaft, Bergholz-Rehbrücke

**Schwintowski**, Hans-Peter, Prof. Dr. jur., HU Berlin, Juristische Fakultät, Jura, Berlin

**Seeland**, Gerhard, Prof. (i.R.) Dr., Agrarwissenschaften

**Seliger**, Günther, Prof. Dr.-Ing. Dr. h.c., TU Berlin, Institut für Werzeugmaschinen und Fabrikbetrieb, Maschinenbau, Berlin

**Seppelt**, Konrad, Prof. Dr. rer. nat., FU Berlin, Institut für Chemie, Berlin

**Severin**, Dietrich, Prof. (em.) Dr.-Ing., TU Berlin, Fördertechnik/Getriebetechnik

**Simmler**, Franz, Prof. (em.) Dr. phil. Dr. h.c., FU Berlin, Institut für Deutsche und Niederländische Philologie, Deutsche Philologie/Linguistik, Berlin

**Sinell**, Hans-Jürgen, Prof. (em.) Dr. med. vet., FU Berlin, Institut für Lebensmittelhygiene, Veterinärmedizin, Berlin

**Sösemann**, Bernd, Prof. (em.) Dr. phil., FU Berlin, Arbeitsstelle für Kommunikationsgeschichte und interkulturelle Publizistik, Geschichte, Berlin

**Spur**, Günter, Prof. Dr.-Ing. Dr. h.c. mult., TU Berlin, Institut für Werkzeugmaschinen und Fabrikbetrieb, Maschinenbau, Berlin

**Steden**, Werner, Prof. (em.) Dr. rer. oec., Wirtschaftswissenschaften

**Steinbach**, Jörg, Prof. Dr.-Ing., Präsident TU Berlin, Präsidium, Chemie, Berlin

**Stock**, Günter, Prof. Dr. med. Dr. h.c., Präsident der Berlin-Brandenburgischen Akademie der Wissenschaften, Physiologie, Berlin

**Strunz**, Volker, Prof. Dr. med. Dr. med. dent., Strunz & Partner Berlin, Mund-, Kiefer- und Gesichtschirurgie, Berlin

**Tauber**, Rudolf, Prof. Dr. med., Charité-Universitätsmedizin Berlin, Campus Benjamin Franklin, Institut für Laboratoriumsmedizin und Pathobiochemie, Berlin

**Theis**, Werner, Prof. (em.) Dr. rer. nat., FU Berlin, Institut für Theoretische Physik, Berlin

**Theuring**, Franz, Univ.-Prof. Dr., Charité-Universitätsmedizin Berlin, Campus Mitte, Institut für Pharmakologie, Medizin, Berlin

**Troge**, Andreas, Prof. Dr. rer. pol., Präsident des Umweltbundesamtes a.D., Ökonomie, Berlin

**Ulbrich**, Claudia, Prof. Dr. phil., FU Berlin, FB Geschichts- und Kulturwissenschaften, Friedrich-Meinecke-Institut, Koserstr. 20, 14195 Berlin

**Wagner**, Helmut, Prof. (em.) Dr. phil., FU Berlin, Otto-Suhr-Institut, Politikwissenschaften, Berlin

**Wauer**, Roland R., Prof. (em.) Dr. med., Prodekan für den wissenschaftlichen Nachwuchs der Charité, Charité-Universitätsmedizin Berlin, Campus Mitte, Klinik für Neonatologie, Berlin

**Wilke**, Dieter, Prof. a.D. Dr. jur., Rechtswissenschaft

**Winkler**, Heinrich August, Prof. i.R. Dr. phil. habil., HU Berlin, Institut für Geschichtswissenschaft, Berlin

**Wintzer**, Hanns-Jürgen, Prof. (em.) Dr. med. vet. Dr. h.c., FU Berlin, FB Veterinärmedizin, Berlin

**Wolters**, Jürgen, Prof. a.D. Dr. rer. pol., FU Berlin, Institut für Statistik und Ökonometrie, Berlin

**Wöste**, Ludger, Prof. Dr., FU Berlin, FB Physik, Berlin

**Zeichhardt**, Heinz, Univ.-Prof. Dr. med., Charité-Universitätsmedizin Berlin, Campus Benjamin Franklin, Institut für Virologie, Medizin, Berlin

**Ziegler**, Felix, Prof. Dr.- Ing. habil., TU Berlin, Institut für Energietechnik, Berlin

## Ehrenmitglieder

**Bellinger**, Bernhard, Prof. (em.) Dr. rer. pol., Wirtschaftswissenschaften

**Blobel**, Günter, Prof. Dr., The Howard Hughes Medical Institute, The Rockefeller University, New York, USA

**Ertl**, Gerhard, Prof. (em.) Dr. rer. nat. Dr. h.c. mult., Fritz-Haber-Institut der Max-Planck-Gesellschaft, Chemie, Berlin

**Federn**, Klaus, Prof. (em.) Dr.-Ing., TU Berlin, Maschinenbau, Berlin

## Korrespondierende Mitglieder

**Baron von Maydell**, Bernd, Prof. (em.) Dr. jur., Max-Planck-Institut für internationales und ausländisches Sozialrecht, Jura

**Dilcher**, Gerhard, Prof. (em.) Dr. jur., Goethe-Universität Frankfurt/Main, Jura, Frankfurt/Main

**Falter**, Jürgen W., Prof. Dr. rer. pol., Johannes-Gutenberg-Universität, Institut für Politikwissenschaft, Politikwissenschaft, Mainz

**Frank**, Armin Paul, Prof. (em.) Dr. phil., Nordamerikastudien

**Gehrke**, Hans-Joachim, Prof. Dr. phil., Präsident des Deutschen Archäologischen Instituts, Altertumswissenschaft

**Gillespie**, Gerald, Prof. (em.) Dr., Stanford University, Div. of Literatures, Cultures, Languages and Comparative Languages, Stanford, USA

**Giuliani**, Luca, Prof. Dr. phil., Rektor des Wissenschaftskollegs zu Berlin, Archäologie, Berlin

**Haferkamp**, Hans-Peter, Prof. Dr. jur., Universität Köln, Institut für Neuere Privatrechtsgeschichte, Deutsche und Rheinische Rechtsgeschichte, Jura, Köln

**Hänsel**, Rudolf, Univ.- Prof. (em.) Dr. rer.nat., FU Berlin, Phytochemie/Pharmazie, Berlin

**Hoffmann**, Lutz, Univ.-Prof. (em.) Dr. sc. pol., Präsident des Deutschen Instituts für Wirtschaftsforschung a.D., Wirtschaftswissenschaften

**Holzgreve**, Wolfgang, Prof. Dr. med. Dr. h.c. mult. MBA, Universitätsklinkum Bonn

**Honnefelder**, Ludger, Prof. (em.) Dr. phil. Dr. h.c., Otto-Warburg-Senior-Research-Professur, HU Berlin

**Huber**, Wolfgang, Prof. Dr. Dr. h.c., Bischof a.D., Theologie, Berlin

**Jarass**, Hans D., Prof. Dr. jur. LL.M, Institut für Umwelt- und Planungsrecht, Münster

**Kaelble**, Hartmut, Prof. Dr. phil. Dr. h. c., HU Berlin, Institut für Geschichtswissenschaften, Berlin

**Kevenhörster**, Paul, Prof. Dr. rer. pol., Universität Münster, FB Politikwissenschaft, Münster

**Klein**, Thomas, Prof. Dr. phil., Martin-Luther-Universität Halle-Wittenberg, Institut für Altertumswissenschaften, Lateinische Philologie, Halle (Saale)

**Konrad**, Kai A., Prof. Dr., Direktor des Max-Planck-Instituts für Geistiges Eigentum, Wettbewerbs- und Steuerrecht, Abteilung Finanzwissenschaft, München

**Krupp**, Hans-Jürgen, Prof. Dr. rer. pol., Senator a.D., Präsident der Landesbank Hamburg, Mecklenburg-Vorpommern und Schleswig-Holstein i.R.

**Lück**, Wolfgang, Prof. Dr. rer. pol. Dr. sc., TU München, Fakultät für Wirtschaftswissenschaften, München

**Lüdtke**, Jens, Prof. i.R. Dr. phil., Universität Heidelberg, Romanisches Seminar, Romanische Sprachwissenschaft, Heidelberg

**Lüst**, Dieter, Prof. Dr. rer. nat. habil., Direktor des Max-Planck-Instituts für Physik

**Malettke**, Klaus, Prof. i.R. Dr. phil. Dr. h.c., Geschichte

**Martin**, Thomas, Prof. Dr. rer. nat., Lehrstuhl für Paläontologie an der Universität Bonn, Steinmann-Institut für Geologie, Mineralogie und Paläontologie, Bonn

**Miethke**, Jürgen, Prof. (em.) Dr. phil., Ruprecht-Karls-Universität Heidelberg, Historisches Seminar, Geschichte, Heidelberg

**Mommsen**, Katharina, Prof. Dr. phil., Germanistik

**Mußgnug**, Reinhard, Prof.(em.) Dr. jur., Universität Heidelberg, Institut für Finanz- und Steuerrecht, Jura, Heidelberg

**Plieth**, Waldfried, Prof. (em.) Dr. rer. nat. Dr. habil., TU Dresden, Institut für Physikalische und Elektrochemie, Dresden

**Posner**, Roland, Prof. Dr. phil., TU Berlin, Institut für Sprache und Kommunikation, Arbeitsstelle für Semiotik, Linguistik/Semiotik, Berlin

**Prausnitz**, John, Prof. (em.) Dr., University of California, Berkeley, Thermodynamik/Physikalische Chemie/Verfahrenstechnik, USA

**Reuter**, Dieter, Prof. Dr. jur., Christian-Albrechts-Universität Kiel, Institut für Wirtschafts- und Steuerrecht, Jura, Kiel

**Rossi**, Matthias, Prof. Dr. jur., Universität Augsburg, Juristische Fakultät, Jura, Augsburg

**Rüthers**, Bernd, Prof. (em.) Dr. jur. Dres. h.c., Universität Konstanz, FB Rechtswissenschaften, Konstanz

**Scharpf**, Fritz W., Prof. (em.) Dr. phil. LLM., Max-Planck-Institut für Gesellschaftsforschung, Verwaltungswissenschaft

**Schimmelpfennig**, Bernhard, Prof. (em.) Dr. phil., Universität Augsburg, Institut für Europäische Kulturgeschichte, Augsburg

**Schlüter**, Wilfried, Prof. (em.) Dr. jur. Dr. hc. mult., Universität Münster, Rechtswissenschaftliche Fakultät, Institut für Arbeits-, Sozial- und Wirtschaftsrecht, Jura, Münster

**Schmähl**, Winfried, Prof. Dr. rer. pol., Universität Bremen, Zentrum für Sozialpolitik, Wirtschaftswissenschaftliche Abteilung

**Schmugge**, Ludwig, Prof. (em.) Dr. phil., Universität Zürich, Historisches Seminar, Geschichte, Zürich, Schweiz

**Schuller**, Wolfgang, Prof. (em.) Dr. jur., Universität Konstanz, FB Geschichte und Soziologie, Konstanz

**Schwan**, Gesine, Prof. Dr. phil., Humboldt-Viadrina School of Governance (HVSG), Berlin

**Slusanschi**, Dan, Prof. Dr. phil., Universität Bukarest, Klassische Philologie, Bukarest, Bulgarien

**Stegemeyer**, Horst, Prof.(em.) Dr., Universität Paderborn, Fakultät für Naturwissenschaften, Chemie, Paderborn

**Stern**, Fritz, Prof. Ph.D., Columbia University New York, Geschichte, USA

**Taupitz**, Jochen, Prof. Dr. jur., Gf. Direktor der Universität Mannheim, Rechtswissenschaftliche Fakultät, Institut für Deutsches, Europäisches und Internationales Medizinrecht, Gesundheitsrecht und Bioethik, Jura, Mannheim

**Westermann**, Harm P., Prof. Dr. jur., Universität Tübingen, Juristisches Seminar, Jura, Tübingen

**Willoweit**, Dietmar, Prof. (em.) Dr. jur., Präsident der Bayerischen Akademie der Wissenschaften, Universität Würzburg, Juristische Fakultät, Jura, Würzburg

**Wollenberger**, Heinrich Jürgen, Prof. (em.) Dr.- Ing., Physik

**Zintzen**, Clemens, Prof. (em.) Dr. phil., Universität Köln, Institut für Altertumskunde, Klassische Philologie

## Fördernde Mitglieder

**Baumann-Lorch**, Edith
**Bellinger,** Bernhard, Prof. (em.) Dr. rer. pol.
**Bindseil**, Kai, Dr. rer. nat., BioTOP Berlin-Brandenburg
**Burchardt,** Aljoscha, Dr.
**Guse**, Günter, Dr. rer. nat., Dipl.-Chem. i.R., Polymerchemie
**Hegenscheid**, Malte, Dr. med., Bundeswehrkrankenhaus Berlin, Abt. Chirurgie Medizin, Berlin
**Hellriegel**, Mathias, Dr. jur., Malmendier Partners Rechtsanwälte, Berlin
**Kunze**, Helmut, Dr., TSB Innovationsagentur Berlin GmbH, Berlin
**Moegelin**, Gernot, Dr. rer. pol., Gf. Gesellschafter der KapHag Immobilien Holding GmbH, Ökonomie, Berlin
**Nickolaus**, Barbara, Dr., Pressesprecherin DHZB, Medizin
**Pötter**, Brigitte, Dr. rer. nat., Chemie
**Raue**, Peter, Hon.-Prof. Dr. jur., Raue L.L.P.
**Schlicht**, Uwe, Dr. h.c.
**Sorg**, Klaus, Dr., E. Sorg GmbH, Fulda
**Tewes,** Hans-Jochen, Dipl.-Ing.
**Ueberreiter**, Irmgard, Dr. phil., Kunstgeschichte
**Uppenkamp**, Reinhard, Dr., Vorstandsvorsitzender Berlin-Chemie AG, Chemie
**Von Gersdorff**, Bernhard, Hon.-Prof. Dr.-Ing., TU Braunschweig, Institut für Hochspannungstechnik und El. Energieanlagen, Energiewirtschaft/Kraftwerke
**Von Thienen**, Julia, Dipl. Psych., Hasso-Plattner-Institut für Softwaresystemtechnik, Design Thinking Research Program, Potsdam
**Wegener**, Heinz, Dr. jur. utr. i.R., Jura/Geschichte
**Wiedmann**, Harald, Prof. Dr., Gleiss und Lutz Rechtsanwälte, Jura, Berlin
**Witt-Kronshage**, Helga
**Wolf**, Gisela, Dr. med. vet., Leiterin der Geschäftsstelle i.R.

## Verstorbene Mitglieder der BWG
(01.10.2011-31.03.2013)

**Prof. Dr. rer. nat. Gerhard W. Becker**
Präsident a.D. der Bundesanstalt für Materialforschung und –prüfung, Physik

**Prof. Dr.-Ing. Immanuel J. Broser**
TU Berlin, Physik

**Prof. (em.) Dr. rer. pol. Walter Endres**
FU Berlin, Wirtschaftswissenschaften

**Peter Pöpper**
Director of Public Affairs, Alcatel Lucent Holding GmbH

**Prof. (em.) Dr. phil. Heinz Reinhold**

**Prof. i.R. Dr. med. Werner Schlungbaum**

**Univ.-Prof. (em.) Dr. rer. pol. Werner Väth**
FU Berlin, Politikwissenschaft

# Autorenverzeichnis

Bernimoulin, Jean-Pierre
Bödecker, Andreas
Geißler, Lisa
Günther, Oliver
Hackenberger, Christian
Hecken, Josef
Henning, Eckart
Högele, Michael
Kloepfer, Michael
Mylius, Klaus
Renner, Moritz
Rennert, Martin
Richter, Luise
Schaube, Ann-Kathrin
Shing, Yee Lee
Sösemann, Bernd
Theuring, Franz
Wagner, Helmut